Gefährliche Musen

Hartmut Heuermann
Matthias Kuzina

Gefährliche Musen

Medienmacht und Medienmißbrauch

Verlag J.B. Metzler
Stuttgart · Weimar

Die Deutsche Bibliothek – CIP-Einheitsaufnahme

Heuermann, Hartmut:
Gefährliche Musen: Medienmacht und Medienmissbrauch /
Hartmut Heuermann; Matthias Kuzina. - Stuttgart; Weimar:
Metzler, 1995
ISBN 3-476-01300-6
NE: Kuzina, Matthias

Einbandgestaltung: Willy Löffelhardt
Satz: Cornelius Wittke, Kusterdingen
Druck und Verarbeitung: Franz Spiegel Buch GmbH, Ulm

Printed in Germany

Verlag J.B. Metzler Stuttgart · Weimar

EIN VERLAG DER SPEKTRUM FACHVERLAGE GMBH

Inhalt

1. Einleitung

Er tobt – der Kampf um die Medien und der Disput über ihre Wirkung. Wie gefährlich sind die modernen Musen, die uns das elektronische Zeitalter beschert, wirklich? Regelrechte Verbalschlachten werden ausgetragen, in denen die ›kriegführenden‹ Parteien nicht eben zimperlich miteinander umgehen und die Kriegsschauplätze ständig zwischen Feuilleton und Forschung, Politik und Publizistik wechseln. Als Beobachter der Gefechte bekommt man den Eindruck: Für die Angreifer, die gegen die Bastionen der Medienwelt am heftigsten anrennen, geht es um nichts Geringeres als die Rettung des abendländischen Menschen und seiner geistigen Kultur. Der Feind, den die Medien verkörpern, gilt als ebenso mächtig wie verderblich, wobei seine Mächtigkeit als noch in dem Maße wachsend angesehen wird, in dem seine Verderblichkeit öffentlich unterschätzt wird. Für die Verteidiger, die sich in ihren Aktivitäten bedrängt und bedroht fühlen, geht es um nichts anderes als die Abwehr unzulässiger Einmischung in demokratisch wahrgenommene Rechte und die Wahrung freiheitlicher Kunst- und Ausdrucksformen. Der Feind, den die Medienkritiker verkörpern, gilt als hysterisch und paranoid, wobei die Hysterie noch als in dem Maße sich steigernd angesehen wird, in dem die Medien ihre Siegeszüge unbeirrt von Kritik fortsetzen – Millionen von Medienkonsumenten können sich nicht irren. Ganz gleich, von welchen Positionen aus gekämpft wird, auf beiden Seiten steht offenbar viel auf dem Spiel. Und ganz gleich, ob die Kontrahenten mit bestimmten ideologischen Argumenten bewaffnet die Fehde austragen oder mit ›objektiven‹ Forschungsergebnissen gerüstet zum Streit antreten, es wird verbissen gekämpft.

Mindestens fünf Gruppen haben Teil an den Auseinandersetzungen, die mit wachsendem argumentativen Aufwand und zunehmender polemischer Schärfe ausgetragen werden: die ›Macher‹, welche die imperialen Ansprüche ihrer Medien mehr oder minder offensiv vertreten und die Siegeszüge neuer Techniken und Programme mit Triumph verkünden; die Kritiker, die von wechselnden kulturellen und/oder ideologischen Standpunkten aus ihre Breitseiten auf die Medien abfeuern; die Politiker, die mal durch Mäßigungsappelle, mal durch Androhung ordnungspolitischer Maßnahmen in den Streit eingreifen; die Medienpädagogen, welche die bildenden Einflüsse der Medien zu fördern und die verbildenden einzudämmen bestrebt sind; und schließlich die Medienforscher, die mit den Instrumenten der Wissenschaft den Streit zu schlichten trachten, ihn aber im fachlichen Disput über die ›richtigen‹ Theorien und Methoden auf ihre Weise noch mehr anfachen. Zwischen den Fronten, gewissermaßen vom Pulverdampf geblendet und Kampflärm betäubt, stehen diejenigen, die als betroffene Laien (Eltern, Erzieher, Seelsorger, Sozialarbeiter u.a.) an der Klärung medialer Wirkungsprobleme interessiert, aber zu fundierter Beurteilung der komplexen Problematik kaum befähigt sind. Und abseits vom Kampfgetümmel finden wir diejenigen, die den Anlaß des ganzen Krieges nicht begreifen und seine Vehemenz nicht verstehen – das breite Publikum, das keinen *casus belli* wahrzunehmen vermag in dem, was es tagtäglich konsumiert, sich bestenfalls wundert, was da so lärmend ausgetragen wird.

Unter Wirkungsgesichtspunkten und deren gesellschaftlicher Klärungsbedürftigkeit verläuft die Front hauptsächlich zwischen zwei Positionen, deren eine sich allgemein als *kulturkritisch-ideologisch*, deren andere als *wissenschaftlich-empirisch* qualifizieren läßt. Die erste wird eingenommen von Autoren, die ihr Problembewußtsein aus der persönlichen Beobachtung der kulturellen Szene entwickeln, deren Ergebnisse sie in kritische Reflexion über das Beobachtete ummünzen und als Kultur- und Medienkritik veröffentlichen. Das eigene Bewußtsein und die eigene Weltanschauung liefern hier die Basis der Kritik. Die zweite wird markiert von Forschern, deren Problembewußtsein aus dem wissenschaftlich-analytischen Interesse an Problemerklärung erwächst, das in empirische Untersuchungsverfahren umgesetzt, in Form statistisch-diagnostischer Befunde ausgewertet und dann in sachneutraler, zuweilen auch kritischer Weise kommentiert wird. Die erhobenen Daten und deren Interpretation liefern dort die Basis der Kritik. Eine relative Unversöhnlichkeit der beiden Positionen ergibt sich daraus, daß ihre Vertreter in dem, was sie tun und wie sie es tun, wenig geneigt sind, einander zur Kenntnis zu nehmen, geschweige denn anzuerkennen. Die Kritiker dünken sich so intelligent und kraft eigener Urteilsfähigkeit so gut informiert, daß sie über die ›Fliegenbeinzählerei‹ der empirischen Forschung erhaben sind. Die Forscher sind ihrerseits auf die Prinzipien ›harter‹ Wissenschaft derart eingeschworen, daß sie über anders gewonnene Erkenntnisse die Nase rümpfen. Beide Seiten neigen dazu, einander zu ignorieren oder (wo zu ostentatives Ignorieren zu viel Ignoranz verraten würde) einander abzuqualifizieren. Daß solche Spaltung dem Erkenntnisfortschritt nicht sonderlich förderlich ist, versteht sich von selbst.

Ein mustergültiger Vertreter der ersten Position ist der amerikanische Medienkritiker Neil Postman. Postman versteht es, seine Wirkungsthesen in derart eingängiger Form vorzutragen, daß ihr Mangel an empirischer Absicherung fast nicht auffällt. Die Plausibilität der Argumente kaschiert die Subjektivität ihrer Fundierung und suggeriert Universalität der Geltung. Postman ist so etwas wie der selbsternannte ›Drachentöter‹ des westlichen Fernsehens, im weiteren Sinne aber auch der erklärte Gegner einer Kultur, welche seiner Meinung nach die Ernsthaftigkeit sprachlicher Diskurse leichtfertig an die Geistlosigkeit bildlicher Präsentationen abgetreten hat. Das Fernsehen als Hauptsachwalter einer vergnüglichen, bildervermittelten Welt, die *realiter* eine Pseudowelt darstellt, ist für ihn »die große Desinformationsmaschine«. Es ist der »Feind mit lächelndem Gesicht«, dessen Porträt Aldous Huxley in *Schöne neue Welt* schon 1932 prophetisch vorgezeichnet hat. Es ist die heimliche »Kommandozentrale unserer Kultur«, deren Tyrannei wir uns willenlos unterwerfen, da wir die wahren Absichten des freundlichen Tyrannen verkennen. Das Fernsehen konditioniert unser Bewußtsein dazu, die Wirklichkeit in Gestalt bunter, aber bedeutungsarmer Bilder wahrzunehmen, und zwingt andere Medien, sich Seifenblasenwelten gleicher Art zu schaffen. Indem es fortlaufend Fluten von attraktiven Bildern produziert, deren Attraktivität ihre strukturellen Beziehungen untereinander ebenso verschleiert wie die realen Beziehungen zur vermittelten Welt, beraubt uns das Fernsehen der Denk- und Urteilsfähigkeit. Es bewirkt »eine Erosion der kollektiven Intelligenz«, zeichnet »Bahnen in den Stumpfsinn«, führt uns auf Wege in den geistigen Tod: »Wenn eine Kultur von Bildern überschwemmt wird; wenn Logik und Rhetorik ihre verbindliche Autorität verlieren; wenn die historische Wahrheit irrelevant wird; wenn das geschriebene oder gesprochene Wort Mißtrauen erregt oder Anforderungen an unsere Aufmerksamkeit stellt, die wir nicht erfüllen können; wenn unsere Politik, unsere Geschichte, unser Erziehungswesen, unsere Religion, unser Nachrichtenwesen, und unser Wirtschaftsleben vor allem in visuell stimulierenden Bildern statt in Worten zum Ausdruck kommen, dann ist eine solche Kultur allerdings ernsthaft bedroht. [...] Wenn sich eine Kultur in Trivialitäten zerstreut; wenn das politische und gesellschaftliche Leben in eine permanente Unterhaltungssendung verwandelt wird; wenn öffentliche Rede zu einer Art Baby-Gestammel verkommt; kurzum, wenn sich ein Volk in ein Publikum von Zuschauern verwandelt und seine öffentlichen Angelegenheiten in eine Varieté-Nummer, dann, so behauptet Huxley, ist ein solches

Land aufs höchste gefährdet und das Absterben der Kultur zeichnet sich als Möglichkeit deutlich ab. Ich stimme ihm zu.«[1]

Postman mag als der prominenteste unter den zeitgenössischen Medienkritikern gelten, deren Thesen international Gehör finden, obwohl ihnen der Segen empirischer Forscher fehlt. Ein nicht minder radikaler, obzwar weniger bekannter Apokalyptiker der elektronischen Medienwelt ist der Anthroposoph Rainer Patzlaff. Auch seine Ausführungen zur medienbedingten Dekadenz der westlichen Zivilisation zeichnen düstere Szenarien unserer Geistes- und Lebenswelt – ohne empirische Absicherung der Befunde. Die persönliche Überzeugung, daß der Mensch in der elektronisch umgemodelten Kultur die Erfüllung seines Menschseins auf krasse Weise verfehlt, reicht aus, um den Abgrund zu projizieren, auf den der moderne Medienkonsument blindlings zutaumelt. Die gesamte Medienwelt ist für Patzlaff das Ergebnis eines gigantischen Komplotts der Freizeit- und Bewußtseinsindustrie zur Beherrschung unserer Sinne und Ausbeutung der Gefühle. Ihr Effekt ist »Medienmagie« – eine gefährliche Faszination, die sich ihrer unkritischen Haltung und zwanghaften Einverleibung nicht bewußt und insofern Spielball manipulativer Mächte ist. In Hörigkeit den Medien und ihren Manipulatoren ausgeliefert, wird der Mensch blind für die wirklichen Bedürfnisse seiner Seele und die wahre Bestimmung seines Geistes. Verführt von immer sensationalistischeren Programmen versäumt er es, jene Ziele zu suchen und Zustände zu verwirklichen, die allein zu befriedigen vermögen: Ich-Autonomie, Wesenserkenntnis, Wahrheitsschau.

Ob als Fernsehspektakel, Videodrama, Disko-Show, Rockkonzert, Musikkonserve, Computerspiel, Laserdrom oder anders – das grellbunte, aber billige Äußere der Medien verführt das kostbare Innere der Seele. Das Leben aus Erlebniskonserven stellt einen furchtbaren Mißbrauch menschlichen Potentials dar, der sich früher oder später an denen rächt, die den Betrug nicht durchschauen. Die Hingabe an manipulierte Sekundärerfahrungen beschwört eine schlimme Gefahr herauf, die denjenigen zum psychischen Schaden gereicht, die leichtfertig ihre eigenen Primärerfahrungen preiszugeben bereit sind. Der Medienkonsument verkauft sozusagen sein Erstgeburtsrecht als Mensch an das Linsengericht der Medien. Was einst zur Erquickung und Bereicherung des Gemütes gereichte, das Musische, Schöpferische, Künstlerische, dient nunmehr der kurzfristigen (Schein-)Befriedigung der Sinne und – in seinen gefährlichsten Manifestationen – der Zerstörung der Seele: »Die Gefahr verdichtet sich in jüngster Zeit zu einem direkten Angriff auf die Autonomie des Ich. Die Verhaltensforschung der vergangenen Jahrzehnte hat der Medientechnik Möglichkeiten eröffnet, den Menschen unterschwellig zu beeinflussen, optisch durch heimliche Bildsuggestion, akustisch durch Musik, die gezielt auf unbewußte Körperfunktionen wirkt, sowie durch Suggestionstexte, die unter Musik verborgen sind und vom Bewußtsein nicht erkannt werden, obwohl sie das Ohr erreichen (Subliminaltechnik). Hier verschaffen sich die Medienproduzenten gewaltsamen Zugriff auf das Unterbewußtsein des Hörers und versuchen, ihn zu bestimmten Verhaltensweisen zu animieren, sein leiblich-seelisches Befinden manipulativ zu steuern und sogar gewisse Inhalte an einem kritikfähigen Wachbewußtsein vorbei in die Seele zu pressen, ohne daß er davon etwas wahrnimmt. Die Entdeckung versteckter Satansverherrlichungen auf Millionen von Rockplatten war ein erstes Beispiel. Sie sorgte 1987/88 für erhebliches Aufsehen, doch wurde in der Erregung übersehen, daß zu diesem Zeitpunkt bereits viel wirksamere und modernere Manipulationsverfahren auf dem Medienmarkt zu finden waren, angefangen von den ausgeklügelten Methoden der Werbung, über chronobiologisch verfeinerte funktionelle Musik, Suggestionskassetten und Suggestopädie bis hin zu Subliminalkassetten, deren Einführung in der Bundesrepublik eben begonnen hatte.«[2]

So stimmen die zeitgenössischen Auguren des kulturellen Niedergangs ein gemeinsames Klagelied über Zerfall und Zerstörung an, das manchmal den Eindruck erweckt, der Kampf sei schon verloren oder die Niederlage stünde unmittelbar bevor. Dabei empfiehlt sich freilich der relativierende Hinweis, daß derartige Klagen, die Kulturpessimismus in Medienschelte ummünzen, alles andere als neu sind. Mögen die neuen Medien auch ihre Erscheinungsformen differenziert und ihre Einflußsphären ausgedehnt haben, mögen sie mittlerweile zu Recht als Imperialmächte der Kultur apostrophiert werden,[3] die weltanschaulich bedingte Kritik an ihrer mutmaßlich verderblichen Wirkung hat Tradition. Keine kulturelle Innovation etabliert sich ohne Kritik, keine neue mediale Erfahrung verwirklicht sich ohne Skepsis und Angst. Als im frühen 19. Jahrhundert in Paris das neue Medium des photographischen Bildes, die Daguerreotypie, geboren und rasch populär wurde, sah sich der *Leipziger Stadtanzeiger* 1841 zu der Warnung veranlaßt: »Flüchtige Spiegelbilder festhalten zu wollen, das ist nicht bloß ein Ding der Unmöglichkeit..., sondern schon der Wunsch dies zu wollen, ist eine Gotteslästerung. Der Mensch ist nach dem Ebenbild Gottes geschaffen, und Gottes Bild kann durch keine menschliche Maschine festgehalten werden. [...] Nun: und derselbe Gott, der seit Jahrtausenden es nie geduldet hat, daß eines

Menschen Spiegelbild unvergänglich bestehen bleibt, dieser selbe Gott soll plötzlich seinen urewigen Grundsätzen ungetreu werden und es zulassen, daß ein Franzose in Paris eine Erfindung teuflischster Art in die Welt setzt! Man muß sich doch klarmachen, wie unchristlich und heillos eitel die Menschheit erst werden wird, wenn sich jeder für seine Goldpatzen sein Spiegelbild dutzendweise anfertigen lassen kann.«[4] Und als zu Beginn des 20. Jahrhunderts mit der Technik laufender Bilder der Kinematograph seinen beispiellosen Siegeszug angetreten hatte, fühlte sich ein wegen des neuen »Kinomenschen« beunruhigter Sittenwächter zu der Diagnose berechtigt: »Wenn ein Menschenkind wöchentlich ein-, zwei-, dreimal ins Kino geht, so wird es schon allein durch die Art der Vorführung, abgesehen vom Inhalt, seelisch zerstört. Mag das Kino noch so anständig sein und ein wohlzensuriertes Programm zeigen, die bloße Gewöhnung an die huschenden, zuckenden, zappelnden Bilder der Flimmerwand zersetzt langsam und sicher die geistige und schließlich die sittliche Festigkeit des Menschen.«[5] An vergleichbaren Jeremiaden hat es in der Geschichte nie gemangelt – weder zu altbiblischen Zeiten noch im Zeitalter der Elektronik.

Medienexperten aus dem empirischen Lager glauben demgegenüber zu wissen, weshalb der von den Auguren prophezeite Untergang des abendländischen Menschen noch nicht stattgefunden hat: Der Pessimismus ist unhaltbar, da in seiner Prognostik unbewiesen und unbeweisbar; die Aussagen der Kritiker sind für Empiriker eher Produkte mythischen Orakelns als Zeugnisse gesicherter Erkenntnis; ihr Menschen- und Gesellschaftsbild steht apokalyptischen Visionen näher als wissenschaftlichen Einsichten; ihre Szenarien beschwören private Befürchtungen, aber beschreiben keine objektiven Sachverhalte. Kurzum, die Verlautbarungen der Medien- als Kulturkritiker sind pseudo-empirische und insofern unbrauchbare Ausflüsse des Geistes. Im besten Fall sind sie anregende Kulturphilosophie, im schlimmsten Fall deprimierende Unkenrufe, in keinem Fall sind sie seriöse Wissenschaft. Dem empirisch ausgerichteten Medienpsychologen Peter Winterhoff-Spurk zum Beispiel erscheint die gesamte Geschichte der gut neunzigjährigen audio-visuellen Medien denn auch als »*Geschichte einer neunzigjährigen Angst vor audio-visuellen Medien*«.[6] Er sieht speziell in der Diskussion um das Fernsehen die »Vehemenz der Kritik im umgekehrten Verhältnis zu ihrer empirischen Unterfütterung« und kritisiert scharf »das Entwerfen medienpsychologischer Horrorbilder ohne auch nur halbwegs gesicherte empirische Grundlage«. Selbst Autoritäten der Kultur- und Ideologiekritik wie Günther

Anders, Theodor W. Adorno und Dieter Prokop finden wenig Gnade vor den Augen des strengen Empirikers, denn trotz unbestreitbarer Meriten erscheinen ihre Befürchtungen über Manipulation durch Medien und Entmündigung des Menschen »übertrieben«, deren Begründungen »kaum oder nur sehr mangelhaft belegt«. Zielscheibe des Zorns werden indes ausgesprochene Schwarzmaler der Szene, die leichtfertig mit der Wahrheit und selbstsüchtig mit der Problemdarstellung umgehen: Kritiker wie Jerry Mander, der unverhohlen fordert »Schafft des Fernsehen ab!«[7] oder Marie Winn, die »die Droge im Wohnzimmer«[8] kriminalisiert, Kritiker, die nicht in der Lage sind, ihre weitreichenden Dämonisierungen des Mediums forschungs- und datenmäßig auch nur einigermaßen abzusichern. Ohne gesicherte Daten jedoch kann es kein sinnvolles Deuten medialer Wirkungen geben, »denn erst die exakte Kenntnis der spezifischen Wirkungszusammenhänge erlaubt den konstruktiven Umgang mit den Medien«. Und ohne intensivierte Forschung zwecks Sicherung solcher Daten kann es keine seriöse Medienkritik geben, denn erst ein befriedigender Forschungsstand erlaubt die notwendige »Entmythologisierung von Medienwirkungen«.

Mit ähnlicher Stoßrichtung attackiert die ebenfalls im Lager der Empiriker angesiedelte Hertha Sturm die Festungen der ideologisch argumentierenden Kritiker. Das, was sie als »die grandiosen Irrtümer des Neil Postman« glaubt entlarven zu können,[9] zielt auf eine Korrektur der düster menetekelnden Behauptungen Postmans durch einwandfreie empirische Befunde. Davon, daß wir uns mit dem Medium Fernsehen »zu Tode amüsieren«, kann nach Sturm gar keine Rede sein, denn empirische Untersuchungen zur körperlichen und seelischen Befindlichkeit von Zuschauern zeigen Zustände physiologischer Erregung, die eher als »unangenehm« denn als »amüsant« empfunden werden, und zwar besonders dann, wenn spannend-unterhaltsame Sendungen gesehen werden. Bei der Aufstellung seiner These von einer sich zu Tode amüsierenden Fernsehgesellschaft hat Postman einschlägige Studien mit differenziertem Untersuchungsdesign überhaupt nicht zur Kenntnis genommen. Und bei der Generalannahme eines ständig verflachenden Bedürfnisses nach »Infotainment« ignoriert er das breite Wirkungsspektrum beteiligter Persönlichkeits- und Situationsvariablen, über das allein die Forschung Auskunft gibt. Postman vereinfacht und verformt Fernsehwirkung in einer Weise, die der Forscherin schier unverzeihlich erscheint.

In diesem Licht betrachtet scheinen die Empiriker die besseren Waffen, sprich: die durchschlagenderen Argumente im Streit zu haben. Denn wer wollte in Abrede stellen, daß in gesellschaftlichen Auseinandersetzungen Beweise besser sind als Behauptungen, Aufklärungsarbeit besser als Ahnungen, Kenntnisse besser als Spekulationen? Wenn der empirischen Forschung tatsächlich die Rolle des Aufklärers und Problemlösers in der Mediendiskussion zuerkannt wird, folgt daraus mit einiger Evidenz die Notwendigkeit ihrer Einschaltung und die Sinnhaftigkeit ihrer Stärkung. Bevor Erzieher hilflos die Hände ringen, Eltern resignativ verzweifeln, Politiker ungeduldig die ordnungspolitische Faust ballen, sollten sie füglich zur Kenntnis nehmen, worüber sie die Ergebnisse der Medienforschung belehren. Und bevor die verunsicherte Öffentlichkeit die Medien zum Sündenbock für Sittenverfall, Suchtkrankheiten, Selbstmorde und weitere Übel aus der Pandora-Büchse der heutigen Zivilisation kürt, sollte sie diejenigen fördern, die das Licht aufklärender Forschung in das Dunkel angstgeborener Mutmaßungen tragen. So möchte man meinen. Winterhoff-Spurk verlangt denn auch konsequent: »Wenn in der Bundesrepublik Deutschland Erkenntnisse über die Wirkungen des Fernsehens politisch gewünscht werden, so kann dies nicht ohne die Bereitstellung zusätzlicher Ressourcen für die Wissenschaft erreicht werden.«[10] In solcher Forderung weiß er sich einig mit seinesgleichen, die ihre berufliche Kompetenz zur Bewältigung der Problemlage anempfehlen. So schreibt die Enquetekommission der Deutschen Forschungsgemeinschaft (DFG) in ihrem Abschlußbericht über »Medienwirkungsforschung in der Bundesrepublik Deutschland« aus dem Jahr 1986: »Die Kommission sieht ... einen vordringlichen Bedarf an Grundlagenstudien über medienspezifische Wirkungen, und zwar sowohl Wirkungen unterschiedlicher medialer Darstellungsformen (Bild, Text, Sprache, Musik, audiovisuelle Darbietung) wie auch Wirkungen verschiedener formaler Angebotsweisen (Kamerawinkel, Kameradistanz, Schnittfolge, Montageform, Wort-Bild-Beziehungen, Pausen, Verwendung graphischer Mittel, Formen der Illustration und ›Aufmachung‹ bei Printmedien usw.)«.[11]

Bestehen solche Forderungen und Erwartungen zu Recht? Können die Ergebnisse intensivierter Forschung den Streit schlichten, die Diskussion versachlichen, die brennenden Probleme klären? Ist die Medienwissenschaft bereits jetzt in der Lage, Antworten auf Fragen zu liefern, die außerhalb ihrer Domäne entweder als unbeantwortet oder falsch beantwortet gelten? Bei nüchterner Betrachtung kann es ein eindeutiges Ja auf diese Fragen nicht geben. Denn so, wie die ideologisch operierende Medienkritik Defizite aufweist, die sie aus der Sicht der Empiriker disqualifiziert, so hat auch die erfahrungswissenschaftlich ausgerichtete Forschung ihre Schwachpunkte, die ihre öffentliche Brauchbarkeit einschränken. Diese Schwächen lassen sich unter vier Aspekten darstellen:

1. *›Wildwuchs‹ der Forschung:* Wer sich in die geschichtlich junge, aber fachlich stark proliferierende Medienforschung einarbeitet, sieht sich (besonders dann, wenn er eine internationale Perspektive zu gewinnen sucht) mit einer erdrückenden Fülle an veröffentlichten Untersuchungen konfrontiert, die zu überblicken und zu integrieren auch dem Experten zunehmend Mühe bereitet. Der oben erwähnte (unvollständige) Bericht der Enquetekommisssion der DFG enthält im Dokumentationsband 252 Titel zur Medienwirkungsforschung allein in der Bundesrepublik Deutschland von 1970 bis 1982. Inzwischen dürfte eine mindestens ebenso große Anzahl hinzugekommen sein, und schließlich wurde ja auch vor 1970 schon geforscht. Blickt man über den nationalen Tellerrand hinaus und nimmt die Fachliteratur des westlichen Auslands, insbesondere der USA, hinzu, stößt man auf Tausende von wissenschaftlichen Arbeiten, die unter so diversen Kategorien wie Massenkommunikationsforschung, Medienwirkungsforschung, Rezeptionsforschung, Publizistik, Medienpsychologie, Mediensoziologie, Medienpädagogik auffindbar sind. Der Diversität der Begriffe entspricht eine Diversität der Zuständigkeiten im Forschungsprozeß. Weder sind die Sachgebiete als Forschungsgebiete in sich klar definiert, noch sind ihre Reviergrenzen zu Nachbardisziplinen klar abgesteckt. Ihre interdisziplinären Überlappungen und Verklammerungen, die theoretisch als notwendig angesehen werden mögen, sind effektiv – zumindest für den interessierten Laien – Verwirrungen, die sich praktisch als für den Wissensfortschritt hinderlich auswirken. Bildlich gesprochen liefert der Wildwuchs in der Medienforschung den Eindruck eines Dschungels, in den Schneisen zu schlagen immer schwieriger wird. Wo aber die schiere Quantität der Untersuchungen zu einem ernsthaften Kapazitäts- und Orientierungsproblem schon für die wissenschaftliche, umso mehr für die gesellschaftliche Öffentlichkeit wird, steht der Quantität keine korrespondierende Qualität gegenüber, und die Informationsfülle verstopft den Informationsfluß. Die Adressaten der Veröffentlichungen sehen sich überfordert, entwickeln Abwehrmaßnahmen gegen Unzumutbares, und die maximierte Quantität der Forschung schlägt um in reduzierte Qualität ihrer öffentlichen Wirkung. Gerade diejenigen, die den dringendsten Aufklärungsbedarf haben (Eltern, Lehrer, Politiker, Jugendpfleger, Seelsorger), kapitulieren gegenüber dem einer Aufklärung vorzuschaltenden Zeit- und Arbeitsaufwand. Die Wissenschaftler bleiben weitgehend unter sich, ver-

mehren – theoretisch – das Wissen, aber zementieren – praktisch – das Unwissen. Die hochgradigem Spezialistentum eigentümliche ›intellektuelle Inzucht‹ ist zwar dazu angetan, immer mehr Spezialisten zu züchten, aber wenig geeignet, aufklärend in die Öffentlichkeit hineinzuwirken. Wissenstransfer und -nutzung finden im wünschbaren Umfang nicht statt.

2. *Pluralismus der Theorien und Methoden:* Mögen eingeschworene Medienforscher nach außen auch den Eindruck erwecken, nur die verstärkte Fortführung empirischer Arbeit vermöchte den Krieg um die Medien zu beenden, die Wissenschaft als solche ist kein Appellationsgericht zur Befriedung der Kontrahenten. Von innen heraus betrachtet ist sie nämlich selbst ein ›Kriegsschauplatz‹ in den Auseinandersetzungen; denn die widerstreitenden Theorien und Methoden bilden ein Feld nie endender Kontroversen, die die Kräfte zersplittern und die Aktivitäten verzetteln. Die Medienforschung ist alles andere als eine halbwegs einheitliche Wissenschaft. Im Vergleich mit der Humanmedizin beispielsweise, die keineswegs vom Wissenschaftspluralismus verschont geblieben ist, aber im menschlichen Organismus ihren monistischen Dreh- und Angelpunkt findet, erscheint sie inkohärent, disparat und fragmentarisch. Schon ihr vorgegebener Objektbereich fällt in mindestens drei Teilbereiche auseinander je nachdem, ob eher Inhaltsforschung in den Medien, Kommunikationsforschung der Sender-Empfänger-Beziehungen oder Publikumsforschung in der Gesellschaft betrieben wird. Nimmt man die Erforschung medienproduzierender Institutionen hinzu, etabliert sich zusätzlich ein vierter Teilbereich. Innerhalb der Bereiche hinwiederum, sagen wir in der Kommunikationsforschung, macht es einen wesentlichen Unterschied, ob eine bestimmte Forschungsstrategie auf der Basis zum Beispiel behavioristischer Modelle oder anderer, zum Beispiel kognitiver, transaktionaler, sozialisationsbezogener, psychoanalytischer Modelle konzipiert wird. Das Erkenntnisinteresse prädeterminiert unvermeidbar die Theorie und die Methode. Verständlicherweise kann ein Psychoanalytiker, dem es um die Beurteilung von Medieninhalten in ihrer Eigenschaft als Angst- und Lustpotential geht, nicht viel anfangen mit den Erkenntnissen eines Soziologen, dem es vielleicht um die Erforschung schichtenspezifischer Rezeptionsgewohnheiten zu tun ist. So wie die theoretischen Prämissen auseinanderstreben, so streben die Forschungsmethoden und damit auch die Ergebnisse auseinander. Die Weitläufigkeit der Aktivitäten bedingt zwangsläufig eine Pluralität der Theorien und Methoden, die weder in ihrer historischen Abfolge noch in ihrem aktuellen Wettbewerb ein allmählich sichtbar werdendes Problem-

lösungsmuster oder eine progressiv verfolgbare Annäherung an Wahrheit und Wirklichkeit erkennen lassen. Berücksichtigt man nun noch, daß die einzelnen Medien und deren Verflechtungen in Rundfunk, Film, Fernsehen, Audio- und Videokonserven sowie diversen Printmedien, die den heterogenen Objektbereich der Forschung konstituieren, eigene strukturelle Gesetzmäßigkeiten in sich tragen, wird einsehbar, daß die Medienforschung zur pluralistischen Zersplitterung geradezu verurteilt ist. Ihrer öffentlichen Anerkennung ist dies nicht gerade förderlich.

3. *Fehlendes Menschenbild:* Auf diesen Schwachpunkt, der den Pluralismus maßgeblich mitbedingt, hat in eindringlicher Form Alois Huter aufmerksam gemacht. Für Huter ist es zugleich ein Symptom der Zeit wie ein Problem der Forschung, daß der Mensch, der präsumptive Nutznießer aller Wissenschaft, in einem bestimmten Sinne aus dem Bewußtsein der Forscher und dem Bild der Forschung verschwunden ist. Die augenfälligen Krisensymptome der Medienforschung, wie sie in der Widersprüchlichkeit von Erkenntnissen, der Nicht-Integrierbarkeit von Methoden, der Wirkungslosigkeit von Veröffentlichungen zutage treten, sind für Huter sämtlich Anzeichen einer philosophischen und gesellschaftspolitischen Konzeptlosigkeit *sub specie hominis*. Der Forschung fehlt die kritische Sonde der Humanität. Mag der Mensch als interessantes Objekt im Forschungsprozeß auch anwesend sein, als vollgültiges Subjekt ist er abwesend. Im technokratischen Bemühen um Optimierung der Verfahren, Ausdehnung der Untersuchungsfelder, Maximierung der Ressourcen vergißt die Forschung beharrlich den Menschen, ihren eigentlichen Schutzbefohlenen. Im positivistischen Streben nach operativer Effizienz verliert sie jede humanistische Verpflichtung auf das Wert- und Sinnhafte ihres Tuns aus dem Blick. Im trügerischen Vertrauen auf das wissenschaftlich Meßbare verliert sie den Maßstab für das menschlich Verantwortbare und gesellschaftlich Vertretbare. Ihre hektische Betriebsamkeit steht im umgekehrt proportionalen Verhältnis zu ihrer kulturellen Nützlichkeit. Für Huter besteht »ein eklatanter Mangel an äußerer Relevanz der Kommunikationsforschung, ein auffallendes Mißverhältnis zwischen der den Massenmedien zugeschriebenen Bedeutung für Gesellschaft und Person einerseits und der Bedeutung dieser Forschung für die Medienpraxis andererseits«.[12] Die systembedingte Krise der Medienforschung wird über kurz oder lang zu einer Verfallskrise führen, wenn ihre Vertreter dieses Mißverhältnis nicht erkennen und die insgesamt »verfehlte Axiomatik« ihrer Wissenschaft nicht korrigieren. Denn bereits jetzt haben die meisten Politiker und Praktiker Konsequenzen gezogen und sich

darauf eingestellt, als Teilnehmer an der Mediendiskussion eher dem eigenen Gespür oder der eigenen Ideologie als den Resultaten einer (aus ihrer Sicht) konfusen Forschung zu folgen. Huter selbst liefert zwar nicht das Menschenbild, dessen Abwesenheit er beklagt, aber seine Diagnose macht plausibel, weshalb angefeindete Auguren der Medienwelt wie Neil Postman oder Marie Winn erfolgreicher bei der Vermittlung ihrer Botschaften sind als das Heer der empirischen Forscher. Denn bei aller Problematik: *sie* haben ein Menschenbild.

4. *Nicht schließbare Forschungslücken:* Es mag deprimierend erscheinen, doch es trifft zu: Die empirische Medienforschung kämpft an einer Front der Problemlösungsversuche und Erkenntniswünsche, wo der Kampf zu einer relativen Aussichtslosigkeit der Bemühungen verdammt ist. Forschungslücken bestehen und werden sich weiter vergrößern. Selbst eine drastische Heraufsetzung der Zahl der Untersuchungen könnte nicht bewirken, was als Optimum vorschwebt – eine zufriedenstellende Klärung der brennenden Probleme. Die von der Forschung beantworteten Fragen liefern fast nie die Beruhigung gesicherten Wissens, sondern erzeugen auf beunruhigende Weise immer neue Fragen: auch die erfolgreich beschrittenen Wege führen nicht zu definitiven Zielen, sondern nur zu neuen Wegegabelungen. Das erworbene Wissen ist vorläufig, der erzielte Erkenntnisfortschritt relativ. Man mag entgegnen, jede Forschung befände sich im Prinzip in dieser Sysiphus-Situation, denn die Forschung sei zu weiten Teilen ihr eigener Problemgenerator, und diese Entgegnung ist richtig. Aber in der Geschichte der Medien, insbesondere ihrer jüngsten Phase, waltet eine Dynamik, deren Energie und Tempo ihresgleichen suchen. Neue Entwicklungen überschlagen sich, und medientechnische wie -programmatische Innovationen folgen einander in immer kürzeren Abständen. War gestern, in den Printmedien, die literarische Fiktion noch der vorherrschende Modus medialer Sekundärerfahrung, deren Erforschung schon komplex genug erschien, steht heute, mit den elektronischen Medien, die sogenannte Cyberspace-Erfahrung ins Haus, deren Effekte auf das Bewußtsein und Verhalten des Menschen noch gar nicht abschätzbar sind. Auf jede empirische Untersuchung, die mit »gesicherten« Daten über Wirkungen in dieser oder jener Form aufwartet, kommen mehrere neue Entwicklungen, die den Problemhorizont erweitern und die Forschungslandschaft verändern. Der Medienforscher befindet sich in einem Rennen, in dem er Wegstrecken zurücklegt, aber einen Bestimmungsort nie erreicht. Er verfügt nicht über den langen Atem, der vonnöten wäre, um das Rennen gegen die Dynamik der Mediengesellschaft zu gewinnen.

Daß Forscher selbst nicht ganz frei sind von Zweifeln am Erfolg ihrer Bemühungen und wohl wissen, daß ihre Aufgaben allzu gigantisch sind, zeigen Äußerungen der oben schon zitierten Hertha Sturm. Sie diskutiert Fernsehforschung als typisches Problem komplexer Mehrvariablen-Analysen. Dabei stellt sie Rezipientenvariablen wie Alter, Geschlecht, Intelligenz, Einstellung u.a. Medienvariablen wie Bild-/Tonbeziehung, Kamerawechsel, Schnitte, Zooms, Farbgebung u.a. gegenüber und leitet aus der Interaktion multipler Variablen durchaus schlüssig ein differenziertes Forschungsprogramm ab. Allerdings: »Erkennt man an, daß Rezipienten *und* Medienvariablen gleichermaßen an personalen Medienwirkungen beteiligt sind, dann wäre es für die Medienforschung ein wohl hoffnungsloses Unterfangen, alle denkbar möglichen Kombinationen dieser beidseitigen Wirkfaktoren abzuprüfen – und ebenso wäre es für die Anbieter von Medienbeiträgen, die Medienpraktiker, so gut wie ausgeschlossen, auch nur einen Teil solcher Überfülle von Forschungshinweisen zu beachten... . Für eine rezipientenorientierte Medienforschung muß es sich demnach vorab darum handeln, aus einem Universum von möglichen Wirkfaktoren die *dominanten Einflußgrößen* zu erkennen, herauszufiltern und exakt zu prüfen.«[13]

Ein derartiger Realismus der Bescheidenheit ist sicherlich angezeigt, aber selbst er täuscht noch über den wahren Umfang ungelöster Probleme hinweg, denn bis auf den heutigen Tag kann man nicht mit gutem Gewissen behaupten, daß die dominanten Einflußgrößen zweifelsfrei erkannt und exakt geprüft worden seien. Sind auch zahlreiche Einflußgrößen empirisch ermittelt und als wirkungsrelevant anerkannt worden – was die *dominanten* Größen sind (Größen also, denen Vorhersage- und Verallgemeinerungskraft eignet), darüber herrscht noch keineswegs Konsens. Bei der Beurteilung von Qualität und Stand der Forschung muß die Häufigkeit zu denken gaben, mit der Lückenhaftigkeit, Vorläufigkeit und Unabgeschlossenheit der Ergebnisse eingestanden werden. Sind typische Bemerkungen wie »Es sind weitere Untersuchungen notwendig« oder »Die Ergebnisse sind nicht eindeutig genug für ein abschließendes Urteil« oder »Ohne weitere Forschung sind die Fragen nicht mit hinreichender Sicherheit zu beantworten« einerseits honorige Anzeichen der Selbstbescheidung, auf der anderen Seite sind es Symptome der Defizienz. Forscher, deren Arbeitsergebnisse ihnen selbst Ungenügen bereitet, suchen Trost im Verweis auf die nächste Arbeit, die das Ungenügen schon noch beseitigen wird. Die Öffentlichkeit, die auf brauchbare Ergebnisse wartet, tröstet das wenig. Zwar setzt sich die Kette der Forschungsarbeiten auf diese Weise ins Unendliche fort, aber die Lücken schließen sich nicht. Die Dynamik der Mediengesellschaft überrollt die Entwicklung der Medienforschung.

Trotzdem wagt dieses Buch den Versuch, an einer Stelle im dynamischen Prozeß so etwas wie eine Bilanz zu ziehen. Wir sind der Auffassung, daß die kritische Darstellung der Problematik, die harsch ausgefallen sein mag, die Forschungsansprüche relativiert, aber nicht invalidiert. Sie schneidet sie auf ein realistisches Maß zurück und dämpft überzogene Erwartungen, raubt der Forschung aber nicht ihre Bedeutung. Substantielle empirische Erkenntnisse, gezielt ausgewählt und gedeutet, verdienen, bei allen Einschränkungen, immer noch den Vorzug gegenüber ideologiebefrachteten Spekulationen, und es könnte nützlich sein, just an der Stelle eine Schneise in den Forschungsdschungel zu schlagen, wo der Wildwuchs am schlimmsten und das Terrain am unübersichtlichsten ist – am Punkt der seelischen und sozialen Gefährlichkeit der Medien. Denn die Vertreter der Öffentlichkeit, die dieses Problem besonders angeht, haben im Regelfall weder die Zeit noch die Möglichkeit, die Schneise selbst zu schlagen, um dem Erkenntnisfortschritt und ihrer eigenen Orientierung zu dienen. Ihr Informationsbedarf steht normalerweise im Mißverhältnis zu ihren Informationsmöglichkeiten; denn wie viele beruflich eingespannte Eltern, Lehrer, Politiker usw. hätten leichten (physischen wie intellektuellen) Zugang zu den weitverstreuten Informationsquellen? Wie viele sähen sich in der Lage, Cluster-Analysen, Korrelationsberechnungen, Signifikanzprüfungen, Faktorenrotation, Chi-Quadrat-Tests und ähnliche Arkana der empirischen Forschung operational nachzuvollziehen und sachangemessen zu deuten?

Seiner Zwecksetzung gemäß ist das Buch eine auswählende Synopsis. Es versucht, auf begrenztem Raum und in allgemeinverständlicher Form eine Bestandsaufnahme empirisch gesammelter Erkenntnisse über die Gefährdungen des Menschen durch die Medien zu geben, diejenigen Untersuchungen auswertend, die die verschiedenen Gefahrenzonen und ihr Zustandekommen am deutlichsten markieren. Es behauptet nicht, daß alle Medien für alle Konsumenten unter allen Umständen gefährlich sind – an den vielfachen positiven Möglichkeiten ihrer Nutzung besteht für uns überhaupt kein Zweifel –, es sieht auch keinen verschwörerischen Kulturimperialismus zur Beherrschung hilfloser Konsumenten am Werke; sondern es legt dar, unter welchen Bedingungen welche Medien für welche Konsumenten in welcher Form gefährlich geworden sind. Es resümiert und kommentiert eine Auswahl an Untersuchungen (sowohl Feldstudien als auch Laborstudien als auch Fallstudien), in denen Negativwirkungen nachgewiesen wurden, die die Rede von den »gefährlichen Musen« grundsätzlich rechtfertigen. Die Frage einer Generalisierbarkeit der Ergebnisse ist damit nicht präjudiziert. Unserer Auswahl ließe sich jederzeit eine andere entgegenstellen, in welcher die Musen als positive (prosoziale, phantasieanregende, erzieherische, bereichernde) Wirkungskräfte dargestellt werden könnten (schließlich waren sie in der griechischen Mythologie ausschließlich segensreich wirkende Göttinnen). Das bewiese aber nur das Phänomen multipler Wirkung, nicht jedoch das Fehlen schädlicher Komponenten oder die grundsätzliche Harmlosigkeit der Medien.

Gefährlichkeit ist hier zu verstehen als ein Potential, das unter bestimmten Umständen nachweislich aktualisiert wurde und von dessen Reaktualisierbarkeit man daher prinzipiell ausgehen kann. Dabei ist es unerheblich, ob die Gefährdung von Rezipienten sich bestimmten Medieninhalten *kausal* zuschreiben läßt (was in linearer Zuschreibung meist nicht der Fall ist) oder *korrelational* gedeutet wird (was den Zusammenhang mit anderen Einflußfaktoren oder Variablen nahelegt). Es ist auch nicht primär wichtig, ob die Gefährlichkeit der Medien in Fällen aufbricht, die eher als pathologische Ausnahmen einzuordnen sind oder als durchaus ›normale‹, will sagen: statistisch häufige Erscheinungen. Gefahren können groß oder gering sein – es bleiben Gefahren. Sie verschwinden nicht dadurch, daß man sie pathologisiert. Wenn ein Kritiker wie Rudolph Leonhard Problemfälle verharmlost mit der Bemerkung: »Mag sein, daß hin und wieder ein Bursche, der eine Mordszene [im Kino] sah, auf ›die abschüssige Bahn des Verbrechens‹ geriet, das spricht so viel mehr gegen sein Gehirn als gegen den Film, wie es nicht gegen den Werther spricht, daß er eine Selbstmordepidemie zur Folge hatte«,[14] dann basiert solche Einschätzung auf einer unzulässigen Entkoppelung zweier interagierender Variablen, dem kranken Gehirn und der stimulierenden Szene. Beide haben aber nachweislich Teil an *einem* psychodynamischen Prozeß, der hier gemeingefährliches Verhalten zur Folge hatte, selbst wenn der Film wahrscheinlich nichts primär verursacht, sondern nur etwas sekundär ausgelöst hat, und selbst wenn die Mordszene in hunderttausend anderen Köpfen augenscheinlich nichts Vergleichbares ausgelöst haben mag.

Rezeptionsprozesse und die durch sie vermittelten Wirkungen sind stets Resultanten eines komplexen Gefüges objektiver *und* subjektiver Bedingungen. Medienstimulierte Verhaltensweisen sind weder ausschließlich durch innere, noch ausschließlich durch äußere Faktoren verursachte Vorgänge, sondern Prozesse einer Wechselwirkung zwischen zwei Systemen, dem System der inneren Determinanten einer konkreten Person oder Gruppe und dem System der äußeren Determinanten eines konkreten Medienobjekts. Ein Film, Hörspiel, Roman, Comic-Strip, Musikstück, Computerspiel, Video-Clip etc. schafft im Rezipienten stets eine subjektive Resonanz auf eine objektive Realität und führt insofern zu subjektiven Reaktionen – positiven wie negativen, harmlosen oder gefährlichen. Daß in Enkulturations- und Erziehungsprozessen Immunität gegen gefährliche mediale ›Infektionen‹ angestrebt werden sollte, ist eine Sache; daß ›Infektionen‹ trotz aller Bestrebungen vorkommen, eine andere. Wenn die Medienpädagogin Patricia Greenfield zum Beispiel meint: »Die Schäden, die elektronische Medien bei Kindern anrichten können, hängen nicht eigentlich mit den Medien zusammen, sondern mit der Art und Weise, *wie* sie und *wofür* sie benutzt werden«,[15] so ist eine solche Meinung, wirkungspsychologisch betrachtet, naiv. Und wenn sie fortfährt: »Vernünftig genutzt aber sind das Fernsehen und die neuen elektronischen Medien eine große Lern- und Entwicklungshilfe. Durch sie erwerben Kinder ganz andere geistige Fähigkeiten, als sie etwa durch Lesen und Schreiben entwickelt werden«, so läßt sich die hier waltende Logik leicht durch eine Analogie aus den Angeln heben, die da lauten könnte: »Vernünftig genutzt sind der Sprengstoff und die neuen Handfeuerwaffen eine große Selbstschutz- und Ordnungshilfe. Durch sie erwerben Bürger ganz andere physische Fähigkeiten, als sie etwa durch Keulenschwingen und Steinschleudern entwickelt werden.« Mit anderen Worten: Jede Argumentation greift zu kurz, die auf der einen Seite das pure (›unschuldige‹) Objekt postuliert, das durch Mißbrauch seitens des Subjekts zu Unrecht in Mißkredit gerät, und auf der anderen Seite das alleinverantwortliche Subjekt vermutet, das sich durch Mißbrauch des Objekts selbst diskreditiert. Sinnvolle Wirkungsforschung ist immer eine Art von Rückbezüglichkeitsforschung – wirkungszentriert, aber subjekt- und objektbezogen, denn Wirkung ist die Schnittstelle von Subjekt und Objekt.

Gefährlichkeit ist nicht auf Gewalttätigkeit festgelegt. Vielmehr geht es um das gesamte Spektrum negativer Wirkungen, angefangen von nervlichen Überlastungen und psychischen Störungen über sozialschädliche Einstellungen und weltanschauliche Verzerrungen bis zu kriminellem Verhalten und (selbst-)zerstörerischen Handlungen. Gefährlichkeit ist auch nicht auf das Medium des Fernsehens festgelegt. Vielmehr handelt es sich um die gesamte Bandbreite der Medien mit i.w.S. ästhetisch-fiktionalen Formen der Realisierung (dazu zählen wir auch Formen, die – wie Video-Games – dem Sportlich-Spielerischen zuzurechnen sind, nicht aber Formen, die – wie Nachrichten – überwiegend der Information dienen). Gefährlichkeit als Negativum setzt zudem ein Menschenbild voraus, das von der Ungefährdetheit des Menschen an Leib und Seele als Positivum ausgeht. Gefährlich ist nach unserem Verständnis alles, was den Menschen verletzt, vernichtet, unterdrückt, entwürdigt, täuscht, indoktriniert, terrorisiert, manipuliert oder korrumpiert – ganz gleich, ob der Mensch für bestimmte Gefährdungen persönliche Anfälligkeit, gar Verantwortlichkeit, zeigt oder ob er – ohne derartige Prädisposition – massiv beeinflußt und von außen in seiner Integrität beeinträchtigt wird. In einem Fall mag ein bestimmter Rezipient als ungewöhnlich naiv oder labil analysierbar sein, in einem anderen ein bestimmter Medieninhalt als außerordentlich suggestiv oder manipulativ entlarvbar erscheinen – an der Schnittstelle von Subjekt und Objekt, der eingetretenen Wirkung, ändert dies nichts. Gefährlich ist danach alles, was in Prozessen medialer Kommunikation nicht mit der Entwicklung eines gesunden, freiheitlich-selbstbestimmten Individuums und den Prinzipien einer aufgeklärten gesellschaftspolitischen Ethik im Einklang steht. Gefährlich sind sowohl die Schwächen der Menschen, die subjektiv besondere ›Einfallstore‹ für schädliche Wirkungen öffnen, als auch die Einflüsse von Medien, die objektiv besondere Kanäle für fragwürdige Botschaften oder unerwünschte Sekundärerfahrungen bereitstellen.

Anmerkungen zur Einleitung

1 Neil Postman, *Die Verweigerung der Hörigkeit: Lauter Einsprüche* (Frankfurt/M.: S. Fischer, 1988), 198, 199; siehe auch ders., *Wir amüsieren uns zu Tode: Urteilsbildung im Zeitalter der Unterhaltungsindustrie* (Frankfurt/M.: S. Fischer, 1985).

2 Rainer Patzlaff, *Medienmagie – oder die Herrschaft über die Sinne* (Stuttgart: Freies Geistesleben, ^{2}1992), 8.

3 Vgl. Christian W. Thomsen, ed., *Cultural Transfer or Electronic Imperialism? The Impact of American Television Programs on European Television* (Heidelberg: Winter, 1989).

4 Zitiert nach Heinz Buddemeier, *Panorama, Diorama, Photographie: Entstehung und Wirkung neuer Medien im 19. Jahrhundert* (München: Fink, 1970), 226–27.

5 Siehe Kurt Moreck, *Sittengeschichte des Kinos* (Dresden: P. Aretz, 1926), 69.

6 Peter Winterhoff-Spurk, *Fernsehen: Psychologische Befunde zur Medienwirkung* (Stuttgart: Huber, 1986), 27.
7 Jerry Mander, *Schafft das Fernsehen ab!* (Reinbek: Rowohlt, 1979).
8 Marie Winn, *Die Droge im Wohnzimmer* (Reinbek: Rowohlt, 1979).
9 Hertha Sturm, »Die grandiosen Irrtümer des Neil Postman: Thesen zur Fernseh-Wirkungsforschung«, *Kirche und Rundfunk* 71 (10. September 1986), 3–14.
10 P. Winterhoff-Spurk, *Fernsehen*, 86.
11 Winfried Schulz, Hg., *Medienwirkungsforschung in der Bundesrepublik Deutschland*, Teil 1: *Berichte und Empfehlungen* (Weinheim: VCH, 1986), 9.
12 Alois Huter, *Mensch und Massenmedien: Der anthropologische Aspekt der Medienforschung* (Salzburg: O. Müller, 1981), 16.
13 Hertha Sturm, *Fernsehdiktate: Die Veränderung von Gedanken und Gefühlen. Ergebnisse und Folgerungen für eine rezipientenorientierte Mediendramaturgie* (Gütersloh: Bertelsmann, 1991), 88.
14 Zitiert nach K. Moreck, *Sittengeschichte des Kinos*, 256.
15 Patricia M. Greenfield, *Kinder und neue Medien: Die Wirkung von Fernsehen, Videospielen und Computern* (München: Psychologie Verlags Union, 1987), 2.

2. Musik

Unter allen Künsten übt die Musik die tiefste und nachhaltigste Wirkung auf Körper und Seele aus. Ob aktiv gestaltet oder passiv erlebt – Musik ist mächtig. Ob unmittelbar aufgeführt oder medial konserviert – Musik erfüllt ein vitales Grundbedürfnis im Seelenhaushalt des Menschen wie im kulturellen Leben der Völker. Sie ist eine Urkunst mit Urkräften, die zeitlos wirksam zu sein scheinen. Seit ihren Anfängen vor über 15000 Jahren bis zur Gegenwart hat sie nichts von dem Vermögen eingebüßt, die menschliche Seele in ihren Bann zu ziehen. Von archaischer Verwurzelung in primitiven Formen der weißen oder schwarzen Magie bis zu zeitgenössischer Ausgestaltung in komplexen Formen ›reiner‹ Komposition hat sie nichts von jener Faszination verloren, die ihr ureigenstes Mysterium ausmacht. Daß Musik ›verzaubert‹, ist ein Gemeinplatz, den kaum ein Musikfreund anzweifeln würde. Götter haben sie zur Erschaffung der Welt benutzt, Schamanen zur Beschwörung von Geistern, Medizinmänner zur Heilung von Krankheiten, mythische Helden zur Bezwingung von Feinden, Philosophen zur Erklärung kosmischer Harmonie, Verliebte zur Deklaration ihrer Liebe und natürlich unzählige Musikanten zur Erquickung des Gemüts und zum Vertreib der Zeit.[1]

Vielfältig geformt und vielfach wirksam ist die Musik diejenige ästhetische Ausdrucks- und Erlebnisform, die sich in ihrer seelischen Resonanz rationaler Beschreibung am hartnäckigsten entzieht. Gleichzeitig dürfte sie diejenige kulturelle Errungenschaft sein, auf die wir am schlechtesten verzichten könnten oder möchten. Es ist sehr wahrscheinlich, daß der Mensch ohne Musik seine psychosomatische Stabilität verlöre, in seiner Humanität so verarmte, daß der Verlust recht schmerzlich empfunden würde. Psychologisch betrachtet ist die Musik die buchstäblich konservativste aller Künste, denn in ihrer Klangwelt sind – trotz Evolution der Strukturen – Urklänge aus Natur und Kosmos noch am deutlichsten vernehmbar, in ihren Rhythmen – trotz Elaboration der Formen – die Pulse des Lebens noch am deutlichsten spürbar. Enger als in anderen ästhetischen Erfahrungsbereichen bestehen hier Verbindungen zwischen tonalen bzw. rhythmischen Ereignissen im Außen und neurophysiologischen Vorgängen und deren psychischer Verarbeitung im Innen. Und tiefer als in verwandten Kunsterlebnissen reichen hier die Effekte, die den menschlichen Organismus fast in der gesamten Vielfalt seiner Funktionen ›in Mitleidenschaft‹ ziehen: die vegetative Befindlichkeit, die seelische Gestimmtheit, die psychomotorische Reaktionsbereitschaft, die physiognomische Ausdrucksfähigkeit, die zerebrale Aufmerksamkeit. Im Kulturgut der Musik pflegt und verwaltet der Mensch ein uraltes psychogenetisches Erbe, das einerseits durch die eigenen Biorhythmen von Puls und Atmung geprägt, andererseits von den Naturlauten der Umwelt (Vogelstimmen, Wasserrauschen, Windgesang) beeinflußt ist – ein Erbe, dessen Reichtum offensichtlich unerschöpflich und dessen Kraft unwiderstehlich erscheint. Rudimentäre Musikerlebnisse zählen zu den allerfrühesten Erfahrungen sowohl des Kleinkindes als auch der archaischen Menschheit. Die künstlerische Struktur, auch wenn sie ein hohes und abstraktes Niveau erreicht, entfernt sich nie ganz von den vitalen Prozessen, die ihre Matrix bilden.

Die profunde Wirkung der Musik basiert wesentlich auf ihrem affektiven Widerhall. Von Napoleon Bonaparte stammt der Ausspruch: »Die Musik hat von allen Künsten den tiefsten Einfluß auf das Gemüt.« Obwohl sie zweifelsohne auch eine hochintellektualisierte Kunst sein kann, deren Verstehen viel rationale Zuwendung und starke kognitive Anstrengung erfordert, dürfte ihr Appellcharakter für die meisten Menschen (wie für Napoleon) überwiegend emotionaler Art sein. Musikalische Kunst ist wesentlich Gefühlskunst; ihre ›magische‹ Potenz beruht zu allererst auf ihrer Eigenschaft, Gefühle hervorrufen, steigern, differenzieren und variieren zu können, und an dieser Eigenschaft hat sich in der jahrtausendelangen Musikgeschichte erstaunlich wenig geändert. Während sich die Dichtkunst aufgrund ihrer semantischen Fundierung stärker an die sogenannte Noopsyche, den verstandesbezogenen Teil der Seele, wendet und die Bildkunst eine Zwischenstellung innehat, richtet sich die Musik, die im eigentlichen Sinne keine Semantik kennt, wesentlich an die Thymopsyche, jenen Bereich der Seele, der Gemüt und Affekt beinhaltet. Dabei gehen wir im Regelfall von den positiven (beglückenden, bereichernden, euphorisch stimmenden, lustspendenden) Wirkungskräften des Mediums aus. Nicht von ungefähr bedeutet in der griechischen Mythologie Euterpe, der Name der Muse der Musik, wörtlich »die Freudenspendende, Ergötzende«, und nicht von ungefähr rangiert in der Kunst der Musen der Gesang (i.w.S. die Musik) vor allen anderen Künsten. Nach dem mythologischen *nomen-est-omen*-Prinzip kommt darin die Urerfahrung der euphonischen Wirkung von Klängen und Rhythmen zum Ausdruck. Die Euphonie der Musik assoziiert sich universell mit

Seelenzuständen, die als beseligend, erhebend, entrückend, entkrampfend, versöhnend, heiligend, erotisierend oder auf andere Weise positiv stimmend empfunden werden. Kompositorisch und instrumental gesehen mögen zwischen einem Wiegenlied und einem Militärmarsch oder einem Kammermusik-Stück und einer Hardrock-Nummer Welten liegen, neuropsychologisch betrachtet lassen sich bei Hörern durchaus vergleichbare Entrückungszustände beobachten, in denen die Beziehungen zur äußeren Objektwelt ausgeblendet sind und statt dessen die innere Erlebniswelt in Schwingung versetzt wird.

Diese Art der Aktivierung liegt zunächst an bestimmten Grundbedingungen sinnlicher Wahrnehmung im Bereich des Gehörs. Wie der Neurologe und Musikwissenschaftler Gerhart Harrer bemerkt: »Bei keinem der menschlichen Sinne – wenn man vom Schmerzsinn absieht – ist der emotionale Anteil so hoch wie beim auditiven System.«[2] Musikalische Wahrnehmungen werden unmittelbar von Empfindungen begleitet. Folgen akustische Außenreize den tonalen und rhythmischen Gesetzen der Musik, aktiviert sich ein inneres Potential, das die gesamte psychophysische Befindlichkeit des Menschen zu verändern vermag, wobei die Gefühlswelt am spürbarsten involviert ist. Wer intensiv bestimmten Klängen und Rhythmen lauscht, erfährt über das Limbische System seines Gehirns die für das Musikerlebnis so wesentliche gefühlsmäßige Beteiligung.[3] Durch komplizierte Modulations- und Rückkoppelungseffekte auf andere Zentren aktiviert sich aber darüber hinaus – mehr oder minder deutlich – das gesamte Regulationssystem im Organismus, objektiv meßbar an Veränderungen des Blutdrucks, der Atem- und Pulsfrequenz, des Herzrhythmus, der Muskelspannung, des elektrischen Hautwiderstandes, des Hirnstrombildes, der Hormonausschüttung und anderer Prozesse. Zudem können, je nach Persönlichkeitsstruktur und Hörgewohnheiten, weitere Vorgänge ausgelöst werden, die kortikale Leistungen wie Erinnerungs-, Assoziations-, Identifikations- oder Analysefähigkeit ins Spiel bringen. Hierarchisch betrachtet reicht das gesamte Reaktionsmuster vom rein Vegetativen bis zum hoch Spirituellen.

Rezeptionspsychologisch macht die Forschung heute einsehbar, was mythologisch und historisch seit langem bekannt ist – die singuläre Macht der Kunst der Musik über Körper und Seele des Menschen. Es war seit unvordenklichen Zeiten so, daß ihre ins Geheimnisvoll-Magische übertragene Tiefenwirkung eingesetzt wurde, um übermenschliche Mächte zu beschwören und menschliche Affekte zu manipulieren. Zu allen Zeiten und in nahezu allen Kulturen wurde durch Rhythmus Arbeitsleistung gefördert oder Kriegsbegeisterung erzeugt, wurden durch Klänge böse Geister vertrieben und gute zur Hilfe gerufen. Alle Kulturen bedienten und bedienen sich heute noch der Suggestivkraft der Musik – die rituellen Rhythmen der frühzeitlichen Stammesgesellschaft ebenso wie die gregorianischen Gesänge in der christlichen Liturgie, die dröhnenden Klanggewitter der heutigen Rock-Idole ebenso wie die feineren Töne zeitgenössischer Meditationsprogramme. Bevor sie zur schönen Kunst avanciert, der man im Kantschen Sinne mit Wohlgefallen »ohne alles Interesse« begegnet, ist die Musik magisch-mythische Macht, die für handfeste Zwecke in Anspruch genommen wird. Zweckgebundene Musik ist keineswegs schon deshalb antiquiert, weil Ästheten darüber zuweilen die Nase rümpfen und ihre Musik lieber ›pur‹ oder ›autonom‹ genießen möchten – gereinigt von unlauteren Hintergedanken, befreit von verführerischem Beiwerk.[4] Mag sie in bestimmten Lebensbereichen auch zum Objekt reiner Ästhetisierung oder Spiritualisierung geworden sein, in anderen Bereichen ist sie nach wie vor Instrument der Beherrschung und Beschwörung, und hier ist sie mächtiger als dort. Daß darin eine uralte Erfahrungstatsache und kein Zufall waltet, läßt sich durch unzählige Erzählungen, Legenden und Anekdoten belegen. In den Mythologien der Völker wimmelt es von Musikanten, die in der erstaunlichsten Manier gewirkt haben und sich der geheimnisvollen Kräfte ihrer Kunst bedienten.

Auf der einen Seite figuriert dabei die Musik als Schöpferin und Bewahrerin: So setzt nach der Religion der Hindus Krishna als Schöpfer des Kosmos die ihn umkreisenden Himmelskörper mit seiner Flöte in kosmische Harmonie. Im altpersischen *Gilgamesch*-Epos bezwingt der gleichnamige Held mit seinen Trommeln die Mächte der Unter- und Oberwelt. In der griechischen Mythologie ›erweicht‹ Orpheus mit seiner buchstäblich rührenden Lyra Menschen, Tiere, Pflanzen und Steine. Im Alten Testament therapiert David mit gekonntem Harfenspiel den gemütskranken König Saul. In der antiken Philosophie waren Demokrit, Pythagoras u.a. der festen Meinung, für alle körperlichen Gebrechen gäbe es heilende Töne. In Mozarts *Zauberflöte* bannt Tamino mit den magischen Tönen seines Instruments die dämonischen Einflüsse der Königin der Nacht. Und so weiter. In solchen Beispielen finden wir die Tradition der weißen Magie, angewandt auf musikalische Beherrschungs- und Behandlungsrituale, die sich heute in den psychosomatischen Methoden der Medizin und der Musiktherapie indirekt fortsetzen.

Auf der anderen Seite steht jedoch die Musik als Verderberin und Zerstörerin: In Homers *Odyssee* sind es die betörenden Sirenen, die

Seefahrer anlocken, um sie in den Untergang zu ziehen. In der motivisch verwandten, deutschen Sage von der Loreley ist es eine blondgelockte Maid, deren Gesang und Gestalt unvorsichtigen Rheinschiffern zum Verderben gereicht. In der dänischen Legende von König Erik wird der Monarch des Landes durch die Weise eines Spielmanns in derartige Raserei versetzt, daß er blindwütig vier seiner getreuen Berater erschlägt. In der Erzählung vom Rattenfänger von Hameln werden die Kinder des Ortes Opfer von Flötenklängen, die sie besinnungslos tödlicher Verführung aussetzen. Nach einer Schweizer Überlieferung existiert eine alte gregorianische Sequenz aus dem Kloster St. Gallen, »Media vita in morte sumus«, die, als Fluchgesang eingesetzt, todbringend wirkt. Überhaupt wurden oftmals bestimmte Musikanten, deren Künste oder Kompositionen, mit Unglück und Fluch in Verbindung gebracht, mit verderblichen Kräften, die auf mysteriöse Weise Menschen in den Strudel des Wahnsinns gezogen oder über die Schwelle der Vernichtung getrieben haben. So galten im 19. Jahrhundert in England Schuberts *Unvollendete* und Tschaikowskys *Pathétique* als »Todessymphonien«, weil nach ihren Aufführungen immer wieder Todesfälle unter den Musikern vermeldet wurden. In den zwanziger Jahren unseres Jahrhunderts wurde in Ungarn das Musikstück »Trauriger Sonntag« von Reszö Seress behördlich verboten, weil die melancholische Melodie eine Selbstmordwelle zur Folge hatte.[5] In diesen Beispielen finden wir die Tradition der schwarzen Magie, angewandt auf angstbesetzte Erfahrungen irrational-unbewußter Prozesse, die sich heute im Umfeld aggressiver Rockmusik und okkulten Heavy Metals fortsetzen.

Daraus erhellt: Die Wirkung der Musik ist, je nach Struktur und Kontext, hochgradig bivalent. Euterpe, »die Freudenspendende, Ergötzende«, müßte eigentlich unter den Musen eine dunkle Schwester haben, welche die gefährliche, destruktive, angsteinflößende Seite menschlicher Klangkultur symbolisiert. Denn mögen auch überwiegend die positiven Effekte dieser Kultur gesucht und gepflegt werden, ihre negativen Erscheinungsformen sind historisch belegt wie auch psychologisch erforscht. Und mögen heute die Annahmen der schwarzen Magier belächelt, ihre Rituale als abergläubische Grillen abgetan werden, die bedrohlichen, destabilisierenden, gesundheitsgefährdenden, sozialschädlichen Komponenten der Musikkultur bleiben virulent. Als Quelle der Lust wie als Auslöser von Angst, als Medium höchster Beglückung wie als Instrument schlimmster Tyrannisierung hat die Musik nichts von ihrer ursprünglichen Bivalenz eingebüßt. Wie wir sehen werden, ist sie in bestimmten Bereichen unserer elektronisch perfektionierten Kultur sogar gefährlicher geworden, als sie zu früheren Zeiten war. »Die Macht der Musik, zum Guten oder Bösen, zu Leben und Tod, Jugend und Alter, Gesundheit und Krankheit in Beziehung zu treten, ist seit Urzeiten bekannt«, schreibt die Musiktherapeutin Juliette Alvin,[6] und – wie man ergänzen sollte – das löbliche Bemühen, sie als Therapeutikum einzusetzen, hat wenig geändert an ihrer Fähigkeit, wie ein Toxikum zu wirken. Entgrenzung, Beglückung, Tröstung, Selbstfindung, Entkrampfung, Harmonisierung, Stabilisierung, Sublimation, Erleuchtung – all dies sind positive Erfahrungen, die zu Recht mit Musik in Verbindung gebracht werden, aber sie dürfen uns nicht über die Kehrseite einer Münze hinwegtäuschen, auf der Entfremdung, Enthemmung, Betäubung, Barbarisierung, Manipulation, Aggression und Terror eingeprägt stehen. Nicht selten wohnen positive Ansatzkräfte und negative Prozesse sogar dichter beieinander, als man mutmaßen möchte. Harrer berichtet von einem Experiment, das ein und dieselbe Versuchsperson durch unterschiedliche musikalische Reize abwechselnd in Euphorie und Panik versetzte: »Ein begabter Musikinterpret empfand den Einklang der gregorianischen Musik als angenehm, geriet aber bei polyphonen Klängen in panische Angst und abnorme Erregungszustände.«[7] Eben solche Schwankung macht exemplarisch augenfällig, daß wir es mit einem Medium zu tun haben, wo die Beglückungen des Menschen von seinen Gefährdungen nicht grundsätzlich freigehalten werden können.

2.1 Die unbarmherzige Schallglocke

Euphonie, die beglückt, erhebt, harmonisiert, ist von Kakophonie, die quält, schmerzt, terrorisiert, nicht grundsätzlich trennbar, die Schwelle, wo man von der positiv in die negativ wirksame Klangwelt hinübertritt, nicht genau markierbar. Avantgardistische Musik (z.B. moderner Jazz), die für den einen die Quelle höchst willkommener Stimulation darstellt, kann für den anderen Ursache mentaler Folter sein. Umgekehrt kann traditionelle Musik (z.B. Volksmusik), die letzteren eventuell beseelt, ersteren zur Raserei treiben. Doch trotz der Relativität von Hörgewohnheiten und Geschmacksrichtungen wissen wir: Musik kann zur Qual werden, vor allem wenn sie zur reinen Lärmkulisse verkommt und den

Musikhörer dauerbeschallt. Sie kann gesundheitsschädigend sein und im Extremfall zum Tode führen, wenn sie dem Organismus akustisch Gewalt antut. Sie kann den Tatbestand von Körperverletzung und seelischer Grausamkeit erfüllen, wenn sie dem Individuum ohne Schutz- und Abwehrmöglichkeit aufgezwungen wird. Psychoterror per Musik, Exekution durch Überbeschallung sind lang praktizierte Foltermethoden. Zum Beispiel soll es im China der Tschou-Dynastie im 3. Jahrhundert v. Chr. einen Polizeioffizier namens Ming-Ti gegeben haben, der folgende Anordnung erließ: »Wer den Höchsten schmäht, der soll nicht gehenkt werden, sondern Flötenspieler, Trommler und Lärmmacher sollen ihm ohne Pause so lange vorspielen, bis er tot zu Boden sinkt. Denn das ist der qualvollste Tod, den ein Mensch erleiden kann.« Aus unseren Tagen liegen Berichte von Amnesty International über Foltermethoden in Chile vor, bei denen u.a. musikalische Marter zum Repertoire der Folterer gehörte: »Den Häftlingen wurden Haare ausgerissen, sie wurden über steinigen Boden gezogen, in einen Raum mit Ratten oder einem knurrenden Hund gesteckt oder mußten betäubenden Lärm aushalten, wenn ein auf Tonband aufgenommenes Lied in voller Lautstärke immer wieder abgespielt wurde.«[8] Nicht viel anders einzuordnen ist der Psychoterror, den amerikanische Truppen im Dezember 1989 in Panama-City ausübten, als sie versuchten, des panamesischen Generals Manuel Antonio Noriega habhaft zu werden. Der Diktator, der sich in die Botschaft des Vatikans geflüchtet hatte, wurde, um ihn zu zermürben, rund um die Uhr mit Rockmusik aus wattstarken Lautsprechern beschallt. Ob musikalisch oder anderweitig demoralisiert – nach zehntägiger Belagerung gab Noriega auf. Wir sehen: Mißbrauch des Mediums kann die Muse ohne weiteres in eine Furie verwandeln.

Man darf sich fragen, ob Mißbrauch nicht auch dann vorliegt, wenn offener Sadismus oder gezielter Terror nicht im Spiel befindlich sind, aber die Musik zu einer Komponente akustischer Umweltverschmutzung[9] degeneriert, die sich kaum mehr von anderen Komponenten ständig steigender Lärmbelästigung differenzieren läßt. In der fast totalen Beschallung, der wir als Angehörige einer hochtechnisierten Gesellschaft tagtäglich ausgesetzt sind, droht die Musik in einem allgegenwärtigen Brei aus Geräuschen unterzugehen, d.h. ihr eigenes klanglich-ästhetisches Profil, ihren Charakter als besonderes kulturelles Gestaltungs- und humanes Bildungsmittel einzubüßen. Wenn der Schallpegel in der sozialen und industriellen Umwelt immer höher steigt, muß die Musik, um als solche überhaupt noch wahrnehmbar zu sein, immer lauter werden. Dieser sich beschleunigende Eskalationsprozeß – der Musikpädagoge Desmond Mark spricht von einer »akustischen Explosion unserer Zivilisation«[10] – wirkt nicht nur akustisch nivellierend und damit geistig entdifferenzierend, sondern ist überdies gesundheitsgefährdend. Mark führt aus: »Wenn wir den Veränderungen der Schallumwelt lauschen, so scheint das bisherige historische Accelerando gegenwärtig in eine Final-Stretta zu münden, sowohl was die Denaturalisierung der akustischen Umwelt betrifft als auch vor allem deren ohrenbetäubenden permanenten Fortissimo-Charakter. Wenn man bereit ist, den Menschen, und hier speziell das menschliche Ohr, als Maß der Dinge zu akzeptieren, dann hat die Schallüberflutung in unseren Städten die vielzitierten ›Grenzen des Wachstums‹ bereits erreicht, wenn nicht überschritten. Die technisch-industrielle Entwicklung hat uns als Abfallprodukt eine Schallwelt beschert, die nach einschlägigen objektiven Befunden den Menschen an Seele und Körper schädigt. Schallereignisse hoher Intensität, die in früheren Epochen Ausnahmesituationen darstellten und den Menschen in einen vielleicht lebensrettenden Alarmzustand versetzt haben, sind zu einem Dauerzustand geworden, den das neurovegetative System des Menschen nicht bewältigen kann. Das Ohr besitzt zwar einen Schutzmechanismus gegen hohe Lautstärken in Form einer temporären Verschiebung der Gehörschwelle..., doch wird die Schwellenverschiebung ohne entsprechende Erholungsperioden in normaler akustischer Umgebung zu einem chronischen Zustand, und es tritt schrittweise Ertaubung ein. Wie wir aus der Biologie wissen, dauern Anpassungsvorgänge sehr, sehr lange. Da bisher beim Homo sapiens wohl häufig geistige Scheuklappen, aber noch nicht einmal ansatzweise akustische Scheuklappen zum Schutz des Ohres beobachtet werden konnten, könnte im ungleichen Wettlauf zwischen kultureller Akzeleration und biologischer Anpassung das Ohr schließlich auf der Strecke bleiben.«

Die Forschung hat ermittelt, daß der Schallpegel in den westlichen Industrieländern pro Jahr um 0,5 bis 1 Dezibel zunimmt. Das bedeutet, daß sich die vom Menschen zu ertragende Lautstärke der Umwelt in jeweils 10 bis 20 Jahren verdoppelt. Der in Großstädten vorherrschende Lärmpegel wurde schon vor 20 Jahren mit 70 bis 90 dB angegeben, Tendenz steigend. Während zum Beispiel für eine Polizeisirene im Jahr 1912 Signale mit einer Lautstärke von 88 dB ausreichten, muß eine Sirene heute 120 dB starke Signale abgeben, um sich im Großstadtlärm durchzusetzen. Die Annahme, daß die Ausübung und das Hören von Musik vom steigenden Lärmpegel unbeeinträchtigt geblieben sein könnten, weil sich die Aktivitäten unter sozialen Sonderbedingungen abspielen, ist falsch. Selbst wenn man von den akustischen Exzessen der Lautsprecher-Kultur unserer Tage bei Rockkonzerten, in Diskotheken oder unter Walkman-Beschallung absieht, ist ein verhängnisvoller Zwang zu erhöhter Lautstärke beobachtbar. Die elektroakustische Revolution fordert allenthalben ihren Tribut. Nicht einmal Kammerkonzerte und Hausmusik sind dem enthoben. Kurt Blaukopf erwähnt die interessante Dokumentation eines französischen Musikwissenschaftlers, der über Jahre hinweg die musikalischen Vorgaben für die Dynamik in Kompositionen beobachtet hat. Er gelangte zu dem Ergebnis, »daß zur Erweckung des subjektiven Eindrucks von Piano, Forte, Fortissimo usw. im Verlauf von 20 Jahren immer größere Schallintensitäten erforderlich geworden sind, so daß – grob gesprochen – das meßtechnisch erfaßte heutige Piano so intensiv ist wie das technisch gemessene Forte von ehedem.«[11] Was nichts anderes bedeutet, als daß Musik, um sich wahrnehmungsmäßig vom Grundlärm der Umgebung abzuheben, zumindest in ihren leiseren Abschnitten immer lauter werden muß.

Auch wenn subjektiv eine bestimmte Lautstärke aus einer bestimmten Schallquelle, sagen wir: ein Trommelwirbel, als annehmbar oder gar angenehm empfunden wird, reagiert objektiv das menschliche Ohr empfindlich, d.h. mit psychovegetativen Reaktionen, auf den hohen Schalldruck. Wirkungen stellen sich auf jeden Fall ein. Dabei sind – auf unterer Ebene – Werte von 30 bis 60 dB allerdings nur dann störend, wenn sie in den Tiefschlaf des Menschen oder in Vorgänge höchster Konzentration eingreifen. Auf mittlerer Stufe, zwischen 60 und 90 dB, treten langfristig aber schon Gesundheitsgefährdungen auf, die sich in Symptomen wie Unbehagen, Ermüdungserscheinungen, Konzentrationsschwäche, Nervosität kundtun. Auf hoher Stufe, 90 bis 120 dB, ist je nach Beschallungsdauer mit akuten oder chronischen Störungen zu rechnen, die nicht nur Schwerhörigkeit und dann Taubheit, sondern komplexe Krankheitsbilder wie Stoffwechselprobleme, Herz- und Kreislaufunregelmäßigkeiten, gastritische Erkrankungen u.ä. auf den Plan rufen. Bei 120 dB liegt die Schmerzgrenze, die im Extremfall bis zur totalen Zerstörung des Hörorgans hinaufgeschraubt werden kann.

Wo in der lärmenden, tosenden, tönenden Welt das Ungewöhnliche zum Gewöhnlichen, das Herausgehobene zum Nivellierten, das individuell Klingende zum allgemein Rauschenden wird, hat das Ohr Schwierigkeiten, aus akustischen Reizkonfigurationen heraus musikalisch sinnvolle Zusammenhänge überhaupt noch zu erfassen. Wo Musik omnipräsent wird, ist sie im eigentlichen Sinne nicht mehr präsent. Wo eine (kulturelle) Krankheit sich schleichend breitmacht, werden ihre Symptome lange Zeit nicht registriert. Wenn ›Klangtapeten‹ uns überall umgeben, nehmen wir ihre spezifischen Qualitäten schließlich nicht mehr wahr. Das wirkliche Ausmaß der aufgezwungenen oder selbstgewählten Berieselung mit Musik machen wir uns selten bewußt, wobei in eben dieser Unbewußtheit das Problem steckt, denn der empfindliche Hörnerv registriert auch das, was das übersättigte oder indifferente Bewußtsein nicht mehr aufnimmt. Eine normale neuropsychische Umsetzung und Verarbeitung findet nicht statt. Vergröberung der Sensitivität, Einschränkung des akustischen Unterscheidungsvermögens, Regression des Hörens sind die Konsequenzen. Inflation im musikalischen Schallbereich bewirkt Degeneration im menschlichen Hörbereich. Weniger Musik wäre effektiv mehr Genuß.

Der kumulative Effekt umweltverschmutzender Musik, der das Nervensystem belastet, ohne die Seele zu erquicken, wird pointiert, aber treffend von Rüdiger Liedtke dargestellt: »Musik dudelt im Büro, in den Werkshallen, in den Kantinen, auf den Toiletten. Sie begleitet uns in Supermärkten, beim Einkaufen in Passagen, in Kaufhäusern, ertönt in öffentlichen Verkehrsmitteln und soll die Angst vorm Fliegen nehmen. Musik während der Dauerwelle beim Friseur, Musik, wenn der Zahnarzt zum Bohrer greift, Musik in nahezu allen Restaurants. Musik auf den Straßen, im Schwimmbad, im Stadion während der Halbzeitpause. Musik begleitet die Hausfrauen durch den Vormittag und die Schüler beim Hausaufgabenmachen durch den Nachmittag. Der Walkman füllt die letzten akustischen Freiräume aus. Das Fernsehen unterlegt nahezu alles mit Musik. Und abends geht es dann in Bars, in Discos, in Stammkneipen oder auf Partys – überall Musik. Musik findet in Konzertsälen und in der Oper statt, sonntags in der Kirche und täglich rund um die Uhr im Rundfunk – Musik bis zum frühen Morgen. [...] ›Die Pest der Musik‹ nennen Kritiker den ›kurzen Weg vom Rausch zur Qual‹, ›musikalische Umweltverschmutzung‹ lamentieren Wissenschaftler, von ›stiller Volksdroge‹ und ›süßer Folter‹ ist die Rede.«[12]

Dient die Musik(-konserve) so zur Beschallung des Hörers, daß er Musik hört, um anderes nicht zu hören, auf sie reagiert, um auf anderes nicht zu reagieren, sich damit ›volldröhnt‹, um anderes zu verdrängen; mit anderen Worten: lebt der Hörer im Reich einer sekundär vermittelten Klangwelt, um der Realität seiner primären Lebenswelt zu entrinnen, dann ist die Rede von der Musik als Droge tatsächlich berechtigt. Denn dann dient sie nicht mehr der ästhetischen Bereicherung, sondern der psychischen Betäubung und intellektuellen Ablenkung. Es stellt sich die reale Gefahr, daß der Verstand in seiner Funktionstüchtigkeit eingeschränkt und die Psyche in ihrer Erlebnisfähigkeit ›amputiert‹ wird.

Musikwissenschaftler der Technischen Universität Berlin veröffentlichten 1990 Forschungsergebnisse, die sie bei jahrelangen Untersuchungen zum Problem »Musikhören beim Autofahren« gewonnen hatten.[13] Ausgehend von der Tatsache, daß Musik auch auf der Straße zum ständigen Begleiter der meisten Autofahrer geworden ist, interessierte sie die mutmaßlich verkehrsgefährdende Wirkung stereophoner Musik beim Fahren. Zunächst konnten sie bei einer Zufallsstichprobe von 182 Versuchspersonen (»normale« Autofahrer im Durchschnittsalter von 29,9 Jahren) ermitteln, daß 85,7% beim Fahren die Angewohnheit hatten, Musik zu hören, 50,5% sogar angaben, dies »fast immer« zu tun. Auf die Frage »Glauben Sie, daß man mit Musik sicherer fährt?« antworteten 24,2% mit »ja«, 69,8% verneinten allerdings die Frage. Das Forscherinteresse richtete sich nun auf das Problem, inwieweit – unabhängig von Gewohnheiten und Selbsteinschätzungen – die Musik einerseits stimulierend (sicheres Fahrverhalten fördernd) zu wirken vermag, so daß sich Musikhören für Autofahrer unter Umständen empfehlen würde, andererseits aber absorbierend (die Aufmerksamkeit beanspruchend) wirken kann, so daß Konzentrations- und Reaktionsschwierigkeiten und damit Gefährdungen resultieren. Entsprechend lauteten die Leitfragen: »Wirkt sich Musik auf eine einfache Fahrsituation positiv, hingegen auf eine schwierige negativ aus? Und kann weiterhin Musik so viel Aufmerksamkeit beanspruchen, daß sie zu Fehlverhalten führt?«

Die Forschungsergebnisse wurden mit folgender Versuchsanordnung erzielt: Die Testpersonen mußten in einem Fahrsimulator (stationäres Fahrzeug mit normalen Funktionen, aber computer-generiertem Straßen- und Landschaftsbild) zuerst eine einfache, kurvenarme »Amateurstrekke« fahren, sodann eine schwierige kurvenreiche »Profistrecke«. Beide Strecken wurden zweimal abgefahren, das erste Mal *mit*, das zweite Mal *ohne* Musikbeschallung. Die Versuchspersonen konnten dabei zwischen Klassik und Pop wählen und die Lautstärke selbst bestimmen. Auch die Fahrgeschwindigkeit konnten sie nach eigenem Gutdünken einrichten und variieren. Gemessen und statistisch ausgewertet wurden jeweils die Schnelligkeit, die Reaktionszeiten in kritischen Situationen sowie die Anzahl der ausgelösten Unfälle.

Hauptresultat: Bei »einfacher« Fahrt ergab sich kein Zusammenhang zwischen Musikhören und Unfallhäufigkeit. Unter musikalischer Stimulation wurden die Reaktionszeiten sogar leicht (bis zu 0,1 Sek.) verbessert. Auf der schwierigeren Profistrecke hingegen stieg die Unfallhäufigkeit »drastisch« an. 48,94% der musikbeschallten Fahrer verursachten dort einen Unfall (gegenüber 34,04% der musiklosen), was bestätigt, daß die Situation geteilter Aufmerksamkeit zwischen Kurven und Klängen als negativer Streß (Distreß) gewirkt hatte. Die anfälligen Fahrer waren nervlich überaktiviert, fuhren mit Musik hektischer und landeten öfter an den Leitplanken: »Gefährdet und gefährdend sind diese 48,94% [der] Fahrer, deren Konzentration bei schwierigeren Fahrten durch Musik so beeinträchtigt wird, daß sie zu Unfällen neigen, weil ihnen die Einsicht in die Situation des durch die akustische Kulisse erzeugten Stresses fehlt. Sie fühlen sich wohl in dieser Kulisse. Denn Musik während des Fahrens zu hören, wird grundsätzlich als angenehm empfunden.«

Erklärt werden kann dieses Ergebnis durch ein theoretisches Modell über die besondere Beziehung zwischen Leistung und Aktivierung des menschlichen Organismus. Die Beziehung entspricht einer inversen U-förmigen Kurve. Einer psychoaktiven Substanz vergleichbar vermag die Musik bis zu einer kritischen Grenze das Leistungsvermögen (hier: die Schnelligkeit des Reagierens) zu steigern. Jenseits dieser Grenze jedoch tritt ein Zustand der Überaktivierung ein, der Distreß auslöst und leistungsmindernd wirkt. In diffizilen Verkehrsituationen erweist sich der zusätzliche Sinnesreiz der Musik als mitverantwortlich für streßauslösende Hyperaktivität. Die geteilte Aufmerksamkeit für multiple Sinneswahrnehmungen erhöht das Gefahren- und Unfallrisiko.

Durch hohe Lautstärke herbeigeführte musikalische Rauschzustände bergen besondere Gefahren in sich: akustische Traumata. Seit den siebziger Jahren häufen sich Meldungen über Gehörschäden (insbesondere Hochtonverlust) bei jungen Leuten, die von der otologischen Forschung hauptsächlich auf Überlautstärken bei Rockkonzerten und in Diskotheken zurückgeführt werden. Gehörprüfungen bei College-Studenten in den USA ergaben bei 30% der Untersuchten einseitige Hochtonsenkungen, bei weiteren 30% sogar zweiseitige. In Deutschland hatten 50% von 144 ansonsten gesunden Rekruten Hochtonsenken bis 20 dB, weitere 20% deutlichere Hochtonverluste bis maximal 40 dB. Für andere europäische Länder liegen vergleichbare Meßergebnisse vor.[14] Sind bei überbeschallten Musikfans Gehörschäden erst einmal eingetreten, droht ein *circulus vitiosus* aufzubrechen, da eingebüßte Hörfähigkeit elektroakustisch durch erhöhte Lautstärke kompensiert wird, die ihrerseits weitere

Einbußen durch Zerstörung noch funktionsfähiger Hörnervenzellen zur Folge haben kann. Auf Dauer fordern zu hohe dB-Zahlen unweigerlich ihre Opfer – bei Phongewittern aus Hochleistungslautsprechern nicht minder als bei Schalldruckwellen aus Preßlufthämmern.

Der schon erwähnte Desmond Mark berichtet von Schallmessungen, die 1975 während eines Popkonzerts des Mahavishnu-Orchesters in Lausanne durchgeführt wurden. Ein Tontechniker nahm Schallpegelproben an verschiedenen Punkten des Zuschauerraumes: »Messungen mit dem Sonometer haben während des Konzerts des Mahavishnu-Orchestra Lautstärken von 125 dB in einer Entfernung von 3 Metern von den Lautsprechern ergeben, 110 dB in den hinteren Parterrereihen und 118 dB in den ersten Balkonreihen. Es ist wahrscheinlich, daß 100–200 Personen, also ungefähr 10% des anwesenden Publikums, unheilbare Schäden des Cortischen Organs davontrugen. Das heißt, daß Nervenzellen zerstört wurden, die sich bekanntlich nicht regenerieren. Außerdem tritt bei solchen Lautstärken eine Ermüdung des Ohres auf, das erst nach einigen Tagen, wenn nicht Wochen, seine normale Sensibilität wiedererlangt.«[15]

Mit hohem technischen Aufwand und ausgeklügelter Methodik gingen 1970 die Otologen Heine Chüden und Peter Strauss an die Untersuchung hörschädigenden Musiklärms in deutschen Diskotheken. In allen 20 einschlägigen Etablissements einer westdeutschen Großstadt analysierten sie Frequenz- und Lautstärkebereiche sowie den Aufbau des jeweiligen Schallfeldes, um zu wissenschaftlichen Erkenntnissen über das variierende Ausmaß der Lärmschädigung des Innenohrs bei Diskobesuchern zu gelangen (Erstellung eines Bewertungsschallpegels). Es wurden Meßpunkte an verschiedenen Stellen der Diskotheken bestimmt (Eingang, Platz des Diskjockeys, Bar, Lautsprecher, Tanzfläche, Plätze neben und abseits der Tanzfläche), die dortigen Schallpegel aufgezeichnet und miteinander verglichen. Da die Schallfelder inhomogen aufgebaut sind, wurde als Bezugspunkt jeweils das Meßergebnis am Platz des Diskjockeys gewählt. Dort wurde ein äquivalenter Dauerschallpegel gemessen, der in den einzelnen Lokalen zwischen 83 dB (A) und 101 dB (A) schwankte. Die Werte der anderen Meßpunkte lagen tendenziell meist niedriger (bis –10 dB), auf der Tanzfläche je nach Position der Lautsprecher z.T. aber höher (max. +8 dB). Aufgrund einerseits einer starken Baßlastigkeit im Frequenzbereich der Musik, welche die besonders gefährlichen Hochtonfrequenzen ›entschärft‹ und die Musik dem menschlichen Ohr lauter erscheinen läßt als sie elektroakustisch gemessen ist, andererseits der Inhomogenität der Schallfelder, welche den Schallpegel für die Ohren der Diskobesucher zeitweilig senkt und dann wieder hebt, sahen sich die Forscher veranlaßt, an den Meßwerten Abschläge von 7–8 dB bzw. 3–4 dB vorzunehmen: »Bei Anwendung dieser Abschläge betragen die Bewertungsschallpegel nur noch bei 3 Diskotheken mehr als 90 dB (A). Nur in 3 Diskotheken lag der Lärm über dem Schallpegelrichtwert der VDI-Richtlinie ... zur Verhütung von Gehörschäden.«[16] Im Vergleich mit US-amerikanischen Messungen sind das niedrige Werte (s. Graphik).

Abb. 1: Frequenz- und Lautstärkebereich (schraffiert) des Musiklärms in 20 Diskotheken mit eingezeichneter ISO Norm. Zum Vergleich die Werte einiger nordamerikanischer Autoren

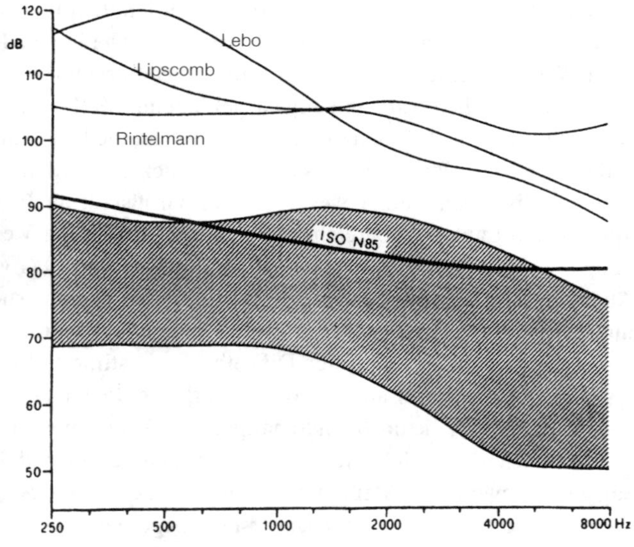

Allerdings ist dies nur scheinbar ein Grund zur Beruhigung, denn es lassen sich bei der Beurteilung eingetretener Hörschäden mögliche Überbeschallungseffekte durch andere Quellen (Arbeitsplatz, häusliche Stereoanlage) nicht ausschließen. Heine Chüden warnt denn auch: »Sehr wichtig ist das Wissen um die additive Schädigung, die zum Beispiel bei Lärmarbeitern auftritt, die tagsüber an ihrem Arbeitsplatz exponiert sind und in ihrer Freizeit etwa als Band-Musiker tätig sind oder vermehrt und über Stunden bei hoher Lautstärke Radio oder Tonbandmusik, besonders über Kopfhörer, abspielen. Bei ihnen zeigt sich gelegentlich schon nach kurzen Expositionszeiten eine deutliche Schädigung im Hochtonbereich.«[17]

Im populären Urteil sind es normalerweise die euphonischen, schöpferischen, inspirierenden und stimulierenden Aspekte der Musik, die den Beruf des Musikers mit kulturellem Ansehen ausstatten, nicht selten sogar Neidgefühle bei denjenigen auslösen, die sich in ihrer eigenen ›grauen‹ Lebenswelt zur Ausübung nicht-musischer Berufe ›verdammt‹ sehen. Musik ist schön, also muß der Beruf des Musikers schön sein – so lautet der gedankliche Kurzschluß. Dabei wird übersehen, daß die Gefährdungen, welche Musikfans meist freiwillig auf sich nehmen, den Gefährdungen entsprechen, welche professionelle Musiker unfreiwillig erdulden müssen. Infernalische Lautstärke ist keineswegs ein ausschließliches Charakteristikum der Schallwelt in Diskotheken oder auf den Podien der Rockbands, sondern durchaus ein (scheinbar unvermeidbarer) Begleitumstand symphonischer Konzerte. Bei Proben und Aufführungen der Wiener Symphoniker wurden von einer Forschergruppe unter Leitung des Psychologen Maximilian Piperek[18] Schallpegelmessungen durchgeführt, deren Spitzenwerte bei unterschiedlichen Werken die folgende Tabelle wiedergibt.

Tab. 1: Maxima des bewerteten Schallpegels bei verschiedenen Musikstücken

Rachmaninow, Op. 27	bis zu 128 dB (A)
Ravel, Concerto pour la main gauche	bis zu 127 dB (A)
Brahms, Op. 73	bis zu 120 dB (A)
Mozart, Op. 543	bis zu 115 dB (A)
Mahler, Kindertotenlieder	bis zu 105 dB (A)
Debussy, L'Après-midi d'un faune	bis zu 102 dB (A)

Ist derartige Maximalbeschallung, auch wenn sie nicht die Regel in der symphonischen Klangkulisse darstellt, schon per se bedenklich, so kommen nach den Erkenntnissen der Forscher gravierende Faktoren hinzu, welche den Beruf des Musikers in einem Orchester zu einem »›Streßberuf‹ mit extremen Anforderungen« machen. Die Schallpegelmessungen wurden nämlich bei 24 Versuchspersonen von psychologischen Tests und polygraphischen Aufzeichnungen wichtiger Körperfunktionen (Elektrokardiogramm, Enzephalogramm, Pulsfrequenzmessung u.a.) begleitet, um zu einem medizinisch realistischen Bild der beruflichen Belastung des Symphonikers zu gelangen. Da es sich bei Musikern tendenziell um gesteigert sensible, innerlich stark affizierbare Menschen handelt, die zur Vollverausgabung und Selbstüberforderung neigen, war es für Piperek und sein Team nicht überraschend, daß psychosomatische Symptome der verschiedensten Art registrierbar waren: abnorme Erregung, hohe Erwartungsspannung, starke Beklemmung (»Musikerangst«), ausgeprägte Stimmungslabilität, leichte Reizbarkeit, innere Unruhe, Schlafprobleme, Verdauungsstörungen u.a. Auf der einen Seite wurde zwar von gelegentlichen beseligenden Trancezuständen berichtet, wenn Gipfelerlebnisse des Erfolgs die Arbeit hoch befriedigend machten, auf der anderen Seite aber von zahlreichen enervierenden Streßsituationen, die langfristig an Lebensenergie und Gesundheit zehrten. Insgesamt gelangt Piperek zu der Diagnose, daß bei Symphonikern der untersuchten Art die zulässige Grenze von Streßfaktoren als »weit überschritten« gelten muß.

Nerven- und Organsystem werden dann besonders belastet, wenn es sich um kakophonisch erlebte Klangstrukturen handelt, deren objektiver künstlerischer Anspruch kein Äquivalent im subjektiven musikalischen Empfinden hat. Bei einer solchen Lagerung treten nicht nur Dissonanzen in der Musik selbst auf, sondern im Verhältnis der Musik zu den Musikern, zu dem, was sie gern praktizieren und geschmacklich präferieren. Die unbarmherzige Schallglocke ungeliebter Musik macht sie krank. Die Psychiater Marie-Luise Fuhrmeister und Eckart Wiesenhütter sind diesem Phänomen in einer Studie zur »Psychosomatik der Ausübung zeitgenössischer Musik« nachgegangen.[19] Über 200 Musiker wurden in drei großen, programmatisch unterschiedlich ausgerichteten Symphonieorchestern untersucht. Das erste Orchester (A) brachte überwiegend (74%) zeitgenössische Komponisten zur Aufführung (Stockhausen, Nilson, Boulez, Penderecki u.a.). Das zweite (B) bevorzugte klassische Werke, hatte aber auch einen Anteil (37%) zeitgenössischer Werke im Repertoire. Das dritte (C) bot fast ausschließlich konzertante Opern- und Operettenmusik dar. Es wurde per Fragebögen und Tiefeninterviews ermittelt, daß sowohl die körperlichen als auch die seelischen Krankheitssymptome der Orchestermitglieder A über jeden statistischen Zweifel am deutlichsten ausgeprägt waren. Orchester A wies die meisten in ärztlicher Behandlung stehenden Musiker auf, Orchester C die wenigsten. Über 60% derjenigen, die in den Orchestern A und B behandlungsbedürftig waren, führten dies hauptsächlich oder ausschließlich auf die zeitgenössische Musik mit ihren spezifischen Belastungsmomenten zurück. Die Klangwelten der symphonischen Avantgarde, die durch ihre unorthodoxen Kompositions- und Orchestrierungsmethoden – atonale Fügungen mit metallisch ratternden, kreischenden, explosionsartigen Effekten – bewußt schocken und provozieren, machten den Musikern die Aufführungen nicht selten zur Hölle. Sie gingen ihnen »buchstäblich an Herz und Nieren«. Um sich dagegen zu wappnen, griffen viele Symphoniker vor Proben und Aufführungen zu Medikamenten, und zwar nicht, wie die Autoren betonen, »zum Zweck der Erzeugung ekstatischer Zustände, sondern zur Dämpfung, Beruhigung, Schmerzstillung und Prophylaxe gegen Darmspasmen und Durchfälle«. Als besonders auffällig und bedenklich erschien es den Forschern, daß Nervosität, Schlafstörungen, Durchfälle und andere Symptome auch bei solchen Musikern auftraten, welche die zeitgenössische Musik nicht unbedingt ablehnten, psychosomatisch gleichwohl unter den akustischen Bedingungen ihrer Arbeit zu leiden hatten. Auf die Frage »Ist zeitgenössische Musik für Sie eine Lärmbelästigung?« antworteten 62% der A-Musiker und 92% der B-Musiker positiv mit »unbedingt«, was bei den B-Musikern offensichtlich durch den scharf empfundenen Kontrast zwischen der gewohnten Klangwelt klassischer und der ungewohnten Akustik zeitgenössischer Werke bedingt war. Doch hier wie dort erzeugte die musikalische Avantgarde enormen Streß. Fuhrmeister und Wiesenhütter kommentieren: »Ginge es allein um diesen Effekt [Streß], müßte eine medizinische Untersuchung zu dem Ergebnis gelangen, die zeitgenössische (Meta-)Musik falle unter die Ziele der Lärmbekämpfung.« Jedenfalls sprechen die beiden folgenden Tabellen (die erste zu den jeweils aufgetretenen Beschwerdearten, die andere zu den typischen Konfliktsituationen) eine deutliche und warnende Sprache:

Tab. 2: Nach Orchestereintritt erstmals aufgetretene Erkrankungen (nach Abzug der präexistenten Krankheiten) in % bezogen auf die Gesamtzahl der Untersuchten des jeweiligen Orchesters

Erkrankungen	Orchester A	Orchester B	Orchester C
Herz-Kreislauf	45	44	33
Intestinum,	32	23	10
davon ulcus	8	0	3
Schlafstörungen,	37	24	13
davon schwere	22	2	0

»Nervosität«,	47	30	38
davon schwere	36	11	0
Wetterfühligkeit	31	23	30
Ermüdbarkeit	60	46	33
Kopfschmerzen	36	20	0
Stütz- und Bewegungsapparat	7	33	30
Instrumentbedingte Beschwerden	13	52	67

Tab. 3: Typische Konfliktsituationen der Musiker

Antwortkategorien	Orchester		
	A	B	C
Musikalisch unbefriedigt wegen zeitgenössischer Musik	69 (74%)	66 (78%)	-
Nicht anwenden können, was man gelernt hat	39 (42%)	13 (15%)	-
Technisch schwierige Umstellung auf Klassiker	46 (49%)	28 (33%)	-
Technische Überforderung durch zeitgenössische Musik	4 (4%)	4 (4%)	-
In der Freizeit auch noch für zeitgenössische Musik üben müssen	12 (13%)	9 (11%)	-
Teure Instrumente zu »Unfug« benutzen müssen	10 (11%)	4 (5%)	-
Unbefriedigende Arbeit, aber berühmtes Orchester	4 (4%)	0	-
Sichere soziale Stellung, aber unbefriedigende Arbeit	24 (26%)	2 (2%)	-
Zu alt, um zu wechseln	16 (17%)	0	4 (13%)
Persönliche/familiäre Schwierigkeiten	6 (6%)	8 (9%)	9 (30%)
Schlechte äußere Arbeitsverhältnisse	5 (5%)	9 (11%)	27 (90%)

Zusätzliche Aussagekraft erhalten die statistischen Daten, wenn sie zu Einzelfallstudien in Beziehungen gesetzt werden, zum Beispiel zur Analyse eines 55jährigen Streichers aus Orchester A: »Über seine psychische Konstitution gibt er an, schon immer als sensibler Mensch gegolten zu haben, er sei jedoch zunächst in seinem Beruf sehr glücklich und befriedigt gewesen und habe ›Nervosität‹ nicht gekannt. Mit der Dauer seiner Zugehörigkeit zum Orchester sei er jedoch immer nervöser und psychisch labiler geworden, es hätten sich funktionelle Herz-Kreislauf-Beschwerden eingestellt, Ruhelosigkeit und Konzentrationsschwäche, die vor allem seine kompositorische Arbeit erschwere, dazu Wetterempfindlichkeit. [...] Der Grund seiner Verzweiflung liegt nach seinen eigenen Worten im ›künstlerischen Abgleiten‹ seiner geliebten Musik und in der Sinnlosigkeit, durch sein Mitwirken hieran noch beteiligt zu sein. Er hält die meisten Werke, die vom Orchester aufgeführt werden, für ›künstlerisch absolut minderwertig, unsolide in der musikalischen Konzeption, allein auf Schock und Provokation ausgerichtet, und nur nach solchen Gesichtspunkten von der Intendanz ausgesucht‹.«

Noch schlimmer war es um einen 50jährigen Holzbläser bestellt, in dessen drastischer Sprache sich tiefer Widerwille mit bösem Haß paart: »›Alles Scheiße, perverse Spielereien, man müßte den Tierschutzverein zu Hilfe rufen, die Komponisten sind entweder homosexuell oder impotent wie ihre Musik.‹ [...] Sein Leben sei völliger ›Bankrott‹, dessen Ursache allein in der Entwicklung seines Orchesters zu sehen sei. Einen Ausweg glaube er nicht finden zu können, er hoffe nur auf eine vorzeitige Pensionierung.«

Derartige Befunde werfen die Frage auf, ob auf die Dauer Formen der Kultur vertret- und durchsetzbar sind, die ganz offensichtlich der Natur des Menschen zuviel zumuten; anders formuliert: ob die beobachtbaren Krankheitssymptome nicht die Rache der Natur an einer Kultur darstellt, die Konsonanzen leichtfertig opfert, wenn sie Dissonanzen zur Dominanz verhilft. Daß Einflüsse, die von der sinnlichen (auch der ästhetischen) Wahrnehmung als sehr unangenehm erlebt werden, zu Erscheinungen führen können, die in psychosomatischen Reaktionen als krankmachend empfunden werden, ist kein medizinisches Geheimnis. Mit nahezu gesetzmäßiger Regelmäßigkeit sind organische Erkrankungen und psychoneurotische Störungen der Preis, den der Mensch immer dann zahlt, wenn Natur und Kultur/Gesellschaft sich zu weit auseinanderentwickeln oder, wie hier offenbar gegeben, wenn künstlerische Auflösungsprozesse geistig-körperliche Harmoniebedürfnisse frustrieren. Die Autoren sehen das Problem so: »In heutigen Werken nimmt die Auflösung, über das vegetativ Angreifende, das Schockierende und Chaotische ins Transmusische zielend, schizothyme und bedrohliche Züge an: aus der Unerlöstheit unserer Existenz und der absoluten Gefährdung unseres Daseins heraus.«

Natürlich ist diskutierbar, ob hier – wie so häufig beim Streit um das ›Neue‹ in der Kultur- und Mediengeschichte – die Avantgarde nicht einfach zu weit voraus und die Masse schlicht zu träge ist, ihr zu folgen. Man könnte mit den modernen Komponisten der Ansicht sein, daß die Wahrnehmung des Unterschieds von Musik und Lärm primär keine Frage der bio- und psychogenetischen Natur des Menschen und ihrer Grenzen darstellt, sondern sekundär eine Frage der ästhetischen Erziehung von Individuen und der Umgewöhnung des öffentlichen Geschmacks. Vielleicht sei es gar nur eine Frage der Zeit, wann die verbreitete Ablehnung in allgemeine Anerkennung umschlage. Allerdings geben in diesem Kontext andere Forschungsergebnisse zu denken, die von Desmond Mark stammen und das Naturargument stützen. Er konnte nämlich ermitteln, daß bei spontanen Beurteilungen auf dem breiten Spektrum heterogener Töne und Geräusche, die uns täglich umgeben, Naturlauten sogar der Vorzug vor Musikklängen gegeben wird, wohingegen Industrielaute überwiegend abgelehnt werden. Mit einer einfachen *angenehm-unangenehm*-Skala sammelte der Pädagoge bei 200 Schweizer Schülern und Studenten Aussagen über deren Hörpräferenzen. Als typische Geräusche besonders angenehmer Art wurden zum Beispiel genannt: Wasserplätschern oder -rauschen, Vogelgezwitscher, Feuerknistern, Blätterrascheln, Windsäuseln, sogar Tappen von Hundepfoten: »Von den als *angenehm* beurteilten Lauten stammte der weitaus überwiegende Teil von 60% aus der Natur, 36% waren Menschenlaute und Musik, und nur der verschwindend geringe Anteil von 4% stammte von Maschinen. Diese Maschinen- und Verkehrsgeräusche dominierten mit fast 80% bei den *unangenehmen* Geräuschen. Es besteht also eine überwältigende Übereinstimmung unter den Befragten hinsichtlich der von ihnen bevorzugten und abgelehnten Schallumwelt.«[20] Aus der dokumentierten Reihenfolge (Naturlaute – Menschen-/Kulturlaute – Industrielaute) zieht Mark den psychologischen Schluß auf Einflüsse durch unsere phylogenetische Entwicklung. Naturerfahrungen sind die untilgbaren Primärerfahrungen auch (und vor allem) im akustischen Bereich. Gegenüber den Sekundärerfahrungen aus Kultur und Zivilisation sind sie dann im Vorteil, wenn ihnen in der Schallumwelt spontane affektive Bewertung zuteil wird. Die Untersuchung zeigt: Unser Naturerbe können und dürfen wir nicht verleugnen. Zuwiderhandlungen durch den Menschen, wie sie offenbar zum Teil von der musikalischen Avantgarde initiiert werden, rufen früher oder später Bestrafungen durch die Natur auf den Plan.

2.2 Melos manipulativ

Die Macht der Musik wird, wenn sie gezielt zur Lenkung, Beherrschung, Verführung, Überrumpelung des Menschen ohne dessen Wissen und Einwilligung eingesetzt wird, zur manipulativen Macht und insoweit zur Quelle von Gefahr. Als Medium in der Hand geschickter Manipulatoren (das neulateinische *manipulatio* bedeutet »Handgriff«, »Kniff«) greift sie in autonomes Handeln und Denken dadurch ein, daß sie durch ihre Suggestivkraft Verhaltensweisen oder Befindlichkeiten auslöst, die nicht selbstbestimmt oder selbstgewählt sind. Womit keineswegs ausgesagt ist, daß musikalische Fremdbestimmung von manipulierten Individuen unbedingt als moralisch verwerflich oder ästhetisch unangenehm empfunden wird. Eher ist es umgekehrt: Gerade das Zwanghafte der Manipulation ist meist das Verlockende, Unwiderstehliche. Um es zu erkennen und abzuwehren, bedarf es entweder eigener Anstrengung oder von außen kommender Aufklärung. Die Magier und Schamanen in Gesellschaften der Frühzeit wußten das, die Potentaten und Diktatoren der Neuzeit ebenso, die Komponisten und Werbepsychologen der Jetztzeit nicht minder. Wie viele Soldaten haben sich von zündender Marschmusik in eine Schlacht führen lassen, die sie eigentlich nicht wollten? Wie viele Kirchgänger haben sich von sakraler Musik auf rituelle Handlungen einstimmen lassen, die sie nachher nicht mehr verstanden? Wie viele Mädchen haben sich von ihren Verehrern erst musikalisch ›verzaubern‹ und dann sexuell verführen lassen, was sie nachher bereuten? Manipulationstechniken zu durchschauen, setzt einen kritischen Wachheitsgrad, eine mentale Abwehrbereitschaft voraus, die oft in dem Augenblick nicht verfügbar ist, da die Manipulation erfolgt. Es ist die überwiegend emotionale Art der Reaktion auf Musik, die rationale Einsprüche gegen ihre Wirkung momentan verhindert und die Manipulation eher zu einem wohligwillkommenen Erlebnis als zu einer schlimmen Erfahrung macht. Der Affekt kann der ärgste Feind der Erkenntnis sein.

Günter Grass liefert in einer berühmten Szene seines Romans *Die Blechtrommel* ein wunderschönes Beispiel für die manipulative Macht der Musik, als er seinen Trommler Oskar Matzerath gegen einen Spielmannszug der Hitler-Jugend antrommeln läßt.[21] Der Zug marschiert »in übelster Landsknechtmanier« zu einem martialischen Zweivierteltakt, Sinnbild für den hirnlosen Gleichschritt der »Bewegung«; Oskar setzt, unter einer Tribüne versteckt, den Donauwalzer in beschwingtem Dreivierteltakt dagegen. Was dann geschieht (wenn akustische Reize vom Ohr aufgefangen und auf bestimmten Nervenbahnen unter Umgehung kortikaler Kontrolle an den Bewegungsapparat vermittelt werden), nennen Musikologen »motorische Infektion«.[22] Oskar beschreibt sie so:

> Himmlisch locker ließ ich die Knüppel in meinen Händen spielen und legte mit Zärtlichkeit in den Handgelenken einen kunstreichen, heiteren Walzertakt auf mein Blech, den ich immer eindringlicher, Wien und Donau beschwörend, laut werden ließ, bis oben die erste und zweite Landsknechttrommel an meinem Walzer Gefallen fand, auch Flachtrommeln der älteren Burschen mehr oder weniger geschickt mein Vorspiel aufnahmen. Dazwischen gab es zwar Unerbittliche, die kein Gehör hatten, die weiterhin Bumbum machten, und Bumbumbum, während ich doch den Dreivierteltakt meinte, der so beliebt ist beim Volk. Schon wollte Oskar verzweifeln, da ging den Fanfaren ein Licht auf, und die Querpfeifen, oh Donau, pfiffen so blau. Nur der Fanfarenzugführer und auch der Spielmannszugführer, die glaubten nicht an den Walzerkönig und schrien ihre lästigen Kommandos, aber ich hatte die abgesetzt, das war jetzt meine Musik. Und das Volk dankte es mir. Lacher wurden laut vor der Tribüne, da sangen schon welche mit, oh Donau, und über den ganzen Platz, so blau, bis zur Hindenburgallee, so blau, und zum Steffenspark, so blau, hüpfte mein Rhythmus, verstärkt durch das über mir voll aufgedrehte Mikrophon. Und als ich durch mein Astloch hindurch ins Freie spähte, doch dabei fleißig weitertrommelte, bemerkte ich, daß das Volk an meinem Walzer Spaß fand, aufgeregt hüpfte, es in den Beinen hatte …

Ziehen wir von der beschriebenen Szene den Mantel politischer Satire ab, bleibt ein Kern psychologischer Wahrheit, der den Mechanismus recht anschaulich macht: Verhaltensstimulation durch Manipulation, kollektive Ansteckung durch individuellen Kunstgriff, spontane Reaktion (im Walzertakt) gegen aufgepfropfte Disziplinierung (durch Marschmusik). Natürlich sind, objektiv betrachtet, Verführungspraktiken hier wie dort im Spiel, denn auch die ideologische Zwecksetzung der Marschmusik ist bereits manipulativ. Aber was Günter Grass hier vorführt, ist gewissermaßen die höhere Macht der weißen gegenüber der schwarzen Magie der Musik. Oskar manipuliert zu Zwecken der Befreiung (was aus seiner Sicht bedeutet: er therapiert), die Hitler-Jugend zu Zwecken der Knechtung. Vorübergehend ist Oskar mächtiger.

Als psychologischer Begriff ist *Manipulation* in der deutschen Sprache negativ besetzt. Diejenigen, die Musik zu manipulativen Zwecken einsetzen, vermeiden denn auch tunlichst, den Begriff zur Beschreibung ihrer Aktivitäten zu benutzen. Statt dessen ist dort, wo Musik nicht ästhetischer Selbstzweck ist, sondern als manipulatives Mittel außerästhetischen Zwecken dient, scheinbar neutral von »funktioneller Musik« die Rede, je nach Einsatz zuweilen auch von »Arbeitsmusik« oder »Industriemusik« oder »Verkaufsmusik« u.ä. Die Bezeichnung scheint insoweit berechtigt, als funktionelle Musik den Menschen in bestimmter Weise zum besseren ›Funktionieren‹ bringen, ihn als Gesellschaftsmitglied funktionstüchtiger machen soll. Dahinter steckt die Grundannahme, daß der (arbeitende) Mensch leistungsfähiger wird, wenn seine Verrichtungen von einer bestimmten Art der Musik in bestimmter Dosierung unter bestimmten Beschallungsbedingungen begleitet werden. Auf der Grundlage musikpsychologischer und arbeitsmedizinischer Erkenntnisse über die psychophysische Aktivierbarkeit des menschlichen Organismus entsteht zentral das wirtschaftliche Kalkül vom produktiveren, arbeitswilligeren, einsatzfreudigeren Arbeiter, peripher die kommerziell motivierte Schaffung von kauffreudigeren Konsumenten, besser gestimmten Restaurantbesuchern, geduldigeren Arztpatienten usw. Im Rahmem solcher Zielsetzungen lassen sich verschiedene Funktionen unterscheiden, die in letzter Instanz aber alle in den einen großen Zweck einmünden: Optimierung von Arbeitsabläufen und sozialen Prozessen. Reinhard Fehling, der dem Problem ein ganzes Buch gewidmet hat,[23] unterscheidet fünf:

1. die Begleitfunktion (geistige und körperliche Arbeitsprozesse werden musikalisch begleitet, wobei kein direkter Konnex, keine inhaltliche Verknüpfung zwischen Tätigkeit und Begleitung besteht, sondern die Musik ohne gedankliche Verbindung neben der Arbeit herläuft);
2. die Ablenkungsfunktion (es wird Musik eingesetzt, die von sich selbst ablenkt, d.h. möglichst keine eigene Aufmerksamkeit erzeugt, um nicht Energie (Konzentrationskraft) abzuziehen, die bei der Verrichtung der Arbeit benötigt wird; indem sie so gut wie nicht ins Bewußtsein tritt, fungiert sie als »Nicht-Musik«; sie ist unauffällig und relativ anspruchslos);
3. die Überspielungsfunktion (es werden typische Arbeitsgeräusche wie Maschinenlärm, Telefonklingeln, Gespräche usw. überspielt, in ihrer eigenen Akustik so nivelliert, daß der entstehende ›Klangteppich‹ störende akustische Reize überdeckt);
4. die Gestaltungsfunktion (Musik wird zum Mittel der Gestaltung von äußeren Arbeitsbedingungen, dadurch, daß sie im Zusammenklang mit Raumausstattung, Farbgebung, Lichtverhältnissen eine positiv wirkende Arbeitsatmosphäre erzeugen soll);
5. die Beeinflussungsfunktion (dies ist diejenige Funktion, in welche

alle übrigen letztlich münden, weil hier übergeordnete verhaltenssteuernde Ziele wie Optimierung prozessualer Abläufe, Steigerung von Arbeitsleistung, Förderung von Kauflust usw. zentrale Bedeutung erlangen).

Für die Versorgung interessierter Kunden mit funktioneller Musik stehen seit Jahren leistungsfähige, international etablierte Firmen wie Muzak Corporation, 3 M Company, Reditune, Philips, Wete u.a. zur Verfügung. Die bekannteste und erfolgreichste ist Muzak, ein Konzern, dessen Name eine Verballhornung des englischen *music* darstellt und der schon seit den dreißiger Jahren tätig ist. Muzak versorgt heute 60000 Abonnenten in 21 Ländern mit Tonkonserven und beansprucht, täglich 65 Millionen Menschen zu erreichen. Die Münchner Filiale der Firma bietet auf dem deutschen Markt jährlich rund 400 Programme an, in denen sich pro Woche etwa 3000 Musiktitel abwechseln. Typische Abnehmer sind die Leiter oder Manager von Fabriken, Warenhäusern, Großbüros, Flughäfen, Hotels, Supermärkten, Sportanlagen – Kunden somit, die sich vom kalkulierten Einsatz gefällig plätschernder Hintergrundmusik leistungswirksame und/oder atmosphärische Verbesserungen in der sozialen Wirklichkeit ihres Zuständigkeitsbereichs versprechen. Dabei wird die Musik, die den Hörer manipulieren soll, vorher selbst manipuliert: ihr Frequenzbereich ist elektronisch beschnitten (reduzierte Bandbreite von 40 bis 8000 Hertz), Singstimmen und Texte sind eliminiert, auffällige (virtuose) Instrumentierungen werden vermieden, so daß ein gleichförmiges, obertonarmes Klangbild, ein ›charakterloser‹ Einheitssound entsteht. Er prägt alles, was typischerweise konserviert und reproduziert wird – Schlager, Volksmusik, leichte Operettenmelodien, populäre Klassiker, Evergreens aus Musicals –, und zwingt es in die tonalen Schablonen der gleichen musikalischen ›Umgangssprache‹. Mit solcher Stromlinienförmigkeit der Klangwelt soll direkt ein Wohlbefinden erzeugt werden, das indirekt die mit Arbeits- und anderen Verrichtungen verbundenen Unlustgefühle, die psychophysischen Schutzmechanismen von Erschöpfung und Ermüdung, die Kontrollinstanzen rationaler Verhaltenssteuerung beeinflußt und durch unbewußte Verhaltensstimulation in eine gewünschte Richtung lenkt. Am Arbeitsplatz greift die Musik in die natürlichen Leistungsschwankungen des Organismus ein und korrigiert den Verlauf der normalen Kurve an den Tiefpunkten nach oben. Zumindest ist das der Anspruch, wie er sich aus Werbe- und Anschauungsmaterial der Firma Reditune ergibt (s. Graphik).

Abb. 2: Leistungsschwankungen des menschlichen Organismus im Tagesverlauf mit und ohne Musik (Angaben nach Firma Reditune)

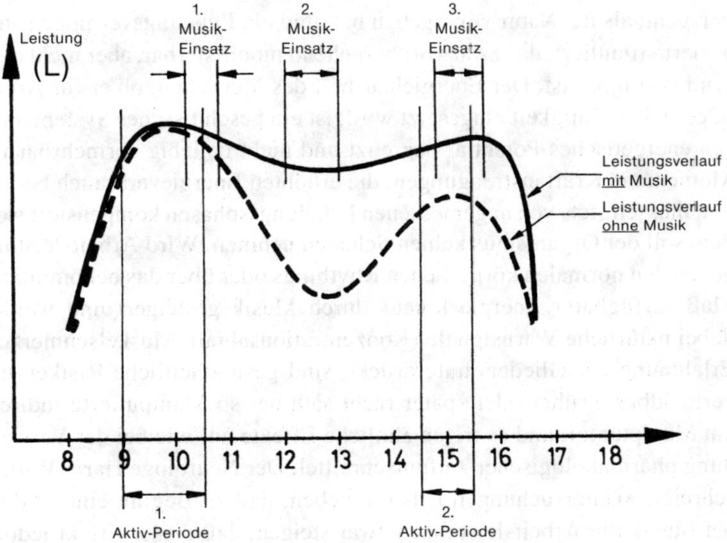

Die Firma Philips verspricht: »Durch den Einsatz von Musik bei Arbeitsbeginn und nach Pausen kann die ›Anlaufzeit‹ verkürzt und dadurch der Leistungsgrad erhöht werden. Desgleichen kann man durch Arbeitsmusik in den Zeiten des Leistungsabstiegs einer vorzeitigen geistig-seelischen Ermüdung entgegenwirken und somit die Leistungsfähigkeit ohne physische Mehrbelastung erhöhen.« Die Firma Wete versucht sogar, sich zur Arbeitsoptimierung den musikwissenschaftlich erforschten »Synchronisationseffekt« (Angleichung der Frequenz motorischer Körperfunktionen an rhythmische Vorgaben) zunutze zu machen, indem sie behauptet: »Niemand kann sich dieser Synchronisation entziehen. Die Musik zwingt jeder gleichförmigen Tätigkeit ihren Rhythmus auf, und zwar umso schneller, je weniger man darauf achtet«,[24] was zwar psychologisch richtig sein mag, aber ethisch mehr als fragwürdig ist, erinnert es doch fatal an den inhumanen Umgang mit Galeerenruderern.

Ob durch motorische Synchronisation oder psychische Stimulation – daß Musik einer bestimmten ›Gangart‹ den Menschen zu beflügeln und damit auch Arbeitsprozesse zu beschleunigen vermag, ist unbestreitbar (selbst wenn die Arbeitswissenschaft den produktionssteigernden Effekt musikbeschallter Arbeit als »gering« ansieht[25]) und nicht partout gefährlich. Akut oder chronisch gefährlich wird die Manipulation erst dann, wenn sie dem Organismus einen anderen Energiehaushalt aufzuzwingen versucht, als die Natur vorgegeben hat, und ein Leistungsvermögen suggeriert/stimuliert, das zwar vorübergehend mobilisierbar, aber nicht dauernd verfügbar ist. Der Energiehaushalt des Menschen, ob er für Arbeit oder andere Tätigkeit eingesetzt wird, ist ein geschlossenes System, dessen energetisches Potential begrenzt und nicht beliebig vermehrbar ist. Momentane Kraftanstrengungen, die erhöhten Energieverbrauch bedeuten, müssen stets von angemessenen Erholungsphasen kompensiert werden, soll der Organismus keinen Schaden nehmen. Wird Arbeitsleistung *gegen* den normalen körperlichen Rhythmus oder über das bekömmliche Maß verfügbarer Energie hinaus durch Musik gesteigert und werden dabei natürliche Warnsignale (Konzentrationsabfall, Muskelschmerzen, Erlahmung der Glieder) unterdrückt, sind gesundheitliche Risiken unvermeidbar. Früher oder später rächt sich der so Manipulierte indirekt am Manipulator, und es treten ähnliche Effekte auf wie bei der Verwendung pharmakologischer Aufputschmittel. Der Neurologe Harm Willms schreibt: »Untersuchungen haben ergeben, daß zu Beginn einer Arbeit bei Musik die Arbeitsleistungen zwar steigen, daß dieser Effekt jedoch am Ende durch extreme Ermüdung wieder aufgehoben wird. Die Erklärung fällt uns leicht. Durch den musikalischen Hörprozeß wird Energie freigesetzt, die eine größere Arbeitsleistung zusammen mit gehobener Stimmung zur Folge hat. Es wird jedoch nicht der Grundstock an Energie vermehrt, sondern lediglich stimuliert. Wird die Energie verbraucht, so wirkt nicht nur die Arbeit ermüdend, sondern auch die musikalische Aufgabe wird zu einer zusätzlichen Bürde. Die Musik macht dann eher ›nervös‹.«[26]

Wenn die Stimulation körperlicher Funktionen unter den beschriebenen Umständen schon bedenklich erscheint, so ist die Manipulation geistiger Prozesse bedenklicher. Nach Auswertung neuerer Untersuchungen zur Musikrezeption (besonders jugendlicher Hörer) artikuliert der Musikpädagoge Hans-Günther Bastian »ein erhebliches Unbehagen über die bisweilen eindeutige Manipulationsmacht der Musik, die sie dank ihrer permanenten Vergegenständlichung im Korsett funktionaler Musik gewonnen hat«.[27] Vergegenständlichung heißt für Bastian semantische Fixierung musikalischer Strukturen auf bestimmte Erfahrungen oder Erwartungen (Gegenstände), die wesentlich durch die populären Medien von Film und Fernsehen vermittelt sind. Funktionale (im Unterschied zu funktioneller) Musik ist diejenige Musik, deren Rolle die Medien zu Zwecken der Bedeutungsstiftung oder -intensivierung ihrer Sujets festlegen und die sie somit ihres autonomen Charakters berauben – Musik, die (auf meist stereotype Weise) dazu komponiert wird, Spannung zu erzeugen, Stimmungen hervorzurufen, Charakterisierungen zu unterstützen, Dramatisierungen zu fördern, so daß in der Psyche des Hörers/Zuschauers die gewünschten Gefühlskorrelate entstehen. Durch diese, heute vorherrschende Art konventionalisierten, semantisch gegängelten Hörens setzen sich erkenntnishemmende Stereotype fest »mit der Folge der Unterschätzung der Macht von Backgroundmusik auf die eigene Person«. Statt Gelegenheit zur eigenen Entfaltung zu bekommen, wird der musikalische Geschmack manipuliert und über Manipulation determiniert. Unter dem Diktat von Film- und Fernsehmusik prägen sich Denk- und Gefühlsschablonen aus, die Musik nur noch dann zum eigenen Weltbild zulassen, wenn sie innerhalb dieser Schablonen die ›richtige‹ Paßform aufweist. Die selbständige Musik wird so auf unselbständige Dienstleistungen für andere Medien festgelegt, vom Bewußtsein nur noch in dieser Festlegung rezipiert und mit präfabrizierten Inhalten assoziiert. Eine Verengung und Verarmung findet statt: Der Reichtum musikalischer Welten wird nicht mehr in seiner geistigen Vielfalt und ästhetischen Eigenständigkeit wahrgenommen, sondern nur noch in seiner sentimentalen Ausbeutbarkeit.

Bastian konnte dies mit einem einfachen Assoziationsexperiment nachweisen: Jugendliche Rezipienten wurden aufgefordert, zwei musikalische Kompositionen – einmal Stockhausens »Kontakte für elektronische Klänge, Schlagzeug und Klavier«, ein andermal Vivaldis »Concerto A-Dur für Streicher und Continuo« – mit ihnen bekannten Filmen oder Filmgattungen in Verbindung zu bringen. Die Kompositionen wurden mit der (fiktiven) Vorgabe präsentiert, daß es sich um Musik für eine neue Fernsehserie handele, und mit der Aufgabe verknüpft, genremäßige Musik-Film-Zuordnungen vorzunehmen. Beim Anhören sollten passende Filmsujets gefunden und beschrieben werden, obwohl ja weder Vivaldi noch Stockhausen unter irgendwelchen funktionalen Vorgaben komponierten, es sich also beidemal um autonome Musik handelte. Wie erwartet entsprachen die allermeisten Äußerungen einem »interindividuell einheitlichen und standardisierten Assoziationsfeld«. Die thematischen Festlegungen der Stockhausen-Musik konzentrierten sich eindeutig auf das Genre Science-fiction mit inhaltlichen Ausführungen zu Kampf, Krieg, Schrecken, Grauen (Beispiel: »Das Raumschiff XX J 7

UXUS landet auf einem fremden Planeten. Ein großer Berg verschlingt die Eindringlinge. Als sie erwachen, sind sie in einem Raum, der mit toten Händen behangen ist.«). Die Festlegungen der Vivaldi-Musik tendierten demgegenüber mit hoher Konvergenz zu historischen Sujets mit inhaltlichen Ausführungen zu Geschehnissen an Königshöfen oder Ereignissen im Feudalmilieu (Beispiel: »Höher gestellte Familie, schöne Kleider, echter Schmuck bei den Damen und dicke Zigarren bei den Herren.«). Bastians Kommentar zum Stockhausen-Effekt: »Die frappierende Übereinstimmung nahezu aller Film-Konkretisierungen mag ein drastischer Beleg sein für die musiksozialisatorische Wirkung der Massenmedien Film und Fernsehen, die den Jugendlichen ein Bedeutungsschema von Musik vermitteln, das sie unbewußt und damit unreflektiert übernehmen. Musik wie die des Beispiels ›Kontakte‹, mit ihren Clusters, geräuschaffinen und elektronischen Klängen, symbolisiert in der Filmwelt Bilder wie Krieg der Sterne, fremde Planeten, unsichtbare Wesen, Weltraumkampf, Raumstationen und Laserpistolen. Sie wird nahezu übereinstimmend mit Gefühlen wie Bedrohung, Angst, Grauen, Unheimlichkeit rezipiert, wobei die Video-Erfahrenen solchen Nervenkitzel stets als ›Behagen am Unbehagen‹ erleben, weil er im Vergleich zu den Mord- und Metzelfilmen des Horrorgenres harmlos ist.« Zum Vivaldi-Effekt: »Daß die Musik gerade solche [historischen] Filmthemen freimacht, zu denen sie wie eine Kontrapunktierung dient, verweist auf die unbewußt übernommene Stereotypität von Filmen, die sich mit dem Feudalismus beschäftigen. Könige, Prinzen und Prinzessinnen, Ritter und Hofmägde, Höfe und Burgen, Maskeraden und Bälle sind immer wiederkehrende Requisiten, die unterbewußt beim Zuschauer gespeichert sind. [...] Neben der Nennung der Barockzeit reicht die historische Einordnung des Leinwandgeschehens vom Mittelalter (weil ›alte‹ Musik) bis ins 19. Jahrhundert. Auf jeden Fall verweist die Musik die Filmhandlung in die tiefere Vergangenheit, zu einem Gegenwartsfilm scheint Barockmusik nicht passend.«

Einen noch überzeugenderen empirischen Beweis für die Verführungsmacht von Musik finden wir in einem Experiment, das Dieter Zimmerschied mit der 8. Klasse eines Gymnasiums (13- bis 14jährige Jungen und Mädchen) durchführte.[28] Unter dem Einfluß variierender Backgroundmusik wurden die Versuchspersonen gebeten, zwei Bildbeschreibungen vorzunehmen, wobei der Versuchsleiter von der Hypothese ausging, daß die unbewußte Rezeption der Musik einen maßgeblichen (statistisch signifikanten) Einfluß auf die emotionale Qualität der

Beschreibung nehmen, also die objektive Aufgabe subjektiv manipulieren würde. Bei dem verwendeten Bildmaterial handelte es sich 1. um Adriaen Brouwers »Rauchende und trinkende Bauern in einer Schenke« und 2. um Vincent van Goghs »Blumengarten in Arles«, bei der eingespielten Musik um 1. György Ligetis »Atmosphères« und »Volumina« und 2. um eine Auswahl von Johann Strauß-Walzern. Es wurden zwei Gruppen, A und B, gebildet und nach dem Versuchsplan so eingesetzt, daß Gruppe A zunächst das Bauernbild bei Ligeti-Musik beschrieb und Gruppe B das Blumenbild bei Ligeti-Musik. Nach 15 Minuten wurde gewechselt: Gruppe A beschrieb nun das Blumenbild unter dem Einfluß von Strauß-Walzern und Gruppe B das Bauernbild bei Walzermusik. Für die Beschreibung wurden 16 wählbare Attribute (Stimmungsbezeichnungen) vorgegeben: »gemütlich, freundlich, kalt, anheimelnd, feindlich, abweisend, traurig, fröhlich, drohend, roh, trüb, lieblich, entgegenkommend, vertraut, bedrückend, verwirrend«. Aus den Zuordnungen konnte dann die statistisch notwendige Häufigkeitsverteilung gewonnen werden. Die Auszählung bestätigte dabei die Hypothese: Die jeweilige Hintergrundmusik nahm deutlichen Einfluß auf den (positiven oder negativen) Tenor der Beschreibungen, obwohl die objektive Beschaffenheit der Bilder ja unverändert blieb (s. Tabelle):

Tab. 4: Häufigkeitsauszählung der Stimmungsbezeichnung

	Positivmerkmale	Negativa	Neutrale Attribute
Bauernbild mit Ligeti-Musik (A)	1	15	1
Bauernbild mit Strauß-Musik (B)	6	3	1
Blumenbild mit Ligeti-Musik (B)	1	8	1
Blumenbild mit Strauß-Musik (A)	15	1	1

Besonders greifbar wird der musikalische Effekt einer semantischen Aufladung der Bilder – depressive Aura Ligetis vs. beschwingte Aura Strauß' – an der folgenden Gegenüberstellung von vier frei formulierten Rezeptionsweisen:

1. Blumenbild/Ligeti

Dumpf fallen die roten Blüten ins Auge. Auch die anderen Blütenfarben sind stark gedämpft. Man sucht eine Erlösung, aber man findet sie nicht. Selbst das Haus im Hintergrund schlägt einem flach ins Gesicht. Alles scheint totenstill. Die roten, blauen, gelben oder schmutzigbraunen Blüten, alle im Mißklang zueinander, stöhnen aus dem Bild heraus nach Erlösung und Harmonie. Unheimliche Schwüle und Hitze liegt darüber, dann vermeint man wieder Kälte zu spüren. Das Bild hat eine zersprengende Kraft, die die ganze Umgebung zu zerreißen droht. Es zieht, stöhnt und dröhnt wie vor einem peitschenden Knall, bei dem das Bild zerbersten wird.

2. Blumenbild/Strauß

Ich liege auf einem Hügel und schaue auf ein Blumenmeer. Man könnte meinen, man schwebe in einem Paradies, wo es nur Blumen gibt. Ich sehe ein Wogen durch das Blumenmeer rauschen, was mich träumen läßt. Ich fühle, daß ich in einem Meer schwimme und am Grund nur Blumen entdecke, ich rieche sie, und der Duft verhüllt mich wie in ein schönes Mädchen. Das Bild läßt mich alles vergessen und träumen.

3. Bauernbild/Ligeti

Die Luft ist dick von Rauch, und die Bauern sind gelöst von der schweren Arbeit. Manche dürften einen über den Durst getrunken haben, die leeren Krüge weisen darauf hin. Einige starren an die Decke, als suchten sie dort etwas. Die Ausstattung des Raumes ist ärmlich, der Raum selbst dunkel und unfreundlich. Der Boden ist mit Schmutz und Bruchstücken übersät. Den Bauern scheint es dort zu gefallen, ich würde mich allerdings nicht länger als notwendig darin aufhalten.

4. Bauernbild/Strauß

Das Bild stellt eine Gaststätte dar, in der es ziemlich dunkel ist, aber trotzdem sehr gemütlich. Ein paar alte Herren halten darin ein Schwätzchen ab. Der Wein läuft durch die trockenen Kehlen, und der Gastwirt schenkt noch nach. Ich würde nicht gerade sagen, daß es dort fröhlich zugeht, aber es macht auf mich einen freundlichen Eindruck. Es hat nicht so eine bedrückende Stimmung wie das vorige Bild (Blumenbild/Ligeti). In so einer gemütlichen Gaststätte läßt man sich bestimmt gern nieder.

Die affektive ›Polung‹ durch Musik manipuliert die Art der Ausführung der eher kognitiven Aufgabe. Die von einem Medium induzierte Stimmung prägt deutlich die vom anderen Medium gelieferte Anschauung und deren ›Wirklichkeit‹. Zimmerschied zieht das Fazit: »Niemand braucht im Grunde über das Ergebnis erstaunt oder davon betroffen zu sein, solange es nur um die nebenbei aufgetretene verdeckte Wertung geht. Betroffenheit jedoch wird sich dort einstellen, wo erkannt wird, wie schnell Backgroundmusik eine ›Anpassung unter Zwang‹ herstellen kann, der nicht als solcher empfunden wird.« Eben dies ist der Punkt: Verführung ist Verhaltensänderung unter unbemerktem Zwang. Musik zwingt unbemerkt zu verändertem Verhalten – vorausgesetzt, der angewandte ›Kunstgriff‹ ist manipulativ genug, vorausgesetzt ferner, die ›Opfer‹ der Manipulation sind suggestibel genug. An beiden Voraussetzungen besteht in unserer Gesellschaft kein Mangel.

2.3 Satanische Weisen

In die Musikkultur der Gegenwart ist bedrohlich etwas zurückgekehrt, das aus den Kultformen der Vergangenheit hinlänglich bekannt ist, seit der Aufklärung überwunden oder vergessen schien, in Wirklichkeit aber wohl eher verdrängt war – das Orgiastisch-Sakrale, das Rituell-Religiöse, das Archaisch-Dämonische. Unter dem Etikett Pop-Religion, das oft in spöttisch-geringschätziger Weise bestimmten Phänomenen der Jugendkultur angeheftet wird, verbirgt sich etwas, das den Urformen des Dionysischen und seiner sozialen Explosivkraft durchaus verwandt ist: der Rausch, die Ekstase, die Besinnungslosigkeit und Triebhaftigkeit, die Verneinung des Realitätsprinzips. Was die christliche Religion nie eigentlich besaß, zumindest nicht anerkannte, weil es die Paulinische Ethik von vornherein verpönte, hier meldet es sich zurück. Die Musik kleidet sich in das Gewand einer neuen (alten) ›Heiligkeit‹, die in vitale Konkurrenz tritt zu Formen konventioneller Religiosität und diese in gewissem Sinne blaß und blutlos aussehen läßt. Sie lädt sich auf mit unbändiger Energie, die ebenso mächtig wie gefährlich ist und den Rahmen kultureller Normen zu sprengen droht. Über die Echtheit der involvierten Gefühle kann man – theologisch – endlos streiten, über die Mächtigkeit der energetischen Prozesse gibt es – psychologisch – keinen Zweifel. Die Pop-Religion mag als ein geistiger Usurpator gelten; auf jeden Fall wirkt sie wie ein starker Generator, dessen elektrisierende Impulse Gleichschaltungsprozesse in den Köpfen der ›Gläubigen‹ zur Folge haben, sie äußerlich erbeben lassen, während sie innerlich sich selbst entrückt werden.

Der Theologe Horst Albrecht zitiert die Leiterin einer Jugendstrafanstalt, die ihre Häftlinge unter dem Einfluß von Rockmusik beobachtet hat: »Das einzige, was sie wirklich hinreißt, ist ihre heftige, gefühlsbeladene Musik. Man müßte wirklich einmal sehen, wenn sie Musik hören und wenn sie tanzen. Dann kommt man an etwas heran, was wirklich über ihr Leben für einen Augenblick hinausweist.«[29] Albrecht selbst hat entsprechende Beobachtungen sogar unter seinen Vikaren gemacht – Menschen also, bei denen als Ursache für Wünsche nach Entgrenzung der Seele wohl kaum die Begrenzung durch Gefängnismauern in Frage kommt: »Selbst zukünftigen Pastorinnen und Pastoren sind heute die Alben der Rockstars vertrauter als Gesangbuch und Agende. Auch sie hält es beim Hören der schweren Rockrhythmen nicht auf den Stühlen... .«[30] Allerdings – wären es nur die schweren Rhythmen, die ›infizierend‹ wirken, so hätten wir es bei der Beurteilung des beobachteten Verhaltens lediglich mit sensomotorischen Reaktionen zu tun, wie sie auch bei hergebrachter Tanz- oder Marschmusik in Erscheinung treten. Mindestens drei andere Faktoren treten hinzu, bevor Musiker mit einiger Berechtigung als »Rockheilige«, ihre Fans als »Gläubige«, Konzerthallen als »Tempel« oder »Kathedralen« der Pop-Kultur qualifiziert werden können.

Erstens finden sich direkte religiöse Anspielungen oder Bezüge in den Namen von Gruppen sowie in den Titeln und Texten der Musikstücke – häufig dergestalt, daß Heiliges und Profanes, Ernsthaftes und Frivoles, Spirituelles und Sexuelles sich in nonchalanter Weise mischen, aber meist dennoch so, daß die Bibel die unverkennbare Quelle der Inspiration abgibt. Gruppennamen wie The Gods, Dies Irae oder Hallelujah sind eindeutig genug, desgleichen solche Titel wie »My Sweet Lord« von Ex-Beatle George Harrison, »The Cross« von Prince oder »Like a Prayer« von Madonna. Aber auch künstlerisch ehrgeizige Werke wie die Rock-Messe *Ceremony* von Spooky Tooth oder die Rock-Musicals *Jesus Christ Superstar* von Andrew Lloyd Webber und *Godspell* von Stephen Schwartz gehören zum Repertoire eines elektronisch popularisierten Christentums. In derartigen Werken wird der offenkundige Versuch unternommen, den religiösen Kern der christlichen Lehre aus seinem erstarrten kirchlich-konventionellen Kontext herauszubrechen und im Rahmen einer verjüngt-verjüngenden Pop-Religion neu einzubetten. Ob dabei ›niedere‹ Motive kommerzieller Ausbeutung in allen Fällen ›höhere‹ Beweggründe religiöser Erneuerung oder echte Symptome religiöser Sehnsucht nichtig erscheinen lassen, wollen wir hier nicht erörtern.

Zweitens etablieren sich regelrechte Kult- und Liturgieformen, die normalerweise nur im Rahmen organisierter Sakralhandlungen anzutreffen sind. Die Superstars unter den Rockmusikern geben nicht gewöhnliche Konzerte, sondern zelebrieren ›heilige‹ Messen, derart ritualisiert erscheinen ihre Bühnenshows, derart ›göttlich‹ ist der Habitus der Stars, derart mystisch mutet das zeremonielle Beiwerk der Bühnentechniker und Beleuchter an. Anläßlich eines Auftritts von Prince vor fünfzigtausend Zuhörern im Frankfurter Waldstadion 1988 schrieb *Der Tagesspiegel*: »Dies ist kein Konzert, dies ist ein orgiastisches Fest... ›Lovesexy‹ heißt die Tour. Das verpflichtet, und es bedeutet einen genau kalkulierten Rausch in gut zwei Stunden, wohldosiert und sich steigernd. In der ersten Phase der Rempel-Rock des Sex-Maniacs, dann die Erhabenheit des Hohepriesters, ›Love is God, God is Love‹, und die Bühne, eben noch neonblaue Lasterhöhle, wird zum goldgleißenden Lichtdom, zur Kathedrale des Rock, an der jetzt violett ein Herz und ein Kreuz erglühen. ›Don't Die Without Knowing the Cross‹, predigt der Hohepriester. Kniet nieder, die Erlösung ist nah, und ich Prince Chamäleon.«[31]

Drittens gibt es deutliche Anzeichen dafür, daß die gesamte Phänomenologie der Pop-Religion Züge des Kultischen trägt, in denen neben Effekten reiner Triebabfuhr Motive der Verehrung, Erhöhung, Sinnstiftung, Transzendierung und Erlösung eine wesentliche, wenn auch vielleicht uneingestandene Rolle spielen. Die Stars figurieren als Idole, denen man huldigt und nacheifert. Man pilgert zu ihren Auftritten wie zu heiligen Stätten, und man kniet weinend an ihren Gräbern, wenn sie allzu früh verstorben sind. Man verehrt ihre Kleidungsstücke oder Musikinstrumente wie Reliquien, und man hofft auf ihre Wiederkehr nach dem Tode. Für den Theologen Rolf Tischer trägt jeder Popstar »religiöse Züge, insofern er mit Hingabe verehrt wird, ein Ich-Ideal darstellt; er ist Projektionsfläche eigener Sehnsüchte, insofern eine real nicht einlösbare Liebesbeziehung aufgebaut ... und jedem Wort eine weittragende Bedeutung gegeben wird.«[32] Und für Helmut Voullième steht fest: »In der Erfahrung der [populären] Musik vergewissert sich der Mensch der umfassenden Ordnung der Welt.«[33]

Wo Voullième Vergewisserung im Spiel befindlich sieht, sehen andere freilich Verführung am Werk. Der Argwohn der Pseudo-Religiosität ist unter Theologen, aber auch unter Kritikern verbreiteter als die Anerkenntnis authentischer Glaubensformen. So erscheint Tibor Kneif das Anliegen der Pop-Religion nurmehr »als ein Streben nach äußerem Effekt, bestenfalls als eine nur scheinbar christliche Religiosität, die zwischen Jesus und Hare Krishna richtungslos hin und her schwankt.«[34] Doch wie echt oder falsch auch immer – gefährlich (im Sinne von offen kulturfeindlich und sozialschädlich) wird die Pop-Religion erst dort, wo sie Energien zielbewußt auf die dunkle, destruktive, wahnhafte Dimension religiösen Erlebens umlenkt. Zersetzend wirkt die Musik an dem Punkt, wo die herbeigesehnte Erlösung umschlägt in absichtsvolle Schändung, Entweihung und Zerstörung, also da, wo (bildhaft gesprochen) Satan die Regie übernimmt.

Es entbehrt nicht der kulturhistorischen Ironie, daß die neuen (alten) Kultformen, die der Rockszene christliche Elemente assimilieren, mit dieser Assimilation auch zugleich dem alten Spaltprodukt dieser Religion wieder zu neuem Leben verhelfen: dem »Ewigen Widersacher«, dem Teufel. Wo der religiöse Erlösungsgedanke in das Bewußtsein tritt, scheint ihm mit beunruhigender Zwanghaftigkeit die paranoide Idee der Verdammnis auf dem Fuße zu folgen. Jedenfalls brauchen wir nur einen Blick auf die Namen prominenter Rockgruppen zu werfen, um erste Hinweise darauf zu erhalten, was die kultisch-programmatische Kehrseite der Pop-Religion darstellt: der Satanismus. Wo »Rockheilige« existieren, muß es offenbar auch »Rockdämonen« geben: Black Sabbath, Judas Priest, Death Angel, Holy Terror, Venom, Slayer, Grateful Dead, KISS (die ihren ungewöhnlichen Namen – gerüchteweise – in »Knights in Satanic Service« auflösen) sind typische *nomen-est-omen*-Bekenntnisse von Musikern, die – sei es aus kommerziellem Kalkül, sei es aus weltanschaulichem Protest, sei es aus echter ›Besessenheit‹ – dem Fürsten der Finsternis huldigen und damit bemerkenswerte Erfolge verzeichnen. Auf der Bühne sind dank dröhnender Akustik und nervenzerfetzender Instrumentierung nicht nur die geschaffenen Klangwelten wahrlich infernalisch, sondern ebenso die bekenntnishaft diabolischen Gesten und die anarchisch-aggressiven, blutrünstigen oder obszönen Texte. Teuflische Rituale, nekrophile Anspielungen, sexuelle Brutalphantasien, paranoide Weltuntergangsbeschwörungen und dergleichen lassen an Deutlichkeit nichts zu wünschen übrig. Satanische Insignien wie Pentagramme, Teufelsfratzen, Totenschädel, umgedrehte Kreuze, Blutmale, die Zahl 666 (biblische Chiffre des Antichrist) und andere okkulte Symbole im Bühnendekor, auf Kleidungsstücken oder Plattenhüllen tun ein übriges, um den Musikhörer keinen Augenblick im unklaren darüber zu lassen, daß er es mit ›Abgesandten der Hölle‹ zu tun hat, die nicht nur gekommen sind zu musizieren, sondern für ihren Herrn zu missionieren. Das Anliegen der Seelenfänger kommt zum Beispiel recht unverhohlen auf dem Cover der Langspielplatte *Reflection – Black Sabbath* zum Ausdruck, wo es heißt: »Gleich auf der ersten LP beschworen sie Satan, der dann tatsächlich kam. Er versprach ihnen Erfolge in aller Welt. Wenn sie nur in jedem Jahr beim großen Sabbat aufspielen würden. Beide Seiten haben bis heute ihr Wort gehalten. Sechs erfolgreiche Longplayer, gewaltige Konzerte vor den Fans in aller Welt. Dort spielen sie ihren höllisch heißen Hardrock, geradezu ideal temperierte Musik für Höllenfeste. Für die schwarzen Sabbate, die blutigen. Und du, armer Narr, der du diese LP in den Händen hältst, wisse denn, daß du mit ihr deine Seele verkauft hast, denn sie wird schnell in diesem höllischen Rhythmus, in der teuflischen Kraft dieser Musik gefangen sein. Und dieser musikalische Tarantelbiß wird dich tanzen lassen, ohne Ende, ohne Pause.«[35]

Wenn man einem Bericht trauen darf, den ein Redakteur des Jugendmagazins *Bravo* 1983 über ein Black-Sabbath-Konzert veröffentlichte, klaffen Anspruch und Wirklichkeit nicht weit auseinander: »Sie fetzen wie vom Teufel besessen…«, konstatierte der Zeitungsmann sichtlich beeindruckt. »›Born again‹ (Wiedergeboren), wie es der Titel der brandneuen Black-Sabbath-LP verspricht, zeigten sich die Dinosaurier des Hardrock im September auf der langerwarteten Deutschland-Tournee. Und tatsächlich, die ›Teufelsanbeter des Rock‹, wie sich Black Sabbath selbst gern bezeichnen, ziehen immer noch Tausende von treuen Fans in die Hallen, in denen sie in Höllenlautstärke ihre schwarze Rock-Messe zelebrieren. […] Dick quillt grünlich-weißer Nebel über die Bühne, als die Band zum Einstiegs-Song ›Born again‹ die ersten Hammer-Salven in die Menge bläst. Auf der Hintergrund-Leinwand schimmern die Umrisse der englischen Opferstätte ›Stonehenge‹. Geezer [Butler] hämmert mit der Faust auf die Baß-Saiten ein und Tony [Iommi], an dessen Hals das große goldene Kreuz baumelt, läßt seine Klampfe gequält aufheulen. Hoch über den Köpfen der anderen bedient Bev [Bevan] Trommeln und Pauken, und ganz vorn, knietief im Nebel, schüttelt Ian Gillan wie vom Teufel besessen seine braunen Zotteln und röhrt ›Paranoid‹ oder ›Iron Man‹ in die tobende Masse, die wie verhext zur schwarzen Messe tanzt und ständig nach mehr schreit.«[36]

Gründer von Black Sabbath und absolutes *enfant terrible* der angloamerikanischen Hardrockszene ist der legendäre Ozzy Osbourne, den die Zeitschrift *New Musical Express* als »Lieblingsblödmann der Gehirnamputierten« titulierte und der die Gruppe wegen fortwährender Skandale, Drogen- und Alkoholexzesse 1979 verlassen mußte. In Rowohlts *Rock-Lexikon* lesen wir über ihn: »Obwohl Ozzy Vegetarier war, fand er bei seinen grotesk aufgemotzten Bühnenshows gelegentlich Geschmack an tierischen Exzessen. So biß er 1981 in Los Angeles bei einem Treff von Plattenbossen einer lebenden Taube den Kopf ab. Einige Monate später nagte er bei einen Konzert in Des Moines, Iowa, an einer toten Fledermaus, die ihm ein Fan auf die Bühne geworfen hatte. Osbourne mußte sich gegen Tollwut impfen lassen und hatte fortan bei seinen US-Tourneen Tierschutzvereine, Bürgerinitiativen und Pfarrgemeinden gleichermaßen gegen sich.«[37] Dabei sind Ozzy Osbourne und Black Sabbath ein zwar extremer, aber keineswegs singulärer Fall. Wie Peter Struck herausgefunden hat: »Der Musikcomputer des Süddeutschen Rundfunks (SDR) spuckt unter den Stichworten Teufel, Devil, Hell und Hölle gleich 1491 Titel aus.«[38]

Angesichts von Entfesselungen, in denen musikinduzierte Triebhaftigkeit der Musiker und hirnlose Begeisterung der Fans relativ rohe, unsublimierte Energien freisetzen, bleibt es nicht aus, daß gesundheitsgefährdender, zuweilen tödlicher Tribut an den musikalischen Satanskult zu entrichten ist. Welchen religiösen Schaden die Seelen der Fans dabei nehmen, wissen wir nicht, aber der physische Schaden ist bekannt und oft schwerwiegend genug. Betrachten wir nachstehenden Augenzeugenbericht über ein Konzert der Rolling Stones 1969 in Altamont, Kalifornien, als die Gruppe vor dreihunderttausend Zuhörern den Song »Sympathy for the Devil« intonierte. Eine Gewaltorgie brach los, als aufgeputschte Fans die Bühne stürmen wollten und dort von den berüchtigten Hell's Angels, die Mick Jagger sinnigerweise als ›Ordner‹ engagiert hatte, zurückgeprügelt wurden: »Je brutaler sie verprügelt wurden, umso mehr schienen sie von irgendeiner übernatürlichen Macht dazu gezwungen zu werden, sich diesen Agenten des Satans als Menschenopfer anzubieten. Die Gewalttätigkeit überstieg jedes Fassungsvermögen. Sie wirkte fast wie ein archaisches Ritual. Die Opfer nahmen Schmerz und Brutalität nicht nur hin, sie verlangten geradezu danach. Jetzt ertönten die urweltlichen Schreie und Voodoo-Trommeln – die Stones sangen ihr Lied der Anbetung für den Antichrist: ›Sympathy for the Devil‹. Wieder kletterte ein opferbereites nacktes Mädchen auf die Bühne; sechs ›Angels‹ gingen gleichzeitig auf es los und schmissen es von der Bühne wie menschlichen Abfall. Jagger versuchte vergeblich, seine Augen vor dieser Brutalität zu verschließen. Er brach mitten im Spiel ab und murmelte resigniert: ›Immer wenn wir diese Nummer spielen, passiert etwas!‹ [...] In ›Sympathy for the Devil‹ konzentrierte sich all die zerstörerische Wut, die in der Menge kochte... ›Ein Typ ist umgebracht worden!‹

flüsterte jemand Jagger zu. Die Show wurde unterbrochen, während ein Arzt sich seinen Weg durch die Menge bahnte, um zu sehen, ob es noch etwas zu retten gab. Er fand einen blutüberströmten jungen Mann, dessen Körper von Stichwunden buchstäblich durchlöchert war. Er atmete noch. Sanitäter legten ihn auf eine Tragbahre und brachten ihn zur Erste-Hilfe-Station. Aber es war zu spät – viel zu spät. Der Junge starb wenige Minuten später.«[39] Das Konzert forderte insgesamt vier Todesopfer und mehrere Hundert Verletzte. Mick Jagger verzichtete hinfort auf weitere Sympathiebekundungen für den Teufel.

Es verwundert nicht, daß ›gute Christenmenschen‹ ob der beobachtbaren Exzesse nicht die Erkenntnisse der Massenpsychologie oder Psychiatrie als Erklärungsmodelle heranziehen, sondern hier effektiv den Höllenfürsten sein subversiv-seelenzerstörerisches Werk verrichten sehen. Heavy Metal, Punk-Rock und deren subkulturelle Derivate sind danach Lockmittel des Leibhaftigen, die darauf abzielen, den Mächten der Finsternis zur Herrschaft zu verhelfen, Schachzüge auf dem Feld einer großangelegten Konspiration, die darauf gerichtet ist, die Jugend zur Gottlosigkeit zu verführen. Betrachtet man die barbarisch-sadomasochistischen Praktiken auf der Bühne sowie die satanischen Botschaften der Texte etwas näher und nimmt sie ernst, erscheint der Argwohn eines weltumspannenden teuflischen Komplotts so abwegig nicht. Da werden nämlich mit den infernalischen Klängen der Musik dramaturgisch Satansanrufungen in Szene gesetzt; es werden autoaggressive Akte mit Messern und Rasierklingen vollzogen; es werden symbolische Weihehandlungen mit Tierblut vorgenommen; es werden einstudierte obszöne Gesten zur sexuellen Stimulation des Publikums vollführt; es werden okkulte Beschwörungsformeln inkantiert usw. Dementsprechend bilden auch die Texte Kompendien all dessen, was einschlägige Stellen der Bibel und jahrhundertealte Satanskulte an blasphemischem Wissen über die Praktiken des Bösen parat halten.

Fernando Salazar Bañol, ein vom Satanismus abgefallener Musikwissenschaftler, zu dessen Favoriten einstmals »Sympathy for the Devil« der Rolling Stones gehörte, schreibt: »Die ›Satanische Musik‹ ist die gefährlichste, die existiert. Sie wird mit Bewußtsein um und für das Böse gemacht... Die moderne Musik, mit all ihren Varianten [Punk-Rock, Heavy Metal und dgl.], wird ... vom ›Ewigen Nächtlichen Feind‹ dazu benutzt, erstens jeden möglichen Lichtstrebenden vom Wege abzubringen und ihn zweitens dann in der Finsternis zu fesseln, wie auch die Menschheit insgesamt.«[40] Den Gipfel satanischer Heimtücke stellt nach

Salazar Bañol die Technik des *backward masking* dar – ein elektroakustisches Aufnahmeverfahren, das darin besteht, auf Schallplatten bestimmte satanische Botschaften rückwärts einzuspielen und den Texten somit ›verschlüsselte‹ Botschaften des Leibhaftigen zu unterlegen. So soll bei dem Titel »Satanachrist« der Gruppe Venom die eingemischte Rückwärtsbotschaft zu hören sein: »... ich werde dich ins Reich der Ewigkeit bringen. Ich bin das wahre Tier.« In dem Song »Congratulations« von Pink Floyd soll die Aufforderung versteckt sein: »Jetzt hast du gerade die geheime Botschaft des Teufels entdeckt, verbinde dich mit dem Alten.« Während das Tagesbewußtsein des Hörers nicht in der Lage ist, solche Botschaften wahrzunehmen (es sei denn, er achtet durch Rückwärtsspielen der betreffenden Platten besonders darauf), wird angeblich sein Unbewußtes subliminal beeinflußt und religiös verführt.

Diese Annahme läßt sich von der Forschung her nicht stützen. Zum einen ist man in der Psychologie heute generell sehr skeptisch, was die Möglichkeiten subliminaler Beeinflussung unbeteiligter Individuen angeht (man darf das Rückwärtsmaskieren auch nicht mit seriösen Techniken der Hypnose oder der Suggestopädie in einen Topf werfen).[41] Zum anderen müßte es in diesem besonderen Fall in den Sprachenzentren des menschlichen Gehirns eine Dekodierungsinstanz geben, welche die rückwärtseingespielten Botschaften automatisch entziffert. Denn ohne Entzifferung blieben die Botschaften bedeutungslose Geräusche, die auch das Unbewußte nicht auf mirakulöse Weise mit Bedeutung versehen könnte. Eine solche ›Instanz‹ ist in der Psycho- und Neurolinguistik jedoch nicht bekannt. Hier wird die Macht des Satanischen von Salazar Bañol und seinesgleichen offensichtlich in paranoider Weise überschätzt. Der »Rock im Rückwärtsgang«, wie man ihn genannt hat,[42] enthält elektroakustische Gags, an denen einige Gruppen und deren Fans offenbar Spaß haben, keine diabolischen Einflüsterungen, die als schleichendes Seelengift ernstgenommen werden müßten.

Dies ändert freilich nichts an der beunruhigenden Tatsache, daß es genügend suggestible Individuen gibt, die den Seelenfängern der Rockszene ins Garn gehen und Schlimmes anrichten. Jedenfalls kann die Musik ein Wirkungsfaktor (neben anderen) sein, wenn die mentalen Sicherungen durchbrennen und teuflische Botschaften teuflische Taten zur Folge haben. Der amerikanische Rundfunkreporter Geraldo Rivera interviewte im November 1988 eine Gruppe inhaftierter Jugendlicher, die wegen einer Serie satanischer Ritualmorde einsaßen. Sie hatten mehrere Klassenkameraden und ihre Eltern umgebracht und an den Leichen teuflische Exerzitien vollzogen. Die Suggestivkraft von Heavy Metal war nachweislich im Spiel. Hier ein Ausschnitt aus dem Gespräch (Geraldo mit Pete und Sean). Geraldo: »… wer waren deine Favoriten?« Pete: »Megadeath und Slayer, Merciful Fate, Metallica.« Geraldo: »Und wie? Wie hat es dich berührt? Erzähl mal.« Pete: »Wie ich schon gesagt hab', wenn du die ganze Zeit die Musik hörst, du weißt schon, jeden Tag ein paar Stunden, das bringt dich auf Gedanken.« Geraldo: »Speziell, Pete, welche Gedanken hat dir dieses Zeug in den Kopf gesetzt? Das hören sich Unmengen von Leuten an. Aber Unmengen von Leuten gehen nicht los und machen, was du gemacht hast. Welche Gedanken hat es dir in den Kopf gesetzt?« Pete: »Gedanken, Menschen umzubringen und Menschen zu foltern. Einfach das Machtding, die typische Macht –«. Geraldo: »Sean, wie ist es mit dir? Heavy Metal?« Sean: »Ich war nicht richtig in der Metal Szene, aber … Musik hat etwas mit Gefühlen zu tun. Die Leute werden von der Musik mitgezogen… Immer wenn du – wenn du die Musik immer und immer wieder hörst, die ganze Zeit, weißt du, den Teufel preisen, und du hörst, wie Ideale vom Teufel und so'n Zeug rübergebracht werden, dann fängst du an, das Zeug gut zu finden. Du fängst an, wirklich innerlich beteiligt zu sein. So wirkt das auf dich.«[43]

Vor einem Gericht in Reno (Nevada) erhoben im Oktober 1986 die Eltern von zwei Jungen, James Vance und Ray Belknap, Klage gegen die Gruppe Judas Priest und deren Plattenfirma CBS.[44] Die beiden Jungen, 19 und 18 Jahre alt, hatten sich eines Tages im Zimmer von Belknap verbarrikadiert, Bier getrunken, Marihuana geraucht und sich stundenlang mit der Musik des Judas-Priest-Albums *Stained Glass* ›vollgedröhnt‹. Im Banne des Rauschmittels und der Musik brachte der Ältere den Jüngeren mit einem Schrotgewehr um und fügte sich selbst in einem mißglückten Selbstmordversuch schwerste Gesichtsverletzungen zu. Die Kläger erhoben den Vorwurf, der Text des Songs »Hero's End« (mit dem Refrain »Warum mußt du sterben, um ein Held zu sein?«) habe anstiftend gewirkt. Judas Priest bzw. CBS sei für die Bluttat verantwortlich und wegen »Fahrlässigkeit« (*negligence*) haftbar. Die suggestiven Texte, kombiniert mit dem ständigen Beat, hätten nach Art einer Gehirnwäsche gewirkt – ein Effekt, den die Musikproduzenten bei mehr Verantwortungsbewußtsein hätten voraussehen können. Die Klage wurde jedoch wegen anwaltlicher Beweisnot zum Anklagepunkt »Fahrlässigkeit« abgewiesen. Ein ähnlicher Fall war 1985 schon vor einem kalifornischen Gericht verhandelt worden, als Ozzy Osbourne für den Selbstmord eines 19jährigen Fans verantwortlich gemacht werden sollte, der Botschaften in »Suicide Solution« und »Paranoid« wörtlich genommen und sich umgebracht hatte. Diese Klage wurde vom Gericht unter Bezug auf das Recht der Meinungs- und Redefreiheit (erstes Änderungsgesetz zur amerikanischen Verfassung) abgewiesen. Beide Urteile klärten die Wirkungsfrage unter dem Aspekt monokausaler Schuldzuweisung zwar juristisch, nicht aber unter dem Aspekt motivationaler Verflechtung der beteiligten Faktoren psychologisch. Mittelbare Einflußnahme durch Medien, so die rechtliche Quintessenz dieser Verfahren, impliziert keine unmittelbare Verantwortung für negative Wirkung. Das Problem der Gefährlichkeit als multifaktorielles, den rechtlichen Rahmen weit überschreitendes Problem bleibt davon unberührt. Aus juristischer Unbeweisbarkeit folgt mitnichten mediale Ungefährlichkeit.

Death Metal, die ›todesverliebte‹ Variante von Heavy Metal, war nachweislich im Spiel, als drei Halbwüchsige aus Sondershausen (Thüringen), die sich »Satanskinder« nannten, 1993 einen 15jährigen Mitschüler im Stile einer satanischen Exekution zu Tode würgten. Der 15jährige hatte es gewagt, die bizarren Praktiken der Satanisten zu kritisieren, und mußte seine unwillkommene Kritik auf dem »Totenberg« am Stadtrand mit dem Leben bezahlen. Zwar waren es in erster Linie Horror-Videos, die in diesem Fall negativ-modellhafte Wirkung ausübten, doch die musikalischen Todesbotschaften lieferten zumindest das ideologische Begleitkonzert für ein Verhalten, in dem der Satanskult das äußere Korrelat einer inneren Depravation darstellt. Man kann hier, wie dies von Apologeten der Medienkultur immer wieder versucht wird, die Musik dadurch ›exkulpieren‹, daß man ihre krankhafte Rezeption strikt als Symptom, nicht als Ursache betrachtet, wodurch dann – in letzter Konsequenz – kein mediales, sondern nur noch ein menschliches, eventuell (im Hintergrund) ein allgemein gesellschaftliches Problem bestehen bleibt. Der Trugschluß einer solchen Betrachtung steckt aber, wie in der Einleitung (S. 15ff.) ausgeführt, in der Entkoppelung von Subjekt und Objekt. Wer in rezeptionspsychologischen Problemfällen die Medien für ›unschuldig‹ erklärt und nur ihre Rezipienten für ›schuldig‹, genauer: wer die Wahrnehmung bestimmter fragwürdiger Angebote lediglich als symptomatisch ansieht, aber die geistige Verfassung der Wahrnehmenden als allein ursächlich, verkennt, daß Symptome einen Verstärkereffekt auf Ursachen ausüben können. Die Symptome sind hier keine einfachen Reflexe eines ursächlichen Geschehens, das unabhängig von alarmierenden Anzeichen abläuft (so wie Lungenentzündung unabhängig von verräterischem Husten fortschreitet), sondern es sind bedeutsame Äußerungen von Gewohnheiten oder Bedürfnissen, die in den Medien Nahrung und damit günstige Wachstumsbedingungen suchen. Gefährliche Dispositionen mögen vorhanden, schon durch falsche Sozialisation vorgeprägt sein, aber ohne jede Verstärkung aus der (medialen) Umwelt, ohne Verinnerlichung der Erfahrungsmuster, ohne Auslösung von negativen ›Lerneffekten‹ blieben sie vielfach unterschwellig. Ein bestimmtes Angebot determiniert keine bestimmte Wirkung, aber es bestimmt einen potentiellen Rahmen, innerhalb dessen bestimmte Wirkungen möglich werden. Wer Satan medial beschwört, muß damit rechnen, daß er persönlich erscheint – nicht in Gestalt des Leibhaftigen, vielleicht aber in Form einer Psychose oder moralischer Kurzschlußhandlungen.

Bei aller Schrecklichkeit der geschilderten Fälle muß uns bewußt bleiben, daß Satan hier keinen Globalfeldzug gegen arme Seelen führt, die er musikalisch verführt, sondern daß Personen gefährliche Grenzüberschreitungen zum eigenen Unbewußten vollziehen und in Satans Namen ihr eigenes psychisches Energiepotential mißbrauchen. Und bei aller gebotenen Wachsamkeit gegenüber bedrohlichen Exzessen darf nicht vergessen werden, daß die überwiegende Mehrzahl von Rockmusikfans und -konzertbesuchern in der Musik eher friedlich-hedonistische als aggressiv-satanische Bedürfnisbefriedigung sucht und findet. (In einer multidimensional angelegten Feldstudie zu Hörgewohnheiten und -motiven konnte Roland Hafen jüngst ermitteln, daß über 80% von ca. 600 Befragten Aggression und Randale ablehnen: »Power« in der Musik ja, instrumentelle Gewalt nein.)[45] Allerdings: So wie von musikalisch induzierter Ekstase lustvolle, gar therapeutisch-entkrampfende Wirkungen auszugehen vermögen, so können bei ungünstigen Voraussetzungen auch pathogene Effekte ausgelöst werden, und fehlgeleitete Minderheiten können den sittsamsten Mehrheiten beträchtliches Ungemach bereiten. »Die Musik ist ein Geschehen«, bemerkt Marius Schneider, »das langsam anhebt und sich allmählich immer mehr entfaltet und den Menschen, selbst wenn er der Produzent dieser Musik ist, mit sich reißt und etwas aus ihm macht, das mehr ist als er selbst. Seine Kräfte steigern sich zur Ekstase, und schließlich wird das ›Tier‹ so mächtig, daß es den Menschen zu Boden reißt.«[46] Satan dürfte in Wirklichkeit jenes »Tier« im Menschen sein, das unter der Wirkung von Heavy Metal (oder Artverwandtem) den Menschen zu Boden reißt – eine Metapher für das Rohe, Bedrohliche, Gewalttätige, das auf dem Grunde der Psyche lauert. Was das Tier anzurichten vermag, darüber geben Psychologie und Verhaltensforschung recht genaue Auskunft. Es sind regressive Verhaltensmuster, die durch primitive, infantile, animalische oder psychotische Reaktionen gekennzeichnet sind, gewissermaßen prähumane Ausdrucksmodelle, die einzeln (oder kombiniert) folgende Symptome aufweisen:

- Verminderung der bewußten, reflexiven Denk- und Konzentrationsfähigkeit und Aktivierung unbewußter Prozesse;
- Schwächung der autonomen Willenskontrolle über impulsive (kollektive) Regungen evtl. bis zur (vorübergehenden) Auslöschung der Individualität;
- Auslösung unkalkulierbarer emotionaler Reaktionen, die von stillen depressiven Zuständen bis zu eruptiver Tobsucht und Zerstörungswut reichen können;
- Überreizung des neurovegetativen Systems bis zum Ausbruch von Hysterie (Kreischen, Beißen, Weinen, Einnässen, Ohnmachtsanfälle);
- Störung neokortikaler Funktionen mit negativen Folgen für Gedächtnis, Urteilsvermögen, Realitätssinn allgemein;
- Induktion hypnoider oder tranceartiger Zustände, wie sie von primitiven Riten (Saturnalien, Voodoo-Kulten, Macumba-Festen u.a.) her bekannt sind;
- Auslösung mörderischer und/oder selbstmörderischer Impulse, die durch anhaltendes Hören verstärkt und in rituelle (Auto-)Aggression ausarten können;
- Stimulation sexuellen Triebverhaltens mit exhibitionistischen, sadomasochistischen, orgasmischen u.a. Reaktionen;
- Auslösung wahnhaft-halluzinatorischer Zustände (besonders in Verbindung mit Drogen), die im Extremfall psychotische Ausmaße annehmen können.[47]

Zwar treten viele dieser pathologischen Effekte erwiesenermaßen nur kurzfristig auf, sind in ihrer Symptomatik reversibel und befallen überwiegend jugendliche Minderheiten. Auch liegt eine gewisse Beruhigung darin, daß satanische Kultformen in vielen Fällen bloße Modeerscheinungen sind, die emotionale Defizite kompensieren oder vorübergehend religiöse oder ideologische Vakuen ausfüllen. Aber die Schwelle zum Krankhaften ist leicht überschritten. Strukturminderung im Seelenhaushalt des einzelnen kann in Strukturauflösung im Leben der gesellschaftlichen Gruppe übergehen und Einbrüche in primitive Tiefenschichten der kollektiven Psyche zur Folge haben,[48] wo Satan dauerhaft zum dominanten Symbol wird. Tendenzen zur Barbarisierung und Ritualisierung der westlichen Kultur sind Symptome eines Wandels, den derzeit nicht nur Theologen mit Sorge betrachten. Die Metaphysik des Bösen hat wieder Konjunktur, und die Medien liefern Satan (oder was man dafür hält) eine wirkungsvolle neue Heimstatt.[49]

2.4 Musik und Drogen

»Auslösung wahnhaft-halluzinatorischer Zustände (besonders in Verbindung mit Drogen), die im Extremfall psychotische Ausmaße annehmen können« – damit ist die höchst gefährliche Mischung angesprochen, die sich potentiell aus einer Kombination musikalischer Außenreize und neurochemischer Innenstimulation durch Drogen ergibt und immer dann akut wird, wenn die Psyche solcher ›Doppelbehandlung‹ nicht gewachsen ist. Während unter bestimmten rezeptionspsychologischen Voraussetzungen eine bestimmte Art von Musik schon als solche in der Lage ist, drogenähnliche Effekte (Betäubungen, Entrückungen, intellektuelle Ausblendungen, visionäre Erscheinungen) hervorzurufen,[50] kann die Einnahme von Rauschmitteln zu einer derartigen Verstärkung der Effekte führen, daß der ausbrechende Wahn den Tribut an die Überstimulation darstellt. Hypnoide Zustände können bereits eintreten, wenn der Musikhörer – ohne Drogen – seinen intellektuellen Wachheitsgrad willentlich zurücknimmt (oder unwillentlich einbüßt) und sich ganz den sinnlichen Impulsen von Rhythmen und Klängen überläßt – ein Umstand, den sich die Produzenten populärer Musik offenbar zunutze machen; denn: »Die Pop-Musik arbeitet mit extrem tiefen Frequenzen bis zu 14 Hz, welche unter der Hörgrenze von ca. 30 Hz liegen. Der Hörer wird in seinen Eingeweiden geschüttelt, in seinen Leib versenkt und gefesselt. Testpersonen haben gezeigt, daß der Beat, gepaart mit starken Baßtönen, bei sehr hoher Lautstärke den Leib so stark ergreift, daß ein sexueller Orgasmus stattfinden kann. Der Insulinspiegel sinkt drastisch ab. Folge davon ist ein Willenszusammenbruch und der Fall aller moralischer Schranken. In der Pop-Musik werden, durch den Computer gesteuert, Ultraschallfrequenzen in den Sound gemischt, welche über der Hörgrenze des Menschen liegen (17–29 kHz). Dies zeigt bei Testpersonen Reaktionen, welche mit denen von Morphium-Spritzen vergleichbar sind. Es ruft ein gewisses Wohlbefinden sowie Überwachheit hervor, führt aber zum Verlust der Leibeskontrolle.«[51]

Interessanterweise ist es nun so, daß die Bivalenz musikalischer Rezeption, die wir erörtert haben, durchaus einer Bivalenz entspricht, welche auch Drogenwirkungen eigentümlich ist, was nichts anderes bedeutet, als daß sich die menschliche Seele hier wie dort zum Himmel aufzuschwingen, aber auch zur Hölle abzusteigen vermag – je nach Art ihrer Aktivierung. Bei positiver seelischer Gestimmtheit versetzt uns die psychoaktive Macht einer Musik, die wir gern hören, (metaphorisch) in den Himmel. Bei negativer Gestimmtheit stößt uns die Musik, die wir hassen (oder mit der wir hassen), in die Hölle. Mit den guten und schlechten Trips, die die sogenannten bewußtseinserweiternden oder psychedelischen Drogen auszulösen imstande sind, verhält es sich ähnlich. Sie aktivieren und intensivieren auf komplizierte neurochemische und -physiologische Weise Prozesse, die positive oder negative Bewußtseinszustände hervorrufen, zu denen wir konstitutionell/dispositionell befähigt sind, die normalerweise aber außerhalb oder unterhalb des Tagesbewußtseins ›schlummern‹. Ganz wie Musikerlebnisse werden Rauschzustände gleichsam katalytisch ausgelöst, von den jeweiligen Mitteln in Gang gesetzt, aber nicht eigentlich von ihnen geschaffen. Nur wo ein seelischer Resonanzboden bereitet ist, können Klänge (und Mißklänge) zur hör-und spürbaren Wirkung gebracht werden.

Zum Beispiel wird die bivalente Wirkung der besonders potenten Droge LSD (Lysergsäurediethylamid)[52] von dem Drogenforscher Stanislav Grof so beschrieben: »Das Bewußtsein ist gewöhnlich qualitativ verändert und hat eine traumartige Qualität. Die emotionale Reaktionsfähigkeit ist fast immer erheblich gesteigert, und affektive Faktoren spielen eine wichtige Rolle als Determinanten der LSD-Reaktion. Ein recht auffallender Aspekt der LSD-Wirkung ist eine ausgeprägte Intensivierung aller geistigen Prozesse und der neuralen Prozesse allgemein, wobei Phänomene unterschiedlichster Natur und unterschiedlichsten Ursprungs auftreten. Bereits vorhandene und neuere psychogene Symptome und solche, an denen der Patient in der Kindheit oder in einem späteren Lebensabschnitt gelitten hat, können in den LSD-Sitzungen nach außen gewandt, verstärkt und erlebt werden. Traumatische und positive Erfahrungen aus der Vergangenheit, die stark emotionsgeladen sind, werden aktiviert, aus dem Unbewußten ans Licht gebracht und in komplexer Weise wiedererlebt. Mannigfaltige dynamische Matrizes aus unterschiedlichen Schichten des individuellen und des kollektiven Unbewußten können an die Oberfläche gebracht und bewußt erlebt werden.«[53] Zu den besonderen Effekten psychedelischer Drogen zählt auch, daß ästhetische

Erlebnisse jedweder Art deutlich intensiviert und auf unberechenbare Weise transformiert/deformiert werden. Farben werden gewöhnlich leuchtender wahrgenommen, Strukturen klarer erkannt, Harmonien als schöner oder beseligender empfunden, Formen plastischer gesehen usw. Andererseits aber wird Häßliches häßlicher, Bedrohliches bedrohlicher, Groteskes grotesker erlebt als gewöhnlich und damit der Weg zu den angstbesetzten Tiefen der Psyche beschritten, wo die schützende ästhetische Distanz schwindet und das Grauen wartet. Nicht selten werden befremdliche, angsteinflößende Wahrnehmungen ausgelöst, die Psychotikern vertraut, aber dem ›normalen‹, empirisch ausgerichteten Bewußtsein unzugänglich sind.

Die klassische Studie über ästhetische Erlebnisse unter Drogen stammt aus der Feder Aldous Huxleys.[54] Anfang der fünfziger Jahre experimentierte Huxley unter ärztlicher Aufsicht mit Meskalin, einer milderen, aber in ihrer psychoaktiven Wirkung nicht wesentlich anderen Droge als LSD. Zu seinen Experimentalobjekten zählte neben Malerei, Poesie, Kunstgegenständen und Architektur auch Musik. Huxley hörte freilich nicht Black Sabbaths enervierenden Rock, sondern Klavierkonzerte von Mozart, Madrigale von Gesualdo und Zwölftonmusik von Alban Berg. Durch die Droge hypersensibilisiert vernahm er neue Klangwelten, die ihn faszinierten, aber auch erschreckten. Während Mozart ihn »ziemlich kalt« ließ, entdeckte er unter den tonalen Strukturen der Kompositionen Gesualdos und Bergs psychoseverdächtige Substrukturen von beunruhigender Ambivalenz: »Bei Gesualdo, dieser phantastischen Gestalt, die aus einem Schauer- und Rührstück Websters zu stammen schien, hat psychischer Verfall eine Neigung bestärkt, ja auf die Spitze getrieben, die die Eigenart modaler im Gegensatz zu rein tonaler Musik ist. Die durch diesen Umstand entstandenen Werke klingen, als wären sie ziemlich später Schönberg. ›Und doch‹, fühlte ich den Drang zu sagen, während ich diesen seltsamen Erzeugnissen einer auf eine spätmittelalterliche Kunstform sich auswirkenden Gegenreformations-Psychose lauschte, ›und doch hat es gar keine Bedeutung, daß sich bei ihm alles in Teile auflöst. Das Ganze ist desorganisiert. Aber jedes einzelne Bruchstück ist in Ordnung, ist ein Vertreter einer höheren Ordnung. Diese höhere, göttliche Ordnung herrscht sogar im Zerfall. [...] So kann also in gewissem Sinn Auflösung ihren Vorteil haben. Aber selbstverständlich ist sie gefährlich, schrecklich gefährlich. Wie, wenn man nicht mehr zurückfände aus dem Chaos... ?‹«

Ja, wie dann? Huxley erkannte, daß im Drogenrausch die Gefahr psychostrukturellen Verfalls, des Absinkens in das Chaos der Schizophrenen, umso größer ist, je negativer sich die Voreinstellung auf die eigene Person und je düsterer sich die Erwartung an die Umwelt ausprägt. Die psychische Qualität des Subjekts (und seiner Geschichte) spiegelt sich in der ästhetischen Qualität des Objekts (und seiner Wirkung). Eine ungute Gefühlslage besonders in Verbindung mit labiler körperlicher Verfassung ist eine fast sichere Voraussetzung für einen schlechten Trip. Das Objekt wird bewußtseinsmäßig das, was das drogenstimulierte Subjekt aus ihm macht – im Extremfall ein bizarres, alptraumartiges Gebilde von angsteinflößender Präsenz. Es büßt seine Eigengesetzlichkeit weitgehend ein und gerät unter das Diktat deformierender Wahrnehmung. In den verschiedenen Phasen des mehrtägigen Experiments blieb Huxley nicht immer frei von Anwandlungen, die ihm die Welt als Produkt dämonischer Verschwörung vorspiegelten. Er spürte, daß sein Bewußtsein zuweilen gefährlich nah an der Schwelle einer Erfahrung stand, wo im Jenseitigen der Wahnsinn lauert und der Kosmos schizophren zu werden droht: »Es war unaussprechlich wundervoll, fast in erschreckendem Grad wundervoll. Und plötzlich hatte ich eine Ahnung davon, was für ein Gefühl es sein muß, wahnsinnig zu sein. [...] Und befände man sich erst einmal auf dieser abwärtsführenden, auf dieser Höllenstraße, dann wäre man nicht mehr imstande haltzumachen. Das war mir nur allzu klar. ›Wenn man sich erst einmal in der falschen Richtung bewegte‹, sagte ich als Antwort auf die Fragen des Experimentators ›wäre alles, was geschieht, ein Beweis für die Verschwörung gegen einen. Alles hätte seine eigene Gültigkeit. Man könnte keinen Atemzug tun, ohne gleichzeitig zu wissen, daß er ein Teil der Verschwörung ist.‹ ›Also glauben Sie zu wissen, wo der Wahnsinn beginnt?‹ Meine Antwort war ein überzeugtes und tief empfundenes Ja. ›Und Sie hätten keine Kontrolle über ihn?‹ ›Nein. Ich hätte ihn nicht in der Kontrolle. Wenn man Furcht und Haß als Voraussetzung für ihn annimmt, kommt man um das bittere Ende nicht herum.‹ «

Wir verstehen nun die ›unheilige Allianz‹, die von satanischer Rockmusik und halluzinogenen Drogen gestiftet wird, wenn der Ewige Widersacher sich der Gefühlswelt von Musikern und Hörern bemächtigt und das Negative (Feindselige, Sadistische, Obszöne, Blasphemische, Mörderische) seines ›Programms‹ zum kulturellen Prinzip erhoben wird. Psychedelic Rock oder Acid Rock (abgeleitet von *acid* [Säure] als Bezeichnung für LSD) nennt sich jene Variante des harten Rock, wo Musik und Drogen eine gefährliche Symbiose eingehen, die viele Bands nutzen, um ihrer Kreativität zu den gewünschten vulkanisch-orgiastischen Ausbrüchen zu verhelfen oder um psychedelische Höllentrips zum inhaltlichen Gegenstand ihrer Songs zu machen. Die Symbiose wiederholt sich bei Speed Metal, einer drogenstimulierten Variante des Heavy Metal, die ihren Namen von »speed« ableitet (Slang für Amphetamin bzw. für Rauschgifte, die schneller und nachhaltiger wirken als andere ›gängige‹ Substanzen und zur Libidosteigerung führen). Musikalische Hexer wie Jimi Hendrix und Janis Joplin oder Apokalyptiker wie Jim Morrison mußten ihren Drogenkult mit dem Leben bezahlen, während Entertainer wie Keith Richard, Marianne Faithful, Boy George, Bob Marley und viele andere den Rauschmitteln gesundheitlichen Tribut zollten.[55] Pharmakologisch gesehen sind die allermeisten Drogen schon gefährlich genug, weil längerfristige hohe Dosierungen durch Eingriff in die Zellchemie des Gehirns das Nerven- und Zellensystem zerrütten; psychologisch und ideologisch betrachtet werden sie doppelt gefährlich, wenn sie in den Dienst einer Musik genommen werden, die sich der Macht des Negativen verschrieben hat. Der eintretende Hochschaukelungseffekt entwickelt eine Kraft, die die beteiligten Individuen direkt gefährdet ebenso wie die mitbetroffene Gesellschaft indirekt. Es entsteht seelische Überspannung als Dauerspannung, die im für den Organismus gesunden Wechsel von Spannung und Entspannung der notwendigen Entspannung keine Chance beläßt.[56] Es kommt zu einer Übersteuerung der Sinne, wo Hyperaktivität in Destruktivität umschlägt. Die Hölle, die sich nicht mehr mythologisch in den Tiefen unter der Erde lokalisieren läßt, richtet sich dann psychologisch auf dem Grund der einzelnen oder kollektiven Psyche ein. Zwar steht fest: Unter günstigen Umständen vermögen Drogen die Wahrnehmung zu schärfen, die Kreativität zu steigern, das Bewußtsein zu erweitern, die Seele zu beglücken, das Lebensgefühl insgesamt zu euphorisieren. Üben sie ihre Wirkung aber unter den Auspizien satanischer Weltanschauung aus, polt sich ihr positives Wirkungsspektrum um und die negativen Folgen können furchtbar sein. Eine mit Gefühlen der Negativität (Haß, Zorn, Feindseligkeit etc.) aufgeladene und durch infernalische Phonstärken intensivierte Musik wirkt per se zerstörerisch. Treten Rauschmittel nun als ›Hilfsmittel‹ hinzu, senden sie die Reisenden im Drogenland auf schlechte Trips. Für sie ist, wie Huxley sagt, »das Weltall verwandelt – aber zum Schlechteren. Was darin enthalten ist, angefangen von den Sternen am Himmel bis zum Staub unter den Füßen, ist unaussprechlich bedrohend und abstoßend.« Die »sakramentale Schau der Wirklichkeit« gestaltet (besser: entstaltet) sich zu dämonischen Dissonanzen des Grauens. Das Satanische ist dann die probate kulturelle Formel für die Benennung des Bedrohenden und Abstoßenden.

Der seinen metaphorischen Namen mit vollem Recht tragende Teufelskreis aus Drogenkonsum, Musikrezeption und Verhaltensstörung kann inzwischen als zweifelsfrei nachgewiesen gelten. Es besteht eine Korrelation zwischen geschmacklicher Fixierung auf Heavy Metal, psychischer Abhängigkeit von Drogen und antisozialem Verhalten. Der amerikanische Psychiater Paul King führte 1987/88 eine Studie unter 470 Patienten einer Heilanstalt für Jugendliche (242 männliche, 228 weibliche Probanden) durch, deren Resultate eine klare Sprache sprechen.[57] King bildete unter den Versuchspersonen im Alter von 13 bis 18 Jahren drei Gruppen: 1. Drogenabhängige (203 Vpn), 2. Verhaltensgestörte mit geringem, nicht mehr akutem Drogenmißbrauch (145), 3. Verhaltensgestörte ohne Drogenerfahrung (122). Alle Personen wurden nach ihren musikalischen Vorlieben befragt, wobei die wichtigsten Antwortkategorien sich für Heavy Metal, Acid Rock, Country Music, Pop Music und Rap bilden ließen. Bezüglich der Rauschmittel ergab sich ein breites Spektrum, das von Marihuana über Kokain, Heroin, Crack, LSD bis PCP (Phencyclidin) und anderen Mitteln reichte. »Die Untersuchung zeigte, daß 59,1% der Patienten, die primär wegen Drogenabhängigkeit eingewiesen worden waren, Heavy Metal zu ihrer ersten Musikwahl erklärten. 74,4% hatten darüber hinaus mit Gewalttätigkeit zu tun gehabt, 49,8% mit Eigentumsdelikten und 71,9% mit frühzeitigen sexuellen Aktivitäten.« Die Patienten mit geringer Drogenerfahrung favorisierten Heavy Metal nur zu 39,3%, diejenigen ohne Erfahrung lediglich zu 17,2%. Typisch für die Wirkung des Teufelskreises ist das Schicksal des 16jährigen Bill, von dem King berichtet: »Bill, der wegen Drogenmißbrauch und Jugendkriminalität im Alter von 16 Jahren eingewiesen wurde, hatte Marihuana durch seinen älteren Bruder kennengelernt. Bill nahm laufend größere Mengen und ständig andere Drogen; sie wurden zu einem Zwang. ›Mich vollzudröhnen und Heavy Metal aufzulegen, verschaffte mir gute Gefühle, und ich merkte nicht, daß mit mir was gänzlich verkehrt lief. Ich trug Pentagramme, verbrannte die Bibel und wurde drogenabhängig. Satan, Drogen und Heavy Metal waren mein Leben.« Zwar ist es, wie King ausdrücklich betont, »unmöglich, eine klare Ursache-Wirkungsbeziehung zwischen der Musik und destruktivem Verhalten aufzustellen«, aber die Gefahren der Drogen-Musik-Symbiose liegen deutlich genug zu Tage. Sie stellen, selbst wenn lineare Kausalbeziehungen unbeweisbar sind, ein »Umweltrisiko« und ein »Volksgesundheitsproblem« dar. Sie sind deshalb so gefährlich, weil zu einem Zeitpunkt in die personale und soziale Entwicklung von Jugendlichen negativ eingegriffen wird, da die Psyche noch unfertig und das Weltbild noch relativ ungeformt ist. Deformationen sind deshalb Tür und Tor geöffnet.

Wer sich mit Drogen aufputscht, um aus Klängen und Rhythmen Maximaleffekte zu ziehen, beschwört freilich selten bewußt die Hölle. Der satanische Kick stellt, wie Roland Hafens oben (S. 59) zitierte Studie ausweist, für die meisten Musikliebhaber keinen besonderen Anreiz dar. Im Regelfall wünscht man sich ins Paradies, in einen Zustand der Euphorie, wo die bedrängenden Probleme eines schwer erträglichen Alltags hinter dem barmherzigen Schleier einer chemisch geschönten Realität verschwinden und die harten Konturen des Wirklichen ihre Härte für das Bewußtsein verlieren. Angestrebt wird eine gute Reise ins Drogenland, eine Erfahrung, die den Verlust des mythischen Paradieses durch Schaffung künstlicher Paradiese kompensiert. Man will einen Zipfel jenes Glücks zu fassen bekommen, das als altes untilgbares Versprechen immer neu die menschliche Seele lockt. Man befindet sich auf der Flucht aus einer als kalt, eintönig, armselig oder beschränkt empfundenen Außenwelt in eine als schöner, freundlicher, wärmer erlebten Innenwelt. Man trachtet danach, der Begrenztheit seiner eigenen Individualität in Raum und Zeit zu entkommen und zumindest vorübergehend ein entgrenztes Dasein in einer Sonderwelt, in einem scheinbar anderen Kosmos führen zu können. Diskotheken, in denen sich Musik- und Tanzerlebnisse mit sozialen (oder sexuellen) Begegnungen verbinden und alle drei sich nicht selten mit Drogenerlebnissen ›anreichern‹, sind der Inbegriff solcher Sonderwelt, in welcher Merkmale äußerer räumlicher Gestaltung eine untergeordnete Rolle gegenüber Möglichkeiten innerer Erfahrung spielen. Die charakteristischen Sound- und Lichteffekte, Farb- und Formgebungen sind hier nicht Selbstzweck, sondern Mittel zum Zweck, psychedelische Kulisse für eine Entwirklichung der Welt zur besseren Verwirklichung des momentanen Nirwana. Wo unter akustischer und neurochemischer Stimulation die Zeit-Raum-Koordinaten sich auflösen, schwindet auch das Ich-Bewußtsein. Es tritt ein trancehafter Zustand ein, in dem das sinnliche Körpergefühl stark gesteigert, das rationale Identitätsgefühl aber deutlich abgeschwächt ist. In der sinnlich-dynamischen Mischung von Klang, Rhythmus, Licht und Bewegung sorgen die Drogen dafür, daß sich ein diffuses, euphorisches Lebensgefühl einstellt, dessen Gegenstand seine willkommene Gegenstandslosigkeit, dessen Mittelpunkt eine befreiende Mittelpunktlosigkeit ist. Das Realitätsprinzip verliert temporär seine Gültigkeit; das verlorene Paradies wird vorübergehend wieder bewohnbar. Unter der Wirkung von Drogen wird das Disko-Erlebnis, wenn es Dissonanzen erfolgreich ausblendet, zur überwältigenden Erfahrung eines unspezifischen Hier- und Jetztseins. Doch in der Befristung solcher Erfahrung steckt das eigentliche Problem. Denn selbst wenn der Rausch ohne gesundheitliche Schädigung ›verkraftet‹ wird, geht die Befristung einher mit einer Ernüchterung, welche die unumgängliche Rückkehr aufzwingt, mit der Erkenntnis, im Drogenparadies Opfer der eigenen eskapistischen Wünsche geworden zu sein, mit der Feststellung, daß es keine rettende Flucht vor dem Realitätsprinzip gibt (es sei denn, in das absolute Nirwana des drogenverursachten Todes). »Das Problem des Eskapismus«, bemerkt Simon Frith, »besteht nicht in der Flucht selbst, sondern in dem, was nach der Flucht übrigbleibt – wenn der Montagmorgen graut, dann regnet es immer noch. Wenn man etwas konsumiert hat, dann ist es dahin; man braucht ständig neue Waren, neue Erfahrungen, neue Highs und neuen Sex.«[58]

Die Zahl der Drogenabhängigen in der Bundesrepublik wurde für das Jahr 1993 auf 120000 geschätzt, die Zahl der Toten belief sich nach Angaben des Bundeskriminalamts auf 2099. Die Dunkelziffer ist beidemal hoch, und naturgemäß existiert keine Statistik, die repräsentativ Auskunft geben könnte über den besonderen Konnex von Drogenkonsum und Musikerlebnissen. Aus der Tatsache, daß Diskotheken notorische Umschlag- und Verkaufsplätze für Rauschmittel sind, läßt sich nur indirekt auf diese bestehende Verbindung schließen. Die periodisch unternommenen Feldstudien des Jugendwerkes der Deutschen Shell AG zur Situation der deutschen Jugend, obwohl ansonsten recht umfassend, unterschlagen dieses Problem vollkommen.[59] Und folgt man den Resultaten einer Umfrage Günther Batels über »Musikverhalten und Medienkonsum«[60] aus dem Jahr 1984, ist der Anteil von Jugendlichen in Deutschland, die sich Disko-Besuche bzw. Musikrezeption mit Drogen ›verschönen‹, gering: Unter 300 Personen, die Batels per Tonbandinterviews nach ihren musikalischen Konsumgewohnheiten befragte, waren nur drei mit einschlägigen Erfahrungen und entsprechenden Äußerungen (wobei jedoch unklar bleibt, inwieweit angesichts des heiklen Themas positive Antworten von weiteren Befragten eventuell verweigert wurden). Ein auskunftsfreudiger Fachhochschüler berichtete jedenfalls, »daß ›progressiver Rock‹ und ›Underground-Musik‹ ihn zum Rauchen und Trinken anregen würden. Beim Gebrauch von Drogen schätze er demgegenüber eine etwas andere Art von Musik. Dies müsse dann eher Musik sein, die mit ›technischen Mitteln‹ gemacht sei, beispielsweise die Musik von

Pink Floyd. Diese Musik rege ihn ebenso zum Gebrauch von Drogen an, wie ihn der Gebrauch von Drogen zum Hören dieser Musik animiere.«

Nach der von Batel vorgelegten Studie scheint dies ein ziemlich singulärer Fall zu sein. Wenn aber, wie jüngst vom Emnid-Institut ermittelt,[61] 23% von 2034 befragten Jugendlichen im Alter von 14 bis 29 Jahren zugeben, schon Hasch geraucht zu haben – härtere Drogen bleiben unerwähnt –, dann läßt sich die Singularität füglich bezweifeln. Und wenn, letzten Schätzungen von Suchtexperten gemäß, bereits 100000 Deutsche die neuen Designer- oder ›Waschküchenlabor‹-Drogen konsumieren, steht fest, daß beim Konsum Rausch und Musik oftmals wechselseitig stimulierende Rollen spielen. Designerdrogen sind voll synthetisch hergestellte Rauschmittel, die unter phantasievollen Namen wie »Adam«, »Eve«, »Ecstasy« oder »Angel Dust« am Markt geführt werden und Euphorie ohne Reue versprechen. Die Substanz MDMA (Ecstasy) beispielsweise ist in der sogenannten Techno-Musikszene stark verbreitet. Ihr energetischer Kick beflügelt Jugendliche dazu, in Zustände vorübergehender Selbstvergessenheit einzutauchen und ganze Tage und Nächte durchzutanzen. Die Wirkung von Techno resultiert aus einem massiven technisch inszenierten Bombardement der Sinne, einem raffinierten Feuerwerk aus Licht, Farben, Rhythmen, Klängen und Bewegung, dem die Drogen zu einer sprühenden Phantastik verhelfen. Zwar liegen empirische Analysen zur Breitenwirkung dieses *dernier cri* der Musikszene bislang nicht vor, auch steht die medizinische Diagnostik hier noch am Anfang wünschbarer Erkenntnis, doch sind im Gefolge der Ekstasen Fälle von Kreislaufkollaps, Depressionen, Halluzinationen und andere psychotische Reaktionen bekannt geworden.[62] Mediziner mutmaßen auch hier längerfristige Wirkungen wie bei den Opiaten: Abhängigkeit von den Mitteln, Beeinträchtigung der Zellchemie des Gehirns sowie Zerrüttung des Nervensystems. Welche Drogen auch immer fabriziert und favorisiert werden – die eskapistischen Verlockungen bergen toxische Gefährdungen und sozialpsychologische Entfremdungen in sich, welche die lieblichen Musen nicht davor bewahren können, sich unter Umständen in rasende Furien oder tückische Todesgöttinnen zu verwandeln. Auf die Dauer gesehen ist das seelische Gebräu aus Klängen, Rhythmen und Chemie offenbar für kein Gehirn bekömmlich.

Anmerkungen Kap. 2

1 Vgl. Dane Rudhyar, *Die Magie der Töne: Musik als Spiegel des Bewußtseins* (Kassel: Bärenreiter, [2]1989).
2 Gerhart Harrer, *Grundlagen der Musiktherapie und Musikpsychologie* (Stuttgart: G. Fischer, 1976), 12.
3 Vgl. Wolf Müller-Limmroth, »Neurophysiologische und psychomentale Wirkungen der Musik«, *Musik und Medizin* 2 (1975), 9–18; desgleichen John Davies, »The Musical Mind«, *New Scientist* (January 19, 1991), 38–41.
4 Vgl. Theodor W. Adorno, *Dissonanzen: Musik in der verwalteten Welt* (Göttingen: Vandenhoeck & Ruprecht, 1956).
5 Weitere Beispiele bei Rüdiger Liedtke, *Die Vertreibung der Stille: Wie uns das Leben unter der akustischen Glocke um unsere Sinne bringt* (München: Schönberger, 1985), 67ff.; siehe auch Fritz Stege, *Musik, Magie, Mystik* (St. Goar: O. Reichl, 1961), 171ff.
6 Juliette Alvin, *Musiktherapie: Ihre Geschichte und ihre moderne Anwendung in der Heilbehandlung* (München: dtv, 1984), 6.
7 Gerhart Harrer, »Das ›Musikerlebnis‹ im Griff des naturwissenschaftlichen Experiments«, in *Grundlagen der Musiktherapie*, 10.
8 Zitiert nach Rüdiger Liedtke, *Die Vertreibung der Stille: Wie uns das Leben unter der akustischen Glocke um unsere Sinne bringt* (München: Schönberger, 1985), 208, 209.
9 Siehe Peter J. Korn, *Musikalische Umweltverschmutzung: Polemische Variationen über ein unerquickliches Thema* (Wiesbaden: Breitkopf & Härtel, 1981); desgl. Hermann Raue, »Aspekte einer Umweltverschmutzung durch Musik«, *Musik und Bildung* 9.1 (Januar 1977), 12–16.
10 Desmond Mark, »Die Stellung des jungen Menschen in der Schallumwelt von heute«, *Musik und Bildung* 9.1 (Januar 1977), 6.
11 Kurt Blaukopf, »Akustische Umwelt und Musik des Alltags«, in *Musik im Alltag: Zehn Kongreßbeiträge*, hg. Reinhold Brinkmann (Mainz: Schott, 1980), 12.
12 R. Liedkte, *Die Vertreibung der Stille*, 11–12.
13 Helga de la Motte-Haber und Günther Rötter, *Musikhören beim Autofahren: Acht Forschungsberichte* (Frankfurt/M.: Lang, 1990).
14 Angaben nach Heine Chüden und Peter Strauss, »Der Einfluß des Schallumfeldaufbaues in Diskotheken auf das Ausmaß der Lärmbeschädigung des Innenohrs«, *Zeitschrift für Laryngologie, Rhinologie, Otologie* 52 (1973), 134.
15 D. Mark, »Die Stellung…«, 7.
16 Heine Chüden und Peter Strauss, »Die Beeinflussung des Gehörs durch Lärm in Diskotheken«, *Archiv für klinische und experimentelle Ohren-, Nasen- und Kehlkopfheilkunde* 202 (1972), 515.
17 Zitiert nach R. Liedtke, *Die Vertreibung der Stille*, 218–19.
18 M. Haider und E. Groll-Knapp, »Psychophysiologische Untersuchungen über die Belastung des Musikers in einem Symphonieorchester«, in *Stress und Kunst: Gesundheitliche, psychische, soziologische und rechtliche Belastungsfaktoren im Beruf des Musikers eines Symphonieorchesters*, hg. Maximilian Piperek (Wien: Braumüller, 1971), 15–37.
19 Marie-Luise Fuhrmeister und Eckart Wiesenhütter, *Metamusik: Psychosomatik der Ausübung zeitgenössischer Musik* (München: J. F. Lehmann, 1973).

20 D. Mark, »Die Stellung...«, 7–8.
21 Günter Grass, *Die Blechtrommel* (Frankfurt/M.: S. Fischer, 1962), 97.
22 Siehe Heiner Gembris, *Musikhören und Entspannung: Theoretische und experimentelle Untersuchungen über den Zusammenhang zwischen situativen Bedingungen und Effekten des Musikhörens* (Hamburg: K. D. Wagner, 1985), 180ff.
23 Reinhard Fehling, *Manipulation durch Musik: Das Beispiel »Funktionelle Musik«* (München: Raith, 1976), 12–13.
24 Zitiert nach R. Fehling, *Manipulation durch Musik*, 35. Zum Synchronisationseffekt siehe auch Christl Frank, »Die Auswirkung rhythmischer Elemente auf vegetative Funktionen«, in *Grundlagen der Musiktherapie und Musikpsychologie*, hg. Gerhart Harrer (Stuttgart: G. Fischer, 1976), 79–90.
25 Siehe Günter Last, *Musik in der Fertigung. Untersuchungen zur Problematik der Musik am Arbeitsplatz in Industriebetrieben* (Berlin: Beuth, 1966).
26 Zitiert nach Rüdiger Liedtke, *Die Vertreibung der Stille: Wie uns das Leben unter der akustischen Glocke um unsere Sinne bringt* (München: Schönberger, 1985), 227.
27 Hans-Günther Bastian, *Musik im Fernsehen: Funktion und Wirkung bei Kindern und Jugendlichen* (Wilhelmshaven: F. Noetzel, 1986), 159. Die folgenden Zitate auf S. 112ff., 118–19.
28 Dieter Zimmerschied, »Musik als Manipulationsfaktor: Bericht über ein Unterrichtsmodell«, *Musik und Bildung* 4.2 (1972), 80–84.
29 Zitiert nach Horst Albrecht, *Die Religion der Massenmedien* (Stuttgart: Kohlhammer, 1993), 10.
30 H. Albrecht, *Die Religion der Massenmedien*, 17.
31 Zitiert nach H. Albrecht, *Die Religion der Massenmedien*, 19.
32 Rolf Tischer, »Religiöse Symbolik in der Popmusik«, *Materialdienst der Evangelischen Zentralstelle für Weltanschauungsfragen* 47 (1984), 142.
33 Helmut Voullième, *Die Faszination der Rockmusik: Überlegungen aus bildungstheoretischer Perspektive* (Opladen: Leske & Budrich, 1987), 65.
34 Tibor Kneif, *Sachlexikon Rockmusik: Instrumente, Stile, Techniken, Industrie und Geschichte* (Reinbek: Rowohlt, 1978), 298.
35 Zitiert nach Ulrich Bäumer, *Wir wollen nur deine Seele. Rockszene und Okkultismus: Daten – Fakten – Hintergründe* (Wuppertal: Verlag der Ev. Gesellsch. für Deutschl., 1990), 12.
36 Anon., »Sie fetzen wie vom Teufel besessen: Black Sabbath«, *Bravo* Nr. 41 (6. Oktober 1983), 77.
37 Barry Graves und Siegfried Schmidt-Joos, *Rock-Lexikon*, Bd. 2, überarb. u. erw. Neuausg. (Reinbek: Rowohlt, 1990), 584.
38 Peter Struck, *Erziehung gegen Gewalt: Ein Buch gegen die Spirale von Aggression und Haß* (Neuwied: Luchterhand, 1994), 125.
39 Tony Sanchez, *Die Rolling Stones: Ihr Leben, ihre Musik, ihre Affären* (München: Moewig, 1980), 196f. Siehe auch ders., *Sympathy for the Devils: Leben mit den Rolling Stones* (Köln: vgs Verlagsgesellschaft, 1993).
40 Fernando Salazar Bañol, *Die okkulte Seite des Rock* (München: Hirthammer, 1987), 28.
41 Siehe Heinz Buddemeier und Jürgen Strube, *Die unhörbare Suggestion: Forschungsergebnisse zur Beeinflussung des Menschen durch Rockmusik und subliminale Kassetten* (Stuttgart: Urachhaus, [2]1990); ebenso Helmut Rösing,

»Heavy Metal, Hardrock, Punk – Geheime Botschaften an das Unbewußte?«, in *Musik als Droge? Zur Theorie und Praxis bewußtseinsverändernder Wirkungen von Musik*, hg. H. Rösing (Mainz: Villa Musica, 1991), 73–88.

42 Siehe Michael Buschmann, *Rock im Rückwärtsgang: Manipulation durch »Backward Masking«* (Asslar: Schulte & Gerth, 1990).

43 Zitiert nach Denis Vaughan, *Schlag auf Schlag: Die Sucht nach dem harten Rhythmus oder Rock-Musik und Spiritualität* (Frankfurt/M.: Zweitausendeins, 1992), 122–23.

44 Zu diesem und weiteren Klagefällen gegen die US-Medien siehe Juliet Lushbough Dee, »Media Accountability for Real-Life Violence: A Case of Negligence or Free Speech?«, *Journal of Communication* 37.2 (Spring 1987), 106–38.

45 Roland Hafen, *Hedonismus und Rockmusik: Eine empirische Studie zum Live-Erlebnis Jugendlicher* (Diss. Paderborn, 1992).

46 Zitiert nach Gerhart Harrer, Hg., *Grundlagen der Musiktherapie und Musikpsychologie* (Stuttgart: G. Fischer, 1976), 14; siehe auch Brigitta Mazanec, »Vom Veitstanz bis zum Discofieber«, *Die neue Ärztliche* (9. April 1990), 9.

47 Vgl. Hans-Georg Jaedicke, »Ritualisierte jugendliche Aggression: Ärztliche Rückschau auf das Beatle-Phänomen«, *Deutsches Ärzteblatt* Nr. 50 (16. Dezember 1967), 2739–42.

48 Siehe Kurt Heinrich, Hg., *Psychopathologie der Regression* (Düsseldorf: Schattauer, 1984).

49 Siehe Hartmut Heuermann, *Medien und Mythen: Die Bedeutung regressiver Tendenzen in der westlichen Medienkultur* (München: Fink, 1994), 272ff.

50 Vgl. Lore Auerbach, »Musik als Massendroge unserer Zeit: Musikbedingte Probleme der Identitätsfindung und der Identitätsbewahrung«, *Intervalle* 4 (Oktober/Dezember 1982), 41–49; ebenso Helmut Rösing, Hg., *Musik als Droge? Zur Theorie und Praxis bewußtseinsverändernder Wirkungen von Musik* (Mainz: Villa Musica, 1991).

51 Felix Zimmermann, »Die Pop-Musik und ihre Hintergründe«, *Erziehungskunst* 52.10 (1988), 669.

52 Szenejargon: Acid, big D, blue acid, blue cheer, Cube, deep purple, Fahrkarte, hawk, Mike, Mikros, paper, Säure, yellow sunshine, white light(e)ning, blue caps, pink wedge.

53 Stanislav Grof, *Topographie des Unbewußten: LSD im Dienst der tiefenpsychologischen Forschung* (Stuttgart: Klett-Cotta, ^{6}1993), 52.

54 Aldous Huxley, *Die Pforten der Wahrnehmung – Himmel und Hölle: Erfahrungen mit Drogen* (München: Piper, 1970). Zitate auf S. 40, 42, 45, 102.

55 Siehe Harry Shapiro, *Drugs & Rock'n'Roll: Rauschgift und Popmusik* (Wien: Hannibal, 1989); ebenso Alenka Barber-Kersovan, »Turn on, tune in, drop out: Rockmusik zwischen Drogen und Kreativität«, in *Musik als Droge?* Hg. H. Rösing, 89–103.

56 Vgl. Heiner Gembris, *Musikhören und Entspannung: Theoretische und experimentelle Untersuchungen über den Zusammenhang zwischen situativen Bedingungen und Effekten des Musikhörens* (Hamburg: K. D. Wagner, 1985).

57 Paul King, »Heavy Metal Music and Drug Abuse in Adolescents«, *Postgraduate Medicine* 83.5 (April 1988), 295–304.

58 Simon Frith, *Jugendkultur und Rockmusik: Soziologie der englischen Musikszene* (Reinbek: Rowohlt, 1981), 285.

59 Siehe Jugendwerk der Deutschen Shell, Hg., *Jugend '92: Lebenslagen, Ori-*

entierungen und Entwicklungsperspektiven im vereinigten Deutschland (Opladen: Leske & Budrich, 1992).

60 Günther Batel, *Musikverhalten und Medienkonsum* (Wolfenbüttel: Möseler, 1984).

61 Durchgeführt als Umfrage Jugend '94, veröffentlicht in *Der Spiegel* Nr. 38 (19. Sept. 1994), 65–90.

62 Tim Holborn, »Immer stärkere Nachfrage nach ›Designerdrogen‹«, *Welt am Sonntag* (23. Juli 1994), III, 21.

3. Literatur

Im Konzert der hier abgehandelten Medien und ihrer spezifischen Gefahren erscheint die Literatur als dasjenige Medium, dessen Form der Mediatisierung ihrer Gefährlichkeit die relativ engsten Grenzen setzt. Obwohl wir der Literatur keineswegs einen Freibrief der Harmlosigkeit ausstellen können, ist sie – tendenziell und global betrachtet – weniger gefährlich als die übrigen Medien. Ihr negatives Wirkungspotential ist – aufs Ganze gesehen – weniger dramatisch, denn ihre Wirkungsmechanismen sind (in einem noch zu erläuternden Sinn) weniger direkt. Diese wirkungspsychologische Besonderheit hängt einerseits mit der mentalen Evolution des Menschen und den Entwicklungsphasen seiner Kultur zusammen, ergibt sich andererseits aber auch aus dem Modus zerebraler Verarbeitung sprachlicher Information.

Stellt man die literarische Kultur an die Seite der bildvermittelten wie auch der musikalischen Kultur, ergeben sich besondere Differenzen, die aus der historischen Abfolge der jeweiligen Entwicklungen resultieren. Auf der Ebene ästhetischer Verwendung sind Bild und Ton beträchtlich älter als das Wort, woraus wir durchaus Folgerungen auf ihre jeweilige (positive wie negative) Wirkungsmächtigkeit ziehen dürfen, denn das stammesgeschichtlich Alte ist zugleich das mental Tiefverwurzelte und damit sinnes- und gefühlsmäßig Mächtige. Bild und Ton aktivieren nicht nur *andere* Vorgänge im menschlichen Organismus als das Wort, sondern mobilisieren auch *früher erworbene* Schichten des Bewußtseins. Die Anfänge der Bildkultur reichen ungefähr 50000 Jahre zurück, die der Musikkultur ungefähr 15000 Jahre, die der literarischen Kultur nicht mehr als 5000 Jahre, was nicht unabhängig von der Psychogenese des Homo sapiens zu sehen ist, müssen doch erst bestimmte bewußtseinsmäßige und kulturtechnische Voraussetzungen gegeben sein, bevor die jeweiligen Errungenschaften objektiv entstehen und gesellschaftlich entwickelt werden können.[1] Tendenziell entsprechen bildhafte und musikalische Ausdrucksformen, weil sie tiefer im archaischen Boden menschlicher Bewußtseinsgeschichte wurzeln, eher primärprozeßhaften Erlebnisformen als poetische oder literarische. Musik hat ihre Basis in Naturlauten und Biorhythmen. Bilder finden ihre ›Vorbilder‹ in Traumsymbolen und Visionen. Die Sprache hat keine derart konkrete Matrix.

Graphisch fixiert und gesellschaftlich konventionalisiert fällt sie zunächst (in der frühen sumerischen Bilderschrift) mit dem Bild zusammen, dann entwickelt sie sich langsam aus dem Bild heraus, um nach ihrer Emanzipation vom Bild als zunehmend abstraktes Kommunikationssystem zu fungieren. Wenn man anerkennt, daß die Gefahren medialer Rezeption überwiegend aus einer relativen Unkontrollierbarkeit medialer Wirkung erwachsen, besteht Grund zu der Annahme, daß Wirkungen umso unkontrollierbarer sind, je tiefer sie reichen, will sagen: je stärker sie die primären, bewußtseinsfernen Prozesse ins Spiel bringen, die frühen Entwicklungsphasen von Gehirn und Psyche entsprechen. Panikartige, hysterische, primitive, zerstörerische oder anderweitig fehlgeleitete Reaktionen sind in vielen Fällen Auswirkungen einer unfertigen oder labilen Bewußtseinsstruktur, in der früh erworbene neurovegetative Programme ablaufen, die der Kontrolle durch später erworbene Funktionen intellektueller Lenkung oder moralischer Hemmung entgleiten. Zumindest ist dies dort beobachtbar, wo gefährliche Denk- und Verhaltensweisen mangelnder Affektkontrolle über potente Medienwirkungen zuzuschreiben sind. Perzeptuelle Verzerrungen, persönliche Traumatisierungen oder ideologische Verführungen stehen natürlich auf einem anderen Blatt.

Viele der von den Medien präsentierten Zustände oder transportierten Botschaften sind als solche fragwürdig genug – akut gefährlich werden sie erfahrungsgemäß aber erst dann, wenn sie auf infantile, labile, suggestible, fanatische oder insgesamt psychisch wenig gefestigte Rezipienten treffen, die ihren Wirkungen psychogenetisch nicht gewachsen sind. Jedenfalls kommt es nicht von ungefähr, daß die gravierendsten Probleme bei Rezipienten auftauchen, die im Umgang mit Medien entweder altersbedingtem Erfahrungsmangel zum Opfer fallen oder konstitutioneller Labilität Tribut zollen. Dabei ist es möglich, daß psychisch bedingte Schwächen zeitlebens nicht beseitigt werden, was dauernde kulturelle Unreife zur Folge haben kann. Es muß aber auch damit gerechnet werden, daß ein gegebener gesellschaftlicher Kontext bestimmte Personen medienpsychologisch überfordert, was kulturelle Verwerfungen nach sich zieht. Es mangelt ihnen an Medienkompetenz. Im einen wie im anderen Fall bedeutet dies erhöhte Anfälligkeit für negative Wirkungen. Der Prozeß der Enkulturation ist bei den betreffenden Personen nicht optimal verlaufen, wurde arretiert, retardiert oder deformiert, und die in einer reifen Persönlichkeit operierenden Abwehr-, Anpassungs-und Beurteilungsmechanismen bleiben unausgebildet. Die ›Torwächter‹ des Bewußtseins, insbesondere emotionale Abwehr- und rationale Kritikfähigkeit, versagen bei der Ausübung ihrer Aufgaben, und es kommt (wie bei Kindern) zu Überrumpelungen durch affektive Impulse. Schreckliche, obszöne, brutale, verführerische Inhalte erhalten freien Zugang, treffen in der Psyche auf den inneren Barbaren (oder den inneren Schwächling) und erwecken ihn über primitive, aggressive, destruktive Regungen zum äußeren Leben. Wenn, wie Kulturanthropologen und Psychologen nicht müde werden zu betonen, der Zivilisationsprozeß des Menschen wesentlich als ein allmählicher Domestizierungsprozeß seiner ›rohen‹ Affekte gelten muß, ist verständlich, daß das Gefährliche das Nicht-Domestizierte ist. Was sich kulturell domestiziert, wird seelisch depotenziert. Es verliert an unmittelbarer Macht und gewinnt an mittelbarer Kontrolle. Die Sprache ist das wichtigste Instrument kultureller Domestizierung.

Dadurch erklärt sich (bei aller Vorläufigkeit dieser Aussage), daß die Wirkung des geschriebenen Wortes, psychogenetisch bedingt, weniger virulent ist als die Wucht der Musik und der Terror der Bilder. Wiewohl keineswegs ein Garant für mentale Kontrolle, wirkt die Sprache – zumal in der Literatur – doch vergleichsweise dämpfend und distanzierend. Als Medium, das es uns gestattet, nicht nur *in* uns und *in* der Welt, sondern *über* uns und *über* die Welt zu reden/schreiben, ermöglicht die Sprache eine Transzendierung des Unmittelbaren, wie sie Ton und Bild nicht ermöglichen. »Die Sprache befreit uns zu einem hohen Ausmaß von der Tyrannei der Sinne«, bemerkt H. L. Teuber,[2] was man um die Feststellung ergänzen müßte: »Die Sprache befreit uns bis zu einem gewissen Grade auch von der Herrschaft der Gefühle.« Im Verlauf ihrer Geschichte wird sie nämlich zunehmend abstrakt, d.h. transphysisch und transsensorisch, und ist damit prinzipiell geeignet, das Bewußtsein aus den Verstrickungen mit sich selbst und den Bindungen an die Welt zu lösen. Was sich sprachlich gestaltet, ist dem Zentrum des Selbst- und Weltgefühls in höherem Maß entrückt als das, was sich bildhaft oder musikalisch gestaltet, auch wenn natürlich in der kulturellen Praxis zahlreiche intermediale Verflechtungen von Ton, Bild und Wort existieren, auch wenn Wortzauber empfindsame Gemüter wie ehedem zu verzaubern vermag, auch wenn uns Wortgewalt in der Poesie oder der Propaganda fasziniert und nachhaltig beeindruckt. Objektiv lassen sich der Ton und das Bild dem Bewußtsein zwar genauso gegenüber- und dem Gefühlszentrum fernstellen wie das Wort, aber subjektiv wirken sie näher, eindringlicher, fesselnder und insofern machtvoller, denn sie sind stärker mit sinnlicher Präsenz und lebendiger Anschauung ›gesättigt‹. Dinge zur Sprache bringen heißt tendenziell, Dinge versachlichen – ob dies im rationalen Diskurs zwischenmenschlicher Verständigung oder im kreativen Akt literarischer Gestaltung geschieht. In der Verwendung von Sprache waltet ein relativ hoher Grad an Bewußtheit, ein Maß an geistiger Souveränität, das Kontrolle ermöglicht und Erkenntnis gewährt.[3] Mittels der Sprache gewinnen wir Verfügungsgewalt über uns selbst und Deutungsgewalt über die Welt, die Ton und Bild so differenzierend und distanzierend nicht bieten. Das heißt nicht, daß kein Mißbrauch mit der Sprache getrieben werden kann, der verletzend, verformend oder manipulierend wirkt. Es bedeutet auch nicht, daß wir uns über dieses Medium stets auf bequeme Weise aus bedrängender Betroffenheit in befreiende Unbeschwertheit retten können. Aber die Sprache liefert *im Prinzip* ein Instrument zur Abwehr von Terror, Ängsten und Komplexen, das seine Wirksamkeit wesentlich der transsensorischen Qualität des Mediums verdankt. Aus bestimmter Warte betrachtet ist die Literatur nichts anderes als ein großangelegter, kulturell systematisierter Versuch des Menschen, sich aus Zwangslagen ›herauszureden‹. Hingegen steckt in der Sprachlosigkeit die Gefahr eines Ausgeliefertseins an innere Zwänge und äußeres Chaos. Nicht von ungefähr ist Bibliotherapie eine mit literarischer Sprache operierende Methode der Psychotherapie.

Dieser Sachverhalt hängt mit der Struktur und Arbeitsweise des menschlichen Gehirns, dessen unterschiedlichen Funktions- und Zuständigkeitsbereichen, zusammen. Die Forschung hat nachgewiesen, daß sprachliche Prozesse überwiegend, wenn auch nicht ausschließlich, in der linken Hirnhemisphäre vonstatten gehen und dort hauptsächlich neokortikale Funktionen aktivieren. Es hat sich herausgestellt, »daß [bei den meisten abendländischen Menschen] die Sprachhemisphäre mit der dominanten Hemisphäre identisch und mit den bewußten Erfahrungen aller Untersuchungspersonen assoziiert ist, sowohl im Hinblick auf das Empfangen von der Welt als auch auf das Handeln.«[4] Die wichtigsten Sprachfelder, das sogenannte Brocasche Zentrum als vorderes und das Wernickesche Feld als hinteres Zentrum, sind in der Großhirnrinde (dem Neokortex) auf der linken Seite angesiedelt, also dort, wo die neuronale Ausstattung den Homo sapiens zu besonderen kognitiven Leistungen (linear-progressivem Denken und Sprechen, Analysieren, Kategorisieren, Urteilen) befähigt. Das bedeutet, daß auch die kreativ-ästhetischen Prozesse, die wesentlich rechtshemispärisch ablaufen, linkshemisphärisch kontrolliert und gesteuert werden, sobald sie sich sprachlicher Kodierung/Dekodierung bedienen. Wenn musikalische und bildhafte Strukturen natürlich auch jederzeit zum bewußten Gegenstand von Kodierungen/Dekodierungen gemacht, also linkshemisphärisch behandelt werden können, so laufen die spontanen Verarbeitungs- und Erlebnismuster ›normaler‹ Rezeption doch gewöhnlich auf anderen Bahnen. In der Musikrezeption ist es, wie oben erwähnt, vornehmlich das (subkortikale) Limbische System, das aktiviert wird, in der Bildverarbeitung das primäre und sekundäre visuelle System (Sehrinde beider Hemisphären), in der literarischen Rezeption als sprachgesteuertem Vorgang aber hauptsächlich das Wernickesche Feld in der linken Hemisphäre. Aufgrund der allgemeinen Integrationsleistung des Großhirns sind zwar tiefere Schichten des Bewußtseins, sprich ältere Funktionsbereiche des Gehirns (Thalamus, Hypothalamus), stets mitbeteiligt, aber der spezifische Ort der Sinnesaufnahme und seiner neuralen Aktivitäten prägt die jeweilige Wirkung.

Diese Beschreibung markiert freilich nur eine Tendenz. Unter ungünstigen Umständen feit auch der sprachgesteuerte (›versachlichende‹) Modus literarischer Rezeption nicht vor den Gefahren negativer Wirkung. Denn über die Semantik der Sprache können komplexe Speicher und Register von Vorstellungen, Erfahrungen, Erinnerungen, Wünschen und Gelüsten abgerufen werden, deren eventuelle negative Besetzungen die Sprache nicht per se vor schädlicher Einflußnahme bewahrt. Da die sprachlichen Zeichen für den Menschen die Welt bezeichnen, können sie grundsätzlich auch jene Aspekte der Welterfahrung bezeichnen (und heraufbeschwören), die bizarr oder verwirrend, bedrohlich oder gefährlich, kultur- oder lebensfeindlich sind. Der geistige Freiraum, den die literarische Sprache optimalerweise gewährt, kann zur geistigen Zwangsjacke oder trügerischen Fata morgana werden, sobald unglückliche Kommunikationsbedingungen von Text und Leser dies bewirken. Wenn zum Beispiel von einem Literaturwissenschaftler behauptet wird: »Im Unterschied zum Traum vermag die von Büchern ausgelöste Phantasie niemals zu überrumpeln«,[5] so ist dies eine viel zu kategorische Aussage zu einem Sachverhalt, der tendenziell, aber nicht prinzipiell so besteht. In der Wirkungsforschung sollte nicht in Vergessenheit geraten oder als vollkommen abwegig betrachtet werden, was Miguel de Cervantes einst so amüsant über seinen närrischen Helden Don Quijote schrieb: »Die Phantasie füllte sich ihm mit allem an, was er in den Büchern las, so mit Verzauberungen wie mit Kämpfen, Waffengängen, Herausforderungen, Wunden, süßem Gekose, Liebschaften, Seestürmen und unmöglichen Narreteien. Und so setzte es sich ihm in den Kopf, jener Wust hirnverrückter Erdichtungen, die er las, sei volle Wahrheit, daß es für ihn keine zweifellosere Geschichte auf Erden gab.«[6]

Es gibt Opfer der Sprache ebenso wie es Opfer von Bildern und Opfer von Musik gibt. Don Quijote ist dafür ein zwar extremes (und nur fiktives) Beispiel, aber so gänzlich absurd ist es – auch empirisch betrachtet – nicht. Alle Medien sind wirkungspsychologisch multivalent. Denn einerseits existieren Texte, die aufgrund ihrer Konstitution derart massive Einflüsse ausüben, daß deren Verarbeitung über die ›höheren‹ Bahnen des Wernickeschen Feldes keine Gewähr gegen eine Umwandlung in subkortikale Aktivitäten bieten, aus denen extreme Erregungszustände, neurotische Zwangshandlungen, intellektuelle Fehlsteuerungen, moralische Korrumpierungen und dergleichen hervorgehen können. Hier wird gewissermaßen ein Kurzschluß hergestellt zwischen den sprachnahen Modalitäten der Dekodierung und bestimmten sprachfernen, zum Beispiel sensomotorischen Verhaltensweisen. Andererseits gibt es Rezipienten, die aufgrund ihrer Veranlagung von vornherein Texte präferieren, bei denen die sprachliche Verfassung so gut wie keine Barriere aufbaut gegen mißbräuchliche Inanspruchnahme des vermittelten Weltbilds über die entsprechenden Register. Hier lechzt die Psyche sozusagen nach abenteuerlicher, dramatischer, erotischer, ideologischer oder blutrünstiger Nahrung, die sie ›hungrig‹ den Texten entnimmt, unmittelbar zur eigenen Bedürfnisbefriedigung ein- und in bestimmte Denk- oder Verhaltensschemata umsetzt. Ob man die Selbstmordepidemie, die Goethes berühmter Briefroman *Die Leiden des jungen Werthers* nach seiner Veröffentlichung 1774 auslöste,[7] als Serie neurotischer Zwangshandlungen, kalkulierter Protesthandlungen oder sentimentaler Ersatzhandlungen einstuft, ist hier nicht sonderlich bedeutsam. Wichtig ist lediglich, daß der Text ein emotionales Potential, das damals so genannte »Wertherfieber«, aktualisieren konnte, welches bei zahlreichen Lesern handlungsbestimmend wurde und ihnen über literarische Stimulation zum persönlichen Verhängnis gereichte. Daß hier eine fatale Verwechslung von Kunst und Leben, literarisch gestifteter und persönlich gelebter Wirklichkeit vorlag und daß Selbstmord als Reaktion auf eine bestimmte Lektüreerfahrung eine ›unangemessene‹ Reaktion darstellt, läßt sich ästhetisch begründbar feststellen, ändert aber nichts an der simplen psychologischen Wahrheit, daß das wirklich ist, was wirkt. Und nichts ist so wirklich wie der Tod.

Es lassen sich mindestens drei Arten von Literatur benennen, bei denen der Modus sprachlicher Mediatisierung keine Gewähr bietet für angemessene Distanzierung vom Gelesenen, – Literatur, bei der die Sprache nurmehr die einladende (manchmal in die Irre führende) Brücke zu

Erfahrungsmustern darstellt, die auch außerhalb der Literatur, also lebenspraktisch, problematisch werden können. Die neokortikal gesteuerte Dekodierung ist in diesen Fällen nur der intellektuelle Schlüssel zur Erschließung von Gefilden, die als solche den Intellekt nicht benötigen, da er entweder einer Bedürfnisbefriedigung geradezu im Wege stünde oder seiner notwendigen Souveränität schon zuvor beraubt wurde. Es handelt sich um:

1. die ideologisch-indoktrinative Literatur, in der vermöge der Sprache Modelle der geschichtlich-gesellschaftlichen Wirklichkeit geschaffen werden, die sich einem entsprechend disponierten oder manipulierten Bewußtsein als Denk- und Handlungsschablonen einzeichnen, welche bestimmte weltanschauliche Überzeugungen aufpfropfen oder vorgefaßte Meinungen festigen. Im optimalen Fall besitzt Literatur bildende Wirkung. Daran dürfte niemand zweifeln. Daß sie im ungünstigen Fall verbildende Wirkung ausübt, sollte ebensowenig bezweifelt werden. Literarische Werke im dogmatischen Stil des Sozialistischen Realismus, die kriegsverherrlichenden *Landser*-Hefte oder die faschistoiden *James-Bond*-Romane sind einschlägige Beispiele.

2. die populäre Thriller- und Horrorliteratur, in der Sprache gezielt zum Abbau emotionaler Distanz eingesetzt wird, um psychovegetativen Prozessen zur Wirkung zu verhelfen, die Zustände nervenkitzelnder Angstlust auslösen. Wirksamer Horror operiert typischerweise mit dem Einbruch des Irrationalen in das Rationale, des Übernatürlichen in das Natürliche, des Archaischen in das Zeitgenössische. Ein Werk wie Stephen Kings *Friedhof der Kuscheltiere* ist das typische Exempel einer Horrorgeschichte, die die Sprache so in den Dienst einer Mobilisierung von Urängsten nimmt, daß die Grenze von ästhetischem Vergnügen zu realem Entsetzen leicht überschritten wird und nervliche Überreizung (Schweißausbrüche, Herzklopfen, Schlafstörungen, Schreckhaftigkeit) die Folge sein kann. In seltenen Fällen löst Horror psychotische Reaktionen aus. Zudem haben krankhafte Leser diese Art von Literatur schon mehr als einmal in der Geschichte als Aufforderung zu nachahmender Handlung mißverstanden.

3. die erotische und pornographische Literatur, in der die sprachlich gestifteten Bewußtseins- und Erfahrungskorrelate Zustände verursachen, die im Organismus sämtliche hormonellen und physiologischen Prozesse auslösen können, die auch bei realen sexuellen Begegnungen oder außerliterarischen Phantasiebildungen eine Rolle spielen. Daß literaturvermittelte erotische Phantasien in wirklichkeitsbezogene Praktiken des

Sexualverhaltens umschlagen können – dafür liefert die Wirkungsgeschichte der Schriften des Marquis de Sade wahrscheinlich die besten Beweise. Im übrigen ist die Chronik der *psychopathia sexualis* in der Literatur, die diverse Gerichtsverfahren und Zensurmaßnahmen wegen mutmaßlicher oder nachgewiesener »Nachahmungen« auf den Plan rief, ebenso bunt wie lang.

Die skizzierten Sachverhalte implizieren kein grundsätzliches Verdikt gegen diese Arten von Literatur. Schon gar nicht sind sie ein Plädoyer für literarische Zensur. Vielmehr bezeichnen sie ›neuralgische Punkte‹ in Prozessen literarischer Rezeption, die als Gefahrenquellen erkannt und bewußt gehalten werden müssen. Medienrezeption ist immer ein mentaler Balanceakt zwischen personalen Vorgängen im Innen und medialer Aktivierung von außen – ein Balanceakt, der bei veränderbaren Umständen keine unveränderbare Gewähr dafür bietet, daß er gelingt und den Rezipienten vor dem Absturz bewahrt. Ästhetische Erfahrung ist nicht grundsätzlich von lebenspraktischer Wirkung trennbar. Es ist das Manko der herkömmlichen Ästhetik, dies verkannt und so getan zu haben, als habe die eine mit der anderen nichts zu tun.

3.1 Indoktrination durch Bücher

Eine bekannte Figur aus dem politischen Leben des 20. Jahrhunderts legt in einer ebenso bekannten Schrift Zeugnis ab vom ›richtigen‹ Umgang mit Büchern und der dazugehörigen ›rechten‹ Auffassung von literarischer Kultur. Dabei wird Kritik an einer oberflächlich-krämerhaften Art von Buchwissen geübt und statt dessen für die Aneignung einer soliden, lebensnahen Art von Bildung plädiert :

Ich kenne Menschen, die unendlich viel »lesen«, und zwar Buch für Buch, Buchstaben um Buchstaben, und die ich dennoch nicht als »belesen« bezeichnen möchte. Sie besitzen freilich eine Unmenge von »Wissen«, allein ihr Gehirn versteht nicht, eine Einteilung und Registratur dieses in sich aufgenommenen Materials durchzuführen. Es fehlt ihnen die Kunst, im Buche das für sie Wertvolle vom Wertlosen zu sondern, das eine dann im Kopfe zu behalten für immer, das andere, wenn möglich, gar nicht zu sehen, auf jeden Fall aber nicht als zwecklosen Ballast mitzuschleppen. Auch das Lesen ist ja kein Selbstzweck, sondern Mittel zu einem solchen. Es soll in erster Linie mithelfen, den Rahmen zu füllen, den Veranlagung und Befähigung jedem ziehen; mithin soll es Werkzeug und Baustoffe liefern, die der einzelne zu seinem Lebensberufe nötig hat, ganz gleich, ob dieser nur dem primitiven Broterwerbe dient oder die Befriedigung einer höheren Bestimmung darstellt; in zweiter Linie aber soll es ein allgemeines Weltbild vermitteln. In beiden Fällen ist es aber nötig, daß der Inhalt des jeweilig Gelesenen nicht in der Reihenfolge des Buches oder gar der Bücherfolge dem Gedächtnis zur Aufbewahrung übergeben wird, sondern als Mosaiksteinchen in dem allgemeinen Weltbilde seinen Platz an der ihm zukommenden Stelle erhält und so eben mithilft, dieses Bild im Kopfe des Lesers zu formen. Im anderen Falle entsteht ein wirres Durcheinander von eingelerntem Zeug, das ebenso wertlos ist wie es andererseits den unglücklichen Besitzer eingebildet macht. Denn dieser glaubt nun wirklich allen Ernstes, »gebildet« zu sein, vom Leben etwas zu verstehen, Kenntnisse zu besitzen, während er mit jedem neuen Zuwachs dieser Art von »Bildung« in Wahrheit der Welt sich mehr und mehr entfremdet, bis er nicht selten entweder in einem Sanatorium oder als »Politiker« in einem Parlamente endet.

Der Autor, der solches von sich gibt, ist nun keineswegs als Vertreter lebensphilosophischer Bildungstradition oder als Exponent humanistischer Werte anerkannt. Ganz im Gegenteil: Er hat sich den traurigen Ruhm ihres Verneiners und Zerstörers eingehandelt. Sein Kulturbegriff ist heute der Alptraum vieler Literaten und sein Menschenbild Anathema für die meisten Pädagogen und Philosophen. Der Autor ist Adolf Hitler, die Schrift *Mein Kampf*.[8]

Es ist offensichtlich: Hier kommt der Wolf im Schafspelz daher. Unter dem Deckmantel menschenfreundlicher Ratschläge versteckt sich eine kulturfeindliche Doktrin, die ihre Destruktivität nicht nur für die Literatur, sondern die Gesamtkultur unter Beweis gestellt hat. Das »allgemeine Bild« im Kopf des Lesers, dem das Studium von Büchern dienlich sein soll, ist die nationalsozialistische Ideologie, die sich das geistige Leben unterwirft, um es den Ansprüchen totalitärer Herrschaft gefügig zu machen. Das Verfahren, nach dem durch Mittel der Erziehung und Überzeugung dieses »allgemeine Bild« verbreitet werden soll, ist die Methode der Indoktrination – nur daß der ›Wolf im Schafspelz‹ beides noch verschleiert, indem er scheinbar vernünftig argumentiert, wo er in Wirklichkeit schon machtbesessen denkt. Die historische Tatsache, daß es unter dem Nationalsozialismus genügend Literaten wie auch Literaturpädagogen gab, die sich seinen Ansprüchen fügten, indem sie beides – die totalitäre Ideologie und die Methode ihrer Verbreitung – zur eigenen Sache machten, beweist, daß Literatur nicht vor Ideologie, deren Vermittlung nicht vor Indoktrination gefeit ist. Kunst und Kultur lassen sich mißbrauchen – die Verfahren ihrer Usurpation müssen nur subtil genug und die Usurpatoren mächtig genug sein. In dem Moment, da politische

Wachsamkeit und ethische Standhaftigkeit unter dem Trommelfeuer ideologischer Propaganda zu wanken beginnen, in dem Augenblick, da es der Macht gelingt, den Geist zu vergewaltigen, bietet auch die Literatur aus eigenem Vermögen keine Gewähr für genügende Resistenz. Dabei muß es nicht unbedingt – wie bei den Nationalsozialisten – zu Bücherverbrennungen kommen, um die Vergewaltigung schamlos unter den Augen der Öffentlichkeit zu vollziehen. Es gibt Möglichkeiten feinerer Art, den Geist zu schwächen, ihn für Verführung gefügig zu machen und für fragwürdige Weltbilder zu vereinnahmen. Indoktrination kann offen und latent geschehen. Für das Medium der Literatur ist es – zumindest unter gegenwärtig herrschenden Voraussetzungen – zumeist die latente Form, von der Gefahren ausgehen.

Als literarische Indoktrination bezeichnen wir eine geistige ›Einpflanzung‹ von Bildern, Vorstellungen, Ideen oder Ideologien in die Köpfe von Lesern, die aufgrund ihrer Konstitution oder ihres Reifegrades zu sachangemessener eigener Beurteilung solcher Bilder etc. nicht befähigt sind. Der Begriff der Indoktrination ist mit dem der Manipulation verwandt, insofern als beide eine Art von psychologisch unfairer, sittlich verwerflicher Einflußnahme bezeichnen.[9] Wo die Manipulation sich jedoch einer Palette der verschiedensten Tricks oder ›Kunstgriffe‹ zur unzulässigen Steuerung von Menschen bedient, setzt die Indoktrination eine wie auch immer geartete Lehre, eine Doktrin, voraus – sei sie explizit formuliert oder (wie eher in der Literatur zu erwarten) implizit enthalten. Dabei kann Indoktrination Manipulation durchaus einschließen, was dann bedeutet, daß der indoktrinative Vorgang sich besonderer Kniffe bedient, um seinen Erfolg zu sichern. Manipulation und Indoktrination verhalten sich wie Mittel und Zweck. Clevere Literaten, denen es um hohe Auflagen zu tun ist, verstehen sich oft meisterhaft auf die Anwendung probater Tricks, um dem von ihnen entworfenen Weltbild Attraktivität und Suggestivkraft zu verleihen. Dazu zählen Mittel der Simplifizierung und Stereotypisierung, der Schwarzweißmalerei und Vorurteilsverstärkung, ebenso Appelle an ›niedere‹ Bewußtseinsschichten und kalkulierte Auslösung sensationalistischer oder melodramatischer Effekte. Besonders die immer raffinierter werdende ›Dramaturgie der Gewalt‹ in der populären Literatur der Gegenwart entspricht einem manipulativen Einsatz indoktrinativer Strategien.

Da es sich bei dem Vorgang im Prinzip um fremdbestimmte Aufpfropfung und nicht um selbstbestimmte Aneignung handelt, laufen indoktrinative Maßnahmen stets auf eine Art von Überrumpelung des Bewußtseins hinaus. Indoktrinatoren machen sich den Umstand zunutze, daß sie es bei ihren Zielgruppen mit relativ ungebildeten, unerfahrenen, intellektuell schwachen oder wehrlosen Subjekten zu tun haben, deren Gehirne besonders fruchtbaren Boden für die ›Einpflanzungen‹ versprechen. Sie ziehen Kapital aus der Tatsache, daß indoktrinative Inhalte und manipulative Methoden existieren, die vorgeblich den Interessen oder Bedürfnissen dieser Subjekte entsprechen, in Wirklichkeit aber dem eigenen (weltanschaulichen und/oder materiellen) Vorteil dienen. Die Schwächen der Indoktrinierten sind die Stärken der Indoktrinatoren. Da jedoch keine informative Einflußnahme von Fremdbestimmung gänzlich frei sein kann – in milder Form werden wir in der heutigen Mediengesellschaft alle tagtäglich indoktriniert –, gilt als Indoktrination im eigentlichen Sinne nur derjenige Vorgang, der sich den genannten Umstand in deutlich zweifelhafter Weise zunutze macht. Er ist eine Vorform dessen, was der alltägliche Sprachgebrauch als »Gehirnwäsche« kennt. Das Verwerfliche oder Fragwürdige der Indoktrination kommt dadurch zustande, daß es sich um eine einseitige Macht- oder Autoritäts- oder Überlegenheitsausübung handelt, die – zumal in aufgeklärten Gesellschaften – dem Ideal von der Autonomie des Individuums widerspricht. Wo Bildung und Erziehung (als positive Gegenbegriffe) normalerweise ein zweiseitiges oder dialogartiges Verhältnis zwischen Personen und Personen oder Objekten und Personen voraussetzen, verkürzt die Indoktrination (als negatives Konzept) das Verhältnis auf Einseitigkeit von Information und Wirkung. Indoktrinatoren fragen nicht nach den wahren Interessen der Indoktrinierten, sondern nehmen entweder für sich in Anspruch, diese so gut zu kennen, daß die Kenntnis die Berechtigung zur Indoktrination in sich schließt, oder machen sich nicht die Mühe danach zu fragen, weil sie ihnen gleichgültig sind. Fragten sie danach, wären sie eher Emanzipatoren als Indoktrinatoren, auf jeden Fall aber legitime Treuhänder literarischer Bildung, da ihnen das geistige Wohlergehen der Leser eher am Herzen läge als die Durchsetzung ihrer ideologischen Doktrin oder die Befriedigung ihrer Profitgier.

Die verderbliche Wirkung (latent) indoktrinativer Literatur ist in kaum einer anderen Untersuchung so greifbar geworden wie in einer Arbeit von Klaus F. Geiger zur Rezeption von *Landser*-Heften.[10] Diese vom Pabel-Verlag jahrelang erfolgreich vermarkteten Machwerke über den Zweiten Weltkrieg – die Serie ›blühte‹ von 1960 bis 1976 – sind wesentlich für ein jugendliches (überwiegend männliches) Publikum geschrieben, das damit primär seinen Hunger nach Abenteuer gesättigt bekommt, aber sekundär indoktriniert wird. Geigers Analysen belegen sowohl den kriegsverherrlichenden Tenor der Reihe als auch ihre vorurteilsverstärkende und aggressivierende Wirkung. Es wurden 57 Hefte aus der Jahresproduktion 1970/71 inhaltsanalytisch untersucht und die Wirkung ausgewählter Texte mittels Fragebogenerhebung bei 323 Jugendlichen rezeptionsanalytisch überprüft. Zwar wird der Leserschaft von den Herausgebern naßforsch die Darstellung der »Wahrheit« versprochen (die Erzählungen geben tatsächlich vor, »die authentischen Erlebnisberichte zur Geschichte des Zweiten Weltkriegs« zu sein), auch sehen Rezipienten, offenbar beeindruckt vom vordergründigen Realismus der Darstellung, das Versprechen durch eigene Lektüre bestätigt (»Der *Landser* ist ein Heft, das den Verlauf des 2. Weltkriegs besser und genauer schildert als die Geschichtsbücher der Schule«, äußerte ein 14jähriger Leser); aber die tiefer gehende Prüfung Geigers entlarvt die im Spiel befindlichen Mechanismen der Verfälschung und Selbsttäuschung. Unter der Oberfläche manifester Behauptungen und Schilderungen keimt die Saat latenter Gefährdungen. Ideologiekritik in Verschränkung mit Rezeptionsanalytik macht sie sichtbar.

So erweist sich zunächst das Kriegsbild der Hefte als Resultat mannigfaltiger Reduktionen und Retouchen an der militärpolitisch-historischen Wirklichkeit. Falsches Pathos veredelt die Taten der Kriegshelden, während kalter Zynismus die Leiden der Kriegsopfer entwirklicht. Von der Glorifizierung der ehemaligen Deutschen Wehrmacht über eine Simplifizierung militärischer Operationen, die Unterdrückung von Kriegsverbrechen und Grausamkeiten bis zur Entmenschlichung und Verteufelung des (meist russischen) Feindes propagiert die Reihe Denk- und Verhaltensweisen, die, wie Geiger bemerkt, »mit den Zielen demokratischer Erziehung nicht im Einklang stehen«. Die Quintessenz des den Erzählungen eingezeichneten Militarismus zeigt sich in einigen wenigen Komponenten, die aber gerade in ihrer obstinaten Wiederkehr die indoktrinative Tendenz verraten. Es handelt sich immer wieder darum, daß

- die Kriegsteilnehmer für Ungutes und Schreckliches, das ihnen widerfahren ist, irgendeinen schicksalsbestimmten Ausgleich erhalten,
- das Kriegsgeschehen in den Teilnehmern ausgesprochen positive Folgen zeitigt und die ›Tugenden‹ des Schlachtfelds weckt,
- die risikoreichen, vielfach tödlichen Kampfhandlungen als heldenhafte Aktionen gefeiert werden,
- die Untaten der Truppe (Folterungen, Erschießungen, Vergewaltigungen) entweder verheimlicht oder gerechtfertigt werden,

- die Eigenschaften und Handlungsweisen des Kriegsgegners herabgesetzt, die der Deutschen Wehrmacht jedoch nationalistisch überhöht werden,
- die Schrecken des Krieges verharmlost und zu Abenteuern umgedeutet werden,
- die geschichtlichen Tatsachen und Zusammenhänge (z.B. die Rolle der Gestapo) verfälscht oder unterdrückt werden.

All dies wird gesteuert von einem Identifikationsangebot, das abenteuerhungrige Leser nur allzu begierig und unkritisch aufnehmen. Wie ein Gutachter der Bundesprüfstelle für jugendgefährdende Schriften (BPS) dazu bemerkt: »Dieser Identifikationsprozeß wird in manchen der untersuchten Hefte durch folgenden ›Kunstgriff‹ noch verstärkt: Es werden Soldaten und Offiziere als Identifikationsfiguren vorgestellt, die zunächst durch ihre kritische Haltung zum Kriege auch dem ›Antimilitaristen‹ sympathisch erscheinen. Indem diese Soldaten sich dann doch zur ›Pflichterfüllung bis zum Letzten‹ durchringen, wird auch der Leser mitbekehrt. Dieser dramaturgische Effekt vergrößert die Gefahr, daß unkritische jugendliche Leser sich mit einer Scheinlösung des Konflikts begnügen.«[11] Im Licht einer solchermaßen verzerrten Darstellung der schlimmsten historischen Erfahrung, die die Völker der Welt durchlitten haben, ist unbedingt alarmierend, was Geigers Rezeptionsanalysen zutage förderten:

Die Befragung ergab zunächst, daß knapp zwei Drittel der männlichen Jugendlichen Kriegs*bücher* generell gern lesen (wobei diesem literarischen Konsum Kriegs*filme* hinzuzurechnen sind, die sich noch größerer Beliebtheit erfreuen). Etwas über 40% gaben an, schon mindestens ein *Landser*-Heft vor Teilnahme an der Untersuchung gelesen zu haben, während 77% nach Leseproben während der Untersuchung den Wunsch äußerten, das jeweilige Heft zu Ende zu lesen. Sind aus derartigen Erfahrungen und Neigungen noch keine negativen Schlüsse ziehbar, stimmt allerdings schon bedenklich, wenn 84% solchen vorformulierten Meinungen wie »Der Inhalt entspricht der Wirklichkeit« und »Die dargestellten Figuren wirken echt« zustimmten, wohingegen nur 37% glaubten »Vieles in diesen Texten ist stark übertrieben.« Dies bedeutet, daß die allermeisten Leser den Grad der Glaubwürdigkeit von *Landser*-Erzählungen hoch einschätzten (höher übrigens als den von Krimis oder Westernheften). Sie vermißten offensichtlich nicht die fehlenden Dimensionen der politischen Verursachung und gesellschaftlichen Sinngebung, wie sie auch nicht Anstoß nahmen an der literarischen Abwesenheit des Grauens, das jeder Krieg *realiter* heraufbeschwört. Der Krieg wird akzeptiert als eine Art sportlicher Auseinandersetzung, die ihre eigenen Spielregeln definiert und aus sich selbst ihre Zwecksetzung empfängt. Die Fesselung durch spannende Lektüre wirkt kritischer Distanzierung zum Gelesenen entgegen und macht gleichzeitig offen für apologetische Deutungen des deutschen Faschismus. Der Indoktrination förderlich ist dabei ein Stil, der den Leser kaum zu Atem, sprich zur Besinnung kommen läßt; denn: »Die Vielzahl von kurzen und kürzesten ›action-Sätzen‹, die die Leseschwierigkeit auf ein Minimum reduzieren, lassen Besinnungspausen kaum zu. Der Leser wird von den primitiv-spannend geschilderten ›kriegerischen Erlebnissen‹ mitgerissen, nur die Emotionen werden angesprochen.« Natürlich ist es nicht bloß dem Anreiz der Lektüre, sondern auch dem Mangel an persönlicher Erfahrung zuzuschreiben, daß Ereignisse eines Krieges erfolgreich in eine Serie soldatischer Abenteuer umstilisiert werden können; aber eben dieser Erfahrungsmangel ist das Vakuum, in das die indoktrinative Botschaft hineinstößt. – Zwei Befunde aus Geigers Untersuchung sind besonders alarmierend:

Aus der Erfahrung heraus, daß Medien im Sinne einer Intensivierung von Prädispositionen zu wirken vermögen, und der daraus abgeleiteten Hypothese, daß die *Landser*-Erzählungen Einfluß auf die nationalen Vorurteile ihrer Leser nehmen, erhielten die Probanden (eine Gruppe *vor*, die andere *nach* der Lektüre) folgende Instruktion: »Oft sind einem die Angehörigen eines Volkes sympathischer als die eines anderen Volkes. Schreiben Sie bitte im folgenden (...) vier Völker auf, die Ihnen sympathisch sind, und (...) vier Völker, die Ihnen unsympathisch sind.« Der Versuch bestätigte die Hypothese. Negative Vorurteile gegen Russen artikulierten *vor* der *Landser*-Lektüre 66 Leser, *nach* der Lektüre 76. Gegen andere Völker gerichtete Vorurteile artikulierten *vor* der Lektüre 61, *nach* der Lektüre aber nur 42, was zu der bemerkenswerten Folgerung zwingt, daß die Rezeption wie ein Katalysator die Vorurteilsstruktur veränderte und negative Vorurteile tendenziell von anderen Völkern auf das russische Volk umlenkte. Beide Befunde wurden nach dem sogenannten Chi-Quadrat-Test als nicht-zufällig ausgewiesen. Nach Abwägung der Datenlage und ihrer Deutungsmöglichkeiten resümiert Geiger: »*Landser*-Hefte vermögen – bei häufiger Lektüre und bei der Rezeption weiterer gleichgerichteter Medieninhalte –, negative nationale Vorurteile zu intensivieren; mit ihrer Verstärkung antirussischer Einstellungen bewirken diese Texte eine Verlängerung des Kalten Krieges in den Köpfen Jugendlicher.«

Eine zweite Hypothese wurde für vermutete aggressivierende Wirkung formuliert, wobei Geiger von der (sozialwissenschaftlich erhärteten) Erwartung ausging, daß vorgeführte Aggression dann besonders intensive Wirkung hervorruft, wenn sie als legitim dargestellt und empfunden wird. Legitimierte Aggression ist aber nachweislich ein zentraler Inhalt der *Landser*-Erzählungen und Bestandteil ihrer latenten Indoktrination. Als Meßinstrument wurden die Angaben zu nachstehenden Fragen eingesetzt: »Stellen Sie sich folgenden Fall vor: Sie werden eines Abends hinterrücks niedergeschlagen und ausgeraubt. Sie werden dabei so verletzt, daß Sie vier Wochen im Krankenhaus liegen müssen. Der Täter wird gefaßt; er ist volljährig und zurechnungsfähig. Welche Bestrafung würden *Sie persönlich* für richtig halten?« Angekreuzt werden konnten hierbei ein Strafmaß zwischen sechs Wochen Haft und der Todesstrafe. Es folgte die Zusatzfrage: »Würden Sie außerdem in einem solchen Fall eine gesetzliche Prügelstrafe für richtig halten?«

Auch diese Hypothese wurde bestätigt. Bei *Landser*-Lesern und -Interessenten zeigte sich eine besonders deutliche Zunahme in der Zahl höherer Strafforderungen nach der Lektüre des Textes (wobei auch die erwartete häufigere Zustimmung zur Prügelstrafe eintrat, aber nicht das erforderliche statistische Signifikanzniveau erreichte). Dabei ist das gewählte Strafmaß natürlich kein reines Maß für Aggressivität, aber die jeweils zum Ausdruck kommende punitive Haltung gilt als Indikator für die relative Stärke aggressiver Dispositionen. Geiger bestätigte damit für die Literatur, was zuvor bereits von Peter Schönbach anhand des James-Bond-Films *Goldfinger* nachgewiesen worden war: die aggressivitätssteigernde Wirkung aggressiver Medieninhalte. (Darauf kommen wir in Kap. 4.2 zurück.) Vor der *Landser*-Lektüre forderten 65 Leser ein Strafmaß von *unter* einem Jahr Gefängnis, danach waren es nur noch 44. Genau umgekehrt war die Tendenz bei einem Strafmaß von *über* einem Jahr. Hier waren es vor der Lektüre 96, die für erhöhte Strafe plädierten, danach hingegen 113. Auch diese Verschiebungen waren nicht-zufällig. Verbindet man wirkungspsychologisch beide Befunde, ist die vom Autor gezogene Folgerung unausweichlich: »Gefährlich sind *Landser*-Hefte gerade durch die Kombination beider Wirkkomponenten: Vorgeführt wird der Feind – und die Art, wie mit ihm umzugehen ist.« Denn wird der Feind als in wesentlichen Zügen subhuman (hassens- und verachtenswert) gezeichnet und verfügt der Rezipient über kein eigenes Korrektiv, zieht solche Zeichnung negative Affekte auf sich und verstärkt das Gefühl der Legitimation einer Ausmerzung. Wir werden nun sehen, daß das literarisch vermarktete Kriegshandwerk der *Landser*-Serie nicht die einzige Quelle derartiger Gefährlichkeit darstellt. Diese Serie ist zwar inzwischen an den Kiosken (wenn auch vermutlich nicht ganz aus Antiquariaten, häuslichen Schubladen und Köpfen) verschwunden. Aber andere, langlebigere sind an die Stelle getreten – langlebiger sowohl an den Kiosken als auch in den Köpfen.

In einer von Sigrid Lichtenberger durchgeführten Untersuchung wird die literarische Indoktrinations-/Manipulationsproblematik vom Militarismus auf Kriminalität verlagert.[12] Diese Autorin ging der Frage nach, welche Wirkung populäre Kriminalhefte auf vierzehnjährige Schüler(innen) ausüben, wieweit diesbezüglich Unterschiede zwischen Jungen und Mädchen feststellbar sind und welche Einflüsse ggf. durch den sozialen und schulischen Kontext ausgeübt werden. Dazu wurden vier Klassen des 8. Schuljahres aus zwei ländlichen Mittelpunktschulen des Saarlandes ausgesucht, die in je zweistündigen Schulversuchen als Rezipienten und Kommentatoren von Krimiheften fungierten. Die Probanden hatten unterschiedlichen Literaturunterricht erfahren, und zwischen den Klassen gab es deutliche Sozial- und Niveauunterschiede. Das Untersuchungsmaterial bestand aus gattungstypischen Textproben – vier Szenen aus *Der Höllenfürst von New Orleans* (Jerry Cotton Nr. 842, Bastei-Verlag) und drei Szenen aus *Wer hat schon gern ein Loch im Kopf?* (Kommissar X Nr. 755, Pabel-Verlag). Inhaltlich geht es beidemal um Formen der Ausübung von Gewalt als Modus sozialer Problemlösung und ›Kommunikation‹. Für G-Man Jerry Cotton ist typisch, daß alle vier Szenen Möglichkeiten der sozialen Auseinandersetzung zwischen Detektiv und Gangster kennzeichnen. In der spannenden Handlung wird stets kompromißlos der Gedanke an Rache und Vergeltung verwirklicht. Für Kommissar X gelten wesentlich analoge Verhältnisse: Die Szenen beschreiben Konflikte zwischen dem Kommissar und einem Verbrechersyndikat, deren Regeln von gnadenlosem Egoismus und äußerster Härte geprägt sind und bei denen es unbarmherzig um Leben und Tod geht. Beide Helden sind gutaussehende sportliche Gestalten, mit Kraft, Geschicklichkeit und Intelligenz ausgestattet, die sie ohne Rücksicht im Kampf gegen Verbrecher einsetzen, die für sie nicht mehr als Jagdobjekte und Beute darstellen. Während der FBI-Agent Jerry Cotton es jedoch ›nur‹ mit einer Gruppe minderbegabter Bösewichter zu tun hat, die er mit List und unter Einsatz körperlicher Gewalt ausschaltet, stehen dem Kommissar Vertreter aus der »gehobenen Schicht« des Verbrechertums gegenüber, die in ihrem Syndikat das Prinzip bedingungsloser Solidarität praktizieren. Durch besondere Sympathielenkung werden sie zu Repräsentanten des literarischen Typs des »edlen Verbrechers«, zu Persönlichkeiten mit besonderem Schicksal, stilisiert. Hierdurch sieht Lichtenberger Identifikationsbereitschaft und Rechtsempfinden der Rezipienten als in besonderer Weise gefordert.

Das Experiment war nun so angelegt, daß in einem ersten Versuch die Wirkungsanalyse von Jerry Cotton mit einem aufklärenden Unterrichtsgespräch über Machart und Funktion von Krimiheften kombiniert wurde. Die Aussage der Leser(innen) zu den vier Textpassagen wurden in einem Unterrichtsprotokoll festgehalten und inhaltsanalytisch ausgewertet. Nach drei Wochen erfolgte der zweite Versuch zu Kommissar X, diesmal in Form einer schriftlichen Erhebung ohne jede Beeinflussung durch Lehrkräfte. Hierbei wurden die Aussagen aus erbetenen Personencharakterisierungen und Stellungnahmen zur Handlung gewonnen und ebenfalls inhaltsanalytisch ausgewertet. Resultat des ersten Versuchs: »Die beiden Unterrichtsstunden ließen in den vier Klassen erkennen, daß selbst in einem klärenden Unterrichtsgespräch die Schüler sich kaum von der Sogwirkung dieser Literatur zu lösen vermochten, daß diese Wirkung umso stärker war, je geringer der Leistungsstand der Klasse war und je schlechter die sozialen Verhältnisse. ... [Es] ließ sich erkennen, daß die Schüler den Intentionen der Handlung und Gestaltung preisgegeben waren, ohne sich dessen bewußt zu sein, und daß es einer massiven Beeinflussung von seiten des Lehrers bedurft hätte, sie aus diesem Sog zu lösen.« Fazit des zweiten Versuchs: Die stereotype Zeichnung der Verhaltens- und Verständigungsformen von Detektiv und Verbrechern wurde wesentlich als solche erlebt und akzeptiert. Das heißt, wechselseitige Härte und Unmenschlichkeit wurden als den Spielregeln der Gattung konform aufgefaßt und in ihrer rechtlich-moralischen ›Richtigkeit‹ bestätigt. »Überraschend war dabei, in wie starkem Maße sich die Schülerinnen und Schüler der im Heft dargestellten Meinung anschlossen, daß das Opfer des Killers Dan Newman als Mensch überflüssig und darum zu beseitigen sei.« Zwar reagierten die Mädchen hier empfindsamer, d.h. kritischer gegenüber Brutalität und mitleidsvoller gegenüber Hilflosigkeit und Schmerz, auch ließen sich schul- und milieuspezifische Niveauunterschiede in den Beurteilungen registrieren; indes: »Unabhängig von der Kenntnis der Lektüre, von Wohnort, sozialen Verhältnissen und Begabung geht von diesen Heften eine Wirkung aus, der alle vierzehnjährigen Leser, verallgemeinernd gesagt, alle ungeschulten Leser, preisgegeben sind. Diese Wirkung bleibt auch bei ›geübten Lesern‹

dieser Lektüre erhalten, auch wenn diese imstande sind, den Schematismus der Handlung zu durchschauen… .« Einer pädagogischen »Sysiphusarbeit« käme es gleich, meint Lichtenberger, versuchte man, dieser machtvollen Wirkung ihre Wirkungsmacht zu nehmen und jugendliche Leser dagegen zu immunisieren. Gleichwohl plädiert sie für den Versuch.

Literarische Rezeption findet statt, wenn das von einem Text transportierte Welt- und Menschenbild auf ein im Kopf des Lesers gespeichertes Bild trifft, welches sich durch diese Begegnung verändert (was Infragestellung oder Erschütterung ebenso wie Bestätigung oder Erweiterung bedeuten kann). Ein äußeres Angebot wirkt also auf ein inneres System, das sich zu diesem Angebot in bestimmter Weise verhält. Dabei findet die Rezeption niemals zu den unveränderlichen Bedingungen des Textes, sondern stets zu den verändernden Bedingungen des Lesers statt. Bei der Beschreibung dieses Vorgangs gehen Literaturästhetik und -pädagogik gern von der Vorstellung *positiver* Veränderung des Lesers im Sinne seiner geistigen Öffnung, Bildung, Bereicherung, Befreiung und dergleichen aus. Literarische Rezeption gilt dann als erfolgreich, wenn eine positive Beeinflussung oder Wandlung stattgefunden hat und sei es auch nur in Form eingetretener Entspannung. Das führt dazu, daß Autoren und Verlage, die im Verdacht stehen, solches zu be- oder verhindern, bei Literatur- und Erziehungswissenschaftlern wenig Wohlwollen genießen. Daß aber der Leser solcher positiven Veränderung selbst im Wege stehen, d.h. sein eigener Indoktrinator sein kann, wird selten wahrgenommen.

Den empirischen Nachweis für diese Möglichkeit führte Hans Leuschner in einer Untersuchung zur Rezeption politischer Lyrik.[13] Er konfrontierte 558 Versuchspersonen (Gymnasiasten der 10. Klasse) mit 13 Werken zeitgenössischer Lyrik explizit politischen Inhalts. Da jedes Leserbewußtsein sich als ein komplexer Speicher von Informationen betrachten läßt, welche in der Begegnung mit einem Text zum Verständnis desselben abgerufen und in bestimmter Weise aktiviert werden, ging Leuschner von der Erwartung einer spezifischen Textwirkung für den Fall aus, daß im Speicher politisch relevante Informationen abgerufen werden, die Einstellungen zur Wirkung bringen. Eine diesbezüglich für relevant erachtete Einstellung war die Neigung zu Dogmatismus-Autoritarismus. Sie wurde bei den Teilnehmern über zwei Befragungsinstrumente (DA-Tests nach Klaus Roghmann sowie Test zur sozialen Herkunft nach Ulrich Oevermann) ermittelt, *bevor* die Lyriktexte gelesen und in ihrer Wirkung analysiert wurden.

Die Texte wurden getrennten Gruppen in zwei Fassungen vorgelegt, einer Originalfassung, welche jeweils die Merkmalsbeschreibung »politisch expliziter Inhalt« erfüllte, sowie einer vom Versuchsleiter präparierten Fassung, welche (durch gezielte Auslassungen) die Merkmalsbedingung »divergente Form« erfüllte. Der Versuch basierte also auf einem kalkulierten Spiel mit Inhalt und Form zur Auslösung reflektiv/reflexiver Prozesse: »Inhaltliche Reize sind solche, die Reflexionen auslösen, formale Reize lösen Reflexe aus.« Hier ein Beispiel:

Text 1 (Original)

Dorothy's Prayer

Lieber Gott, behüte
die kleinen niedlichen Mäuse.
Und die Vögelchen, daß sie
nicht totgehn.
Und der Fuchs, wenn er Hunger hat,
soll das Häschen nicht fressen.
Behüte meinen Goldfisch, meinen
Goldhamster.
Und den Schneemann, daß er nicht
taut.
Behüte unsern Hund, unsere Katze,
unseren Papagei,
unsern Ziegenbock, unser Pferd,
unser Auto, unsern
Daddy in Vietnam. Amen.

Text 2 (Variante)

Dorothy's Prayer

Lieber Gott, behüte
die kleinen niedlichen Mäuse.
Und die Vögelchen, daß sie
nicht totgehn.
Und der Fuchs, wenn er Hunger hat,
soll das Häschen nicht fressen.
Behüte meinen Goldfisch, meinen
Goldhamster.
Und den Schneemann, daß er nicht
taut.
Behüte unsern Hund, unsere Katze,
unseren Papagei,
unsern Ziegenbock, unser Pferd,
unser Auto.
Amen.

Die aus den theoretischen Vorannahmen abgeleitete Hypothese lautete: »In der Merkmalkombination [(Inhalt: ›politisch‹, ›explizit‹) – (Form: ›divergent‹)] liegt ein objektives Wirkungsmoment (Textbewußtsein), welches bei der zu testenden Lesergruppe zur Schließung politischer Orientierungssysteme führt.« Mit »Schließung politischer Orientierungssysteme« ist die Aktivierung und Anwendung dogmatisch-autoritativer Einstellungmomente gemeint, welche die Rezeption einengt, eine Art Selbstindoktrination folglich, die bei entsprechend eingestellten Lesern reflexartig auftritt.

Operational wurde die Hypothese folgendermaßen überprüft: Zuerst wurde die Offenheit bzw. Geschlossenheit der DA-Einstellungen gemessen. Dann folgte als Stimulus einer der lyrischen Texte. Im Anschluß daran wurde die Einstellung ein zweites Mal gemessen, so daß die Ergebnisse mit denen des ersten Tests verglichen werden konnten. Eingetretene Änderungen der Meßergebnisse ließen sich somit der Textwirkung zuschreiben. Zur besseren Qualifizierung der Ergebnisse wurden dann noch Einzelfragen zum Text, zur Textwirkung, zum allgemeinen Lyrikverständnis sowie zur sozialen Schichtung (Oevermann-Test) gestellt. Die 13 Texte wurden für den Versuch in zwei Gruppen geteilt, eine »Wirkungsgruppe« und eine »Nichtwirkungsgruppe«. Auswahlkriterium für die Wirkungsgruppe war die erwähnte politische Merkmalskombination in den Gedichten. Die Wirkungshypothese wurde bestätigt. Während die Nichtwirkungsgruppe keine signifikante Veränderung zeigte – die gemessenen Abweichungen des Tests *nach* von den Tests *vor* schwankten nur ein Geringes um Null –, wiesen die Meßwerte der Wirkungsgruppe in beiden Tests deutliche Zunahmen auf. Das heißt, ein Item wie zum Beispiel »Es ist gefährlich, mit politischen Gegnern einen Kompromiß zu schließen, weil das gewöhnlich zum Verrat der eigenen Sache führt« wurde von den Rezipienten der Wirkungsgruppe stärker gewichtet. »Fest steht«, sagt Leuschner, »daß die registrierte DA-Zunahme eine relativ niedrige Irrtumswahrscheinlichkeit besitzt und d.h., es muß ein Stimulus da sein, der eine Veränderung in der DA-Einstellung der Vpn provoziert hat.« Ein zweiter Durchgang mit Einzelanalysen bestimmter Gedichte bestätigte diesen Befund mehrheitlich, wenn auch nicht ausnahmslos.

Verallgemeinernd folgert Leuschner: »Der erschlossenen Merkmalkombination (Teil des Textbewußtseins) muß auf der Verarbeitungsseite eine Struktur zugrundeliegen, welche aus Reflexmechanismen und aus deren Besetzungen im bewußten und unbewußten Bereich besteht.« Danach entsteht in der Konfrontation von Text- und Leserbewußtsein ein Orientierungsreflex, der als Abwehr wirkt und eine Schließung der Orientierungssysteme Dogmatismus/Autoritarismus nach sich zieht. Statt das Leserbewußtsein der Botschaft des Textes zu öffnen, wie das wahrscheinlich jeder Autor wünscht, sorgt der Reflex für Schließung, d.h. Rückzug und Fixierung auf das vorgefaßte innere Weltbild. Es zeigt sich also die Möglichkeit einer literarischen Wirkung, die den Leser keineswegs unbedingt »aus Adaptionen, Vorurteilen und Zwangslagen seiner Lebenspraxis« freisetzt, wie die Literaturwissenschaft es gern hätte, sondern einen eher gegenteiligen Effekt auf ihn ausübt. Auf entsprechend disponierte Leser, sagt Leuschner, »wirken die Texte bzw. ihre gemeinsame Merkmalkombination dogmatisierend, d.h. phantasiehemmend.«

Mit anderen Worten: Als Opfer solcher Disposition wird der Rezipient in der Rezeption sein eigener Indoktrinator.

Legitime Beeinflussung und notwendige Erziehung, so wurde gesagt, unterscheiden sich von illegitimer Indoktrination dadurch, daß im ersten Fall die Rechte und Interessen der Subjekte gewahrt und gefördert werden, wohingegen sie im zweiten Fall mißachtet, manipuliert oder gar ›mit Füßen getreten‹ werden. Während dies ohne Zweifel eine allgemein brauchbare Basis zur Unterscheidung liefert, gibt es Grenzfälle, in denen die ablaufenden Prozesse sich diesem einfachen Positiv-negativ-Schema nicht fügen, weil Intention und Wirkung auseinanderklaffen. Es kommt vor, daß Personen gegenüber anderen Personen in der allerbesten Absicht handeln, weit davon entfernt sind, irgendjemand (bewußt) indoktrinieren zu wollen und dennoch Indoktrination bewirken. Es kann geschehen, daß die löblichsten erzieherischen Maßnahmen umschlagen in indoktrinative Prozesse, wenn die eingeleiteten Maßnahmen unkalkulierbare Reaktionen auslösen.

Diese Erfahrung machte ein amerikanischer Englisch-Professor, Ernest Page, der mit der wohlmeinenden pädagogischen Absicht angetreten war, weiße Studenten über das Medium schwarzer Literatur zu positiven Einstellungen gegenüber der farbigen Minderheit in den USA zu bewegen: Literatur als geistige Waffe zur Bekämpfung von Rassismus.[14] Der Ausgangspunkt seiner Untersuchung war die verbreitete Auffassung, schwarze Autoren seien prinzipiell in der Lage, wie Katalysatoren in Aufklärungs- und Erziehungsprozesse einzugreifen, rassistische Vorurteile zu entlarven und negative Einstellungen aufzubrechen. Gerade die indirekte (fiktionalisierte, dramatisierte, symbolisierte) Form der Beeinflussung gilt unter Literaturpädagogen als ein wirkungsvoller, nicht-indoktrinativer Weg zur Herstellung vorurteilsfreier Haltung, und es mangelt weder an theoretischen Begründungen für diese Auffassung noch an didaktischem Vertrauen in die positive Wirkungspotenz von Klassikern wie Baldwin, Du Bois, Ellison, Wright und anderen. Curriculare und gesetzgeberische Maßnahmen stellen in den meisten Staaten sicher, daß diesem Vertrauen in der Unterrichtspraxis auch Rechnung getragen wird. Deshalb machte Page diese Auffassung zum Gegenstand empirischer Forschung, und stellte die Fragen: »Verändert schwarze Literatur tatsächlich die rassischen Einstellungen von Lesern? Falls ja, in welchem Ausmaß? Falls nein, welche mit schwarzer Literatur zusammenhängenden oder von ihr unabhängigen Variablen fördern effektiv eine positive Wandlung in den rassischen Einstellungen von Studenten?«

Dazu wurde ein Experiment in Form eines fünfwöchigen Literatur-Sonderkurses an verschiedenen High-Schools einer kleinen Stadt in Pennsylvanien durchgeführt. In der überwiegend weißen Bevölkerung des Ortes (etwas über 7000) lebten weniger als 80 Schwarze, so daß die teilnehmenden Klassen fast ausschließlich weiß besetzt waren. Für den Kurs war ein spezielles »Schwarzes-Literatur-Paket« zusammengestellt worden, bestehend aus einem Roman, sieben Kurzgeschichten, acht Gedichten, einem Drama und fünf Auszügen aus Autobiographien – sämtlich Werke von anerkannter literarischer Qualität und hohem Ethos. Unter den Versuchspersonen wurden drei Gruppen gebildet: Die erste hatte nichts weiter zu tun, als die Werke innerhalb der fünf Wochen zu lesen; die zweite erhielt dazu literarischen Unterricht (mit den üblichen Fragen, Anleitungen, Diskussionen etc.); die dritte bildete eine Kontrollgruppe, die weder das Paket noch den dazugehörigen Unterricht erhielt, sondern im eigentlich vorgesehenen Schulpensum fortfuhr. Als Meßinstrument für die jeweilige Wirkung diente das MRAI (*Multifactor Racial Attitude Inventory*), ein diagnostisches Inventar mit insgesamt 120 Items und 12 Subskalen zur differenzierten Erfassung rassischer Einstellungen und Vorurteile. Es wurde vor und nach der Lektüre- bzw. Unterrichtsphase eingesetzt.

Hier das scheinbar paradoxe Ergebnis: »(1) Schwarze Literatur, die von Elftkläßlern über fünf Wochen entweder allein oder mit dem Lehrer gelesen worden war, veränderte negative rassische Einstellungen, gemessen mit dem MRAI, nicht zu positiven; (2) die staatliche Gesetzgebung, welche das Lehren von schwarzer Literatur als obligatorisch vorsieht, hat möglicherweise in den Studenten andere Reaktionen ausgelöst als beabsichtigt, d.h. die Einstellungen sind statt positiver negativer geworden, und zwar als Folge konzentrierten Unterrichts und Lernstoffes über schwarze Amerikaner; (3) Studenten, die der schwarzen Literatur in konzentrierter Form ausgesetzt waren, entwickelten polarisierte ›für‹ oder ›gegen‹ Attitüden zu Schwarzen, welche die positiven Effekte der Literatur zunichte machten.« Wir dürfen folgern: Ähnlich wie bei Leuschners Experiment, wenn auch unter ganz anderen Umständen, ist die kontraproduktive Wirkung dieses Versuchs zurückzuführen auf die Mobilisierung psychischer Abwehr gegen subjektiv empfundene Indoktrination. Das Problem steckt hier nicht in der objektiv gegebenen Gefährlichkeit einer Doktrin, die Rezipienten unzulässig ›überrumpelt‹ (wie die Kriegs- und Kriminalliteratur), sondern in der subjektiv erlebten Aufdringlichkeit von Botschaften, die Rezipienten zu viel zumuten. Es muß einen Übersättigungseffekt, ein ›Zuviel-des-Guten‹, gegeben haben, der Unwillen auslöste. Die gutgemeinte Maßnahme wurde schlecht belohnt, weil sie zu gut gemeint war. Eine vorsichtigere Dosierung im Verbund mit anderer Kontextualisierung des Rassenproblems hätte wahrscheinlich den Effekt nicht auftreten lassen, zumal Wirkungsanalysen zur schwarzen Literatur mit positiven Resultaten bekannt sind.[15] Wir erhalten einmal mehr Anschauung für einen nur kommunikationspsychologisch erklärbaren Fall negativer Wirkung.

3.2 Nervus rerum: Horror

Es gehört zu den Merkwürdigkeiten in der psychischen Ausstattung der Gattung Mensch, daß manche ihrer Vertreter zuweilen einen seltsamen, um nicht zu sagen perversen Drang verspüren, sich in der Erfahrung der Kunst Situationen auszusetzen, die sie in der Erfahrung des realen Lebens, soweit kontrollierbar, tunlichst meiden – dem Entsetzlichen, Dämonischen, Grauenhaften, Widerwärtigen, Bedrohlichen, Blutrünstigen, Irrationalen. Was sie in der eigenen Lebenspraxis grenzenlos enervieren und terrorisieren würde, das bereitet nicht wenigen unter ihnen ein ausgesprochenes Vergnügen, sobald es ›nur‹ dargestellt und als Dargestelltes konsumiert wird. Schmerz, Blut, Schock, Angst, Qual, Wahn und Tod – jene Phänomene, die das Gemüt am heftigsten erregen und an den Nerven am rücksichtslosesten zerren, werden zu willkommenem Kitzel, sobald sie der persönlichen Betroffenheit entrückt und dem Horror zur besonderen ästhetischen Bearbeitung überantwortet werden. Dabei wird in Kauf genommen, sogar erwartet, daß sie dort noch entsetzlicher, bedrohlicher, blutrünstiger ausgemalt werden, als sie *realiter* sein könnten. Horror schöpft aus dem tiefen Fundus unausrottbarer Ängste und Aggressionen, der unser stammesgeschichtliches Erbe bildet. Es sind verdrängte, unbewältigte Reste aus der Onto- und Phylogenese, die symbolisch wiederbelebt und für die Anschauung neu gestaltet werden. Es sind Residuen, welche die Kunst auf mannigfache Weise konventionalisiert und fiktionalisiert, aber in ihrer psychischen Verwurzelung nie vollkommen tilgt. In der Horrorliteratur bewahrt die Sprache wenig von ihrer Fähigkeit, das ›luftige‹ Denken aus den Fesseln der ›irdischen‹ Gefühle zu befreien, sondern setzt – im Gegenteil – alles daran, das Denken zu paralysieren und in den Bann lähmender Affekte zurückzuzwingen – zumindest vorübergehend, zumindest in der Fiktion. Sprache im Dienst des Horrors ist eine Sprache, die über die Darstellung eines irrationalen, gespaltenen, unberechenbaren, bedrohlichen Menschen- und Weltbildes Extremgefühle evoziert, aber deren Zustandekommen in der Fiktion möglichst verschleiert. Sie beschwört das Grauen, versucht den Akt der Beschwörung aber zu kaschieren. Sie mobilisiert das starke negative Gefühl, färbt es jedoch mit einer charakteristischen Mischung aus Lust und Angst. Warum der psychische Schock, der zu töten vermöchte, wenn er real wäre, zu einem Vergnügen werden kann, wenn er fiktional ist, läßt sich auch nach Jahrhunderten des Theoretisierens immer noch nicht befriedigend beantworten. Wir können hier nur feststellen, daß das halb spielerische, halb pathologische Heraufbeschwören des Monströsen manche Menschen delektiert, während es andere abstößt.

Das Arsenal der Horror-Literatur (in jüngerer Zeit des Horror-Films) hält alles an Scheußlichem, Grauenvollem, Angsteinflößendem, Dämonischem parat, was wahnhafte Vorstellungen und alptraumhafte Erfahrungen zu aktivieren in der Lage sind – die ganze Palette dessen, was den ›normalen‹ Menschen in seiner nervlichen Stabilität tief erschüttern, unter Umständen vernichten würde, wäre es wirklich. Und damit dieses Arsenal in den Untergeschossen des kollektiven Bewußtseins nicht seinen verfügbaren Vorrat an entsetzlichen Bildern und Motiven aufzehrt, wird es ständig ergänzt – mit neuen Scheußlichkeiten versorgt, mit beispiellosen Monstrositäten ausgestattet, mit immer härteren Schockeffekten angereichert. Wo die klassische Horror-Literatur des 18. und 19. Jahrhunderts noch gewisse Tabus respektierte, von Morden und Metzeln, Inzest und Irrsinn, Blasphemie und Blutrache eher andeutungsweise als explizit handelte, geben sich die zeitgenössischen Autoren, zumal die einer bestimmten Zunft der Billigstliteratur, die allergrößte Mühe, den Horror zu steigern und seine Maximaleffekte zum absoluten *nervus rerum* ihrer ›Kunst‹ zu machen. Und wo ehedem in monströsem Verhalten der rechtlich-sittliche Regelverstoß ernstgenommen und seine Konsequenzen weltanschaulich diskutiert wurden, ist heute das Monströse weitgehend Selbstzweck, ohne daß Konsequenzen noch irgendeine bedeutsame Rolle spielten. Im Zentrum steht der brutale Kick, kaum mehr die psychoästhetische Kunst, schon gar nicht die kulturelle oder kulturkritische Bedeutung. Zugestanden – die Ästhetik des Schreckens kennt auch heute noch große Virtuosen, talentierte Meister ihres Faches, die das Spiel auf der Klaviatur genußvollen Schauderns perfekt beherrschen und eine hohe Kunst daraus machen. Aber der populäre Trend begünstigt die Vorherrschaft des kulturfeindlichen Schockers, der dem Publikum emotionale Schläge mit einer Mischung aus Zynismus und Genüßlichkeit verabreicht, die erkennbar dem Register des Subhumanen entstammt und an das Subhumane appelliert. Besonders die mit Brutalität aufgemischte Kleinware, die im Heftchenformat an Kiosken und in Kaufhäusern feilgeboten wird,[16] reflektiert eine Lust am perversen Fabulieren, in welcher Steigerung des Horrors und Zerfall der Erzählmoral in direkt proportionalem Verhältnis stehen. Das Arsenal blutrünstiger Horrormotive wird ausgeplündert, um ihre Versatzstücke zu immer scheußlicheren Konfigurationen zusammenzufügen. In den sogenannten Gruselkrimis zum Beispiel sind veritable Schlachtorgien an der Tagesordnung, deren ›nackte‹ Gräßlichkeiten und grobe Unmenschlichkeiten ihresgleichen suchen. Schon eine kleine Auswahl einschlägiger Titel signalisiert die grotesken geschmacklichen Verirrungen, mit denen wir es zu tun haben: *Das würgende Skelett*; *Die Nacht der mordenden Leichen*; *Einmal Hirn, tiefgekühlt*; *Er trank das Blut seiner Opfer*; *Der Puppenmörder im Blutrausch*; *Knochentunnel in das Grauen*; *Der Gnom mit den Krallenhänden*; *Die Blutgärten von Sodom*; *Ein Diktator wird zerlegt*. Wie es in einem kritischen *Spiegel*-Artikel zu den Unappetitlichkeiten dieser Art von literarischer Kost heißt: »Fortwährend werden Menschen massakriert, Dämonenopfer von Werwölfen angefallen, von Tigern zerfleischt, von Vögeln zerfetzt; Köpfe rollen, und Glieder zerreißen. [...] Leute werden, einzeln oder in Scharen, mal entmaterialisiert, mal in die Luft gesprengt; sie gehen an ekligen Krankheiten zugrunde, versinken im Moor, im Meer oder lodern in Flammen auf. Und wenn die Autoren sie, lustvoll qualvoll, haben sterben lassen, geistern sie als Tote, vielmehr ›Untote‹, halbverwest oder als Skelett, als verzauberte Tiere oder ferngesteuerte Roboter weiter, fluchen, beißen, prügeln, stechen, schießen. ›Ja, töten! Töten! Töten!‹ krächzen drei von einem wahnsinnigen Wissenschaftler wiederbelebte Tote und stürzen sich auf ›Professor Zamorra‹, einen Exorzisten aus dem Bastei-Verlag. [...] Menschen sterben [...] brüllend und verkrümmt vor Schmerzen, mit zerschmettertem Kopf, durchstochenem Hals, zerfetzten Nieren oder an einer ›Kugel in den Unterleib‹...«[17]

Diese Charakterisierung behandelt nur summarisch, was sich in den einzelnen Werken auf krankhaft-phantasievolle Weise auffächert: der sich an Gemetzel und Blutrausch ergötzende Primitivismus, der dem Magisch-Übersinnlichen frönende Archaismus, der den zitternden Tiefen lustvoller Angst verpflichtete Sadismus. Und es stellt sich die entscheidende Frage, ob die erzählerischen Konventionen, welche derartige

Gräßlichkeiten mit einem besonderen, fiktiven Status versehen, eine allgemein hinreichende Gewähr dafür bieten, daß das Geschilderte nicht ernstgenommen, sondern nur als Fabuliertes rezipiert und goutiert wird. Sollte es stets so sein, daß der Horror bloßer Unterhaltung dient und das Publikum sich des besonderen außerwirklichen Status des Gelesenen bewußt bleibt, bestünde geringer Anlaß zu Sorge und Kritik. Die Geschmacklosigkeiten wären wohl ärgerlich, aber noch nicht schädlich. Das Wissen um die literarische Fiktivität verhinderte ja jede Verwechslung mit der Realität, garantierte die Unverletzlichkeit der Psyche auch dann, wenn offen kulturfeindliche Verhaltensmuster präsentiert und massive Appelle an niedere Motive ausgelöst werden.

Die Apologeten der Horror-Literatur vertreten solche Auffassung. So finden wir bei dem Horror-Spezialisten Hans D. Baumann ein Plädoyer für scharfe kategoriale Trennung von Fakten und Fiktionen, von unmittelbar Erlebtem und mittelbar Dargestelltem, verbunden mit dem Vorwurf an die Kritik, sie zöge diesen ganz wesentlichen Unterschied nicht genügend ins Kalkül.[18] Baumann differenziert – durchaus sinnvoll – zwischen *Horror* und *Grauen*, wobei Horror als ästhetische Reaktion auf fiktionale Darstellung und Grauen als lebensweltliche Reaktion auf das wirklich Entsetzliche aufgefaßt wird. Ihr Verhältnis stellt sich so dar: »Das, was die Protagonisten eines Horror-Romans erleben, ist Grauen; denn sie stehen, wenn auch nur in beschriebener Weise, innerhalb der Fiktion einer Situation unmittelbar gegenüber. Der Rezipient erlebt damit ihr Grauen – und das, was es auslöst – von außen als Horror.« Und für Baumann ist es eben dieser Positions- und Perspektivunterschied, der Horror-Rezipienten vor dem Grauen schützt und den Horror-Kritikern den Wind aus den Segeln nimmt. Selbstbewußt seine eigene Erfahrung zur Norm erhebend verkündet er: »Daß man mich auch nach einem Vierteljahrhundert des Horrorkonsums als friedfertigen Menschen einschätzt, läßt mich an den Behauptungen von Jugendschützern und Zensoren zweifeln. Verrohung und dergleichen habe ich bei mir bislang nicht feststellen können.« Woraus wir wohl ableiten sollen: 25 Jahre Horror-Konsum haben diesem Menschen nichts anhaben können, ergo: Horror kann der Menschheit nichts anhaben; ergo: die Kritiker und Jugendschützer, die sich diesbezüglich Sorgen machen, sind fehlinformiert oder zimperlich oder hysterisch.

Daß es ganz so einfach nicht sein kann und das gezeigte Selbstbewußtsein nicht unbedingt das Maß aller Dinge ist, muß Baumann selbst gespürt haben; denn immerhin zitiert er die anderslautende Stimme eines

Kollegen, Helmut Hartwig, der als Rezipient psychische Abwehr gegen unangenehme Wirkung statt ästhetische Lust an prickelndem Spiel artikuliert, was schon beweist, daß wir es auch hier mit variablen Rezeptionsverhältnissen zu tun haben. Horror als Kunst verlegt zwar die Unmittelbarkeit nerven- und triebgesteuerter Erfahrung in die Mittelbarkeit der literarischen Anschauung – das ist richtig –, aber der Prozeß kann sich auch umkehren und Horror in Grauen zurückschlagen. So wie nachgewiesenermaßen viele Horrorgeschichten als Folge von Alpträumen ihrer Verfasser entstanden sind, so können sie umgekehrt beim Publikum auch Alpträume auslösen. Das Wissen um das Fingierte der Anschauung bietet keinen absoluten Schutz gegen einen Rückfall in das Entsetzliche der Erfahrung. Hartwig bekennt: »Mir wird fast übel. Ich werde aggressiv. Ich akzeptiere die Grausamkeit nicht mehr als ... Spiel. Ich bin drin und doch weit draußen. Ich verweigere die Zustimmung zu einer Ästhetik, die Grausamkeit leicht machen will, um sie mir als Teil einer spannenden Unterhaltung zu verkaufen.«[19] Was hier artikuliert wird, ist aufschlußreich und für das Wirkungsproblem wichtig: Die betreffende Person spürt in sich einen Mangel an ästhetischer Distanz, der den Appell des Horrors zu einer seelischen Bedrohung werden läßt, die als Gefahr für die personale Integrität erkannt wird. Die für ästhetische Wahrnehmung erforderliche Subjekt-Objekt-Trennung droht zusammenzubrechen, die Außen- sich der Innenperspektive anzuverwandeln. Aus dem Spiel könnte Ernst werden, und diese Gefahr wird gesehen. Aus dem Wissen um die eigene emotionale Empfindlichkeit heraus wird das seelische Risiko, das darin liegt, erkannt und, bevor es zu einer Überrumpelung der Psyche kommt, mit Hilfe des Intellekts ausgeschaltet. Die bedrohlich schwindende Distanz (»Ich bin drin...«) wird auf diese Weise wiederhergestellt. Der Horror erhält gewissermaßen Hausverbot, ihm wird der Zutritt zu den Kammern der Psyche verwehrt (»Ich verweigere die Zustimmung...«). Als Selbstschutzmaßnahme wird diese Abwehr offensichtlich als notwendig angesehen, und das Abwehrmanöver gelingt. Daß es hier gelingt, heißt freilich nicht, daß es immer gelingt. Wenn die ästhetische Distanz unter massivem Einfluß schwindet oder wenn sie – persönlichkeitsbedingt – schwach ausgeprägt ist (eine psychologische Möglichkeit, die Baumann offensichtlich nicht ernsthaft zu prüfen bereit ist), kann die Außen- tatsächlich zur Innenperspektive werden und der Horror in Terror umschlagen. Die Mechanismen der Abwehrbereitschaft und Realitätsprüfung, die die gesunde, stabile Psyche vor Verletzungen schützen, versagen; es kommt zum Einbruch der

Kunstwelt in die reale Welt; ein gefährlicher Transfer der dort etablierten Spielregeln auf die hier geltenden Maßstäbe findet statt; die nur modellhaft konkurrierende Welt aus literarischen Zeichen wird zu einer real interferierenden Welt aus machtvollen Symbolen.

Natürlich ist die Frage, an welcher Stelle die äußerlich stimulierte Phantasie umschlägt in innerlich wirksamen Wahn, niemals allgemein beantwortbar, denn zwischen prickelndem Gruseln, quälender Angst und tödlichem Terror erstreckt sich ein Kontinuum. Aber die Tatsache, daß sie (bei besonderer Disposition) umschlagen *kann*, unterliegt keinem Zweifel. In dem Maße, in dem die heutige Zivilisation ihre Opfer an verstörten und gestörten Menschen fordert, fördert sie auch entsprechende Dispositionen. Denn das allgemein bestehende, diesseits empirischer Fälle aufzeigbare Problem der Horror-Literatur liegt darin, daß sie die tiefsten Abgründe der Seele und die dunkelsten Wahrheiten der Welt symbolisch projiziert, aber gewöhnlich psychisch nicht integriert. Im Reich des Horrors wütet das Abgespaltene und Verdrängte, das namenlose Entsetzen, welches die Literatur zwar mit Namen versieht, aber in seiner Virulenz nicht auflöst. In diesen aus bösen Trieben, Ängsten und Komplexen konstruierten Gefilden herrscht selten Frieden. Der Akt der Verdrängung und die Wiederkehr des Verdrängten scheinen zu ewigem Zirkel verdammt. Die Funktion der Gattung erfüllt sich wesentlich darin, neurotische und psychotische Qualen zu dramatisieren, ohne diese bewußt zu machen und als bewußt Gemachte aufzulösen. In der Horror-Literatur wird das Böse häufig genug ausgemerzt, aber selten seelisch verarbeitet. Und in eben dieser ›unreifen‹ Lösung steckt die Gefahr. Helga Pohl hat auf den grundlegenden Unterschied in der Psychologie der Gruselgeschichte und der des Märchens hingewiesen. Beide sind auf ihre Weise grausam und angsterregend, aber: »Anders als das Märchen bietet die Gruselgeschichte keine Möglichkeit zur inneren Wandlung und zur Integration des Bösen. Es bleibt bei der Abspaltung. Daher stammt die Verzerrung ins Monströse, die morbide Raffinesse, ein Zug, den das Märchen nicht aufweist.«[20] Indem Rezipienten im Horror eigene oder fremde Pathologie durchleben, verschaffen sie sich den besonderen Thrill. Indem sie aber diese Pathologie der Konvention gemäß beständig leugnen, können sie ihr Opfer werden, sobald die inneren Sicherungen durchbrennen und die Konvention sie nicht mehr schützt.

Hier ein Ausschnitt aus einem klinischen Bericht amerikanischer Psychiater über einen »lykomanischen« Patienten. Der Mann hatte bei sich eine schwere Psychose durch Kombination von Horror- und Rauschmittelkonsum ausgelöst. Er bildete sich ein, ein Werwolf zu sein: »Mr. H., ein zwanzigjähriger unverheirateter arbeitsloser Weißer aus Appalachia, wurde eingewiesen mit einer Krankengeschichte langen und chronischen Drogenmißbrauchs ... . Seine jetzige Krankheit war durch LSD und Strychnin verschlimmert worden, die er zehn Monate zuvor als Angehöriger der US-Armee in Europa genommen hatte. Er befand sich draußen im Wald, als er das LSD zu sich nahm, und spürte, daß er sich langsam in einen Werwolf verwandelte. Er glaubte, Fell auf seinen Händen zu sehen und fühlte Fell in seinem Gesicht wachsen. Er empfand einen plötzlichen unkontrollierbaren Drang, Kaninchen zu jagen und lebendig zu verschlingen. Er hatte zudem das Gefühl, furchtbare Einsichten in die Welt des Teufels gewonnen zu haben. Nach zwei Tagen in diesem Zustand kehrte er zu seiner Dienststelle zurück, immer noch davon überzeugt, ein Werwolf zu sein. Auf der Suche nach Hinweisen glaubte er, daß ein Anschlag am Speisesaal ›Fütterungszeit‹ bewies, daß andere Menschen wußten, daß er ein Wolf war. Er wurde einem Psychiater überwiesen, der ihn einige Monate mit Chlorpromazin behandelte. Nach sechs Monaten wurde er aus medizinischen Gründen in die Vereinigten Staaten zurückgebracht und einem Drogenentzugsprogramm zugewiesen ... . Während der nächsten Monate setzte der Patient alle Drogen ab mit Ausnahme von Marihuana, war aber immer noch von seiner Werwolf-Verwandlung eingenommen. Sein Zustand verschlimmerte sich, nachdem er den Roman *Der Exorzist* gelesen hatte... .«[21]

Ohne Frage waren hier die halluzinogenen Drogen der eigentliche Auslöser einer Psychose, für die der Werwolf-Wahn gewissermaßen nur die Folie abgab. Der Wahn hätte inhaltlich auch andere Formen annehmen können, wenn sich seiner zufällig ein anderes als das bekannte Verwandlungsmotiv bedient hätte. Aber es gibt Berichte über Extremreaktionen von Rezipienten, die unbelastet von Drogenmißbrauch sind, aber dennoch ›unangemessen‹ reagieren, weil die Lektüre Verhaltensweisen inspiriert, die kurzschlüssig das fiktional Erlebte auf das empirisch Gelebte transferieren, oder weil der Horror Elemente des Unbewußten aktiviert, deren Aktivierung man klugerweise unterlassen sollte. Stephen King, der große Virtuose zeitgenössischen Horrors, wurde in einem Interview gefragt: »Sind Sie nie besorgt wegen geistig unausgeglichener Leser, die ihre fiktionalen Gewalttätigkeiten im wirklichen Leben nachahmen?« Kings Antwort: »Natürlich bin ich das; es beunruhigt mich stark, und ich würde Ihnen ein X für ein U vormachen, wenn ich das leugnen wollte. Ich fürchte auch, es ist schon geschehen. In Florida hat es im letzten Jahr einen Mordfall im Homosexuellen-Milieu gegeben, in dem ein berühmter Ernährungsspezialist, als Billigfraß-Doktor bekannt, auf besonders grauslige Art umgebracht wurde, gefoltert und dann langsam erstickt, während die Mörder dasaßen, Billigfraß verspeisten und zusahen, wie er starb. Danach kritzelten sie das Wort REDRUM oder Murder rückwärts buchstabiert an die Wände, und das ist natürlich ein Wort, das ich in *The Shining* benutzte. Die blöden Bastarde sollten nicht nur [in der Hölle] schmoren oder wenigstens lebenslang eingesperrt, sondern auch wegen Plagiats verklagt werden. Es gab zwei andere Fälle nach ähnlichem Muster. 1977 wurde in Boston eine Frau von einem jungen Mann getötet, der sie mit einer Vielzahl von Küchengeräten schlachtete, und die Polizei mutmaßte, daß er die Szene in der Filmversion von *Carrie* nachgeahmt hatte, wo Carrie ihre Mutter umbringt, indem sie sie buchstäblich auf den Küchenfußboden nagelt mit allem Möglichen vom Korkenzieher bis zum Kartoffelschäler. Und in Baltimore wurde 1980 eine Frau, die an einer Bushaltestelle ein Buch las, Opfer eines versuchten Raubüberfalls. Sie zog blitzschnell ein verstecktes Messer und stach den Angreifer zu Tode, und als Reporter sie nachher fragten, was sie gelesen hätte, hielt sie stolz ein Exemplar von [Kings] *The Stand* in die Höhe, wo den Guten nicht gerade empfohlen wird, ihre Wange hinzuhalten, wenn die Bösen sich an sie heranmachen. Also ist hier vielleicht ein Nachäffer-Syndrom [*copycat syndrome*] im Spiel… .«[22]

Es ist im Spiel, und manchmal wirkt das Nachäffer-Syndrom auch doppel- oder gar dreiseitig: von der Gesellschaft auf einen Autor und von dessen Werk wieder auf die Gesellschaft. Der Kriminalschriftsteller Carl Hiaasen ließ sich zu einem Horror-Motiv seines Romans *Unter die Haut* von einem greulichen Verbrechen in Florida inspirieren, der Zerstückelung der Leiche einer jungen Frau durch einen Baumhäcksler. Das Leben ›informierte‹ die Literatur und diese wiederum das Leben: Terror zu Horror, Horror zu Terror: »Im Oktober 1993 landete wieder eine Leiche im Häcksler: Eine Stripperin hatte *Unter die Haut* genau studiert, vernichtete nach dem Vorbild des Romans ihren Freund, verrührte die kleingestückelten Überreste mit Beton und verkleckerte das Gemisch entlang eines Highways. ›Solche Dinge‹, sagt Hiaasen, ›passieren hier die ganze Zeit.‹ […] Die größte Herausforderung für den Schriftsteller … bestehe folglich darin, etwas so Bizarres und Extremes zu erfinden, daß es bei Erscheinen des Buches noch nicht überholt ist. Denn was er sich auch ausdenke – irgendwann werde es immer wahr: Sein erstes Buch *Miami Terror* (1986) beispielsweise handelt vor allem davon, wie Touristen erschlagen, erschossen, erwürgt und den Krokodilen zum Fraß vorgeworfen werden.«[23] Bekanntermaßen hat der Terror unter Touristen den Horror unter Literaten inzwischen eingeholt, wenn nicht überholt. Das »Nachäffer-Syndrom« sorgt dafür, daß anfällige Leser – unter dem Druck starker Suggestion – das Gelesene zum Modell ihres Verhaltens erheben und sich in ihrer selbstbestimmten Vernünftigkeit und Sittlichkeit von fremdbestimmten Impulsen der Mordlust oder Zerstörungswut überrumpeln lassen. (Auf diesen Mechanismus, der die Forschung derzeit stark beschäftigt, gehen wir in den Kapiteln 4 und 5 noch näher ein.)

Es gibt noch einen anderen problematischen Aspekt. Von Horror am meisten angezogen, von seiner angstbesetzten Symbolsprache aber auch am ehesten gefährdet sind Jugendliche in der Pubertät. Nach einer aktuellen Erhebung des Kölner Instituts für Massenkommunikation gibt es für Horrorliteratur – wie für die anderen populären Gattungen – eine »Kernleserschaft«, die die grausligen Produkte regelmäßig und häufig liest: »Mit Abstand stellen die Gruselromanleser die jüngste Lesergruppe dar: 28% sind zwischen 14 und 19 Jahren alt, 38% zwischen 19 und 29 Jahren.«[24] Offenbar besteht eine besondere strukturelle Entsprechung zwischen der seelischen Verletzbarkeit und Unsicherheit pubertierender Jungen und Mädchen und der existentiellen Gespaltenheit und ›Verrücktheit‹ der Welt des Horrors. Elmar Reß sieht in der literarisch oder filmisch projizierten Außenwelt zu Recht eine Spiegelung der jugendlichen Innenwelt.[25] Wenn Horror in bestimmter Weise als »Sinnbild der ungebändigten Natur« des Menschen verstanden werden muß, so ist die Tatsache bedeutsam, daß das Problem der Bändigung, der Domestizierung roher Affekte, in keiner Phase des Lebens so akut ist wie in der Pubertät. Im Horror werden die Vorstellung von der Einheit der menschlichen Person und die Erwartung der Kalkulierbarkeit der Welt in bedrohlicher Form in Zweifel gezogen. Analog werden in den Turbulenzen der Pubertät die eigene Gespaltenheit und seelische Aufgewühltheit als bedrohlich für das noch schwache Ich erlebt. Im Übergang von der Kinder- in die Erwachsenenwelt werden Triebe entfesselt und Impulse ausgelöst, die psychische Extremlagen heraufbeschwören, deren Beherrschung Probleme schafft. Ebenso entstehen im fiktionalen Einbruch des Grauens in die (vermeintlich) sichere Lebenswelt Schock- und Streßsituationen hohen Grades, deren Bewältigung die gesellschaftliche Ratio auf harte Proben stellt. Die typischen Gestalten des Horrors, all die schrecklichen Halbwesen, Untoten, Blutsauger, Mordbuben, Monstren und Geister sind danach Symbole der Wandlung, die ebenso herausfordernd wie gefährdend ins Bewußtsein drängen. Äußerlich mögen sie vielfach nur widerwärtig sein; innerlich können sie wie Testfälle wirken, an denen die Psyche entweder wächst oder scheitert. Behaupten sie sich innerlich als das, was sie äußerlich darstellen, ist das Scheitern vorprogrammiert. Markieren sie äußerlich nur das, was innere Übergänge dynamisiert, kann das Wachstum gefördert werden.

Die empirische Forschung bestätigt diese psychologischen Annahmen: Eine in England durchgeführte Untersuchung zur Wirkung populärer Literatur, die unter anderem Stephen Kings erwähnten Roman *Carrie* zum Gegenstand hatte, weist aus, daß unter Leser(innen) in der Adoleszenz Horror nicht nur eine starke Faszination auslöst, sondern das labile Nervensystem Heranwachsender auch in besonderer Weise zu strapazieren vermag.[26] In *Carrie* übt die pubertierende Heldin vermöge telekinetischer Kräfte furchtbare Rache an der ihre erwachende Sexualität unterdrückenden Gesellschaft – ein Sujet, das verständlicherweise Mädchen in seinen Bann zieht, aber auch bei Jungen Neugierde weckt. Ganz deutlich war eine Auffassung vom Text als einer betroffen machenden Projektion, einer symbolischen Selbstinszenierung unter fremder Steuerung. Die Horroreffekte wirkten dermaßen intensiv auf die Probanden, daß mobilisierte Ängste hinüberschwappten von der Welt des Textes in die Welt der Leserinnen. Die Mädchen gaben an, durch die Lektüre für unerklärbare Geräusche, übernatürliche Erscheinungen, die Gefahren dunkler Straßen und Plätze, die Furcht vor körperlichen Attacken und vor Vergewaltigung besonders sensibilisiert worden zu sein. Der Text nistete sich als literarisches Analogon zu persönlichen Erfahrungen in den Köpfen ein und sorgt für Unruhe. Wie der Versuchsleiter konstatiert: »Furcht vor dem Irrealen wird zum Spiegel der Furcht vor dem Realen.«

Jugendliche in der Pubertät suchen nicht nur den Kontakt mit Motiven des Horrors, wie sie die Medien liefern, sondern produzieren die Motive unter Umständen selbst – als eine Art gruppenspezifischer Folklore des Grauens. Bei Schulkindern, die vor einem Schulwechsel und insofern unter besonderem Streß standen, konnte die Soziologin Sara Delamont unlängst die Erfindung und Verbreitung von Horror-Storys beobachten, die spezifische Übergangsängste symbolisieren.[27] Sie sammelte 217 Horror-Geschichten von 16- bis 21jährigen Probanden beiderlei Geschlechts, die diese aus der Erinnerung abriefen und anonym nach dem Standardformat »Bevor ich auf die ... Schule ging, wurde mir von ... erzählt, daß ...« aufschrieben. Die Inhaltsanalyse ergab verschiedene Kategorien für Projektionen, deren Typologie eine bemerkenswerte Übereinstimmung mit gängigen Horror-Motiven aus Literatur und Film aufweist. Die typischen sozialen und sexuellen Ängste der Adoleszenz objektivieren sich in Schreckensgestalten, -orten und -erfahrungen, die sämtlich das Repertoire etablierten Horrors widerspiegeln. Befürchtete Verletzung, Demütigung, Unterdrückung, Verunsicherung, Tyrannisierung kleiden sich in Geschichten, die die unvermeidbaren Schwellen-und Krisenerfahrungen Pubertierender reflektieren, gleichzeitig aber auch deren neugierige Erwartungshaltung gegenüber einer noch unbekannten Wirklichkeit zum Ausdruck bringen. Hier ein paar Beispiele:

Das konventionelle Spukhaus-Motiv:
»Während all meiner frühen Schuljahre wurde mir erzählt, daß die Gesamtschule, die ich besuchen würde (die damals ein in einem alten Gebäude untergebrachtes Gymnasium war), von dem Geist einer ›blauen Nonne‹ heimgesucht wurde. Der Geist wurde genauestens beschrieben und erschien, wie erzählt wurde, hauptsächlich auf den Mädchen-Toiletten. Ich erinnere mich, daß ich mich davor fürchtete, allein im Toilettentrakt zu sein, und die Furcht habe ich noch – wenn ich jetzt auch rational erkenne, daß ich mich vor Angreifern etc. fürchtete.«

Das bekannte Motiv vom wahnsinnigen Wissenschaftler:
»Bevor ich die Embank-Schule besuchte, wurde mir von meiner Schwester erzählt, daß einer der Chemielehrer ein wahnsinniger, rachsüchtiger Wissenschaftler sei, der einen nachsitzen ließ, wenn man während des Unterrichts hustete, ohne zuvor um Erlaubnis gebeten zu haben.«

Das ambivalente Vergewaltigungsmotiv:
»Bevor ich zur Prior's End-Schule ging, wurde mir von einer Freundin erzählt, die schon dort war, daß ein Lehrer, Mr. Paradine, eine Schülerin vergewaltigt hatte und damit durchgekommen war, weil er Besitzer des Hubschraubers war, den die Jungen auseinandernahmen und wieder zusammensetzten. Sie sagten auch, daß Mr. Paradine Mädchen in den Bücherschrank lotste und sie befummelte.«

Das unvermeidliche Sadismus-Motiv:
»Bevor ich am Laverlaw-Jungengymnasium eingeschult wurde, erzählten mir ältere Jungen aus meiner Straße, mit denen ich spielte, daß der Physiklehrer und die Laborassistentin ein Verhältnis hätten und daß Versagen bei den wöchentlichen Physikprüfungen im ersten Jahr zur Folge hätte, daß Jungen vor der Assistentin vom Lehrer Schläge auf ihren nackten Hintern erhielten. Dieser Vorgang erregte sie offenbar.«

Das verwandte sexuelle Erniedrigungsmotiv:
»Bevor ich auf die Marbury High-School für Mädchen der Kirche von England ging, wurde mir von meinen älteren Freundinnen erzählt, daß ich auf der ›Hitliste‹ stand, einer ausgewählten Gruppe unbeliebter Mädchen, und daß man mich verprügeln, meine Hände fesseln und meine Haare abrasieren würde.«

Was sich so artikuliert, ist die Projektion äußerer Gefährdungen als Pendant innerer Bedrohungen. Es ist der endogene Horror der Seele, der sich dem exogenen Horror der Medien an die Seite stellt. Dieser Horror überwindet sich nicht selbst; er muß überwunden werden – durch eine Welt, die ihm durch äußere Sicherheit möglichst viel von seinem inneren Anlaß nimmt. Beschreitet die Psyche den Weg einer gesunden Entwicklung, wird der Horror eines Tages nurmehr harmloser Unterhaltung dienen oder anderer, reiferer Lektüre weichen. Verirrt sie sich auf ihrem Weg, können die Schreckensbilder zu dauernden unheilstiftenden Wegbegleitern werden.

3.3 Problemfall Pornographie

Es scheint ganz einfach – und ist doch unendlich kompliziert: das Problem der Pornographie und der Streit um ihre Wirkung. Einfach erscheint es deshalb, weil das Problem eines der elementarsten Bedürfnisse des menschlichen Organismus berührt, an dessen simplen naturgegebenen Ansprüchen nicht zu deuteln ist – den Sex; kompliziert deshalb, weil die Darstellung dieses Bedürfnisses in Wort und Bild eines der umstrittensten Themen liefert, an dessen Behandlung in Kultur und Gesellschaft sich seit Jahrhunderten die Gemüter erhitzen – den Gefahren seiner Wirkung. Es gibt nur ein einziges Wirkungsproblem im Abendland, dessen Ursprung älter ist als das der Pornographie: der berühmte Katharsis-Effekt aus der Poetik des Aristoteles; aber es gibt kein anderes Wirkungsproblem, dessen Kontroverse heftiger ausgetragen wurde und wird als der Streit um ›unzüchtige‹ Schriften.[28] Angesichts der Einfachheit des zugrundeliegenden natürlichen Bedürfnisses muß die Kompliziertheit der geführten Diskussion eigentlich erstaunen, doch sofern es für diese Diskrepanz eine Erklärung gibt, dürfte sie einiges mit jener Natur-

Kultur-Differenz zu tun haben, die Sigmund Freud einst mit dem Antagonismus von Lust- und Realitätsprinzip erklärte:[29] Sex in seiner naturbelassen-lustzentrierten Funktion ist einfach; Sex in seiner gesellschaftlich-realitätsbezogenen Bedeutung ist problembeladen. Es ist die Kultur, welche der Natur Versagungen und Komplikationen aufnötigt, wodurch Umweg- und Abwehrhandlungen, Scham- und Schuldgefühle auf den Plan gerufen werden, die das Triebleben schwierig machen.

Der Streit um die Wirkung der Pornographie entzündet sich wesentlich daran, daß sie eine Form der Literatur (im weitesten Sinne) darstellt, welche die Differenz ignoriert und das Realitäts- in das Lustprinzip rückverwandelt. Pornographen tun so, als gäbe es im Umgang mit dem Geschlechtstrieb für den Menschen weder gesellschaftliche Restriktionen noch persönliche Komplikationen und als sei das geschlechtliche Leben ein grenzenloses Reich, über dem die Sonne der Lust niemals untergeht, ein Schlaraffenland der Sinne, das neben der variantenreichen Befriedigung sexueller Triebe keine anderen Zwecke kennt. Ein derartiger Sexualutopismus entrüstet nun aber diejenigen, die die simplen Prämissen des uneingeschränkten Lustprinzips nicht nur als gesellschaftlich unrealistisch, sondern als wirkungspsychologisch gefährlich ansehen – mutmaßen sie doch eine Unterwanderung der ›höheren‹ Bestimmung des Menschen durch systematische Appelle an seine ›niederen‹ Triebe. Obgleich in ihrer Vitalität unbeeindruckt von entsprechender Kritik, konnte Pornographie nie den Argwohn der Kritiker abschütteln, gefährlich zu sein – gefährlich für das Seelenheil des Menschen, gefährlich für seine körperliche Gesundheit, gefährlich für seinen sittlichen und kulturellen Fortschritt.

Wie erwähnt verläuft das Leben in der pornographischen Phantasie nach denkbar einfachen Spielregeln. Der Geschlechtstrieb behauptet absolute Macht und ignoriert so ziemlich alles, was sich an physiologischen Beschränkungen, moralischen Bedenken und gesellschaftlichen Rücksichtnahmen in den Weg stellen könnte. Er setzt normalerweise jedweden äußeren Zwang außer Kraft, um dem einen inneren Drang zu frönen – der Sättigung einer Begierde, die unersättlich scheint. Es herrscht der sexuelle Imperativ.[30] Das heißt, wir finden eine strenge Reduktion menschlichen Verhaltens auf Sex in seiner eindimensional körperlichen und physiologischen Funktion, der Erzeugung von Lust. Soweit andere (soziale, kulturelle, moralische) Dimensionen des Lebens eingeblendet werden, sind sie peripher und dienen bestenfalls der stärkeren Akzentuierung des zentralen Anliegens. Wo die *erotische* Literatur immerhin den Versuch unternimmt, die Beziehung der Sexualität zu kontingenten Sozial- und Selbsterfahrungen des Menschen darzustellen und dem Zentrum (Geschlechtstrieb) eine bedeutungsvolle Peripherie (Erotik) zuzuordnen, weicht die Pornographie kaum von sexueller Selbstinszenierung als dem Mittelpunkt ihres Interesses ab. In dieser Welt finden wir Menschen als Exponenten schier unerschöpflicher Energien, ›heroische‹ Vertreter(innen) einer Leistungs- und Hingabefähigkeit, zu deren Beurteilung des Prädikat *hypersexuell* das einzig richtige ist. Da den Akteuren die ›banalen‹ Gesetze und Grenzen menschlicher Physiologie weitgehend erspart bleiben und sie sich sexomanisch austoben können, sind aus ihrem Kreis auch konsequenterweise diejenigen ausgeschlossen, die an Impotenz, Frigidität, Enthaltsamkeit oder einfach Begeisterungsmangel leiden. Die Bewohner von »Pornotopia« bilden insofern eine ausgesprochen exklusive Phantasie-Gesellschaft.[31]

Beherrscht wird diese Welt von Männern, denn dominant sind das männliche Interesse am weiblichen Körper und der männliche Blick auf sein bevorzugtes Lustobjekt. (Das, was man in Umkehrung dieser Tendenz weibliche Pornographie nennen könnte, bildet immer noch die Ausnahme und hat sich bislang kaum etabliert.[32]) Daraus ergibt sich die typische pornographische Symbiose aus Potenzprotzerei und Voyeurismus, die männlichen Konsumenten zur Lust und weiblichen Kritikern zum Ärgernis gereicht. Der maskuline Standpunkt bestimmt das literarische (oder filmische) Geschehen, so daß der weibliche als praktisch nicht-existent verschwindet oder zur Bedeutungslosigkeit herabstilisiert wird. Die Subjekt-Objekt-Beziehung von Mann und Frau entspricht – zumindest bei heterosexuellen Paarungen – einer Aktiv-passiv-Beziehung in den Handlungen, die sich literarisch im eingenommenen Erzählerblickpunkt, kinematographisch in der gewählten Kameraperspektive bemerkbar macht. Praktisch bedeutet das auf der einen Seite die Präsentation männlicher Sexualroboter, die quasi-mechanisch auf weibliche Reize ansprechen und unverzüglich zur programmierten Tat der Verführung schreiten, auf der anderen die Darbietung weiblicher Sexualobjekte, die in lasziven Posen ihren phallischen Helden zu Willen sind und nur selten eigene Ansprüche anmelden.

Des weiteren finden wir in der Zeichnung der Psychologie der Figuren und der Dramaturgie ihrer Handlungen den Reflex eines etablierten Bestandes an Fiktionen, die das Verhältnis der Geschlechter in formelhafter Weise vereinfachen und verfälschen. Der Psychologe Henner Ertel beschreibt diese als

- die »Instant-Verführungsfiktion« (die Vorstellung, daß die Sexualpartner wie vom Blitz getroffen den verführerischen Reizen des jeweils anderen Geschlechts unterliegen);
- die »Fastfood-Sexualitäts-Fiktion« (die Vorstellung, daß Sex konsumiert werden kann, als handele es sich um Billignahrung zur raschen Stillung des Appetits);
- die »Hypersexualitäts-Fiktion« (die Vorstellung, daß die zur Ausübung von Geschlechtsakten benötigten Energien dem Menschen jederzeit und in jeder Menge zu Gebote stehen);
- die »Macht-und-Kontroll-Fiktion« (die Vorstellung, daß die unbeschränkte Potenz der Männer ein taugliches Instrument zur Beherrschung von Frauen darstellt);
- die »Kontrollverlust-Fiktion« (die Vorstellung, daß die sexuelle Leidenschaft die Sinne bis zu einem Punkt beherrscht, wo sie die Akteure sich von jedweder Verantwortung für Konsequenzen freispricht);
- die »Vergewaltigungs-Fiktion« (die Vorstellung, daß Frauen sich insgeheim danach sehnen, mit Gewalt genommen zu werden, verbunden mit der Annahme, daß der Gewaltakt den Geschlechtsgenuß erhöht).[33]

Und schließlich finden wir die implizite oder explizite Erwartung, daß die freizügige Darstellung nackter Leiber im Lustrausch seine Wirkung auf das interessierte Publikum nicht verfehlt, wir es also mit einem literarischen Aphrodisiakum zu tun haben, das die Sinne zu betören oder den Leser als Voyeur sogar direkt zu mobilisieren vermag. Aus eben dieser Erwartung (oder Erfahrung) resultiert der ganze Streit um die Gefährlichkeit der Pornographie, der uralte Argwohn, sie sei imstande, nicht nur ›niedere‹ Leidenschaften zu entfachen, sondern Individuen zu verformen und zu verderben.

Hier verlassen wir die Einfachheit der Darstellung und treffen auf die Komplexität der Wirkung. Denn obwohl der typische Pornograph an nichts weiterem interessiert sein dürfte, als auf der schmalen Bandbreite sexueller Triebe die Phantasie zu stimulieren (um die Stimulation für sich in klingende Münze umzusetzen), spiegeln die beobachtbaren Wirkungen ein breites Spektrum an Reaktionen, die das geschlechtliche Erregungspotential weit überschreiten. Zwar gilt die Rolle des Hormonhaushalts als unabweisbar fundamental, aber die physiologischen Vorgänge als Primärprozesse mobilisieren die unterschiedlichsten Emotionen als Sekundärprozesse, die ihrerseits in vielfältiger Weise mit Kognitionen auf tertiärer Ebene interagieren. Ob und unter welchen Bedingungen der Konsum von Pornographie darüber hinaus einstellungs- und verhaltensändernd wirkt, wird noch zu erörtern sein. Jedenfalls dürfte im großen und ganzen zutreffen, was Gunter Schmidt als charakteristisches Kompositum der Reaktionsweisen beschreibt. Danach reagieren die meisten Menschen auf Pornographie »mit Neugierde, mit Empörung und Abscheu über das darin transportierte Bild von der Frau, vom Mann und von der Sexualität; mit großen intellektuellen Vorbehalten gegen die miese ästhetische Qualität und die profunde Einfallslosigkeit, die den meisten pornographischen Produkten eigen ist; mit politischen Bedenken gegen die Machtbesessenheit, Brutalität und Durchsexualisierung von Beziehungen zwischen Menschen; mit Scham, weil Intimes so bloßgestellt wird; mit Ärger, weil Pornographie auch unsere geheimen Phantasien enthält und öffentlich macht, wenn wir ehrlich sind; und natürlich sexuell angezogen und stimuliert, auch oder gerade wenn wir uns das nicht zugestehen wollen... Wir reagieren also mit wahrhaft wild gemischten Gefühlen auf das Betrachten oder Lesen von Pornographie.«[34]

Versucht man, in dieses wilde Gemisch Ordnung zu bringen und das Wirkungsspektrum nach unterschiedlichen Funktionen aufzuschlüsseln, gelangt man zu einer Reihe von potentiellen Grundfunktionen, wie sie Henner Ertel aus vorliegenden Forschungserkenntnissen herausdestilliert hat.[35] Die Funktionen können einzeln oder im Verbund aktualisiert werden, sind unterschiedlich wirkungsmächtig und können positive wie negative Effekte auslösen. Bereits in ihrer knappen Auflistung zeigen sie die Multivalenz der Prozesse und lassen erkennen, daß das simple Menschen- und Gesellschaftsbild der Pornographen keine Entsprechung in ähnlich simplen Reaktionsmustern des Publikums hat. Das Gemisch aus Wahrnehmungen, Erregungen, Gefühlen, Vorstellungen, Verarbeitungen, Erkenntnissen und Handlungen ist wahrlich komplex. Im Rahmen variierender Dispositionen und Möglichkeiten reagieren Rezipienten auf Pornographie mit:

- Handlungsvorbereitung oder -einleitung,
- Intensivierung und Akzentuierung sexueller Wahrnehmungen und/ oder Betätigungen,
- Ersatz oder Substitution unrealisierbarer sexueller Szenarios,
- kompensatorischer Reaktion bei sexuellen Defiziten,
- Reinszenierung sexueller Erfahrungen auf der imaginativen Ebene,
- Verarbeitung von aversiven und stark negativen (bedrohlichen und traumatischen) Erfahrungen auf der imaginativen Ebene,
- Verarbeitung von subjektiv empfundenen Niederlagen und Verletzun-

gen, Versagensängsten, Minderwertigkeitsgefühlen und sexuellen Kompetenzmängeln (symbolische Umwandlung in vorübergehende Siege und Triumphe),
- Austragung nicht-sexueller Probleme und Konflikte in der sexuellen Imagination.

Hier wird schon deutlich, daß Pornographie – intensiver als die meisten Formen phantasiebezogener Unterhaltung – eine gleichsam kinetische Rolle für den Rezipienten spielt, ein Aktivationspotential in sich trägt, das imaginative Prozesse zu den Bedingungen physiologischer Begleitumstände auslöst, so daß im Grenzland von Fiktionen und Tatsachen die Grenzen leicht verschwimmen. Auch wenn pornographische Szenarien nicht kurzschlüssig als Handlungsanweisungen für sexuelles Verhalten mißdeutet werden dürfen, so gilt für die Rezeption doch eine charakteristische Spannung, die das Gedankliche den Bedingungen des Körperlichen unterwirft – zumindest vorübergehend. Denn einerseits dürften ›höhere‹ Instanzen im Kopf des Lesers durchaus die Fiktivität der Dinge durchschauen, die ihm vorgegaukelt werden, andererseits meldet das Signalsystem der Nerven und Hormone, daß hier etwas ganz Reales im Gange ist. Je nach Dominanz kann letzteres überzeugender sein als ersteres; denn die sexuelle Phantasiewelt ist kein geschlossener Garten, aus dem heraus überhaupt keine Pfade in die wirkliche Welt, sprich zu den Möglichkeiten realen Verhaltens führen. Die Frage nach der Gefährlichkeit der Wirkung ist deshalb stets die Frage, ob und in welcher Form sich das Hormonelle gegen das Intellektuelle, der Trieb gegen die Moral, die Begierde gegen die Kontrolle, der Wunsch gegen die Einsicht, die äußere Handlung gegen die innere Verarbeitung durchsetzt.[36] Es ist vorrangig eine empirische Frage. Nichts wäre so töricht wie ein genereller Freispruch der Pornographie aus einem ästhetischen oder liberalistischen Mißverständnis heraus (Fiktion und Wirklichkeit kennen keine absoluten Grenzen). Nichts wäre aber auch so unangemessen wie ihre totale Verdammung aus einem ideologischen Schädlichkeitsdogma heraus (Fiktionen streben nicht per se danach, real zu werden).

In der umfangreichsten Forschungsarbeit, die zum Pornographiekonsum in Deutschland bislang durchgeführt wurde, einer im Auftrag der Gesellschaft für Rationelle Psychologie (G.R.P.) unternommenen Repräsentativbefragung und psychophysiologischen Langzeitstudie mit ca. 6000 Probanden beiderlei Geschlechts[37], wurde unterschiedlich für drei Gruppen (Nicht-Konsumenten, gelegentliche Konsumenten und Intensivkonsumenten) festgestellt: Für 43% der männlichen und 53% der weiblichen Nichtkonsumenten hatte Pornographie nichts mit der Realität zu tun. Mit zunehmender Benutzungshäufigkeit stieg aber bei beiden Geschlechtern interessanterweise der subjektiv empfundene Realitätsgehalt von wiederholt betrachteten Szenarien an: bei den Intensivkonsumenten hielten nur noch 30% bzw 31% pornographische Darstellungen für fiktive Phantasiewelten ohne jeglichen Realitätsbezug. Etwa die Hälfte der gelegentlichen männlichen und weiblichen Benutzer brachten außerdem zum Ausdruck, daß sie »nicht im Traum« daran dächten, sich in der sexuellen Realität so zu verhalten wie die Akteure in den pornographischen Inszenierungen. In der Gruppe der männlichen Intensivkonsumenten äußerten sich dagegen nur noch 27% in diesem Sinne. Offensichtlich war bei ihnen häufiger als bei den sporadischen Konsumenten eine grundsätzliche Bereitschaft zu derartigen Versuchen vorhanden. Bei den Frauen der Vergleichsgruppe galt dies jedoch nicht: von ihnen konnte sich über die Hälfte (52%) – nur 3% weniger als bei den gelegentlichen Konsumentinnen – nicht vorstellen, die pornographischen Szenarien in eigenes Sexualverhalten umzusetzen.

Die Antworten liefern Anhaltspunkte dafür, daß die pornographische Scheinwelt auf viele Konsumenten – je nach Geschlechtszugehörigkeit und Nutzungshäufigkeit waren es 23–62% – gerade deshalb faszinierend wirkt, weil sie Dinge vorführt, die sie in der sexuellen Realität nicht tun können oder wollen. Dies zeigt klar, daß Pornographie keinesfalls die simple Funktion einer Handlungsanweisung ausübt. Gleichzeitig machen die Ergebnisse aber auch deutlich, daß die Erkenntnis der Fiktivität von Pornographie bei bestimmten Gruppen erheblichen Einschränkungen unterliegt oder nicht vorhanden ist. Erstens schreibt ein Teil der Probanden (48% der männlichen, 46% der weiblichen Intensivkonsumenten) ihr durchaus einen gewissen Realitätsgrad zu (»Manche Männer/Frauen sind wirklich so«), und zweitens ist die Anzahl der Personen, die dies tun, bei den männlichen und weiblichen Intensivbenutzern höher als bei Personen, die nur sporadisch auf Pornographie zurückgreifen, und dort wiederum höher als bei Nichtkonsumenten. Dies kann so gedeutet werden, daß ein intensiver Konsum dazu führt, daß pornographischem Material eher ein gewisser Realitätsgrad zugesprochen wird. Es kann aber auch so interpretiert werden, daß Personen, die bereits eine realitätsfremde Sicht weiblicher und männlicher Sexualität haben, sich von Pornographie besonders angesprochen fühlen und zu Intensivkonsumenten werden. Diese Interpretation müßte allerdings voraussetzen, daß eine weitgehende Koinzidenz besteht zwischen extra- oder präpornographischen Phantasien und pornographischen Inszenierungen. Letztere fungierte dann als sekundäre Bestätigung primärer Vorstellungen oder Wünsche. Wahrscheinlich ist jedoch, daß wir es hier – wie in anderen Fällen gefährlicher Wirkung – weniger mit einfachen Kausalbeziehungen als mit komplexen Verstärker- und Rückkoppelungseffekten zu tun haben. Pornos machen manifest (heben über eine Schwelle), was latent vorhanden ist. Indem sie das tun, nehmen sie gleichzeitig Gelegenheit, jenseits der Schwelle zu ›wecken‹, was diesseits der Schwelle vielleicht noch ›schlummerte‹.

Insgesamt förderte die G.P.R.-Studie eine Fülle von Daten und Befunden zutage, deren empirische Heterogenität voll die behauptete Komplexität der Wirkung bestätigt. Die festgestellte Multivalenz der Reaktionen verbietet es, dem Pornographiekonsum eine durchgängige Gefährlichkeit zuzusprechen. Und die wissenschaftliche Redlichkeit im Umgang mit den Daten erfordert es, auch die Facette subjektiv positiver Effekte zur Kenntnis zu nehmen, die sich aus Erfahrungen wie Anregung, Luststeigerung, Befriedigung, Entspannung, sexuelle Kompetenzverbesserung, Minderung störender Hemmungen und ähnlichen bescheinigten Positiva zusammensetzt. Ohne Frage existieren harmlos-unterhaltende, das gesunde Sexualleben fördernde, sogar quasi-therapeutische Wirkungsmomente. Es ist auch kein Geheimnis, daß Psychotherapeuten in Fällen neurotisch bedingter Verklemmung ihren Patienten zuweilen einen dosierten Pornographiekonsum empfehlen.[38] Problematisch, da ambivalent, wird es aber schon, wenn die Wünsche, die von Porno-Konsum induziert werden, sich mit Motiven wie den folgenden verquicken: Gruppensex, Seitensprung, aktive Verführung, passive Verführung, Kontrolle des Partners, Kontrolle durch den Partner, Kontrollverlust, aktive Vergewaltigung, passive Vergewaltigung, sadistische Sexspiele, masochistische Sexspiele und paraphile Praktiken, wobei nachweisbar ist, daß Intensivkonsumenten solche Wünsche deutlich häufiger artikulieren als gelegentliche Konsumenten. Und aufhorchen sollten die Befürworter einer rundum uneingeschränkten Pornographieproduktion/-rezeption, wenn Gruppen von Probanden auf dem Hintergrund ihrer Erfahrungen der Gattung eine ganze Palette an Negativwirkungen zuschreiben. Die beiden folgenden Tabellen, nach Geschlechtern getrennt, sprechen eine deutliche Sprache, selbst wenn die subjektiven Zuschreibungen keinen ganz getreuen Spiegel der objektiven Gefährdungen bilden, da sie von persönlichen Verärgerungen, Selbsttäuschungen, Umkodierungen und anderen Subjektivismen mitgeprägt sein dürften.

Tab. 5: Negative Konsequenzen von Erotika- und Pornographiekonsum bei Männern

	intensiver Konsum		gelegentl. Konsum		kein Konsum	
nach Erotika- und Pornographiekonsum habe ich...						
ein schlechtes Gewissen	27	**	20	**	51	**
Schamgefühl	8	ns	6	**	16	**
Ekelgefühle	-	ns	-	**	7	**
Unterlegenheitsgefühle durch Vergleich mit den Darstellern	24	*	19	**	32	**
negatives Partnerbild durch die Darsteller	3	ns	1	**	8	*
negatives Selbstbild	2	ns	1	**	9	**
Frustration durch Unrealisierbarkeit	47	**	24	**	17	**

Anm.: Die Zeichen und Kürzel hinter den Prozentzahlen bedeuten ** = statistisch sehr signifikant, * = statistisch signifikant, ns = nicht signifikant

Tab. 6: Negative Konsequenzen von Erotika- und Pornographiekonsum bei Frauen

	intensiver Konsum		gelegentl. Konsum		kein Konsum	
nach Erotika- und Pornographiekonsum habe ich...						
ein schlechtes Gewissen	36	**	29	**	57	**
Schamgefühl	17	ns	15	**	38	**
Ekelgefühle	5	ns	3	**	26	**
Unterlegenheitsgefühle durch Vergleich mit den Darstellern	39	**	27	**	20	**
negatives Partnerbild durch die Darsteller	6	*	3	**	10	*
negatives Selbstbild	8	*	5	ns	6	ns
Frustration durch Unrealisierbarkeit	14	*	17	**	10	*

Das heftigste Sperrfeuer gegen die Herstellung und Verbreitung von Pornographie, abgefeuert aus tiefem Argwohn gegenüber ihrer Wirkung, kommt aus dem Lager des Feminismus.[39] Die Gründe hierfür sind naheliegend, tendieren doch die allermeisten Werke der Gattung zur Instrumentalisierung männlicher Lust auf Kosten weiblicher Würde und Selbstwerteinschätzung. Die Frau als das vielzitierte »Lustobjekt« ist eine soziokulturelle Realität, und diese Realität ist in der kommerziellen Ausbeutung weiblicher Reize in der Tat wenig von Freundlichkeit und Zärtlichkeit geprägt. »Das durchgängige Muster von Pornographie zeigt, daß bei Männern Feindseligkeit mit einer aggressiven Reaktionsbereitschaft zumindest ein Aspekt des kollektiven Frauenbildes ist«, meint der Sexualforscher Eberhard Schorsch,[40] und sämtliche uns bekannten inhaltsanalytischen Forschungen zu Literatur und Film geben ihm Recht. Ob darin Erkenntnisse der klassischen Psychoanalyse Bestätigung finden, wonach dem Sexualtrieb *per naturam* aggressiv-destruktive Elemente beigemischt sind, oder eher die feministische Ideologiekritik zutrifft, wonach die männliche Sexualität im Laufe der Menschheitsgeschichte von patriarchalischen Machtgelüsten deformiert wurde, wollen wir dahingestellt sein lassen. Summarisch läßt sich feststellen, daß ca. 90% der einschlägigen Werke sich als frauenfeindlich entpuppen, sobald man Qualitäten wie Partnerschaft, Wertschätzung, Gleichberechtigung, Rücksichtnahme zu sexualethischen Kriterien des Urteils macht. (Liebe im Sinne von Eros hier einschließen zu wollen, wäre allzu verwegen.) Zwar führt eine Stufenleiter von den eher harmlosen Produkten der Soft-Pornographie zu den flagrant menschenfeindlichen Machwerken der Extrem-Pornographie (mit Tabuverletzungen, Gewaltorgien, Erniedrigungsritualen etc.); aber selbst dort, wo die Ausübung manifester Gewalt gegen Frauen abwesend ist, sind Tendenzen zur Beherrschung und Erniedrigung latent anwesend. Es verwundert daher nicht, wenn Radikalfeministinnen, die einen unheilvollen Konnex zwischen Sex auf dem Papier und Sex im Bett vermuten, zu dem kategorischen Urteil gelangen: »Pornographie ist die Theorie, Vergewaltigung die Praxis.«[41] Ob die Verkettung wirklich so simpel ist, läßt sich füglich bezweifeln. Doch muß es nachdenklich stimmen, wenn der Soziologe Don D. Smith in einer inhaltsanalytischen Untersuchung einschlägiger Werke zu dem Ergebnis gelangt, daß weniger als 3% der Vergewaltiger in pornographischen Schriften irgendwelchen negativen Konsequenzen ihrer Tat ausgesetzt sind und daß die Opfer so gut wie nie traumatische Wirkungen der erfahrenen Aggression zeigen.[42] Dies beweist zumindest einen eklatanten

Mangel an sozio- und psychologischem Realismus, der den ›falschen‹ Umgang mit Sexualität in dieser Art von Literatur augenfällig macht.

Die Amerikaner Dolf Zillmann und Jennings Bryant sind die Initiatoren einer ganzen Serie jüngerer Untersuchungen zur angeschnittenen Thematik.[43] Unter anderem erforschten sie den möglichen Einfluß eines wiederholten Pornographiekonsums auf die sexuellen und nicht-sexuellen Aspekte einer festen Partnerbeziehung.[44] Das vorgegebene Testmaterial bestand aus sechs Porno-Filmen von jeweils einer Stunde Dauer, wobei es sich laut Aussage der Forscher um »gebräuchliche, gewaltfreie Pornographie« handelte. Die Überprüfung der Wirkung geschah mittels vorstrukturierter Fragebogen, die absichtlich keine unmittelbare Verbindung zu dem vorangegangenen Konsum pornographischer Filme erkennen ließen. Sie wurden den Versuchspersonen jeweils eine Woche nach dem letzten Testfilm vorgelegt und als Bestandteil einer unabhängigen Untersuchung über die persönliche Beurteilung gesellschaftlicher Institutionen (Einstellungsmessung) ausgegeben. Die Daten der Rezeptionsanalysen wurden mit den Ergebnissen der Einstellungsmessung korreliert. Es zeigten sich bei Männern und Frauen nach dem sechsmaligen Konsum eines jeweils einstündigen Films im Verlauf von sechs Wochen mehrere signifikante Veränderungen: a) eine größere Akzeptanz von vor- und außerehelichem Sexualverkehr und eine höhere Toleranz gegenüber einem sexuellen Seitensprung des Partners; b) eine Zunahme der Überzeugung, daß männliche und weibliche Promiskuität »natürlich« ist; c) die häufiger geäußerte Einstellung, daß eine Unterdrückung von sexuellen Neigungen ein Gesundheitsrisiko darstellt; d) ein Anstieg der Akzeptanz von männlicher Dominanz und weiblicher Unterordnung im sexuellen und nicht-sexuellen Bereich; e) eine Abnahme von positiven Bewertungen der Ehe als soziale Institution (Zuschreibung einer geringeren Wichtigkeit und Einschränkung bei der Beurteilung der zukünftigen Entwicklung); f) eine Abnahme des Wunsches nach eigenen Kindern.

Auch hier ist der Befund zum Dominanz-/Unterordnungssyndrom natürlich verflochten mit gesellschaftlichen Wert- und Rollenvorstellungen, die eine extra-pornographische Basis haben dürften. Nichtsdestoweniger zeigte die verabreichte Dosis verstärkende Wirkung, und nichtsdestoweniger sehen die Autoren eine grundsätzliche »Unvereinbarkeit zwischen den sexuellen Werten in der Pornographie und den impliziten sexuellen Wertvorstellungen, die für intime Beziehungen von Dauer – insbesondere im Rahmen einer Ehe – kennzeichnend sind.« Aus

Punkt d) leiten Zillmann und Bryant die generelle Schlußfolgerung ab: »Pornographie [...] fördert anscheinend Wertvorstellungen, die besagen, daß Männer eigentlich Dominanz über Frauen besitzen sollten.« Außerdem spiegeln die festgestellten Veränderungen ihrer Meinung nach »in direkter Form die zentrale Botschaft von Pornographie wider: großes sexuelles Vergnügen ohne jegliche Zuneigung, Bindung oder Verpflichtung.«

In einer anderen Untersuchung konnten dieselben Wissenschaftler ermitteln, daß wiederholter (fremdbestimmter) Pornographiekonsum zum Anstieg einer generellen »sexuellen Gefühllosigkeit« (*sexual callousness*) gegenüber Frauen führt.[45] Als Maß diente hierbei der von dem Psychologen Donald L. Mosher entwickelte »sexual callousness«-Fragebogen, ein standardisiertes Instrument, das eine Haltung zu erfassen gestattet, die im weiblichen Geschlecht tendenziell eine Art austauschbaren Gebrauchsartikel für Männer sieht. Damit wurde ein Einstellungsmuster diagnostiziert, das sich weitgehend mit den von Ertel inventarisierten typischen Pornographie-Fiktionen deckt, zum Beispiel mit der kollektiven »Fastfood-Sexualitäts-Fiktion«, wonach Frauen für einen schnellen und problemlosen Sexualkonsum bestimmt sind, aber auch mit der »Macht- und Kontroll-Fiktion«, wonach männliche Sexualität weniger von Partnerschaft als von Gegnerschaft und deren impliziten Machtansprüchen geprägt ist. Die Resultate dieser Untersuchung legen nahe, daß ein massiver wiederholter Kontakt mit Pornographie verzerrte Vorstellungen von der Verbreitung »gefühlloser« sexueller Praktiken zur Folge hat, die auch auf die Einstellungen und Erwartungen auf den jeweils realen Sexualpartner ausstrahlen. Der Argwohn, daß Pornographie Werte- und Einstellungswandel zu induzieren in der Lage ist, ist danach kein Hirngespinst verklemmter Schulmeister und Pfarrer.

Ein anderes Forscherteam aus den USA, Seymour Feshbach und Neal Malamuth,[46] hat sich jahrelang mit dem ›heißen‹ Thema Sex und Gewalt befaßt, um den verbreiteten Vorwurf, Pornographie fördere Brutalität und Aggression, wissenschaftlich zu belegen oder zu entkräften. Zum Beispiel bekam in einer mit studentischen Probanden beiderlei Geschlechts durchgeführten Laboruntersuchung eine Gruppe verschiedene, erotisch-pornographische Textpassagen aus so bekannten Werken wie *Lady Chatterley's Lover* oder *Peyton Place* zu lesen, während eine Kontrollgruppe neutrale Texte las. Anschließend wurden für beide Gruppen das relative Maß an Aggressivität gemessen. (Die klassische Versuchsanordnung für derartige Messungen sieht vor, daß von den Probanden elektrische Schläge in variierbarer Stärke an eine Person ausgeteilt werden, die für bestimmte Fehlleistungen bestraft wird. Die durchschnittliche Höhe der elektrischen Schläge, die als »Strafen« ausgeteilt werden, liefert dem Forscher ein Maß für die Höhe der Aggression, wobei Stromstöße und Schmerzäußerungen des »Opfers« natürlich simuliert sind.) Ergebnis: Diejenigen, die man sexuell erregt hatte, zeigten signifikant mehr Aggressivität als die Kontrollgruppe, und zwar unabhängig vom Geschlecht der Gruppenmitglieder wie auch unabhängig vom Geschlecht des bestraften »Opfers«. Um zu prüfen, ob die gesteigerte Aggressivität wirklich als eine Funktion sexueller und nicht unspezifisch anderer Erregung in Erscheinung getreten war, wurden verschiedene Anschlußexperimente durchgeführt. Stets zeigte sich ein enger Zirkel von sexueller Erregung, Aggression und Aggressionshemmung, der wechselnden personen- und situationsabhängigen Deutungen unterliegt, aber Triebverhalten in bedenklicher Weise mit Gewaltbereitschaft mischt, wenn die Rezeption von Pornographie dafür symbolische Anlässe bietet.

In dem vielleicht aufschlußreichsten Experiment der Serie gingen Feshbach und Malamuth der Frage nach, ob und wie die Rezeption von pornographischem Sadomasochismus sich auf Reaktionen zum Vergewaltigungproblem auswirkt. Die Hypothese lautete: Die Darstellung sadomasochistischer Praktiken übt rezeptionspsychologisch negative Effekte auf die Einstellung gegenüber Vergewaltigungsopfern aus. Zur Überprüfung wurden Studenten darum gebeten, einen »schwach masochistischen« Text zu lesen, der der Zeitschrift *Penthouse* entnommen war. Die Teilnehmer wurden nach dem Zufallsprinzip zwei gleich großen Gruppen zugewiesen. Eine Gruppe las das Original, die andere bekam einen präparierten Text, in dem die Gewalttätigkeiten eliminiert waren. Nach der Lektüre wurden mittels standardisierter Instrumente der jeweilige Grad der sexuellen Erregung sowie kontingente Emotionen gemessen. In einer zweiten Phase des Experiments bekamen die Probanden dann eine Geschichte über eine Vergewaltigung zu lesen. Darin wurde das Opfer mit Anzeichen von Schmerz, aber nicht als sexuell erregt beschrieben, während es mit vorgehaltenem Messer gezwungen wurde, sich dem Angreifer zu fügen. Mit Hilfe einer weiteren Befragung wurde festgestellt, daß es sich bei Männern viel stärker auswirkte als bei Frauen, ob man ihnen zuvor die sadomasochistische Geschichte vorgelegt hatte. Männer, die diesen Text gelesen hatten, wurden in der Regel durch die nachfolgende Vergewaltigungsgeschichte intensiver erregt als die anderen, die die gewaltfreie Fassung rezipiert hatten. Diejenigen, die vorher etwas über den Genuß einer Frau durch Mißhandlung gelesen hatten, neigten dazu, die Schmerzäußerungen des Vergewaltigungsopfers als Zeichen sexueller Erregung zu mißdeuten. Mit anderen Worten: Die Hemmungen, mit denen man normalerweise auf Schmerzsignale reagiert, wurden aufgrund der Konfrontation mit sadomasochistischem Material verändert. Für diese Männergruppe war die eigene sexuelle Erregung sogar umso deutlicher, je stärker sie die Schmerzen des Opfers einschätzten. Im Gegensatz dazu war bei den Lesern der gewaltfreien Version die sexuelle Erregung umso geringer, je stärker ihnen die Schmerzen des Opfers erschienen. »Man sieht daran«, sagen die Autoren, »wie signifikant sich eine Begegnung mit gewalttätiger Pornographie auf die erotischen Reaktionen auswirken kann.«

Besonders bedenklich muß die Erkenntnis stimmen, daß es Versuchspersonen gab, die sich mit dem Täter identifizierten und Vergewaltigung sogar innerhalb ihres eigenen Verhaltensrahmens als vorstellbar ansahen. Zu der Erkenntnis gelangten die Forscher, als sie die männlichen Probanden danach fragten, wie wahrscheinlich es sei, daß sie sich »unter denselben Umständen ebenso verhalten würden wie dieser Mann«, und wie wahrscheinlich es sei, daß sie sich so verhielten, »wenn sie sicher sein könnten, daß sie nicht gefaßt und abgeurteilt werden.« Auf diese Fragen nach imitativem Verhalten »unter denselben Umständen« kreuzten 17% der Männer auf einer von 1 bis 5 reichenden Antwortskala (»absolut ausgeschlossen« bis »höchst wahrscheinlich«) Werte von 2 und darüber an. Fast ein Viertel der männlichen Teilnehmer entschied sich für Werte von 3 und höher, wenn der Fall gesetzt wurde, daß ihnen keine Festnahme oder Bestrafung drohte. Insgesamt 51% gaben an, daß sie es möglicherweise täten, wenn sie *sicher* sein könnten, nicht gefaßt zu werden. Diese Männer empfanden die Vergewaltigungsgeschichte als sexuell erregend, glaubten, das Opfer würde sie genießen, und waren eher bereit, die Tat zu rechtfertigen. Nach Ansicht von Feshbach und Malamuth schafft des Nebeneinander von Gewalttätigkeit und sexueller Erregung/Befriedigung in den Medien eine gefährliche Gelegenheit für die Konditionierung von gewaltsamen Reaktionen auf sexuelle Reize. Fazit: »Die Botschaft, daß Schmerz und Erniedrigung ›Spaß‹ machen können, ermutigt dazu, die Hemmungen gegen Vergewaltigung fallenzulassen.«

Nach wie vor ist die Berechtigung solcher Folgerung in den Sozialwissenschaften umstritten; denn nach wie vor werden Kontroversen ausgetragen über Sinn und Unsinn derartiger Laboruntersuchungen, ihrer

Realitätsadäquanz und statistischen Relevanz. Aber das kumulative Gewicht gleichartiger Forschungsbefunde anderer Forscher widerlegt allmählich die Skepsis derjenigen, die der Empirie an Problemaufklärung nichts zutrauen. Nach einer unlängst vorgelegten Bilanz von Mike Baxter neigt sich die Waage positiv-negativer Wirkungsforschung inzwischen deutlich zur negativen Seite.[47] Pornographie ist gefährlich. Gefährdet sind allerdings in der Regel nicht diejenigen, die Sozialisation und Enkulturation unter normalen Bedingungen durchlaufen und ihre Persönlichkeit gefestigt haben. Gefährdet sind vielmehr benennbare Risikogruppen: die (wachsende) Minderheit derjenigen, die in dieser oder jener Weise als defizient oder deformiert angesehen werden müssen und denen das wuchernde Konsumangebot wirklichkeitsferne Verhaltensmodelle vorgaukelt; Frauen und Männer, die in ihrer Jugend sexuell mißbraucht oder körperlich schwer mißhandelt wurden; Jugendliche, die einem Milieu entstammen, das von aggressiven Peerkontakten bestimmt wird; Mädchen und Jungen aus gestörten Familienverhältnissen, die nur eingeschränkte Möglichkeiten hatten, soziale Kompetenz für eine funktionierende Partnerbeziehung aufzubauen; Männer mit einer Sozialisation, die auf ›Hypermaskulinität‹ ausgerichtet war; Personen mit einer generellen Disposition zu Gewalt und körperlicher Aggression, die dazu neigen, die pornographischen Fiktionen als sexuelle Realität mißzuverstehen. Kurz: alle diejenigen, bei denen Pornographie Gelegenheit nimmt, bereits angelegte, verzerrte oder fragwürdige Vorstellungen vom Umgang mit dem anderen Geschlecht zu fördern und zu festigen. Berücksichtigt man, daß Produktion und Konsumtion von Pornographie in den westlichen Industrieländern ständig zunehmen, ferner daß die gegen Brutal- und Schockeffekte errichteten Tabugrenzen immer durchlässiger werden und schließlich, daß die Zahl sexual- und sozialgeschädigter Individuen sich allenthalben vergrößert, verheißt die Dynamik der entstandenen Spirale für die sexuelle Ethik dieser Länder wahrlich nichts Gutes.

Anmerkungen Kap. 3

1 Vgl. Werner Stein, *Der große Kulturfahrplan: Die wichtigsten Daten der Weltgeschichte* (Göppingen: Herbig, 1993).

2 Zitiert nach Karl R. Popper und John C. Eccles, *Das Ich und sein Gehirn* (München: Piper, 1987), 372.

3 Siehe Angela D. Friederici, *Kognitive Strukturen des Sprachverstehens* (Ber-

lin: Springer, 1987); Bodo Marquardt, *Die Sprache des Menschen und ihre biologischen Voraussetzungen* (Tübingen: Narr, 1984).

4 K. Popper und J. C. Eccles, *Das Ich und sein Gehirn*, 373.

5 Victor Nell, *Lost in a Book: The Psychology of Reading for Pleasure* (New Haven: Yale Univ. Press, 1988), 226.

6 Miguel de Cervantes Saavedra, *Don Quijote* (Stuttgart: Parkland, 1985), 20.

7 Klaus R. Scherpe, *Werther und Wertherwirkung: Zum Syndrom bürgerlicher Gesellschaftsordnung im 18. Jahrhundert* (Bad Homburg: Gehlen, 1970).

8 Adolf Hitler, *Mein Kampf* (München: Zentralverlag der NSDAP, 1925), 36–37.

9 Vgl. Olivier Reboul, *Indoktrination: Wenn Denken unterdrückt wird* (Olten: Walter, 1979); Ivan A. Snook, *Indoctrination and Education* (London: Routledge & Kegan Paul, 1975).

10 Klaus F. Geiger, »Der Zweite Weltkrieg heute am Kiosk«, *Medien- und Sozialpädagogik* 3.3 (Juli/September 1975), 1–7; erweiterte Fassung unter dem Titel »Jugendliche lesen ›Landser‹-Hefte: Hinweise auf Lektürefunktionen und -wirkungen«, in *Literatur und Leser: Theorien und Modelle zur Rezeption literarischer Werke*, hg. Gunter Grimm (Stuttgart: Reclam, 1975), 324–41.

11 Hans Böttcher, »Ideologien in kriegsverherrlichenden Schriften«, *Medien- und Sexualpädagogik* 3.3 (Juli/September 1975), 8; vgl. auch Rolf Kellner, »Schlachtfeld Heftroman: Der Abenteuer- und Kriminalroman als Beispiel zielgerichteter Aggression«, in *Literatur und Leser*, hg. G. Grimm, 295–323.

12 Sigrid Lichtenberger, »Das Kriminalheft in seiner Wirkung auf 14jährige Schülerinnen und Schüler zweier ländlicher Mittelpunktschulen«, *Medien- und Sozialpädagogik* 3.3 (Juli/September 1975), 9–14.

13 Hans Leuschner, »Ergebnisse einer Wirkungsanalyse«, *Zeitschrift für Literaturwissenschaft und Linguistik* 4 (1974), 95–116.

14 Ernest R. Page, »Black Literature and Changing Attitudes: Does it Do the Job?« *English Journal* 66 (March 1977), 29–33.

15 Vgl. z.B. Gwendolyn Cooke, »Reading Literary Works by Black and White Writers: Effects on Students' Attitudes«, *Journal of Black Studies* 5.2 (December 1974), 123–33.

16 Vgl. Jörg Weigand, »Das große Geschäft: Horror. Der neue Boom auf dem Heftchenmarkt«, *Medien- und Sexual-Pädagogik* 3.2 (April/Juni 1975), 25–28.

17 Anon., »›Blutiger Schaum zerplatzte vor seiner Nase‹. Das Geschäft mit der Gewalt: Grusel-Hefte erzielen Auflagen-Rekorde«, *Der Spiegel* Nr. 42 (10. Oktober 1977), 124, 130.

18 Hans D. Baumann, *Horror: Die Lust am Grauen* (Weinheim: Beltz, 1989).

19 Helmut Hartwig, *Die Grausamkeit der Bilder: Horror und Faszination in alten und neuen Medien* (Weinheim: Quadriga, 1986), 10.

20 Helga Pohl, »Die Gruselgeschichte – ein Beitrag zur Psychoanalyse von Horrorliteratur«, *Zeitschrift für Psychosomatische Medizin und Psychoanalyse* 31.2 (1985), 193.

21 Frida G. Surawicz and Richard Banta, »Lycanthropy Revisited«, *Canadian Psychiatric Association Journal* 20 (1975), 537f.; abgedr. in *A Lycanthropy Reader: Werewolves in Western Culture*, ed. Charlotte F. Otten (Syracuse, N.Y.: Syracuse Univ. Press, 1986), 34.

22 Stephen King, »The *Playboy* Interview: Conducted by Eric Norden«, in *The Stephen King Companion*, ed. George Beahm (London: Futura, 1991), 65.

23 [Marianne Wellershoff], »Terror im Paradies«, *Der Spiegel* Nr. 5 (31. Januar 1994), 161.
24 Siehe Walter Nutz und Volker Schlögell, »Die Heftroman-Leserinnen und -Leser in Deutschland: Beiträge zur Erfassung popularkulturaler Phänomene«, *Communications* 16.2 (1991), 133–235.
25 Elmar Reß, *Die Faszination Jugendlicher am Grauen: dargestellt am Beispiel von Horror-Videos* (Würzburg: Königshausen & Neumann, 1990).
26 Charles Sarland, *Young People Reading: A Study of the Cultural, Ideological and Experiential Factors in the Interaction of Young People and Fictional Texts* (Diss. Univ. of East Anglia, 1988).
27 Sara Delamont, »The HIT LIST and Other Horror Stories: Sex Roles and School Transfer«, *The Sociological Review* 39 (May 1991), 238–59.
28 Siehe Harford M. Hyde, *A History of Pornography* (New York: Farrar, Straus & Giroux, 1965).
29 Sigmund Freud, »Formulierungen über die zwei Prinzipien des psychischen Geschehens«, in *Gesammelte Werke*, Bd. 8 (London: Imago, 1943), 230–38.
30 Vgl. Susan Sontag, »Die pornographische Phantasie«, *Akzente* 15 (1968), 77–95, 169–90.
31 Vgl. Edgar Mertner und Herbert Mainusch, *Pornotopia: Das Obszöne und die Pornographie in der literarischen Landschaft* (Frankfurt/M.: Athenäum, 1970); Gunter Schmidt, »Pornotopia –Schlaraffenland der Sexualität«, *Pro Familia Magazin* 6 (1985), 20–22.
32 Zu den Gründen siehe Marie-Françoise Hans und Gilles Lapouge, Hg., *Die Frauen, Pornographie und Erotik: Interviews* (Darmstadt: Luchterhand, 1979).
33 Henner Ertel, *Erotika und Pornographie: Repräsentative Befragung und psychophysiologische Langzeitstudie zu Konsum und Wirkung* (München: Psychologie Verlags Union, 1990), 94ff.
34 G. Schmidt, »Pornotopia«, 20.
35 H. Ertel, *Erotika und Pornographie*, 355–56.
36 Vgl. Robert Stoller, *Sexual Excitement* (New York: Pantheon, 1979).
37 H. Ertel, *Erotika und Pornographie*.
38 Vgl. Herbert Selg, *Pornographie: Psychologische Beiträge zur Wirkungsforschung* (Bern: Huber, 1986), 69ff.
39 Vgl. Andrea Dworkin, *Pornographie: Männer beherrschen Frauen* (Köln: Emma Frauenverlag, 1987); Susanne Kappeler, *Pornographie: Die Macht der Darstellung* (München: Frauenoffensive, 1988); Alice Schwarzer, *PorNO*, Emma Sonderband Nr. 5 (Köln: Frauenverlag, 1988).
40 Eberhard Schorsch, »Sexualität und Gewalt«, in *Lust und Liebe: Wandlungen der Sexualität*, hg. Christoph Wulf (München: Piper, 1985), 91.
41 Robin Morgan, »Theory and Practice: Pornography and Rape«, in *Take Back the Night: Women on Pornography*, ed. Laura Lederer (New York: Morrow, 1980), 134–40.
42 Neil M. Malamuth and John Briere, »Sexual Violence in the Media: Indirect Effects on Aggression Against Women«, *Journal of Social Issues* 42.3 (1986), 77. Vgl. Don D. Smith, »The Social Content of Pornography«, *Journal of Communication* 26 (Winter 1976), 16–24.
43 Dolf Zillmann and Jennings Bryant, eds., *Pornography: Recent Research, Interpretation and Policy Considerations* (Hillsdale, N.J.: Erlbaum, 1988).

44 Dolf Zillmann and Jennings Bryant, »Effects of Prolonged Consumption of Pornography on Family Values«, *Journal of Family Issues* 29 (1988), 127–42; dies., »Pornography's Impact on Sexual Satisfaction«, *Journal of Applied Social Psychology* 18 (1988), 438–53.

45 Dolf Zillmann and Jennings Bryant, »Pornography, Sexual Callousness, and the Trivialization of Rape«, *Journal of Communication* 32.4 (1982), 10–21.

46 Siehe den Forschungsüberblick der Autoren in »Sex und Gewalt: Was sie verbindet, was sie trennt«, *Psychologie heute* 6.2 (Februar 1979), 67–75; ebenso die ausführlichere Darstellung in Neil M. Malamuth and Edward Donnerstein, *Pornography and Sexual Aggression* (New York: Academic Press, 1986).

47 Mike Baxter, »Flesh and Blood: Does Pornography Lead to Sexual Violence?«, *New Scientist* 126 (May 1990), 37–41; vgl. auch R. Lautmann, »Die neue Gefährlichkeit der Pornographie: Politische Kampagnen und psychologische Wirkungsforschung«, *Zeitschrift für Sexualforschung* 1 (1988), 45–67.

4. Bildmedien

Im einleitenden Kapitel zum Wirkungskomplex der Literatur stellten wir (auf S. 76) fest: »Objektiv lassen sich der Ton und das Bild dem Bewußtsein zwar genauso gegenüber- und dem Gefühlszentrum fernstellen wie das Wort, aber subjektiv wirken sie näher, eindringlicher, fesselnder und insofern machtvoller, denn sie sind stärker mit sinnlicher Präsenz und lebendiger Anschauung ›gesättigt‹«. Da nach der Erfahrung der allermeisten Medienkonsumenten wie auch nach Übereinkunft vieler Medienkritiker sich derzeit so etwas wie eine kulturelle Wende, eine deutliche Produktions- und Rezeptionsverlagerung von der Schrift- zur Bildkultur vollzieht, drängt sich mit dieser Wende auch die Wirkungsmacht des Bildes zunehmend ins Bewußtsein. Tatsächlich scheint das, was Marshall McLuhan als die Gutenberg-Galaxie bezeichnet hat,[1] nämlich die Einfluß- und Herrschaftssphären der Wort- und Schriftkultur, den Punkt ihrer größten Ausdehnung und Geltung mittlerweile hinter sich gelassen zu haben und einem Schrumpfungsprozeß unterworfen zu sein. Und dort, wo die Galaxie des gedruckten Wortes schrumpft, dehnt der Kosmos der (bewegten) Bilder sich aus. Dieser Kosmos ist kein neuer Kosmos. Vielmehr handelt es sich um eine Rückeroberung verlorenen Raums, um eine kulturelle Restitution von Macht und Autorität, welche das Bild an die Schrift abgetreten zu haben schien und nun gebieterisch zurückfordert – zwar nicht in den hergebrachten Formen bekannter Ikonen und Symbole, aber im neuen Gewand bildgesättigter elektronischer Botschaften. Die ›Ermächtigung‹ der Bilder, die wir allenthalben erleben, ist die durch Medientechnologie ermöglichte Wiedergeburt der Bilder. Es ist die alte Macht in neuer Erscheinung, die psychologisch tradierte Faszination in technologisch transformierter Aufbereitung. Nicht, daß das Bild in der westlichen Kultur seine eigene Bedeutung jemals abgeschafft hätte; es war niemals geistig tot; aber sein Einfluß war überschattet von jenem Logozentrismus, den die ›Gralshüter‹ der Kultur, die Schriftgelehrten und Literaten, die Schulmeister und Bibliothekare, mittels der Sprache inthronisiert und zur jahrhundertelangen Dominanz verholfen hatten. Diese Herrschaft scheint jetzt erschüttert.

Wie schon erwähnt hat das Bild, ungeachtet neuer Formen seiner Präsentation, Transformation und Distribution, gegenüber der Schrift die älteren Rechte, und diese Anciennität hat Konsequenzen. Denn anders als das geschriebene Wort ist das Bild ursprünglich kein mediales Konstrukt, kein konventionalisiertes kommunikatives Mittel, sondern seine eigene unmittelbare Realität. Das Bild ist primär das, was es bildhaft verkörpert, und erst sekundär das, was es kulturell bedeutet. Anders formuliert: Seine Anschauung und seine Bedeutung sind anfänglich eins, und sind es vielfach heute noch. Seine Wurzeln sind prälogisch, seine Urformen naiv und primitiv. »Fast animalisch«, sagt Pier Paolo Pasolini, sei die Beschaffenheit des Bildes im Vergleich mit der Qualität des Wortes.[2] Dies mag – verbal gesehen – keine besonders glückliche Kennzeichnung sein; doch zielt sie auf Eigenschaften, die dem Bild einen anderen Status sowie deutlich andere Verarbeitungsmodalitäten zuerkennen als dem Wort: archaisches Assoziationssystem gegenüber jüngerem Repräsentationssystem; ganzheitliche Wahrnehmung gegenüber linear-progressiver Auffassung; schnellere und einfachere Entschlüsselung gegenüber aufwendigerer Dekodierung; überwiegend rechtshemisphärische zerebrale Verarbeitung gegenüber tendenziell linkshemispärischen Prozessen; festere Bindung an perzeptuelle Konkretheit gegenüber größerer Freiheit zur Abstraktion; vor- oder außerkulturelle Anschaulichkeit gegenüber nationalkultureller Bedeutsamkeit; stärkere affektive Besetzung und sinnliche Sättigung gegenüber deutlicherer transphysischer und -sensorischer Orientierung. »Bilder fesseln mehr als Texte«, sagt Georg Kauffmann, »weil sie unmittelbarer aktivieren. Sie können Personen direkt in einen Spannungszustand versetzen, der ihr Verhalten bestimmt. Weil Texte dazu den Umweg über den Verstand nehmen müssen, kommunizieren Bilder schneller. Nach neueren Untersuchungen erreichen aus der Flut von Informationen, denen wir ausgesetzt sind, nur etwa 2% die dafür vorgesehenen Empfänger – die restlichen 98% werden nicht einmal wahrgenommen. Aber unter dem Aufgenommenen werden die Bilder bevorzugt. Um ein Bild so zu sehen, daß man es später wiedererkennen kann, genügen 1,8 Sekunden. In der gleichen Zeitspanne kann man nur einen Satz von höchstens sieben Worten verstehen.«[3]

Was in der Ontogenese des Menschen mit jedem neugeborenen Individuum neu beobachtbar ist, die Herrschaft von Bildern über Seele und Sinne, das läßt sich in der Phylogenese der Menschheit global konstatieren: die magische Kraft des Piktorialen, der frühe Bildzauber, die archaische Gefühlsqualität. Dies hat einen einfachen, aber fundamentalen Grund: Die Matrix des Bildes ist der Urgrund der Seele, die *camera obscura*, in der auch die Träume geboren werden, die Tiefenschichten des Bewußtseins, aus denen auch die Visionen und Halluzinationen emporsteigen – ein Sachverhalt, von dem im 20. Jahrhundert noch sehr schön die Schule der surrealistischen Malerei Zeugnis ablegt. Bevor der Mensch imstande ist, aus seiner Wahrnehmung, Vorstellung oder Erinnerung heraus Bilder *aktiv* zu gestalten, hat er es mit Prozessen zu tun, in denen er die Bilder *passiv* erfährt. Bevor er per mittelbarer Formgebung und Konventionalisierung Macht über sie gewinnt, haben sie per unmittelbarer Anschauung Macht über ihn. In dieser geistigen Verfassung ahnt er nicht, daß die Bilder, die er empfängt oder formt, nur Abbilder dessen sein könnten, was er selbst produziert. Denn die Bilder entstehen zunächst wie Wirklichkeiten vor dem ›inneren Auge‹ und erscheinen erst danach wie Gegenstände in der äußeren Welt. Aber auch lange Zeit nach ihrer ›Vergegenständlichung‹ eignet ihnen noch eine geistige Potenz, die sie mit Macht und Autorität ausstattet.[4] Bildzauber ist eine Wirkungskraft, die praktisch in allen Frühkulturen Haltungen und Erwartungen prägt. So kommt es, daß Bildern zugetraut wird, sich zu beleben und zu bewegen, Wunder zu wirken und Willen zu äußern, ins menschliche Leben einzugreifen und Schicksal zu spielen. Über die Rolle ikonischer Bilder im Christus-Kult des 7. Jahrhunderts lesen wir zum Beispiel bei dem Kunsthistoriker Lutz Lippold: »Eine magisch-sakramentale Auffassung drängt immer mehr in den Vordergrund, sogar bei Christusbildern. Die Bilder selbst werden zu Trägern wunderbarer Kräfte, bestimmte Bilder gelten als besonders wirkfähig, ja, es setzt eine regelrechte Spezialisierung nach ihren Potenzen ein. [...] Jetzt verselbständigen sich die Ikonen immer mehr, geheimnisvoll belebt, bewegen sie sich oder wenden den Blick, sie weinen und schwitzen als Warnung vor drohendem Unheil. Bilder können leiden; sie bluten, wenn sie von Heiden beschädigt werden, aber sie bewirken auch Strafen wie etwa ein Heiligenbild, welches von einem Ungläubigen verletzt worden war und darauf zur Sühne die Bevölkerung eines ganzen Dorfes hatte sterben lassen. Vor Bildern können rechtskräftige Verträge geschlossen werden. Sie fungieren als Zeuge oder bringen sogar entlaufene Sklaven zurück. Viele Bilder bedürfen auch der Pflege, man wäscht sie und salbt sie, bekleidet sie, zündet Öllampen und Kerzen vor ihnen an und führt sie in feierlicher Prozession umher.«[5] Historisch gesehen mögen uns solche Usancen gänzlich abwegig und abergläubisch erscheinen, aber wirkungspsychologisch betrachtet sind sie so abwegig nicht. Das beharrende Motiv des belebten Bildes, das dem Phänomen durch die Jahrhunderte eine mysteriöse Aura attestiert, hat sich bis in die Moderne gerettet. Noch 1891 wird es wirkungsvoll von Oscar Wilde in *Das Bildnis des Dorian Gray* eingesetzt, und in unserer Zeit taucht es beispielsweise in einem Reklamefilm auf, in dem ein durstiger Tramper auf einer Wüstenstraße erlebt, wie sich das photographische Abbild einer Cola-Flasche unter seinem sehnsuchtsvollen Blick in einen realen Durstlöscher verwandelt. Sind sie heute auch fiktionalisiert und neu konventionalisiert – obsolet sind solche Bilder nicht. Wenn sogar in der zeitgenössischen Medienkritik von einem »Vampirismus der Bilder« die Rede ist,[6] beweist diese Metapher einen nach wie vor hohen Affektgehalt sogar im rationalen Diskurs über Bilder.

Jedenfalls ist nur durch eine psychogenetische Tiefenprägung[7] zu erklären, daß der Macht der Bilder seit jeher besonderer Respekt gezollt wird, wie es auch nur so erklärbar ist, daß dieser Respekt nicht selten in Furcht und Argwohn umschlägt. »Alt ist die Furcht vor der unheilvollen Macht der Bilder«, bemerkt Lippold, und wahrscheinlich müssen wir Furcht von vornherein als eine Komponente dieses Respekts ansehen, denn die Ehrerbietung, welche letztere impliziert, ist meist gemischt mit der Gefühlsqualität, die erstere auszeichnet. Doch wie dem auch sei – die (negative) Furcht vor Bildern ist die psychologische Kehrseite der (positiven) Erwartung an Bilder. Das Gute, das sie bewirken können, ist nicht trennbar vom Bösen, das sie auch anzurichten vermögen. Der Segen, den man sich kraft seiner magischen Potenz vom Bild erhofft, ist letztlich nicht dissoziierbar von dem Fluch, dem man ihm auch zutraut. Bilder sind in ihrer Wirkung ambivalent, und in dieser Hinsicht gibt es keinen Unterschied zur Musik. Interessant ist zum Beispiel, daß das Bilderverbot des Alten Testaments (»Du sollst dir kein Gottesbild machen und keine Darstellung von irgend etwas am Himmel droben...« [2. Mose, 20, 4]) mit der eingestandenen Eifersucht Gottes begründet wird (»Denn ich der Herr, dein Gott, bin ein eifersüchtiger Gott...«), was nichts anderes bedeuten kann, als daß sich in Gottes Machtanspruch der für ihn unangenehme Verdacht mischt, Bilder seiner selbst könnten seinem Selbst gefährlich werden. Statt Erhöhung und Bestätigung durch Bilder also die Gefahr einer Schwächung und Minderung; statt Selbstbespiegelung Selbstzweifel: Gottesbilder könnten Gottesmacht untergraben. Die Kritik an Idolatrie (von griech. *eidolon* = Bild), in welcher sich die Schriftgelehrten fast aller Religionen geübt haben (im christlichen und islamischen Fundamentalismus noch heute üben), ist unter anderem aus dem Argwohn geboren, daß die Idole über Macht verfügen, die sie in verderblicher Weise ausspielen könnten. Und die Motive der sogenannten Bilderstürmer, die einst zur Zeit der byzantinischen Kaiser und später zur Zeit der Reformation ihren Kampf gegen wuchernde Bilderverehrung aufnahmen, sind nicht frei von dem paranoiden Gefühl, in ›falschen‹ Bildern wohne eine Substanz, die zum ›falschen‹ Glauben verführe. Angestrebt wird ›offiziell‹ eine geistige Transzendierung der Bilder, doch befürchtet wird heimlich ihre magische Wirkung. Ohne diese vermutete Wirkung bestünde keine Notwendigkeit zur Transzendierung. Wenn der in der Einleitung (S. 4f.) zitierte Rainer Patzlaff heute von »Medienmagie« spricht und dem Phänomen ein ganzes kritisches Buch widmet,[8] dann ist ein Unbehagen spürbar, aus dem heraus den Bildern und ihren Produzenten fast nur Schlimmes zugetraut wird. Die Publizistin Margot Berghaus glaubt denn auch, in der zeitgenössischen Medien- und Kulturkritik eine verbreitete Phobie beobachtet zu haben, welche derjenigen der Bilderstürmer nicht ganz unähnlich ist.[9] Diese Phobie nährt sich aus dem Argwohn, die Bildkultur sei – anders als die Schriftkultur – anarchisch und widerspenstig, sie entziehe sich dem total regulierenden, rational kontrollierenden Zugriff der Gesellschaft auf Produzenten und Rezipienten und werde aufgrund ihrer »außersozialen« Existenzform mit Unbehagen beäugt. Bilder böten allerlei »Schlupflöcher aus der soziokulturellen Verbindlichkeit« und seien deshalb suspekt. Danach hätte sich in der Psychostruktur derjenigen, die mit Bildern konkrete Bedürfnisse befriedigen, und der Argumentationsstruktur derjenigen, welchen diese Art der Bedürfnisbefriedigung nicht behagt, über die Jahrhunderte nicht viel geändert.

Ob es wirklich ihre ›Widerspenstigkeit‹ ist, welche Bilder heute suspekt macht, oder ob nicht doch andere Gründe zur Beunruhigung gegeben sind, wollen wir momentan dahingestellt sein lassen. Fest steht, daß die Welt der Bilder auf einem Fundament ruht, das unser aller psychogenetisches Erbe darstellt, und daß die Macht, die sie in früher Entwicklungszeit begründeten, heute spürbar fortwirkt. Es liegt sehr nahe, die Ermächtigung der Bilder in der Gegenwartskultur als einen Prozeß anzusehen, der im Prinzip nichts Neues aktiviert, sondern Vorhandenes in transformierter Form reaktiviert und durch perfektionierte Technik intensiviert. Kein Zweifel: Neu ist der Wandel von statischen zu bewegten Bildern. Neu sind die aufwendigen Verfahren der Herstellung und Verbreitung. Neu sind die suggestive Raffinesse und die ästhetische Perfektion. Neu sind die bequemen Möglichkeiten eines fast globalen Zugangs. Neu sind die Penetranz und Dominanz in der Massenkommunikation. Neu sind die wirtschaftlich betriebenen und politisch eingesetzten Methoden der Nutzung. Und neu sind schließlich die Theorien über ihren semiotischen Status. Aber alt sind die Mechanismen der Wirkung, welche den heutigen Medienkonsumenten genetisch an seinen archaischen Vorfahren rückbinden. »Die Produktion bewegter Bilder durch Kameraobjektive auf Filmstreifen und elektronische Träger«, bemerkt Margot Berghaus, »ist eine neue Kunst, aber die Produktion im menschlichen Gehirn, vor dem inneren Auge, in der Imagination, im Besinnen und im Träumen ist vermutlich so alt wie die Menschheit.«

So alt wie die menschliche Bilderwelt, so alt ist auch die Multivalenz ihrer Wirkung, und so alt sind dementsprechend die negativen Effekte. Wir haben es auch hier mit einem breit gefächerten Spektrum zu tun, auf dem Beglückungen nicht von Gefährdungen freigestellt werden können. In einer bipolaren Aufschlüsselung der Effekte zeigt sich, daß auf der positiven Seite Bilder (bei richtiger Wahl und richtigem Umgang) der Freude, Entspannung, Erleuchtung, Erbauung, Anregung, Bereicherung, Unterrichtung, Veranschaulichung und Befreiung dienen können. Zugleich zeigt sich, daß sie (bei ungünstiger Konstellation) der Ängstigung, Lähmung, Verstimmung, Verführung, Verrohung, Überreizung, Brutalisierung und Terrorisierung Vorschub leisten. Es gilt auch hier das kommunikationspsychologische Gesetz: Die Konstitution der Objekte verschränkt sich stets mit der Disposition der Subjekte, und dieser Prozeß erzeugt ein Feld multipler Funktionen, wo es – empirisch gesehen – wenig aussagt, wenn Bilder als »anarchisch« und »widerspenstig« qualifiziert oder wenn bei Medienkritikern Phobien gegenüber derartigen Qualitäten diagnostiziert werden. Das entscheidende Problem, das klärungsbedürftig ist, betrifft nicht den Status und die Macht der Bilder per se – sie stehen außer Diskussion –, sondern betrifft die Frage, was aus der (alten) Macht der Bilder wird, nachdem sie das elektronische Zeitalter neu ermächtigt. Denn wenn der Triumph dieser neuen Macht sich wesentlich darin abzeichnet, daß unter ihrer Fuchtel die Wirklichkeit umgemodelt, die Realität zerlegt und neu zusammengesetzt, das Leben illusioniert, das Bewußtsein verformt, geistige Autorität usurpiert wird – wie das nicht wenige Kritiker meinen –, dann könnte sehr wohl sein, daß die Mediengesellschaft (zumindest ihre schwächeren Mitglieder) einer solchen ›Revolution‹ nicht gewachsen sind. Dann ist es sogar wahrscheinlich, daß sich Reaktionen einstellen, die gefährlich sind. Und diese Reaktionen haben wenig zu tun mit der Phobie derjenigen, die Bilder ängstlich beargwöhnen, sondern sind Zeichen von Störungen, die von Bildern effektiv ausgelöst werden. Wie die folgenden Seiten zweifelsfrei zeigen: Symptome für derartige Störungen gibt es genug.

4.1 Medienmacht und Einstellungsproblem

Seit seiner Einführung steht das Fernsehen wegen mutmaßlicher Wirkungen auf Einstellungen unkritischer Zuschauergruppen im Kreuzfeuer der Kritik. Unter Einstellung verstehen Sozialwissenschaftler eine bestimmte Wahrnehmungsorientierung und Reaktionsbereitschaft des Menschen in Beziehung zu einem ›Objekt‹ oder einer Gruppe von Objekten, im weitesten Sinne zur sozialen Realität. Aus Einstellungen erwachsen bestimmte Meinungs- und Handlungstendenzen, die das Individuum charakterisieren und seine Gewohnheiten, Erwartungen, Überzeugungen und Äußerungen prägen. Wenn auch prinzipiell veränderbar, sind Einstellungen durch relative Dauerhaftigkeit der Tendenzen und hohe Stabilität ihrer Ausformungen gekennzeichnet. Wirken sie positiv, leisten sie Lebens- und Orientierungshilfe. Wirken sie negativ, blockieren sie (notwendige oder wünschbare) Alternativen. Introjiziert ein Fernsehzuschauer zum Beispiel das medial entworfene Bild menschlicher Konfliktlösungen als Gewaltlösungen, kann sich das Bild auf der Mattscheibe durchaus zu einer Einstellung im Kopfe des Zuschauers entwickeln: Gewalt wird zur Erwartungsnorm. Zwar sollte in diesem Zusammenhang eine Trennungslinie zwischen primär im Zusammenhang mit dem Fernsehen und primär in Verbindung mit anderen einstellungsverändernden Faktoren auftretenden Effekten gezogen werden. Dies erscheint jedoch heute kaum mehr möglich. Dazu ist das »Leitmedium« Fernsehen zu allgegenwärtig, sein Einfluß zu übermächtig. In den Mediengesellschaften des Westens scheint der »Nichtseher« (als Untersuchungsobjekt) inzwischen eine vom Aussterben bedrohte Spezies zu sein, und die meisten Prägungen durch Bildmedien sind mit ziemlicher Sicherheit auf eine nachhaltige geistig-seelische Beeinflussung von Rezipienten durch exzessiven Fernsehkonsum schon im Kindesalter zurückzuführen. Viele junge Menschen (und nicht wenige Erwachsene) unterliegen der Suggestivkraft der bewegten Bilder, weil die Dauerberieselung bei einem vergleichsweisen Minimum an intellektuellem Aufwand ein Maximum an emotionaler Erregung und/oder angenehmer Unterhaltung garantiert. Kein anderes Massenkommunikationsmittel mit fiktionalen oder quasi-fiktionalen Inhalten vermag durch das Vorgaukeln einer imaginären (manipulierten, simplifizierten, deformierten) Welt so tiefen Einfluß zu nehmen auf so viele Menschen gleichzeitig. Durch dieses Medium wird dem Publikum tendenziell eine Haltung anerzogen, die bei reduzierter geistiger Eigenleistung zu erhöhter Empfänglichkeit für filmische Botschaften und deren zum Teil fragwürdige Realitätsansprüche führt. Einseitige Einstellung auf das Medium kann, wie nachfolgend besprochene Untersuchungen zeigen, einseitige Einstellung auf das von ihm transportierte Weltbild nach sich ziehen.

Nach Erkenntnissen des Kommunikationswissenschaftlers George Gerbner ist die (amerikanische) Fernsehwirklichkeit von einem überproportionalen, realitätsentstellenden Anteil an Gewaltdarstellungen bestimmt, was zu einer angstbesetzt-pessimistischen Beurteilung der sozialen Realität durch Zuschauer mit hohem Fernsehkonsum führt.[10] Gerbner stellte fest, daß erwachsene »Vielseher« (Personen, die durchschnittlich vier und mehr Stunden pro Tag fernsehen) im Unterschied zu »Wenigsehern« (mit einem Fernsehkonsum von zwei und weniger Stunden täglich) zum Beispiel das Quantum der in Justiz und Polizei Beschäftigten deutlich überschätzen; daß sie auf die Frage, ob man den meisten Menschen trauen könne, eher antworten: »Man kann nicht vorsichtig genug sein«; daß sie die Wahrscheinlichkeit, selbst irgendwann Opfer eines Gewaltverbrechens zu werden, für unrealistisch hoch erachten. In Vielsehern induziert das Medium eine diffuse Angst, die sich auf die verschiedenste Art zu kanalisieren und artikulieren vermag. Als Schulkinder darüber Auskunft geben sollten, ob es »fast immer« richtig sei, jemanden zu schlagen, wenn man wütend auf ihn ist, wurde die Frage von vielsehenden Mädchen und Jungen häufiger bejaht. Schulkinder mit einem täglichen Fernsehkonsum von über sechs Stunden hatten auch mehr Angst, nachts allein auf die Straße zu gehen. Bei Erwachsenen korrelierte der Grad der Vorkehrungen gegen Verbrechen, insbesondere Schußwaffenbesitz, positiv mit dem Ausmaß des Kriminalfilmkonsums.[11] Gerbner macht deutlich, daß die Medienwirklichkeit auf das Weltbild der Rezipienten abfärbt, so daß es beim Zuschauer zu einer »Kultivierung« fernsehkonformer Überzeugungen kommt. Die Ängstlichkeit des Vielsehers resultiert danach primär aus einer Verängstigung durch das Fernsehen. Man könnte dem entgegenhalten, daß ängstliche Personen, sozial isolierte Individuen und Menschen, die emotionale Defizite in ihrem eigenen Leben verspüren, von vornherein zu einer einseitigen, unkontrollierten Nutzung des Bildmedienangebots neigen. Deshalb erscheint es nicht unproblematisch, das Fernsehen *allein* für eine ängstlich-mißtrauische oder gar paranoide Weltsicht verantwortlich zu machen. Es könnte lediglich als Verstärker, nicht als Verursacher fungieren, und die von Gerbner beobachtete Wirkung beruhte dann auf vorgängig wirksamen Variablen. Ebensogut ist aber nachvollziehbar, daß die spielfilmtypische Überdramatisierung spektakulärer Verbrechen in Verbindung mit der (unterstellten) Inkompetenz staatlicher Institutionen zu einer erhöhten Kriminalitätsfurcht führen kann.

Es hat nicht an Versuchen gemangelt, Gerbners vieldiskutierte Kultivierungshypothese und das umstrittene Konzept von der »angsterregenden Welt des Vielsehers« zu widerlegen. Hauptkritikpunkte waren der extensive Gewaltbegriff, den Gerbner seinen Inhaltsanalysen und »Gewaltprofilen« zugrunde legte, die Vernachlässigung von mitbestimmenden Einflüssen (wie dem des Ausmaßes der Kriminalität im Milieu der Befragten) und die willkürliche Festlegung der Kategorien »Viel-« und »Wenigseher«. Zwar wurden die wesentlichen Untersuchungsergebnisse Gerbners in mehr als einem Dutzend unabhängiger Studien und Reanalysen – zum Beispiel von Bonfadelli (siehe unten) – bestätigt, doch konnte dies die großen Networks ABC, CBS und NBC nicht davon abhalten, Forscher für sich zu vereinnahmen, die sich auf die Behauptung der Wirkungslosigkeit aggressiver Medieninhalte kaprizierten. Die Anstrengungen dieser willfährigen ›Handlanger‹ der Medienindustrie, Tatsachen zu verdrehen, sind durchaus vergleichbar mit den unablässigen Bemühungen der Zigarettenindustrie, Befunde zur Gesundheitsgefährdung durch das Rauchen in Frage zu stellen.[12] Die Hypokrisie der Fernsehverantwortlichen manifestiert sich zum Beispiel darin, daß einerseits Millionenbeträge für ultrakurze Werbefilme verlangt werden – unter der Annahme, daß mit diesen Spots verkaufsfördernde Effekte erzielt werden –, andererseits aber eine Beeinflussung des Publikums durch mehrstündige Gewaltfilme geleugnet wird. Dabei weiß der Tabakkonsument – theoretisch – genausoviel über die Schädlichkeit von Nikotin wie der Medienkonsument über die Schädlichkeit von Gewalt. Weshalb sollte ersterer beeinflußbar sein und letzterer nicht? Zur gängigen Praxis der Anfechtung von (negativen) Medienwirkungen bemerkt der Psychologe Herbert Selg: »Die Vertreter der ›These von der Wirkungslosigkeit‹ bedienen sich – nicht ohne Erfolg – gegenüber dem tatsächlichen Forschungsstand bestimmter grober Abwehrmechanismen, die jeder Kliniker kennt: der Verleugnung (im Sinne Freuds) und der Verzerrung (im Sinne von Rogers); man kann aber auch Verdrängungen, Projektionen, Reaktionsbildungen, Verschiebungen, Rationalisierungen usw. am Werke sehen: Theorien und Befunde werden nicht zur Kenntnis genommen, wenn sie nicht zur eigenen Position passen; oder man verzerrt sie so stark, daß sie ihre Aussagekraft verlieren; oder man behauptet gar das

Gegenteil der Ergebnisse [...] So kann ein Mitverantwortlicher für Medien seine Angst, die aus seinem diffusen Wissen um die Gefahren der Medien entsteht, abzuwehren versuchen. Damit wiegt man die Öffentlichkeit, in diesem Fall insbesondere Eltern, in falscher Sicherheit... .«[13]

Dem Medienforscher Heinz Bonfadelli gelang in einer Studie mit 348 Zürcher Jugendlichen der Nachweis von Kultivierungseffekten, die zum Teil im Einklang mit Gerbners Befunden stehen.[14] Zunächst wurde bei den jeweils 15jährigen Gymnasiasten, Real- und Hauptschülern der Grad der Fernsehnutzung und die Vorliebe für Kriminalfilme ermittelt und dann die individuelle Ängstlichkeit und Wahrnehmung von Gewalt in der Alltagsrealität festgestellt. Zwar äußerten sich die Schweizer insgesamt weniger pessimistisch als Gerbners Amerikaner, fast 35% der Befragten gaben aber typische »Fernsehantworten«. Kultivierungseffekte wurden besonders bei guten Schülern, Mädchen und Jugendlichen aus höheren sozialen Schichten beobachtet, also bei Personen, die einerseits in ihrem Alltag selbst wenig Gewalt erleben, sich andererseits aber durch hohen Fernsehkonsum in ihren Einstellungen beeinflussen lassen. Schlechte Schüler, Jungen und Unterschicht-Jugendliche hatten von vornherein ein verzerrtes Bild von der sozialen Realität. Zur starken Kultivierung von Gewaltwahrnehmung kam es vor allem dann, wenn als Motiv für Fernsehnutzung zum Beispiel angegeben wurde, man wolle sehen, »was einem auch passieren könnte«, oder wenn der Unterhaltungsaspekt ausschlaggebend war. Im ersten Fall, dem der zu befriedigenden Neugier, zeigten sich Kultivierungseffekte interessanterweise in der Hauptsache bei Wenigsehern. Auch bei der Nutzung des Fernsehens als Informationsmedium manifestierten sich lediglich bei Wenigsehern starke Kultivierungsprozesse. Wurde als Nutzungsmotiv hingegen die zeitweilige Flucht vor der Wirklichkeit genannt, kam es fast ausschließlich bei Vielsehern zu erheblichen Kultivierungseffekten. Gaben Jugendliche an, gewohnheitsmäßig fernzusehen, zeigten sich ebenfalls allein bei Vielsehern Kultivierungserscheinungen.

Gerbner zufolge weisen insbesondere Kindersendungen einen extrem hohen Gewaltanteil auf. Wenn schon viele Erwachsene kaum der Gewohnheit des Fernsehens entsagen können, mitunter Sachinformationen nicht von Satire zu trennen vermögen und sich in ihrem Weltbild massiv vom Fernsehen beeinflussen lassen, ist es wenig verwunderlich, wenn Kinder Opfer der schonungslosen Bilderflut werden. Dies geschieht erstens, weil die meisten Eltern nicht imstande oder willens sind, mit ihren Kindern über fragwürdige Medieninhalte zu kommunizieren, und zweitens weil in der Lebenswelt vieler Kinder und Jugendlicher aufgrund ihres limitierten Erfahrungspotentials ein ›Vakuum‹ besteht, das vornehmlich durch Botschaften des Mediums Fernsehen ausgefüllt wird. Schließlich können junge Kinder aufgrund ihres kognitiven Entwicklungsstandes beim Fernsehen meist nicht hinreichend zwischen Realität und Fiktionalität einer Spielfilmhandlung differenzieren. Zwar bereitet es ihnen keine Schwierigkeit, Fernsehbilder in sich aufzunehmen, was auch nicht erst erlernt werden muß, aber es gelingt ihnen nicht immer, die optischen Informationen mit einer angemessenen Distanz zur *ästhetischen* Wirklichkeit des Objekts zu verarbeiten und als bloße Fiktion aufzufassen. Ihnen fehlt noch die Fähigkeit der meisten Erwachsenen zur Subjekt-Objekt-Trennung und intellektuellen Versachlichung von Film- und Fernseheindrücken. Der Aufbau einer entsprechenden Medienkompetenz geschieht langsam. Bemühen sich Eltern und Erzieher nicht intensiv darum, geschieht sie eventuell gar nicht. Was dies konkret für die Vorstellung von Kindern über die soziale Realität bedeutet, zeigt eine dpa-Meldung, die im November 1982 in der Presse kursierte und sich auf eine schwedische Untersuchung bezog: 40% der befragten Kinder im Alter von sechs bis zehn Jahren waren der Meinung, man würde nur durch Mord oder Totschlag sterben. Diese Kinder beurteilten den Tod ganz aus der Perspektive fiktionaler Fernsehfilme, in denen Gewaltkriminalität überakzentuiert wird: gewaltsames Sterben als naturgegebenes Ereignis. Distanzlosigkeit als psycho-ästhetisches Phänomen kann demnach fixe Einstellungen als soziale Erwartungen zur Folge haben.

Auch die Ausprägung kultureller Stereotype im Kontext einer voranschreitenden ›Amerikanisierung‹ der internationalen Fernsehlandschaft ist ein Beleg für die realitätsverzerrende Wirkung der Bildmedien. Mehr als die Hälfte des Angebots an fiktionalen Sendungen in Deutschland besteht gegenwärtig aus US-amerikanischen Produktionen,[15] wobei es sich – von lobenswerten Ausnahmen abgesehen – entweder um Gewaltfilme oder um anspruchslose, schablonenhafte Serienkost handelt. Amerikanische Seifenopern (*soap operas*) erfreuen sich infolge der eigentümlichen Suggestivkraft larmoyanter Sujets bei allen Altersgruppen großer Beliebtheit.[16] Kommunikationsforscher sprechen von dem Wunsch der Rezipienten nach einer Gefühlsbindung zu populären Bildschirmgestalten, was sich in »parasozialen« Beziehungen und kuriosen Verhaltensformen äußert. Die Schauspieler werden zu Familienersatz: Als eine Filmfigur aus der amerikanischen Dauerserie *As the World Turns* 65 Jahre alt wurde, sollen eine Viertelmillion Geburtstagskarten beim Sender eingegangen sein. Die Anhänger populärer Arztserien scheinen eine besondere Veranlagung für die Ausbildung pseudo-persönlicher Kontakte zu den omnipotenten TV-Doktoren zu besitzen, wobei aufgrund der medialen Autorität mancher Charaktere nicht selten die Fähigkeit der Zuschauer zur fiktionalen Rezeption außer Kraft gesetzt wird. Mehr als 250000 Zuschauer der beliebten amerikanischen Arztserie *Marcus Welby, M.D.* (dt. *Dr. med. Marcus Welby*)[17] brachten sekundäre und primäre Realität durcheinander, als sie in den ersten fünf Jahren der Sendung Briefe an den fiktionalen Dr. Welby mit der Bitte um ärztlichen Rat sandten. Solche Beispiele, die sich fast beliebig vermehren ließen, reflektieren eine unangemessene Einstellung auf das, was als ›wirklich‹ zu gelten hat: die Fiktionen laufen den Realitäten den Rang ab und produzieren falsche, durch Distanzlosigkeit zum Objekt gekennzeichnete Einstellungen. »Es gibt Zuschauer«, äußert Hans Geißendörfer, Regisseur der erfolgreichen Fernsehserie *Lindenstraße*, »die jede Distanz vergessen. Wenn in der ›Lindenstraße‹ einer stirbt oder auszieht, dann bekommen wir Briefe, ob man in die Wohnung einziehen kann und wie teuer die Miete ist. Wie wir dieses Ineinandergreifen von Fiktion und Wirklichkeit verhindern können, darüber denken wir sehr intensiv nach.«[18]

Die Folgerung ist unausweichlich: Im Zeitalter des Fernsehens haben wir es verstärkt mit einer medienbeeinflußten, wenn nicht -gesteuerten Konstruktion von Realität zu tun. Diese Tatsache allein müßte zwar nicht unbedingt zu einem gesellschaftlichen Problem werden – zumindest so lange nicht, solange sich die Konstruktionen nach Prinzipien der Humanisierung des Publikums statt der Stereotypisierung und Verzerrung seiner Welt realisierten. Dies ist jedoch immer weniger der Fall. Verallgemeinert man zum Beispiel das Bild, das einem Serienvielseher außerhalb der Grenzen der USA von den Verhältnissen innerhalb der Vereinigten Staaten vermittelt wird, gelangt man, wie Richard W. Janney ironisch darstellt, zu folgender Stereotypisierung: »Amerika ist ein sehr großes leeres Land mit New York City auf der einen und Kalifornien auf der anderen Seite; ein Ort unbegrenzter, aber zwiespältiger Möglichkeiten, der in erster Linie von Cowboys, Indianern, Polizisten und Gangstern bewohnt wird; eine Gesellschaft, in der man entweder unvorstellbar reich oder hoffnungslos verarmt ist; ein Volk, das – wenn es nicht gerade damit beschäftigt ist, einander umzubringen – einheitlich optimistisch und vergnügt ist, und das ganz selbstverständlich seine riesigen Autos nach Hause zu seinen Swimmingpools kutschiert und sich dort beim Essen von Hamburgern und Cola-Trinken entspannt.«[19]

Da mit jedem Spielfilm Millionen von Medienkonsumenten erreicht werden können, bleiben Effekte vom partiellen bis zum vollständigen Verlust des Realitätssinns nicht auf Einzelfälle beschränkt. Denn wo die vorgegebene empirische Realität durch Lebensentzug oder -verzicht schwindet, kann die vorgegaukelte Medienrealität wie in ein Vakuum stoßen und die Einstellung auf das, was als wirklich aufgefaßt wird, ändern. Erkennt man an, daß bei den allermeisten Menschen das als wirklich gilt, was wirkt, ist die wirklichkeitskonstitutive Macht des Fernsehens keine Frage von Meinungen mehr. Sie ist eine Tatsache. Diese Macht der Bildmedien kommt übrigens nicht, wie man meinen möchte, in den USA, sondern in Indien am deutlichsten zur Geltung, wo sich die Menschen in ihrem Hang zur Flucht vor einer nur schwer erträglichen sozialen Realität von einer Flut von Billigproduktionen ›beeindrucken‹ lassen. Interessant ist dort, daß die alten Mythen des *Ramayana*- und *Mahabharata*-Epos in literarischer Form, als Comic strip oder – seit einigen Jahren – durch die Mattscheibe neu mediatisiert und auf diese Weise revitalisiert werden. Die Wirkungsmacht des *Mahabharata* wurde zum Beispiel durch seine sonntägliche Ausstrahlung im staatlichen Fernsehen in Form einer Dauerserie noch erhöht. 90% der Fernsehgeräte sollen jeweils zum Sendezeitpunkt eingeschaltet gewesen sein.[20] Die unausweichliche Fixierung der Massen auf Leinwand- und Bildschirmgrößen hat zum Beispiel dazu geführt, daß diesen schon zu politischen Ämtern verholfen wurde.[21] So wurden unlängst zwei politisch völlig unerfahrene Kandidaten einer fundamentalistischen Hindu-Partei allein aufgrund ihrer Rollen in der beliebten Fernsehserie *Ramayan* gewählt. Die Zuschauer identifizierten die Schauspieler mit den durch sie verkörperten Gottheiten. Medienmacht wird so zur religiösen oder politischen Macht. Pseudo-Götter werden zu Parlamentariern.

Einstellungen bilden sich aus Erfahrung und Erziehung. Ist das Fernsehen an dieser Bildung beteiligt, avanciert es vom Informations- und Unterhaltungsmedium zum »Miterzieher«. Wird es aufgrund extremer Nutzungszeiten gar zur geistigen Autorität, fungiert es schließlich auch als primäre Sozialisationsinstanz. Problematisch ist hierbei, daß vor allem junge Rezipienten nicht filmisch vermittelte Erkenntnisse, sondern emotionale Inhalte im Gedächtnis speichern. Besonders bei Gewaltdarstellungen bleibt die mediale Suggestivkraft weit über das Filmbetrachten als kognitives Geschehen hinaus wirksam, denn Realitätskonzepte verankern sich dann am tiefsten, wenn ihre Aneignung von heftigen Affekten begleitet wird. Aber auch gewaltlose Darstellungsformen sind in der

Regel emotional angereichert und insofern ›beeindruckend‹. So lassen sich Kinder zum Beispiel von sexistischen Geschlechterstereotypen in ihren Einstellungen nachhaltig beeinflussen. Weibliche Rollen waren in amerikanischen Fernsehfilmen jahrzehntelang unterrepräsentiert, fanden sich seltener in verantwortlichen Positionen, mußten sich eher den Direktiven der Männer fügen, waren häufig Opfer männlicher Gewalt und verhielten sich entweder affektiert, dümmlich oder auf andere Weise wunderlich. Die US-Forscher Diana und Barry Zuckerman stellen fest: »Frauen, die traditionelle Funktionen einnehmen, werden [in Filmen] vorteilhafter dargestellt: weibliche Singles werden eher als Gewaltopfer gezeigt als verheiratete Frauen, und berufstätige Frauen verkörpern eher negative Charaktere als Hausfrauen.«[22] In einem Test mit 155 acht- bis zehnjährigen Jungen und Mädchen aus einem weißen Mittelstandsvorort New Havens (Connecticut) wurde von Zuckerman[23] ermittelt, daß es über derartige fernsehvermittelte Rollenklischees zu folgenden Einstellungsveränderungen kam: Obwohl der Fernsehkonsum der untersuchten Kinder insgesamt als unterdurchschnittlich für diese Altersgruppe angesehen wurde, tendierten diejenigen Mädchen, die über dem Durchschnitt von etwa 15 Stunden pro Woche lagen, zu einem negativeren Selbstbild. Schülerinnen, die bevorzugt Game Shows und Unterhaltungssendungen sahen, schrieben Frauen eher das Stereotyp zu, minderbegabt zu sein. Bei Jungen ließ sich kein Zusammenhang zwischen der Präferenz für bestimmte Sendungen und Geschlechtervorurteilen feststellen. Allerdings glaubten die Versuchspersonen, die eher zu gewalttätigen Sendungen neigten, schwarze Kinder seien weniger begabt und weniger gehorsam als weiße. Schüler, die eher Filme mit farbigen Hauptdarstellern sahen, brachten positivere – gleichwohl stereotypenkonforme – Einstellungen gegenüber schwarzen Kindern zum Ausdruck, was deren sportliche Fähigkeiten anbelangt.

Man sollte mutmaßen, daß neben anderen aufklärerischen Maßnahmen vor allem didaktisch konzipierte Filme dazu geeignet sind, Stereotype wirksam zu bekämpfen und Vorurteilsstrukturen positiv zu verändern. Diese Mutmaßung ist nicht ohne weiteres gerechtfertigt. Die Psychologin Ulrike Six konnte mit einer Untersuchung über die Wirkung von Filmen zur Reduzierung ethnischer Vorurteile in Erfahrung bringen, daß mit den Sendungen zum Teil kontraproduktive Effekte erzielt werden.[24] Sie arbeitete unter anderem mit drei Gruppen: Den Personen der Gruppe A, 1500 Schülern im Alter von 10 bis 15 Jahren, wurden zwei erstmals im Jahre 1976 im Rahmen der WDR-Sendereihe

»Kinder, die es schwerer haben« ausgestrahlte Fernsehfilme vorgeführt. Mit den Produktionen wurde angestrebt, »deutschen Kindern die Situation türkischer Kinder in der Bundesrepublik verständlich zu machen, Aversionen und Vorurteile abzubauen und prosoziale Verhaltensmuster durch Demonstration zu fördern.« Während der erste Film in *dokumentarischer* Form Informationen über den Alltag eines in Deutschland lebenden türkischen Mädchens liefert, thematisiert der zweite Film in *fiktionaler* Form Probleme eines türkischen Jungen. Einer zweiten Untersuchungsgruppe (B) von 550 Personen wurde lediglich die Tonspur der Filme vorgespielt. Vorurteilsmessungen (z.B. mit Hilfe einer Vorurteilsskala) erfolgten eine Woche vor und unmittelbar nach Darbietung der Filme sowie in drei jeweils dreiwöchigen Abständen. Zum Vergleich mußten sich u.a. 500 Schüler einer weiteren Untersuchungsgruppe (C) vor der Vorführung der Filme einer Unterrichtseinheit unterziehen, die »zur Aufnahme und adäquaten Verarbeitung der Filminformationen« motivieren sollte. Zwar wurden bei allen Gruppen kurzfristige Vorurteilsreduzierungen bemerkt, doch nur bei Gruppe C kam es zu langfristigen (positiven) Einstellungsveränderungen. Als bestimmender Faktor für die feste Geprägtheit später gemessener Vorurteilsklischees bei Gruppe A und B erwies sich vor allem das Ausmaß schon vor dem Test bestehender Vorurteile. Der deutlichste Zusammenhang zwischen diesem Vorurteilsfaktor und späteren (negativen) Einstellungen zeigte sich bei Gruppe B. Mit Vorurteilen behaftete Versuchspersonen hatten die größten Probleme bei der geistigen Erfassung filmischer Informationen: Sie waren seltener imstande, die Filminhalte korrekt zu rekapitulieren, »konnten die Filmhandlungen weniger adäquat interpretieren, bewerteten die Filme und türkischen Hauptakteure weitaus negativer und beurteilten die Filme häufiger als unrealistisch.« Bei Gruppe A und B waren »inadäquate Vorstellungen zu stereotypen-diskrepanten Bildern im [neunwöchigen] Zeitverlauf zunehmend an vertrauten Stereotypen orientiert (der Anteil stereotypen-kongruenter Fehlrekonstruktionen an der Gesamtquote inkorrekter Antworten nahm von 76% auf 90% zu).« Bei Rezipienten, die bereits vor der Darbietung der Filme bzw. der Tonspur ausgeprägte Vorurteile gegenüber Türken hatten, kam es sogar zu einer schwachen Vorurteilssteigerung.

Zu ähnlich frappierenden Ergebnissen kamen in den 70er Jahren zwei amerikanische Forscher, die Einstellungen von Rezipienten zu satirischen Inhalten der populären Fernsehserie *All in the Family* (dt. *Es bleibt in der Familie*) untersuchten.[25] In der Serie mimt Carroll O'Connor den bigotten, ultrakonservativen Archie Bunker (ein angloamerikanischer Vorläufer von »Ekel« Alfred Tetzlaff aus *Ein Herz und eine Seele*), der in permanentem Clinch mit seinem liberalen Schwiegersohn Mike liegt und durch rassistische Parolen ständig seine Borniertheit unter Beweis stellt. Während manche der 50 Millionen Zuschauer in den USA ihr Gefallen an Archies Äußerungen kundtaten und sich sogar mit der Filmfigur identifizierten, erfreuten sich andere an der Persiflage typisch amerikanischer Scheinheiligkeit – je nach Anfälligkeit oder Unempfindlichkeit für Vorurteile. Nur wenige Zuschauer empfanden Archies Äußerungen als beleidigend. Interviewt wurden 237 weiße amerikanische Schüler im Alter zwischen 14 und 18 Jahren (zwei Drittel männlich) sowie 133 kanadische Erwachsene (65% weiblich). Lediglich 32% der kanadischen Befragten und nur 10% der amerikanischen Jugendlichen erkannten, daß die Figur Archie als Zielscheibe des Spottes konzipiert ist. 35% der Amerikaner und 43% der Kanadier fanden nichts dabei, pejorative und diffamierende Bezeichnungen wie »Schlitzauge« oder »Nigger« für Minoritäten zu verwenden. Der Grad des Ethnozentrismus wurde mittels eines Einstellungsindex nach wenigen Fragen mit vorgegebenen Antwortalternativen festgestellt. Stark voreingenommene Personen aus beiden Untersuchungssgruppen tendierten dazu, Archie zu bewundern und über diskriminierende Äußerungen stillschweigend hinwegzusehen. Unvoreingenommene Personen neigten zu gegenteiligen Ansichten und faßten die Fernsehserie eher als Gesellschaftssatire auf. Außerdem wird in der Studie aufgezeigt, daß die amerikanischen Fans der Serie (diejenigen, die kaum eine Folge versäumten) zu den stark voreingenommenen Personen zählten, die auch den satirischen Gehalt nicht erkannten. Aufgrund der überraschenden Befunde sind die Autoren der Untersuchung der Auffassung, daß die Serie – im Gegensatz zur Erwartung und Behauptung (!) der Fernsehgesellschaft CBS – Vorurteile eher verstärkt als reduziert.

Derartige Einstellungen bilden sich nicht von ungefähr. In den 70er Jahren wurde festgestellt, daß Schwarze besonders in Kriminalfilmen zumeist untergeordnete Stellungen einnehmen und oft auf Täter- oder Opferrollen festgelegt werden. Lediglich in Situationskomödien kehren sich die Verhältnisse um. Hier vermögen farbige Darsteller ihren weißen Mitspielern häufiger Paroli zu bieten.[26] Clarence Spigner macht in einem Abriß über Minoritäten-Figuren in amerikanischen Kinofilmen deutlich, daß sich an der Fixierung der amerikanischen Filmindustrie auf rassistische Rollenverteilungen auch in jüngster Zeit nicht viel geändert hat.[27] Während Afroamerikaner, Hispanos und Asiaten in populären Produktionen einseitig als kriminelle Außenseiter der Gesellschaft diffamiert werden, agieren die weißen Protagonisten meist als Repräsentanten mehrheitlich anerkannter Ideale und Bewahrer der sozialen Ordnung. Hispanos erscheinen auf der Leinwand typischerweise als Drogendealer oder Gangmitglieder. Filmische Porträts farbiger Männer reichen vom Straßenräuber zum bösartigen Zuhälter, brutalen Ehemann und Vergewaltiger. In noch größerem Ausmaß als weiße werden farbige Frauen zu eindimensionalen Karikaturen oder zu jederzeit verfügbaren Sexobjekten degradiert. Spigner betont, daß schauspielerisch wenig talentierte Stars wie Grace Jones und Vanity als Super-Schurkin, Krieger-Prinzessin, Stripper-Vampir (Jones) oder Pornomodell (Vanity) zu dem Zerrbild farbiger Frauen als hypersexueller Wesen beitragen. Auch asiatische Frauen werden fast durchgängig in rassistisch-sexistischen Handlungszusammenhängen diskriminiert, während ihre männlichen Landsleute in den entsprechenden Parts für die Aufrechterhaltung von Feindbildern herhalten müssen. Meist bleibt asiatischen Darstellern nur die Wahl, unterwürfige Randfiguren oder rücksichtslose Killer zu verkörpern. Da derartige Produktionen mit Erfolg nach Europa und andernorts exportiert werden, haben die Stereotypisierungen und deren Folgen längst aufgehört, rein amerikanische Probleme zu sein.

Ebenso wie das spektakuläre Verbrechen übt die Darstellung körperlicher und geistiger Anomalien eine besondere Faszination auf Fernsehzuschauer und Kinopublikum aus. Dabei gipfelt die Verfilmung authentischer Fälle (hauptsächlich Serien- und Massenmorde) nicht selten in einer fragwürdigen Heroisierung und kulturellen Aufwertung psychopathischer Leinwandfiguren, die das Bild der wirklichen Täter verzerren. Seit der Stummfilmzeit gehören Fiktionen über psychisch Kranke, Irrenanstalten und Psychiater-Figuren zum beständigen Repertoire der Filmproduzenten. Von frühen, primitiven Formen des Psychiatriefilms wie *The Criminal Hypnotist* aus dem Jahre 1909 bis zu neueren, elaborierten Versionen des Psychothrillers wie *The Silence of the Lambs* (dt. *Das Schweigen der Lämmer*) werden geistesgestörte Figuren zur Illustration des Bösen herangezogen. Auch beliebte amerikanische Fernsehserien tendieren dazu, geistig verwirrte Charaktere für kriminogen zu halten, wobei diese Typen als gemeingefährlichste Verbrecher gebrandmarkt werden. Die medienästhetische Ausbeutung psychopathologischer Erscheinungsformen durchzieht die Filmgeschichte wie ein roter Faden. In Horrorfilmen wimmelt es von verrückten Mördern, wahnsinnigen Wissenschaftlern, dämonischen Hypnotiseuren und besessenen Ärzten. Dabei hat die Verunglimpfung von Film-Psychiatern mittlerweile groteske Formen angenommen. Bildete noch in den 50er Jahren der allwissende Wunderheiler das Pendant zum debilen Quacksalber, figuriert der Psychiater seit den 60er Jahren fast ausnahmslos als krimineller und umnachteter Seelenmasseur, was der Stigmatisierung einer ganzen Profession gleichkommt. In dem Thriller *Phobia* (dt. *Labyrinth der Angst*) etwa tötet der geisteskranke Psychiater Peter Ross der Reihe nach all seine Patienten, weil seine neuartige Therapie bei ihnen nicht anschlägt und er sie deshalb bestrafen will. Bislang wurden zwar nur in wenigen empirischen Studien die Wirkungen zum Bereich »mental illness« untersucht. Das übereinstimmende Ergebnis lautet jedoch: Schon ein einziger Spielfilm, der negative Stereotype über psychisch kranke Personen, unfähige Mediziner oder schreckliche psychiatrische Anstalten enthält, führt bei den Zuschauern zu einer deutlichen Verstärkung von Vorurteilen in Form von Ressentiments, denn es ist plausibel anzunehmen, daß die meisten Rezipienten ihr Wissen über dieses Thema allein aus Fernseh- und Kinofilmen beziehen. Korrigierende Fachkenntnisse sind in den seltensten Fällen vorhanden.

So ermittelte der Psychologe George Domino bei 146 College-Studenten beiderlei Geschlechts die Ansichten über (a) Ärzte in der Psychiatrie, (b) Nervenkliniken, (c) Patienten in der Psychiatrie, (d) psychische Krankheit als medizinisch-erbliches Phänomen und (e) psychische Krankheit als psychosoziale Erscheinung.[28] Drei Monate, nachdem der Psychiatriefilm *One Flew Over the Cuckoo's Nest* (dt. *Einer flog über das Kuckucksnest*), in dem der Patient Randle McMurphy gegen die unwürdigen Zustände in einer psychiatrischen Anstalt rebelliert, ins Kino kam, wurden die Versuchspersonen nach ihren Einstellungen zu allen fünf Bereichen befragt. Nach etwa acht Monaten wurde die Hälfte der Studenten gebeten, sich eine 90minütige Dokumentation über die tatsächlichen Verhältnisse in einer Nervenheilanstalt (dem Drehort des Films) im Fernsehen anzusehen. Dann mußten sich alle Versuchspersonen noch einmal der Befragung unterziehen. Am Ende konnte Domino bei vier Gruppen etwaigen Einstellungsveränderungen nachgehen: 41 Studenten sahen sowohl den Spiel- als auch den Dokumentarfilm, 37 sahen nur den Spielfilm, 18 sahen lediglich die Dokumentation und 19 Kandidaten sahen keinen der beiden Filme. Vor der Aufführung des Films ergaben sich bei den Einstellungen zu den fünf Bereichen keine nennenswerten Unterschiede zwischen den vier Personengruppen. Die 78 Studenten, die den

Spielfilm sahen, entwickelten in allen Bereichen – mit Ausnahme von (d) – negativere Haltungen zum Problem »mental illness«. Die Fernsehdokumentation, die zu erwartenden Vorurteilen entgegenwirken sollte, hatte bei den 41 Studenten der ersten Gruppe überhaupt keinen Einfluß auf die Ausbildung von Stereotypen.

In einer ähnlichen Studie zeigten die Psychologen Otto F. Wahl und J. Yonatan Lefkowitz Negativwirkungen am Beispiel des Psychothrillers *Murder: By Reason of Insanity* (dt. *Ich muß sie töten*).[29] Der für das Fernsehen gedrehte Film demonstriert, wie ein aus der Nervenklinik beurlaubter Patient – sinnigerweise ein ›durchgedrehter‹ Wissenschaftler – die Gelegenheit dazu nutzt, seine zuvor von ihm mißhandelte Frau zu ermorden, und damit eine frühere Todesdrohung wahr macht. Um Negativeffekten vorzubeugen, wurde unmittelbar vor und nach der Sendung der folgende Trailer gezeigt und vorgelesen: »Diese Geschichte basiert auf der tragischen Biographie von Adam und Eva Berwid. Adams gewalttätiges Verhalten ist nicht als allgemeines Spiegelbild der Geisteskranken gedacht, von denen die überwältigende Mehrheit niemals eine Gewalttat begeht. Tatsächlich neigen sie nicht mehr zur Gewalt als psychisch Gesunde.« Bei einer Anzahl von Psychologiestudentinnen und -studenten, die nicht über den Zweck der Untersuchung unterrichtet wurden, sollte nach der Rezeption des Streifens mit einem Fragebogen der Grad der Akzeptanz oder Ablehnung Geistesgestörter in vier Dimensionen ermittelt werden: Bereich (a) stellte ein Maß für die Überzeugung dar, psychisch Kranke würden sich von anderen Menschen klar unterscheiden und müßten in geschlossenen Anstalten verwahrt werden. Bereich (b) figurierte als Maß für die Anerkennung der gesellschaftlichen Verantwortung, seelisch Kranken helfen zu müssen. Bereich (c) stellte ein Maß für die Gesinnung dar, Geisteskranke seien als gefährlich einzuschätzen und müßten sozial ausgegrenzt werden. Bereich (d) spielte eine Rolle als Maß für die Billigung psychiatrischer Dienste und Patienten in der Wohngemeinde.

38 Studierende sahen den Fernsehfilm mit Trailer, 48 sahen den Film ohne die beiden Trailer und eine Kontrollgruppe von 19 Studierenden sah den Spielfilm *Murder On the Orient Express* (dt. *Mord im Orientexpreß*), der nichts mit Geisteskrankheit zu tun hat. Das ernüchternde Resultat: Die Versuchspersonen, die den Thriller *Murder: By Reason of Insanity* anschauten, vertraten (a) eher autoritäre, (b) weniger wohlwollende sowie (c) eher sozial restriktive Ansichten und lehnten (d) die Behandlung psychisch kranker Patienten in den Kommunen eher ab, und

zwar völlig unabhängig davon, ob sie den Film mit oder ohne Trailer gesehen hatten. Die Autoren der Studie argumentieren, Fernsehbotschaften wie diese werden von den Zuschauern ohne kritische Distanz und meist unbewußt rezipiert. Nüchterne verbale Informationen wie die des Trailers haben keine Chance gegenüber affektgesättigten, bildhaften Dramen wie denen des Films. In der Tat lassen die Ergebnisse dieser Studie nur den Schluß zu, daß das Publikum unter der emotionalen Wirkungsmacht filmischer Bilder intellektuell nicht in der Lage war, die unmißverständliche Trailer-Information zu registrieren, was im vorliegenden Fall deshalb besonders gravierend erscheint, weil sich das Publikum aus Psychologiestudenten zusammensetzte. Geraten unbedarfte Zuschauer erst in den Sog der Medien, die das Pathologische unter dem Druck kommerziellen Erfolges weit über das medizinisch-wissenschaftlich Vertretbare hinaus verfälschen, ertönt schnell der Ruf nach repressiven Maßnahmen, und Vorurteile verfestigen sich. Die Entgleisungen auf Mattscheibe oder Leinwand prägen hier das kollektive Bewußtsein stärker als die Bemühungen in Medizin und Pädagogik.

4.2 Von der Action zur Aggression

Man muß nicht sonderlich kulturpessimistisch sein, um sich die psychosozialen Folgen der Medienabhängigkeit vieler Menschen auszumalen, denen wahlloser Konsum gewalthaltiger Sendungen so in Fleisch und Blut übergegangen ist, daß sie längere Bildschirmabstinenz nur durch Inkaufnahme nervlicher Störungen überstehen können. Bildschirmabstinenz heißt – in hohem Maße – Abstinenz gegenüber den Orgien der Gewalt und damit Abstinenz gegenüber vertraut gewordenen Verhaltensmustern. Zu den gefährlichsten Wirkungen von Bildmedien gehört – inzwischen vielfach belegt – eine kurz- oder langfristige Erhöhung der Bereitschaft zu aggressivem Verhalten. Zwar fehlt in kaum einer Studie über die Effekte von Video- oder Fernsehgewalt der Hinweis, daß nicht primär das Medium, sondern eher Alltagserfahrungen, die »familiale Umwelt« oder die »soziale Situation«, die eigentliche Ursache für auftretende Aggressivitätssteigerungen und die Verfestigung problematischer Einstellungen bilden. Aber hierbei wird zu oft außer acht gelassen, daß das aus Massenmedien gewonnene Menschen- und Gesellschaftsbild das

Selbstbild der Rezipienten vielfach vorgeprägt hat. In der Mediengesellschaft ist es kaum mehr möglich, die Übermacht audiovisueller Erfahrung von der eigenen Sozialerfahrung abzuziehen, um damit das Gefährdungspotential medialer Gewaltdarstellungen unabhängig von der Lebenswirklichkeit ermitteln zu können. Wenn mediale Unbedenklichkeitsbescheinigungen ausgestellt werden mit der Behauptung, lediglich bereits vorhandene aggressive Tendenzen würden bei so disponierten Individuen verstärkt, dann wird dabei ignoriert, daß eine vorgängig bestehende Gewaltbereitschaft oder soziale Verrohung schon von vornherein mit problematischem Fernseh- und Videokonsum verflochten ist. Sozialisationsprozesse sind heute weithin mit medialen Rezeptions- und Verarbeitungsprozessen identisch. Auch deutsche Kinder erleben mittlerweile bis zum Eintritt der Pubertät weit mehr als zehntausend Tötungsdelikte auf der Mattscheibe. Und in Spielfilmen wird Gewalt nicht nur als jederzeit probates Konfliktlösungsmittel, sondern als soziale Verhaltensnorm und kulturelle Merkmalsdefinition dargestellt. Es bedeutete sträfliche Blindheit, wollte man darin globale Wirkungslosigkeit vermuten.

Als kritischer Leser der inzwischen ausufernden Beiträge zur medienbeeinflußten Gewaltkultur muß man sich die Frage stellen, welche Handlungsweise als fragwürdiger einzustufen ist: das Vorgehen der ›Macher‹, die Fernsehprogramme aus kommerziellem Kalkül mit Gewaltfilmen regelrecht spicken und sich dabei ein stupides Rennen um Einschaltquoten liefern, oder die Praxis manch selbstgerechter Medienforscher, die trotz offensichtlicher Kenntnis anderslautender Befunde vehement auf einer Unbedenklichkeit aggressiver Medieninhalte bestehen (wohl aus der Sorge heraus, der eigenen Wirkungstheorie durch die Berücksichtigung solcher Befunde die Grundlage entziehen zu müssen). Im Angesicht von Aggressivität als Alltagsphänomen und hoher Gewaltkriminalität als Ausdruck psychischer und zivilisatorischer Fehlentwicklungen ist es schon zynisch, wenn Soziologen Videosehen als bloßes »Happening« oder »mediales Abenteuer« abtun,[30] nur weil sich manche Konsumenten drastischer Videostreifen nach eigenem Bekunden bei filmischem Horror ihre ›Coolness‹ beweisen. Ohne eine wachsende Bereitschaft der Öffentlichkeit, die Beziehung zwischen explosiv-affektgeladenen Gewaltdarstellungen in den Medien und der Akzeptanz von Gewalt in der Gesellschaft anzuerkennen, werden die Probleme dieser Gesellschaft kaum zu beheben sein.[31]

Der Lerntheoretiker Albert Bandura hat mit seinen Mitarbeitern schon in den frühen sechziger Jahren in einem Experiment mit drei- bis fünfjährigen Kindern festgestellt, daß diese durch aggressive filmische Modelle veranlaßt werden konnten, »aggressiv« zu reagieren.[32] Stimuliert durch mediale ›Vorbilder‹ tobten sie sich an Plastikpuppen aus, die im Untersuchungsraum zur Verfügung standen. Zwar wurde unter Hinweis auf die artifizielle Laborsituation allenthalben vor der Schlußfolgerung gewarnt, junge Rezipienten würden *generell* dazu tendieren, filmisch dargebotene Aggression nachzuahmen. Auch besteht die Kritik an Banduras manipulativer Vorgehensweise zu Recht, denn den Kindern blieb unter den konstruierten Bedingungen kaum eine andere Wahl, als sich auf erhöhtem Aktivationsniveau auszutoben. Inzwischen häufen sich jedoch die Beweise dafür, daß belohntes, erfolgreiches oder als gerechtfertigt gezeigtes Modellverhalten (zumindest unter experimentellen Bedingungen) wirksam ist und daß insbesondere realitätsnahe, personale Fernsehgewalt imitiert wird. Seit nunmehr 30 Jahren wird das auf Bandura zurückgehende Konzept vom Erlernen aggressiver Verhaltensmuster durch Beobachtung filmischer Modelle herangezogen, wenn das wirkungspsychologisch brisante Phänomen der Imitation fiktionaler Gewaltdarstellungen erklärt werden soll und anders nicht befriedigend erklärt werden kann.

Ebenfalls in den sechziger Jahren untersuchte der Psychologe Peter Schönbach die Frage, ob der Actionfilm *Goldfinger* (dt. *James Bond – Goldfinger*), bei deutschen Kinobesuchern (Jugendlichen sowie Personen mittleren und höheren Alters) zu einer Aggressivitätssteigerung führt.[33] Zur Feststellung der Aggressivität wurden 421 Zuschauer – eine experimentelle Gruppe und drei Kontrollgruppen – gefragt, welches Strafmaß (von sechs Wochen Haft bis zur Todesstrafe) sie einem volljährigen, zurechnungsfähigen Täter zumessen würden, falls er sie bei einem Raubüberfall schwer verletzte. Außerdem wurden die Versuchspersonen gefragt, ob sie zusätzlich eine gesetzliche Prügelstrafe für richtig hielten. (Dieses Verfahren beruht auf der Annahme, daß die punitive Haltung eines Menschen als Indikator seiner Aggressivität dienen kann, selbst wenn sie natürlich nur ein indirektes Kriterium liefert und ungeprüfte Variablen wie Rechtsempfinden, Moralauffassung, Schmerzempfindlichkeit u.a. in die Haltung eingehen.) Als Kontrollfilm diente das Musical *Mary Poppins*. Zu den unterschiedlichen, aber soziodemographisch ähnlichen Zuschauergruppen zählten (a) 116 Personen vor und (b) 93 Personen nach einer James-Bond-Vorstellung sowie (c) 106 Personen vor und (d) 106 Personen nach einer *Mary-Poppins*-Aufführung. Bei der experimentellen Gruppe (b), bei der angenommen wurde, daß »die Tendenz zu aggressiven Reaktionen unter dem Eindruck des James-Bond-Films merklich steigen würde«, lag der Prozentanteil der Befragten, die mindestens drei Jahre Zuchthaus befürworteten, bei 43% (Kontrollgruppen: [a] 28%, [c] 28%, [d] 27%) und der Prozentanteil der Befragten, die zusätzlich eine Prügelstrafe unterstützten, bei 37% (Kontrollgruppen: [a] 25%, [c] 24%, [d] 23%). Als darüber hinaus das Alter der Befragten berücksichtigt wurde, zeigte sich, daß allein bei den Versuchspersonen im Alter von 16 bis 29 Jahren »die Neigung zur Prügelstrafe unter dem Eindruck des James-Bond-Films deutlich und signifikant [anstieg]«, während bei den übrigen Gruppen, vor allem der ältesten, keine statistisch relevante Aggressivitätssteigerung über das ohnehin hohe Niveau hinaus zu verzeichnen war. Besonders bei Personen im Alter von 50 und mehr Jahren war nämlich der Hang zur zusätzlichen Bestrafung bei der experimentellen Gruppe und den Kontrollgruppen, also auch vor und nach der *Mary-Poppins*-Aufführung, gleichermaßen hoch, was wahrscheinlich als Tendenz älterer Menschen zu rigorosem Durchgreifen bei gesellschaftlichen Mißständen zu interpretieren ist. Die Studie Schönbachs ist damit ein Beleg für die *kurzfristige* Beeinflussung von jüngeren Kinobesuchern, wenn sie spannungsgeladenen Medieninhalten ausgesetzt werden. Eine Nachuntersuchung zur Ermittlung der Wirkungsdauer führte Schönbach nicht durch.

Die Befunde wurden jedoch in einer neueren Untersuchung über Aggressivitätssteigerungen bei erwachsenen Kinozuschauern zum Teil bestätigt.[34] Bei insgesamt 129 zufällig ausgewählten Besuchern kanadischer Filmtheater wurde entweder *vor* oder *nach* dem gewalthaltigen Streifen *Missing in Action* bzw. dem als unbedenklich eingestuften Kontrollfilm *A Passage to India* (dt. *Reise nach Indien*) der Aggressionsgrad gemessen. Als Instrument für die Ermittlung aggressiver Einstellungen wurden Skalen des als verläßlich angesehenen *Buss-Durkee Hostility Inventory* herangezogen, mit dem sich zum Beispiel schon die aggressivitätssteigernde Wirkung geringer Alkoholdosen nachweisen läßt. In dem kommerziell erfolgreichen Kriegsgefangenenbefreiungsfilm *Missing in Action* kommen 61 spektakulär inszenierte Todesfälle vor – ein Phänomen, das der Popularität des Produkts zumindest nicht abträglich war. Von den Befragten wußte niemand, daß es sich bei der Untersuchung um die Messung möglicher Negativeffekte aggressiver Spielfilme handelte, denn die Skalen verschleiern ihre Absicht. Anders als bei den von Schönbach befragten homogenen Zuschauergruppen wurden hier allerdings schon *vor* den Vorführungen bei Besuchern des martialischen Films deutliche aggressive Tendenzen festgestellt, und zwar bei Männern und

Frauen gleichermaßen. Dies ist nicht weiter erstaunlich, denn der Agentenkrimi *Goldfinger* kann sich in puncto Gewalt kaum mit dem Brutalo *Missing in Action* messen, der sich schon aufgrund seines Tod und Verderben speienden Plots nur von entsprechend disponierten Gemütern ertragen läßt. Nach dem Film wurde bei den Befragten (Männern wie Frauen) eine Aggressivitätssteigerung um 19% nach der Buss-Durkee-Skala ermittelt, während sich die Kontrollgruppe durch die Literaturverfilmung *A Passage to India* in dieser Hinsicht nicht beeinflussen ließ. Fazit: 1. Kriegsfilme wie *Missing in Action* locken, wenn ihnen per Werbung oder Mund-zu-Mund-Propaganda ein entsprechender Ruf vorauseilt, zur Aggressivität neigende Zuschauer ins Kino. 2. Vorhandene Aggressionen werden bei solchen Problemgruppen noch verstärkt, so daß ein Hochschaukelungsprozeß beobachtbar ist, der einer sich höher und höher schraubenden Gewaltspirale entspricht.

Schon eine kurzfristige Stimulierung aggressiver Phantasien oder Verringerung von Aggressionshemmungen kann sich fatal auswirken. Doch gilt das Interesse der Forschung vor allem möglichen Langzeiteffekten von Mediengewalt, denn es ist klar, daß es nachhaltige Effekte sind, welche auf die Gesellschaft am destruktivsten wirken.[35] Eine Untersuchung der Psychologen Leonard D. Eron, L. Rowell Huesman u.a., die sich über einen Zeitraum von zehn Jahren erstreckte, ergab, daß sich die Verhaltensaggressivität 19jähriger Männer vor allem an ihrer Vorliebe für gewalthaltige Sendungen im Alter von acht Jahren ablesen läßt.[36] Bei weiblichen Jugendlichen wurde zwar kein derartiger Zusammenhang beobachtet, allerdings ließ sich bei ihnen jeweils eine Verbindung von Aggressivitätsgrad und Einschätzung von Fernsehgewalt als ›realitätsnah‹ feststellen. Es wurde somit ermittelt, daß hoher Konsum von Gewaltfilmen im Kindesalter bei Jungen positiv mit aggressivem Verhalten im Erwachsenenalter korreliert, wobei – was besonders alarmierend ist – einmal entstandene sozialschädliche Verhaltensdispositionen weitgehend stabil bleiben. Danach wirkt Mediengewalt in den Köpfen von Vielsehern nicht etwa wie ein Strohfeuer, sondern eher wie ein Flächenbrand. Dies konnte von der Forschergruppe im Rahmen einer Ausdehnung ihrer Studie auf über 20 Jahre belegt werden. Von den ursprünglich 875 in den Jahren 1959/60 befragten Drittkläßlern aus dem Columbia-Bezirk im Bundesstaat New York konnten zehn Jahre später noch 427 Personen und 22 Jahre später 409 Personen, die nun 30 Jahre alt waren, für die Untersuchung herangezogen werden. Als zu diesem Zeitpunkt der Konsum gewalthaltiger Sendungen im Kindesalter mit verschiedenen Variablen aus dem späteren Leben der Probanden korreliert wurde, stand fest: selbst die Schwere von Verurteilungen wegen krimineller Gewalt bei 30jährigen stand in einem signifikanten Zusammenhang mit der Fernsehgewalt, der die betreffenden (männlichen) Personen im Alter von acht Jahren ausgesetzt waren. Mit der Studie konnte auch aufgezeigt werden, daß Verhaltensaggressivität bzw. hoher Gewaltfilmkonsum im Kindesalter nicht nur mit erhöhter Delinquenz, sondern auch mit niedriger intellektueller Leistungsfähigkeit im Erwachsenenalter einhergeht. Als außerdem die Fernsehgewohnheiten der sechs- bis zwölfjährigen Kinder der 30jährigen Versuchspersonen analysiert wurden, kamen die Forscher zu folgendem beunruhigenden Ergebnis: »Sowohl Aggression(en) als auch der Konsum aggressiver Fernsehinhalte der Kinder korrelierten signifikant mit den Werten ihrer Eltern zwanzig Jahre zuvor.«[37] Fazit der Untersuchung: Werden bereits bei Kindern medienstimulierte aggressive Tendenzen diagnostiziert, kann dies eine ungünstige Sozialprognose für ihr weiteres Leben einschließen – ein Sachverhalt, der die Mediengesellschaft im doppelten Wortsinn teuer zu stehen kommt: sowohl Kosten verursachend als auch Probleme schaffend.

Mit einer weiteren Langzeitstudie, die sich über einen Zeitraum von drei Jahren ausdehnte und 1271 Kinder im Alter von 7 bzw. 9 Jahren aus fünf Nationen (Australien, USA, Finnland, Israel und Polen) einbezog, gelang demselben Forscherteam der Nachweis, daß die Befunde aus der obengenannten, rein amerikanischen Studie Gültigkeit auch weitgehend unabhängig von kulturellen Einflußsphären besitzen.[38] Es zeigte sich, »daß aggressive Kinder mehr fernsehen, eher ›Gewaltprogramme‹ bevorzugen, sich häufiger mit Fernsehfiguren identifizieren sowie Gewalt eher als Merkmal ihrer eigenen Umwelt wahrnehmen, als dies weniger aggressive Kinder tun.« Überdies wurden folgende Langzeiteffekte festgestellt: »In den USA, Polen, Finnland sowie bei Kindern aus Tel Aviv erwies sich Fernsehgewalt als signifikanter Prädiktor für das Ausmaß aggressiven Verhaltens zum zweiten Meßzeitpunkt [nach drei Jahren], selbst dann, wenn der Aggressionswert zum ersten Zeitpunkt konstant gehalten wurde. Je nach Nation konnten durch Fernsehkonsum und Ausmaß der Fernsehgewalt oder durch das Ausmaß von Fernsehgewalt verbunden mit der Identifikation mit Fernsehdarstellern aggressives Verhalten am besten vorhergesagt werden.« Auch hier wurde also ein Hochschaukelungsprozeß festgestellt, da ohnehin aggressive Kinder dazu tendierten, noch mehr Gewaltsendungen zu konsumieren, deren Konsum hinwiederum die Aggressivität verstärkte.

Als Sonderbereich der Medienwirkungsforschung hat sich die Klärung von Zusammenhängen zwischen sexuell-aggressiven Darstellungen in Spielfilmen und der Verstärkung antisozialer oder frauenfeindlicher Einstellungen bei männlichen Rezipienten herauskristallisiert – ein Problemfeld, das wir schon im Zusammenhang mit der Diskussion pornographischer Literatur betreten haben (S. 107 ff.). In den betreffenden Werken, deren Dramatik auf Akte sadistischer oder (scheinbar) willkürlicher Gewalt gegen Frauen zugeschnitten ist, werden bevorzugt alleinstehende und/oder sexuell aktive Mädchen von perversen Psychopathen terrorisiert. Dabei ist es ein perfides Spezifikum amerikanischer »slasher movies«, daß sich die Funktion des aus zunächst unklaren Motiven handelnden Killers mit der Bestrafung von gesellschaftlich nicht sanktionierter Sexualität ›legitimiert‹. Nicht selten erfahren derartige Machwerke unter dem Deckmantel der Kunst noch einen zusätzlichen Popularitätsschub, wobei sich die öffentliche Aufwertung dann aus dem verbreiteten Irrtum nährt, das Künstlerische veredele zwangsläufig das Gefährliche und mache es ungefährlich. Geschickt lancierte Rezensionen und publicity- bzw. skandalträchtige Filmfestivals tragen zum Renommee derartiger Filme bei. Als das angesehene New Yorker Metropolitan Museum of Art bald nach Erscheinen von *The Texas Chainsaw Massacre* (dt. *Das Kettensägenmassaker/Blutgericht in Texas*) eine Kopie dieser Billigproduktion erwarb und damit für eine sensationelle Publizität des Films sorgte, dauerte es nicht lange, bis er bei Fans des Genres Kultstatus erlangte. Dieser provozierende Schocker hat Metzel-Effekte im Psychothriller übrigens endgültig salonfähig gemacht.[39]

In der Wissenschaft ist inzwischen ein Streit darüber entbrannt, ob in extremen Filmen dieser Kategorie weibliche Charaktere häufiger als männliche Figuren Opfer der Gewaltexzesse werden, was positivenfalls eine sexistische Tendenz in der Darstellung von Aggressionsakten verraten würde. Mit Hilfe einer inhaltsanalytischen Untersuchung zehn derartiger Horrorstreifen[40] wurde zum Beispiel ermittelt, daß sich unter den Filmleichen zwar gleichermaßen Frauen und Männer befinden, daß die ›Todessequenzen‹ der Darstellerinnen durchschnittlich aber wesentlich länger dauern als diejenigen männlicher Figuren und daß Frauen vor allem im Handlungskontext purer Aggressionen sterben müssen.[41] Der Konnex von Sexualität und Brutalität wird in solch populären Produktionen üblicherweise dadurch inszeniert, daß die weiblichen Opfer, kurz bevor sie gemeuchelt werden, beim Sonnenbaden, Entkleiden, Masturbieren, Petting oder beim Vollzug des Geschlechtsaktes gezeigt werden.

Dabei wird keineswegs der oben (S. 110, 119f.) erwähnte Vergewaltigungsmythos, sondern vielmehr die Vorstellung vom monströsen, mysteriösen und ›magischen‹ Sexualmörder propagiert.[42] Auf jeden Fall handelt es sich um eine kinematographische Mischung, in der Mordtaten sexualisiert und (sexuelle) Aggressionen ästhetisiert werden.

Um die Auswirkungen derartiger Medienbilder in Form vermuteter Desensibilisierungseffekte auf männliche Zuschauer aufzuzeigen, wurden im Rahmen einer amerikanischen Studie[43] zwölf ausgewählte Studenten gebeten, sich an fünf aufeinanderfolgenden Tagen jeweils einen vorgegebenen Spielfilm anzusehen, der drastische Gewaltsequenzen enthält. Es handelte sich hierbei um die (in den USA) ab einem Alter von 17 Jahren freigegebenen Horrorstreifen *The Texas Chainsaw Massacre*, *Maniac* (1980), *I Spit on Your Grave*, *Vice Squad* (dt. *Nachtratten*) und *Toolbox Murders* (dt. *Der Killer mit der Bohrmaschine*), die sich jeweils durch eine starke Polarisierung der Zuschauermeinung auszeichnen. Die Reihenfolge der gezeigten Filme variierte bei der Untersuchungsgruppe. Nach jeder Vorführung wurden die Studenten unter anderem nach ihrer Einschätzung der im Film thematisierten Verknüpfung von Sexualität und Gewalt, der dargestellten Blutrünstigkeit sowie der Erniedrigung von Frauen befragt. Im Anschluß an den fünften Film sahen die Probanden eine Videoaufzeichnung, welche die Nachstellung eines Vergewaltigungsprozesses zum Inhalt hatte. Schließlich sollten sie die Verantwortung des Angeklagten für die Tat, den Widerstand des Opfers, die eventuelle Mitverantwortlichkeit des Opfers usw. beurteilen. Zunächst wurde festgestellt, daß die Studenten den am fünften Tag gezeigten Spielfilm im Unterschied zum ersten Film als weniger gewalttätig und frauenverachtend ansahen und eher an dem Streifen Gefallen fanden. Doch die Abstumpfung gegenüber der filmischen Gewalt übertrug sich bemerkenswerterweise auch auf die Beurteilung der Sachverhalte im Vergewaltigungsprozeß, war also keine Frage der Fiktionalität der Darstellung. Im Gegensatz zu einer Kontrollgruppe von ebenfalls 12 Studenten, die nur die Videoaufzeichnung des Prozesses sah, betrachtete die desensibilisierte Untersuchungsgruppe, unter der sich immerhin auch Psychologiestudenten befanden (!), das Opfer als weniger verletzt und weniger achtenswert und hielt es für die Vergewaltigung eher für mitverantwortlich. Auch wenn diese Befunde möglicherweise auf kurzfristige Wirkungen zurückzuführen sind, ist es verhängnisvoll, meinen die Forscher, wenn durch filmische Vorgaben assoziative Verbindungen von rigoroser Misogynie und erbarmungsloser Peinigung ermöglicht werden, da es unter dem dauernden Einfluß entsprechender Stimuli in Verbindung mit intervenierenden Variablen – zum Beispiel fehlendem Unrechtsbewußtsein – auch langfristig zu frauenfeindlichen Einstellungen, zu einer erhöhten Akzeptanz von Vergewaltigung oder Bereitschaft zu sexueller Aggression kommen kann.[44]

Der Kommunikationswissenschaftler George A. Comstock nennt 16 Faktoren, die im Zusammenhang mit gewalthaltigen Unterhaltungsmedien einen potentiellen Anreiz für antisoziales Verhalten geben:[45] »1. Der Gewalttäter wird entweder belohnt oder zumindest nicht bestraft«; »2. Aggression wird als legitimiert dargestellt«; »3. Der Zuschauer verknüpft die Gewalt mit einer Situation aus seinem eigenen Leben [...]«; »4. Der Zuschauer findet aufgrund einer Wesensverwandtschaft eine Beziehung zum Täter«; »5. Die Gewalt wird durch böswillige Absichten motiviert – das heißt, es besteht ein bewußtes Interesse, Schaden oder Verletzungen zuzufügen«; »6. Gezeigte Gewalttätigkeiten erregen keine Abscheu, da dem Zuschauer Schmerz und Leiden des Opfers nicht gezeigt werden [...]«; »7. Der gewalttätige Vorfall wird eher als reales denn als fiktionales Ereignis dargestellt«; »8. Die Gewalt wird nicht mißbilligt«; »9. Die Gewaltdarstellung gefällt dem Zuschauer«; »10. Extremes Verhalten wird nicht durch Humor abgemildert«; »11. Körperliche Gewalt wird anstelle von oder zusätzlich zu verbalen Attacken gezeigt«; »12. Sexuelle Aggression eines Mannes gegenüber einer Frau erinnert den Zuschauer an ein mögliches, ihm bekanntes Opfer«; »13. Das weibliche Opfer männlicher sexueller Aggression findet schließlich Gefallen an dem Übergriff«; »14. Die Spielfilmhandlung, ob gewalthaltig oder nicht, entläßt den Zuschauer nicht sofort aus der Spannung«; »15. Der Zuschauer ist schon verärgert, bevor er sich der filmischen Gewalt aussetzt«; »16. Der Zuschauer wird frustriert, nachdem er sich die Gewalttätigkeiten angesehen hat«.

Etwa bei der Hälfte der Faktoren handelt es sich um filmische Konventionen, die in ihrer wirkungspsychologischen Dimension auf die Präferenzen eines Massenpublikums ausgerichtet sind. So haben inhaltliche Elemente aus dem Vergewaltigungs-Rache-Thriller *I Spit on Your Grave* längst Eingang in das Mainstream-Kino gefunden. Filmproduzenten ist sehr wohl bewußt, daß sich die Beliebtheit von Fernsehserien und Spielfilmen bei einem Großteil des Publikums allein nach dem Ausmaß brutaler Gewaltdarstellungen richtet. Das populäre Genre der Selbstjustizfilme vom Typ *Death Wish* (dt. *Ein Mann sieht rot*) spekuliert auf die Sympathie der Zuschauer mit dem rachebesessenen Hauptdarsteller, der erkennbar als (fragwürdiges) Identifikationsobjekt präsentiert wird. In den entsprechenden Filmen wird die Gewalt noch dazu von ineffizienten behördlichen und polizeilichen Instanzen toleriert, was der Selbstjustiz und Legitimation von Gewalt im täglichen Leben Vorschub leisten kann. Es ist davon auszugehen, daß die Aggressivität der Rezipienten in dem Maße steigt, in dem sie sich mit aggressiven Filmfiguren identifizieren. Doch nicht nur unter diesen medienimmanenten Bedingungen können Negativwirkungen auftreten. So sprechen empirische Befunde für ein hohes Maß an emotionalen Verwirrungen besonders bei jungen Rezipienten, die glauben, die starke Realitätsillusion mancher Gewaltfilme unbeschadet überstehen zu können, auch wenn diese auf hohem Spannungsniveau abbrechen. Selbst Psychologen vermögen nicht vorherzusagen, wann hier die Schwelle von der Irritation zum Ausbruch von Aggression überschritten wird. Bei deutschen Jugendlichen wurde aber bereits folgender Gewöhnungseffekt durch Gewaltfilme festgestellt: »Im 11. Lebensjahr befürworten 37,9 Prozent der Jungen die Darstellung von Brutalität, mit 16 Jahren sind es schon 68 Prozent. Bei den Mädchen steigt die Zahl von 19 auf 37,5 Prozent.«[46]

Da es moralisch nicht zu vertreten ist, als gefährdet geltende Rezipienten unter experimentellen Bedingungen extremen Gewaltfilmen auszusetzen, um etwaige Effekte auf das Gefühlsleben aufzeigen zu können, mangelt es an direkten empirischen Befunden zu dieser brisanten Problematik (was würde zutage gefördert, wenn derart vorbelastete Rezipienten systematisch untersucht würden?). Auch wäre es wissenschaftlich kaum vertretbar, Ergebnisse einzelner Studien über einen Zusammenhang von Gewaltfilmkonsum und Aggressivitätssteigerung zum Maßstab für das Ausmaß möglicher Verhaltensauffälligkeiten erheben zu wollen. In dieser Situation bleibt aber nicht nur die Wahl zwischen Resignation und Spekulation. Eine stichprobenartige Expertenbefragung, die zwar keine objektiven Daten, aber praxisnahe Einschätzungen liefert, kann sich als möglicher Ausweg aus solchem Dilemma erweisen. Um die differenzierte Einschätzung von Experten über die Auswirkungen filmischer Gewalt zu erfassen, wurden von Michael Kunczik Anfang 1991 bundesweit 124 in Kinder- und Jugendarbeit tätige Psychologen und 126 Kinder- und Jugendpsychiater nach ihren Erfahrungen mit problematischen Fällen unter ihrer Klientel befragt.[47] Es stellte sich heraus, daß in der psychologischen und psychiatrischen Praxis fast routinemäßig Angaben über Mediennutzungsgewohnheiten eine Rolle spielen, wobei Aggressivität und Konzentrationsschwäche am häufigsten als Wirkungssymptome genannt werden. 25 der Befragten waren von besorgten Eltern schon wegen übermäßigen Fernsehkonsums ihrer Kinder zu Rate gezogen worden. Als besonders gravierend erscheint die Tatsache, daß 75% der Psychologen und 60% der Psychiater ihre Patienten als Vielseher betrachteten. Übrigens erachteten 71% der Psychologen und 62% der Psychiater Gewaltfilme per se für schädlich. Im einzelnen wurden Fragen zu fünf Wirkungsbereichen gestellt:

1. »Aktivation aggressiven Verhaltens durch Gewaltfilme (z.B. Nachahmung oder Stimulation)«: 80% der Psychologen und 76% der Psychiater konnten bei Kindern und Jugendlichen »häufig« oder »gelegentlich« aggressionsfördernde Wirkungen filmischer Gewaltdarstellungen beobachten.
2. »Rationalisierung aggressiven Verhaltens durch Medienvorbilder«: Immerhin 63% der Psychologen und 66% der Psychiater hatten schon häufig oder gelegentlich erlebt, daß Kinder oder Jugendliche ihr eigenes aggressives Verhalten durch Modelle aus Gewaltfilmen zu rechtfertigen versuchen.
3. »Erfahrungen mit Klienten, die von sich aus über einen Einfluß berichten (Eigenbericht der Klienten, Legitimationsversuche)«: 41% der Psychologen und 42% der Psychiater konnten häufig oder gelegentlich feststellen, daß Kinder oder Jugendliche von sich aus zugaben, das Fernsehen habe sie in ihrem Verhalten beeinflußt.
4. »Erfahrungen mit Klienten, bei denen sich filmische Gewalt als hilfreich bei der Bewältigung innerer Konflikte erwiesen hat«: 13% der Psychologen und 20% der Psychiater haben bei Kindern und Jugendlichen zumindest gelegentlich eine Hilfe bei der Bewältigung innerer Konflikte bemerkt.
5. »Erfahrung mit Klienten, bei denen es durch den Konsum von Gewaltfilmen zu einer Reduktion aggressiven Verhaltens kam«: Nur ein Psychologe und drei Psychiater glaubten, gelegentlich kathartische Effekte dieser Art registriert zu haben.

82% der befragten Psychologen und 63% der Psychiater hielten Kinder unter 12 Jahren für besonders gefährdet. Überdies stimmten 94% der Psychologen und 85% der Psychiater darin überein, daß Jungen häufiger als Mädchen durch Gewaltstreifen beeinflußt werden, wobei der aggressivierende Aspekt im Vordergrund steht. Aufschlußreich war schließlich die Antwort auf die Frage nach dem Konnex zwischen familiärem Umfeld (»Gewaltfilmkonsum der Eltern, Gewalttätigkeit der Eltern untereinander oder den Kindern gegenüber, vernachlässigender Erziehungsstil«) und problematischen Sehgewohnheiten der Patienten: »Das am häufigsten auftauchende Einzelargument der Psychologen und Psychiater war der Zusammenhang zwischen vernachlässigendem Erziehungsstil und dem Gewaltfilmkonsum der Kinder. 42% der Psychologen und 50% der Psychiater sahen einen kausalen Zusammenhang zwischen dieser Verwahrlosungsproblematik und dem Gewaltfilmkonsum.«

Unter Punkt 2 dieser Studie wurde erwähnt, daß Kinder und Jugendliche mitunter darum bemüht sind, eigene Aggressionen durch den Einfluß aggressiver Bildschirmhelden zu begründen. Es sind Fälle bekannt geworden, in denen junge Rezipienten versucht haben, die unterschiedlichsten Verbrechen nachträglich (ex post facto) entschuldbar erscheinen zu lassen. Sie beziehen sich dann auf die ›Autorität‹ medialer Vorbilder, denen Rechtfertigungs- und Entlastungsfunktion zugesprochen wird (siehe den besonders spektakulären Fall Charles Manson, S. 232). Die Aneignung solcher Rationalisierungstechniken gehört heute ebenso zu den Negativwirkungen der Bildmedien wie die Übernahme krimineller Verhaltensweisen. Nach Kunczik »besteht auch die Möglichkeit, daß Rationalisierungen einer Tat (z.B. einer Vergewaltigung) vorausgehen und das kriminelle Verhalten erst ermöglichen. [...] Als Informationsquelle für derartige Rationalisierungen dienen insbesondere auch die Massenmedien, in denen ja häufig die simple Kausalkette, Medieninhalte bewirken violentes Verhalten, vertreten wird. Möglicherweise liegt hier eine Gefahr massenmedialer Gewaltdarstellung (besser: der öffentlichen Diskussion über deren Wirkungen), nämlich das Wissen des potentiell delinquenten bzw. violenten Individuums, durch den Verweis auf die Massenmedien die Verantwortung für das eigene Verhalten ex post facto als minimal hinstellen bzw. gar ganz abwälzen [zu] können.«[48] Für Gewaltopfer spielt es zwar keine Rolle, ob der Tat eine Rationalisierung vorausging, ob sie wirklich durch einen Spielfilm motiviert wurde oder dies vom Täter nur zu seiner Entschuldigung vorgeschoben wurde. Doch allein die Vorstellung, ein Kapitalverbrechen hätte durch Nichtausstrahlung oder -vorführung eines bestimmten Films vermieden werden können, ist deprimierend genug. Es ist eine Vorstellung, die in der Öffentlichkeit selten thematisiert wird.

4.3 Schocks für Physis und Psyche

Gewaltfilme vermögen eingeschworene Fans prächtig zu unterhalten, aber sie vermögen zartbesaitete Gemüter schon bei gelegentlichem Konsum seelisch zu erschüttern, und sie vermögen in ihrer Persönlichkeitsstruktur bereits geschädigte Rezipienten vollends aus der Bahn zu katapultieren. Mediale Gewaltinszenierungen sind jedoch auch imstande, solchen Kinobesuchern oder Fernsehzuschauern das Fürchten zu lehren, von denen nicht ohne weiteres angenommen werden kann, sie seien für Beschwerden, die aus schädlichen Medienwirkungen resultieren, besonders disponiert. Die Folge können sein: abrupt auftretende Streßsymptome, psychosomatische Störungen, chronische Gemütskrankheiten bis hin zu schweren Regressionen. Nach einer Erhebung der Zeitschrift *Eltern* zu den Auswirkungen von Fernsehgewalt, bei der mehr als zweitausend Schülerinnen und Schüler befragt wurden,[49] klagten viele über Angstträume, Schlafstörungen, Herzklopfen, Schweißausbrüche, Übelkeit, Viktimisierungsangst, Nervosität, Kopfschmerzen, Appetitlosigkeit und Konzentrationsschwierigkeiten. Vor allem Horrorfilme, die selten auf Gewalt verzichten, wirken auf Rezipienten mit einer schwachen nervlichen Konstitution zerstörerisch, wenn die Empfindsamkeit ihrer Psyche der Heftigkeit der Schocks nicht gewachsen ist. Grundsätzlich muß – abgesehen von den Hartgesottenen, die Horror-Konsum als eine Art von seelischem Hochleistungssport betreiben – mit Reaktionen gerechnet werden, die Betrachter überreizen, neurotisieren, traumatisieren, organisch krank oder gar psychotisch machen. Was in einer langen Phase psychischen Wachstums gezähmt und bewältigt, aufgebaut und gesichert wurde, kann in einer kurzen Stunde untergraben und zum Einsturz gebracht werden, wenn der Horror die Bastionen der Ratio so schwer angreift, daß sie der massiven Attacke nicht standhalten. Offenbar vermögen – wie die folgenden Beispiele illustrieren – dynamisch verbildlichte Formen von Horror und Gewalt nachhaltiger zu wirken als literarische (vgl. oben S. 96ff.). Die visuelle Wahrnehmung und emotionale Verarbeitung harter Schockeffekte stellt die empfindsame Psyche vor größere Probleme als der vergleichsweise moderate, eher indirekte Umgang mit Horror- und Gewaltlektüre. Jedenfalls sind Fälle publik geworden, in denen verhältnismäßig unspektakuläre Horrorstreifen regelrechte Panikanfälle bis zu irrationalen Phobien auslösten. Erst durch die Kombination von Horror-Faszination und Video-Verfügbarkeit, die gesellschaftliche

Mesalliance von Produktionsvolumen und Verbreitungsgrad, sind weitreichenden und verhängnisvollen Gefühlskonfusionen Tür und Tor geöffnet. Was sich anhört wie eine Litanei medienkritischer Unkenrufe (und von den Vertretern der Medien- und Bewußtseinsindustrie auch vielfach so dargestellt wird) ist Gegenstand diverser wissenschaftlicher Untersuchungen, die bei den unterschiedlichsten Filmen die Existenz solcher Effekte auf Physis und Psyche beeinflußbarer Rezipienten mit stichhaltigen Fakten absichern.

Besonders fragwürdigen Ruhm hat in dieser Hinsicht der Thriller *The Exorcist* (dt. *Der Exorzist*) erlangt, von William Peter Blatty 1971 als Roman veröffentlicht, von William Friedkin zwei Jahre später als phänomenaler Kinoerfolg vermarktet (wobei Friedkins Visualisierung dämonischer Umtriebe Blattys Literarisierung klar den Rang ablief, was negative Publikumseffekte anbetrifft). Ein Editorial im *Journal of the American Medical Association* warnte: »*Der Exorzist* ist starker Tobak. Männer und Frauen, die ihn ganz oder teilweise gesehen haben, wenden sich ab, weil sie ihn nicht ertragen können; sie fallen in Ohnmacht, müssen sich übergeben, konsultieren Ärzte in der Überzeugung, daß sie oder ihre Kinder ›besessen‹ sind.«[50] Der Psychiater Ralph Greenson, der das Werk als »den schockierendsten Spielfilm, den ich jemals gesehen habe«, bezeichnet, berichtet von den Problemen filmgeschädigter Rezipienten: »... ich erhielt einen hysterischen Anruf von einer intelligenten, psychisch stabilen jungen Sozialarbeiterin, die mir beruflich seit sechs Jahren bekannt war. Sie befand sich in einem Zustand völliger Panik und bat darum, mich sofort sprechen zu können. Ich traf sie bei mir zu Haus, wo sie mir vor Angst zitternd erzählte, ihr Mann habe sie am Abend vorher dazu überredet, sich *Der Exorzist* anzusehen. Fast augenblicklich mit dem Verlassen des Filmtheaters habe sie die Rückkehr intensiver Ängste und Phobien gespürt, an die sie sich nur schwach aus ihrer frühen Kindheit erinnern konnte. Sie hatte Angst davor, in einem Zimmer allein zu sein, selbst wenn ihr Mann sich woanders im Haus aufhielt, Angst vor dem Dunkel, Angst, das Haus zu verlassen, usw. Es fiel mir nicht schwer, ihr klarzumachen, daß der Film ihre Furcht vor göttlicher Strafe durch den Teufel wiedererweckt hatte, welche ihre Eltern ihr in früher Kindheit angedroht hatten. Diese Einsicht half ihr etwas, und nach einigen Besuchen veranlaßte ich eine Überweisung an einen Kollegen zwecks weiterer Psychotherapie. Eine Woche später erhielt ich einen anderen Notruf, diesmal von einem brillanten jungen Universitätsprofessor, der mich aufsuchen wollte, ›damit ich meine Teufel im Inneren loswerde‹. Er hatte mich ausgesucht, weil er das Gefühl hatte, seine Teufel könnten mich nicht umbringen. An einem Tag traf ich ihn dreimal, um ihn toben, schreien, weinen und mit den Füßen trampeln zu lassen, bis er sich verausgabt hatte. Am Ende des dritten Besuches, als er einigermaßen beisammen war, erzählte er mir, daß er schon seit langem einen bösen psychotischen Kern in sich verspürt habe, aber daß *Der Exorzist* ihn davon überzeugt habe, der Teufel selbst sei dieser Kern.«[51]

Es häuften sich nach der Verbreitung dieses bizarr-dramatischen Teufelsfilms Meldungen über Rezipienten, die nach dem Kinobesuch neurotische Symptome entwickelten, da sie die eigentlich absurde Story aufgrund ihrer effektvollen Inszenierung für bare Münze genommen hatten.[52] Das im Film dargestellte psychisch Kranke, die dämonische Besessenheit eines pubertierenden Mädchens, führte zu multiplen psychopathologischen Erscheinungsformen bei vorher zumeist unauffälligen Zuschauern, die sich aber ähnlich wie die Filmfigur Regan mit der drohenden Trennung von Bezugspersonen auseinanderzusetzen hatten. Der Psychiater James C. Bozzuto berichtet über vier junge Erwachsene, die sich nach *The Exorcist* einer Psychotherapie unterziehen mußten, um von den Symptomen der Angstneurose, Schlaflosigkeit, erhöhten Reizbarkeit und Appetitlosigkeit sowie – in einem Fall – von Wahnvorstellungen kuriert zu werden.[53] Die Krankheitszeichen traten entweder noch in derselben Nacht der Filmaufführung oder spätestens am darauffolgenden Tag auf und verschlechterten sich zusehends. Im ersten Fall bildete sich ein 18jähriger ein, »knarrende Geräusche« zu hören und fürchtete, von Satan besessen zu sein. Schlimmer traf es einen 23jährigen, der ebenfalls von einem Besessenheitsgefühl geplagt, daraufhin paranoid wurde, als er den Leibhaftigen hinter jeder Ecke lauernd wähnte. Bei einer 22jährigen aus streng katholischem Elternhaus löste der Film außer Angstzuständen und suizidalen Impulsen auch Schuldgefühle wegen ihrer unkontrollierbaren Feindseligkeit gegenüber den Eltern aus. Im vierten Fall schließlich wurde ein 24jähriger, der wegen finanzieller Nöte Beziehungsschwierigkeiten hatte, von einem abgrundtiefen Mißtrauen gegenüber allen Mitmenschen erfüllt. Er argwöhnte, sein eigener Therapeut sei mit dem Teufel im Bunde, und bangte um seine fünfjährige Tochter, die er ebenfalls für möglicherweise besessen hielt.

Angesichts des hochdramatischen Inhalts ist nachvollziehbar, daß *The Exorcist* bei psychisch instabilen oder anderweitig ›vorbelasteten‹ Rezipienten eine längerfristige Wirkung zeigte und breit gestreute, mehr oder minder krankhafte Angstzustände heraufbeschwörte. Wenn einer Patientin, wie geschehen, von einem übertrieben abergläubischen Elternteil schon als Kind bei jedem ungebührlichen Benehmen eingeprägt wurde, es werde vom Widersacher in persona beeinflußt, sind spätere filminduzierte Traumata und diffuse Beklemmungen nicht mehr erstaunlich.[54] Unter Wirkungs-, wenn auch nicht unter Therapiegesichtspunkten ist es gleichgültig, ob ein solcher Film als Verursacher oder Auslöser fungiert. Über die Gründe, warum sämtliche dokumentierten pathologischen Fälle in den USA auftraten, können nur Vermutungen angestellt werden. Das Wiederaufleben von Okkultismus, Geisterglaube und Satanismus kann ebenso zur Entfesselung negativer Publikumsreaktionen beigetragen haben wie ein verbreiteter religiöser Fanatismus oder eine typisch amerikanische Tendenz zur Bigotterie. Regressive Strömungen in der Gegenwartskultur tun ein übriges, um eventuell auch solche Rezipienten einer Neurotisierung durch Teufelsfilme anheimfallen zu lassen, die zu anderen Zeiten immun geblieben wären. Die Gegenaufklärung als Medienpraxis fordert ihre Opfer. Ferner zeugen die Bemühungen des Drehbuchautors Blatty, das Sujet des diabolischen Horrorstreifens als auf einem »authentischen« Fall basierend zu verkaufen, von etlichem Zynismus – ganz im Einklang mit den unablässigen Bemühungen der Kulturindustrie, den Dämonismus als profitträchtiges Betätigungsfeld zu ›revitalisieren‹. Als besonders töricht ist in diesem Zusammenhang die damalige Kampagne klerikaler Zirkel zu werten, die Zuschauer dazu zu bewegen, den Spielfilm tatsächlich ernst zu nehmen, um sie zum christlichen Glauben zu bekehren. Mehrere Geistliche scheuten sich nicht, als »technische Berater« für die (theologisch wie psychologisch) abstruse Handlung zu fungieren. Solange in kirchlichen Kreisen die Existenz dämonischer Besessenheit akzeptiert und Exorzismus-Praktiken noch toleriert werden,[55] erhält der Wahn des fundamentalistischen Teufelsglaubens theologische Sanktionierung. Seiner Eindämmung dürfte das nicht gerade förderlich sein.

Nur wenige Spielfilme fanden bisher in medizinischen Fachzeitschriften ein so deutliches Echo in bezug auf psychophysiologische Negativeffekte wie *The Exorcist*.[56] Doch angeregt durch Bozzutos Beschreibung der ausgelösten »Kino-Neurose« berichten John A. Robinson und Arnold Barnett vom Wesley Medical Center in Wichita (Kansas) über den pathologischen Fall einer Haiphobie, der sich nach einer Aufführung des Katastrophenfilms *Jaws* (dt. *Der weiße Hai*) ereignete.[57] (Da die krankhafte Angst hier auf ein konkretes Objekt bezogen war, ist sie eher als phobisch denn als neurotisch zu klassifizieren.) Einen Tag nach der

Darbietung dieses Films kam eine 17jährige mit zuckenden Gliedmaßen und Episoden partiellen Bewußtseinsverlusts in eine Klinik. Als sie kurze Zeit später Halluzinationen von Haiangriffen hatte, wurde die junge Frau in einer neurologischen Abteilung weiterbehandelt, wo sie innerhalb der nächsten drei Tage insgesamt fünf Panikattacken erlebte. Während dieser Phasen schrie sie, als stünde sie unter dem Eindruck akuter Haiangriffe, machte unwillkürliche Abwehrbewegungen und war nicht ansprechbar. Die intensiven Angstreaktionen dieser Patientin waren offenbar das Resultat individueller Überempfindlichkeit, stehen aber im Kontext einer extensiven Hai-Hysterie, die in den USA im Anschluß an die Vermarktung des Films – im ›Sommerloch‹ 1975 – wütete.[58] Schon Peter Benchleys gleichnamige, im Jahr zuvor veröffentlichte Romanvorlage wurde als Rekorde brechender Bestseller gehandelt, doch Steven Spielbergs Verfilmung des Stoffes übertraf alle bisherigen Einspielergebnisse in der Filmbranche. Selbst der britische Fernsehsender BBC war nicht gegen die Massenhysterie immun und ließ sich dazu verleiten, einen Bericht über einen Exzentriker zu senden, der allen Ernstes behauptete, das ›Ungeheuer‹ von Loch Ness sei in Wirklichkeit ein gigantischer weißer Hai.

Kalkulierte Schockmontage löste nicht nur bei dem 17jährigen Mädchen programmierte Schreckerlebnisse aus. *Jaws* gehört nämlich zu jenen Filmen, die darauf abzielen, aus Katastrophenphantasien, Endzeitstimmungen, Furcht vor dem Unheimlichen und purer Angstlust der Zuschauer Kapital zu schlagen. Angst und Grauen sind in ihrer Wirkung niemals neu. Als Begleitumstände der Rezeption sind sie lediglich das Ergebnis einer neuen Aktivierung alter seelischer Besetzungen. Der Filmwissenschaftler Helmut Korte stellt hierzu fest: »Der Film unterscheidet sich von der Fülle der Tier-Monster-Filme vor allem durch den alptraumhaften Grad der während der Vorführung als existentiell empfundenen Gefahr. Er vermittelt auch nach mehrfacher Betrachtung eine Intensität der Bedrohung, die den Zuschauer derart gefangennimmt, daß ihm vielfach nur der Ausweg bleibt, sich daran zu erinnern, daß es sich um eine filmische Fiktion handelt und der ›Hai‹ ein Konstrukt aus Plastik und Elektronik ist. Das Tier scheint in seiner körperlichen Größe und seinen ungewöhnlichen, fast unheimlichen Verhaltensweisen allgegenwärtig und übermächtig zu sein, so daß der Betrachter nach der langen ›Explosionssequenz‹ am Schluß des Films zunächst nicht an den Tod des Hais glaubt.«[59] Daß hier ein Hai entgegen allen zoologischen Erkenntnissen als mordende Bestie auf die Leinwand projiziert wird, konnte dem baldigen Renommee des Films als epochales Meisterwerk des Katastrophenkinos keinen Abbruch tun. In der Folge mußten blutrünstige Alligatoren, Piranhas, Ratten, Wölfe, Spinnen, Ameisen, Bienen und selbst Schmetterlinge für vordergründige, aber emotional aufpeitschende Schockeffekte herhalten. Keiner der betreffenden Filme zumeist amerikanischer Provenienz erreichte jedoch die Publikumswirksamkeit von *Jaws*, der noch heute, 20 Jahre nach der Erstaufführung, ungeachtet aller zwischenzeitlichen Produktions- und Rezeptionsveränderungen in der Filmästhetik zu den größten kommerziellen Erfolgen der Filmgeschichte gehört.

Ähnlich wie *Jaws* rief ein weiterer Kassenschlager der 70er Jahre, der Science-fiction-Reißer *Alien* (dt. *Alien – Das unheimliche Wesen aus einer fremden Welt*), Schockreaktionen beim Publikum hervor. Als Redakteure der Zeitschrift *Cinema* im September/Oktober 1979 bei drei Testzuschauern Streßsymptome untersuchen ließen, diagnostizierten Mediziner bei diesen nach der Auswertung von Pulsfrequenz, Muskelaktivität und Blutgefäßverengung extreme Erregungszustände.[60] Zur Anspannung eines Testkandidaten während der Filmvorführung heißt es: »Innerhalb einer Minute verzeichnete der Puls Schwankungen von 80 (normal) auf 140/150 Schläge, um wenig später wieder steil abzufallen. Selbst die Mediziner hatten mit solch starken körperlichen Reaktionen nicht gerechnet [...] Die gemessene Frequenz von 150 entspricht also einer ungeheuren körperlichen Anspannung und Belastung, vergleichbar etwa mit den Streß-Belastungen in Unfallsituationen. Die Reaktion des Zuschauers entspricht damit dem realen Erleben einer Schocksituation.«

Bei all seiner unheilschwangeren Symbolträchtigkeit ist *Alien* das Paradebeispiel eines düsteren, auf raffinierten Schockmomenten beruhenden Thrillers, der wie viele Filme dieser Kategorie eine hochgradige und teilweise überfallartige Emotionalisierung des Publikums intendiert. Bestanden die Filmmonster in den Grusicals der 50er Jahre noch sichtlich aus Pappmaché, dessen Künstlichkeit belächelt werden konnte, versuchen die (zunehmend anthropomorphen) Ungeheuer, die in Horrorfilmen jüngeren Datums zu Hause sind, sich an Blutrünstigkeit und Gefährlichkeit gegenseitig zu übertrumpfen. Die letzten Lebensabschnitte dieser Kreaturen kulminieren jeweils – zur ›Befriedigung‹ der Zuschauer – in einer obligatorischen Metzelei. So wird die Zerstückelung des arglistigen Androiden Ash aus *Alien* zwar virtuos inszeniert, doch die makabre Darstellung der Tötung sucht an Ekel ihresgleichen. Übertroffen wird diese Szene bestenfalls von der berühmten »chest burster«-

Sequenz, in der das parasitäre »Alien« völlig unverhofft aus dem Körper eines Crewmitglieds hervorbricht. Negative Wirkungen werden dabei nicht nur bewußt in Kauf genommen, sondern nachdrücklich begrüßt, denn sie lassen sich von den Filmfirmen werbewirksam einsetzen und erhöhen den Marktwert der betreffenden Produktionen. (Ein identischer Effekt ist übrigens feststellbar, wenn »sozialethisch desorientierende« Action- und Horrorfilme [oder Computerspiele] von der Bundesprüfstelle für jugendgefährdende Schriften auf den Index gesetzt werden.) Beim Vertrieb des Films *The Exorcist* wurden zum Beispiel Nachrichten in die Presse lanciert, nach denen sich Rezipienten während der Vorstellungen übergeben haben und reihenweise in Ohnmacht gefallen sein sollen. Derartige Sensationsberichte verfolgen selten lautere Zwecke, stimmen aber mit seriösen Meldungen darin überein, daß es in verschiedenen Fällen tatsächlich zu behandlungsbedürftigen Traumatisierungen von Zuschauern kam, von subjektiv empfundenen Belastungserscheinungen erheblichen Ausmaßes abgesehen.

Auswertbaren Bulletins zufolge waren die meisten der bisher unter spielfilminduzierten, schweren emotionalen Störungen leidenden Personen unter 25 Jahre alt. Über schwächer ausgeprägte oder allgemeine Beschwerden liegt lediglich auf Interview-Basis gesammeltes Datenmaterial vor. In Grundzügen stellen Joanne Cantor und Sandra Reilly den Umfang der durch Fernseh- und Kinofilme ausgelösten anhaltenden Schreckreaktionen bei Jugendlichen dar.[61] Von den 63 Sechst- und 210 Zehntkläßlern aus einer amerikanischen Kleinstadt, die im Rahmen der Studie nach ihren Mediengewohnheiten und aufgetretenen Negativwirkungen wie Angstphantasien und Alpträumen befragt wurden, gehörten 80% zu den Anhängern von Horrorfilmen. 76% (bzw. 55%) der Schüler sahen sich solche Filme »manchmal« oder »häufig« im Fernsehen/Kino an. 55% (35%) der Jungen und Mädchen erinnerten sich an gravierende Schreckphänomene, die in ihrer frühen Kindheit durch Fernsehfilme/Kinofilme bedingt wurden. Immerhin 26% (18%) der Befragten erlebten derartige Reaktionen während der letzten zwei Jahre »manchmal« oder »häufig« als Fernsehzuschauer/Kinobesucher.

Dem Psychologen Brian R. Johnson gelang bei zwei kalifornischen Untersuchungspopulationen im Alter zwischen 16 und 72 bzw. 16 und 55 Jahren (53 zufällig ausgewählten Personen und 72 Besuchern eines Filmtheaters) der Nachweis einer negativen Beeinflussung durch filmische Schocker auch bei erwachsenen Rezipienten.[62] Danach gebietet nicht nur ein spezieller Jugendschutz Vorsicht beim Umgang mit gefährlichen

Medien, sondern auch ein allgemeiner Seelenschutz. Denn nicht nur das Lebensalter bestimmt den Grad der Anfälligkeit für schädliche Wirkung, sondern die subjektive Disposition unter dem ›Ansturm‹ objektiver Mediatisierung von schockierenden, terrorisierenden etc. Erfahrungen, mit anderen Worten: die jeweilige kommunikationspsychologische Dynamik. Als »Schlüsselsymptome« wurden von Johnson Störungen bezeichnet, die in rigider Form auftraten: Unruhe, Nervosität, Depressivität, Phobien, Grübelei, ständig wiederkehrende Bilder, nächtliche Alpträume sowie psychosomatische Reaktionen wie Kopfschmerz, Erbrechen usw. Über die bereits erwähnten Filme *The Exorcist* und *Alien* hinaus fungierten u.a. folgende Produktionen aus den 70er Jahren mehrfach als Stressoren: *Coming Home* (dt. *Coming home – sie kehren heim*), *The Deer Hunter* (dt. *Die durch die Hölle gehen*), *Deliverance* (dt. *Beim Sterben ist jeder der erste*), *Marathon Man* (dt. *Der Marathon-Mann*), *The Omen* (dt. *Das Omen*) und *One Flew Over the Cukoo's Nest*. Auch die Psychothriller *Halloween*, *The Texas Chainsaw Massacre* und Hitchcocks Klassiker *Psycho* wurden als Stimuli für drastische Streßreaktionen entlarvt.

Überraschenderweise rangierte die von Johnson so genannte »Plastizität der Gewalt« als inhaltlicher Stressor dieser Filme unter insgesamt 16 von den Rezipienten wählbaren Kategorien erst im Mittelfeld. Allerdings wurden als häufigste Kategorien wesensverwandte Merkmale genannt wie Film-Intensität, Unmenschlichkeit und angedeutete oder explizit dargestellte Brutalität. Ein Blick auf den Katalog der streßauslösenden Streifen genügt, um festzustellen, mit welcher Art von Spielfilmen man es hier zu tun hat. Von der ersten Untersuchungsgruppe, die zu 41,5% aus Männern bestand, bejahten 39,6% der Personen die Frage, ob sie jemals ein Spielfilm außerordentlich beunruhigt hätte. Für die Besucher des Kinos (49,3% männlich) ergab sich ein fast genau umgekehrtes Verhältnis der Negativbeeinflussung: 61,1% der Befragten gaben zu, schon einmal durch einen Film ernstlich beunruhigt worden zu sein. Die Dauer der Symptome erstreckten sich bei beiden Gruppen von der reinen Vorführzeit des betreffenden Films bis zu einer Phase von über drei Jahren. Die Durchschnittsdauer der Beschwerden betrug jeweils zwei bis drei Tage. Aus diesen Ergebnissen schließt Johnson, daß schädliche psychophysiologische Effekte bei Rezipienten de facto viel häufiger auftreten, als uns die spärlichen Berichte zu diesem Thema glauben lassen. In der *camera obscura* der Psyche muß mehr verarbeitet werden, als sich im Licht der Forschung sichtbar machen läßt. Laut seiner Studie besteht die

Wahrscheinlichkeit, daß schon jeder vierte Kinobesucher Erfahrungen mit ernstlichen Streßreaktionen hat.

Besonderes Augenmerk verdienen die geschlechtsspezifischen Unterschiede bei der Rezeption problematischer Filme. Während Jungen Action- und Horrorfilme in höherem Maße favorisieren als Mädchen, sind weibliche und männliche Jugendliche gleichermaßen vertraut mit derartigen Produktionen. Nach der eingangs erwähnten Umfrage der Zeitschrift *Eltern* unter 2540 Kindern und Jugendlichen zwischen 8 und 15 Jahren lehnten 78% der Mädchen und nur 34% der Jungen Gewaltsendungen ab. Auf die Frage nach einer affektiven Beeinflussung behaupteten indes 63% der Jungen, aber nur 35% der Mädchen, sie seien nicht betroffen. Die Bildinformationen werden tatsächlich von beiden Geschlechtern unterschiedlich verarbeitet – von Mädchen eher emotional und empathisch, von Jungen eher kühl-distanziert und rationalisierend, aber gleichzeitig lustbetont. Die Erziehungswissenschaftlerin Renate Luca bemerkt dazu verallgemeinernd, »daß Mädchen mit Ohnmacht und Angst auf Gewaltfilme reagieren, daß sie sich hochgradig mit den Opfern identifizieren und nicht mit den Tätern, auch wenn diese als weibliche Personen auftreten. Die Phantasien der Mädchen kreisen um die Folgen der Tat, die Toten und die ›Leidenden‹, nicht um die aggressiven Handlungen und die Tatwerkzeuge. Diese Reaktionen und Phantasien entsprechen dem weiblichen Selbstbild, wie es in unserer Gesellschaft vorherrscht und zu dem Mädchen entsprechend sozialisiert werden.«[63] Da Mädchen wesentlich häufiger von Negativwirkungen, insbesondere Furchtsamkeit, betroffen sind, meiden sie Horrorfilme mehr als Jungen, die auch filmische Gewalt – hauptsächlich sexuelle Aggressionen gegen Frauen – eher mit Wohlgefallen betrachten und bei der Rezeption einen regelrechten Lustgewinn verspüren. Luca zufolge führt Horrorvideo-Konsum bei Mädchen zu einer Intensivierung schon bestehender »Ohnmachtsphantasien« und bei Jungen zu einer Potenzierung von »Allmachtsphantasien«.[64]

Der Psychothriller *When a Stranger Calls* (dt. *Das Grauen kommt um Zehn*), inhaltlich eine krause Mischung aus *Halloween* und *Someone Is Watching Me* (dt. *Das unsichtbare Auge*), löste zum Beispiel bei der 16jährigen Birgit eine heftige Gemütserschütterung aus, obwohl sie über den Zweck der Studie Lucas genau instruiert worden war. Die Versuchsperson gehörte zu zwölf gleichgeschlechtlichen Paaren, die Ausschnitte aus dem Videofilm sahen, während ihre Reaktionen protokolliert wurden. Schon als Kind hatte das Mädchen, das mit seiner Mutter zusammen lebte und häufig allein zu Hause war, Alpträume durch die Filmfigur Fantomas. Über ihre Angsterlebnisse während der Rezeption ist zu lesen: »Sie reagierte weit mehr als andere mit starker psycho-physiologischer Erregung, aber auch mit verbalen Emotionsausbrüchen, unterbrochen von Lachen und einem wimmernden Weinen. Sie wird in diesem Psychohorrorfilm mit Handlungen konfrontiert, die für sie in ihr eigenes Leben ›hineinreichen‹.«

Als Beispiel für die Unfähigkeit einer anderen Jugendlichen zur Wahrung ästhetischer Distanz zu einem Subgenre des Horrorfilms schildert Luca die Medienbiographie der 16jährigen Realschülerin Carla. Die Fernseh- und Videogewohnheiten des Mädchens verraten eine problematische Abhängigkeit von der Mattscheibe, wobei der exzessive Filmkonsum von ihren Eltern toleriert wird. Auf Horrorstreifen, die sie nach eigenem Bekunden »als Ausgleich« anschaut, reagiert Carla mit gefühlsmäßiger Indifferenz. Allein Vampirfilme bereiten ihr Beklemmungen, seitdem sie im Alter von acht Jahren eine solche Produktion im Kino gesehen hatte: »Da hab ich das erste Mal das Gefühl gehabt, gleich geht die Leinwand hoch, und da stehen die ganzen Gestalten, die im Film mitgespielt haben, stehen hinter der Leinwand und kommen und laufen auf die Menschen zu, und dann passiert uns genau das gleiche wie im Film. Und seitdem habe ich wahnsinnige Angst davor. Auch, das habe ich dann meinen Eltern erzählt, daß ich Angst hatte, und dann kam meine Schwester auf die Idee, ja, sie könnte mich auch damit ärgern und hat, dann gab's damals die Plastikgebisse für Dracula. Und dann hat sie sich so eins gekauft, und dann kam sie immer an und hat mir *hier am Hals* rumgeknappert, und mein Vater hat sich als Frankenstein verkleidet und ist hinter mir hergelaufen.« Carla erlag dem mythogenen Potential des Vampir-Glaubens. Sie entwickelte eine Phobie gegen Draculas Gebiß, band sich nachts zum Schutz ein Tuch um den Hals, legte einen Hund vor das Bett und plazierte (nach filmischen Vorbildern) ein Kruzifix in ihre Nähe. Ihre extreme Angst vor dem transsylvanischen Blutsauger ist auch nach Jahren noch nicht verschwunden, da sie es nicht schafft, bei den betreffenden Filmen zwischen Realität und Fiktion zu unterscheiden. Angesichts der Fülle auf dem Markt befindlicher Vampirfilme – allein Graf Dracula taucht zwischen 1921 und 1993 in 160 Filmen auf – sieht sich die Vielseherin außerstande, sich diesem Genre zu entziehen. (Interessanterweise werden selbst den beiden prominentesten Dracula-Darstellern, Bela Lugosi und Christopher Lee, skurrile Rollenkonfusionen zugeschrieben. Als sich Lugosi in Jahre 1956 in seinem schwarzen

Umhang beisetzen ließ, war dies wohl eher als ironische ›Abschiedsgeste‹ denn als Folge geistiger Umnachtung zu interpretieren, wohingegen die folgende von Michael Kunczik aufgeschnappte Meldung über Christopher Lee offensichtlich in die Rubrik »moderne Sagen« gehört: »Lee soll sich nach einem allerdings nicht unbedingt glaubwürdigen Zeitungsbericht noch stärker mit seiner Rolle identifiziert haben als Bela Lugosi: Er soll im Hyde-Park im Dracula-Kostüm Menschen angefallen und im Vampir-Stil gebissen haben. Dies wäre, falls zutreffend, eine neue Dimension der Wirkung von Gewaltdarstellungen, die in der Forschung bislang nicht beachtet worden ist.«[65])

Allerdings können mediale Gewaltdarstellungen für psychisch gefährdete oder bereits gestörte Rezipienten extreme Folgen haben. Zur besonderen Beeinflußbarkeit männlicher Heranwachsender in einer kritischen Entwicklungsphase führt der Kinder- und Jugendpsychotherapeut Hans H. Hopf zunächst aus: »Männliche Jugendliche neigen aufgrund ihrer Sozialisation zu typischen Verhaltensweisen, die für einen Konsum von Gewalt-Videos geradezu empfänglich machen.«[66] Einflüsse der Peergroup, risikobereites Gebaren, pubertäre Omnipotenzwünsche sowie »Phantasien mit aggressiv-destruktivem Inhalt« in Verbindung mit (vorgetäuschter) Emotionslosigkeit werden von Hopf als wesentliche Begleiterscheinungen des Filmerlebens dieser Gruppe aufgezählt. Zwei Fallbeispiele dienen dann der Exemplifizierung der Wirkungskraft filmischer Eindrücke auf das Phantasieren und Träumen, Denken und Handeln: Im ersten Fall träumte ein 14jähriger Junge nach einer Fernsehausstrahlung des Thrillers *The Birds* (dt. *Die Vögel*), er sei mit Freunden in einem Turm eingeschlossen und Echsen würden versuchen, nach ihnen zu schnappen und Fleisch herauszureißen. Hierbei handelte es sich um einen symbolischen Nachvollzug der Aggressionshöhepunkte (d.h. der Vogelangriffe) des Spielfilms, die der nach außen gehemmt wirkende Junge im Kontext seiner latent vorhandenen, destruktiven und sadistischen Vorstellungen in manifeste Traumbilder verwandelte. Der Film fungierte lediglich als Auslöser für den (harmlosen) Durchbruch bisher verdrängter aggressiver Impulse des Jungen. Solche gleichsam katalytischen Wirkungen sind häufig.

Bei dem anderen Fall kam es nicht nur zu einer Mobilisierung zerstörerischer Phantasien, sondern zu einer pathologischen Übertragung filmischer Inhalte auf das zwanghafte Handeln des Rezipienten, der nicht mehr zwischen »innerer« und »äußerer« Realität differenzieren konnte. In dem betreffenden deutschen Spielfilm, *Der Fan*, himmelt ein psychopathisches Mädchen einen Popstar an und tötet diesen, als er sich nach einer kurzen Liaison von ihr trennen will. Anschließend zerlegt sie die Leiche, um die Teile zu verzehren. Inspiriert durch Szenen dieses reißerischen Streifens stach im Dezember 1982 ein 16jähriger Junge noch in der gleichen Nacht, in der er den Film gesehen hatte, ein Mädchen nieder, um ihren Fuß abzuschneiden und zu verschlingen. Nach drei Tagen wiederholte sich die schreckliche Prozedur, wobei auch das zweite Opfer nur knapp dem Tod entrinnen konnte. Es stellte sich heraus, daß der psychisch gestörte Täter schon seit geraumer Zeit unter der Zwangsvorstellung litt, einer blonden, blauäugigen Frau einen Fuß abtrennen und diesen anschließend aufessen zu müssen. Aber erst das Anschauen des Films führte zu einem vollständigen Zusammenbruch der Subjekt-Objekt-Trennung. Hopf bemerkt dazu: »Offensichtlich bewirkte der Inhalt des gesehenen Films bei der vorliegenden schwer gestörten Ich-Struktur dann den Zusammenbruch der Reste von Realitätsprüfung und eine bösartige Regression: Dies führte zur Ich-Spaltung, zur Entstehung von Allmachtsgefühlen, zur Umsetzung der destruktiven Phantasien in die Tat und zum kannibalistischen Einverleiben.« Die Beispiele verdeutlichen, wie Filme mit Gewaltdarstellungen bei Rezipienten – abhängig von deren Persönlichkeitsstruktur – schützende Abwehrmechanismen aktivieren, aber ebensogut krankhafte Übertragungsreaktionen in Gang setzen können. Die Potenz der Wirkung hat ihr jeweiliges Pendant in der Virulenz von Vorgängen in der Psyche.

4.4 Kriminogenes Kino

Als der mehrfach preisgekrönte und kommerziell erfolgreiche Vietnam-Kriegsfilm *The Deer Hunter* zu Beginn der 80er Jahre im amerikanischen Fernsehen ausgestrahlt wurde, war nicht abzusehen, daß er eine Kontroverse über die Frage auslösen würde, ob zentrale Sequenzen des Films, in denen russisches Roulette gespielt wird, für mehr als zwei Dutzend ähnlicher Vorfälle in den USA verantwortlich zu machen waren. Angesichts der Häufung von gemeingefährlichem Hantieren mit Schußwaffen nach der Sendung von Gewalt-Filmen stellt sich in der Tat die Frage, ob hier das »Nachäffer-Syndrom« als Erklärungsmodell für eine kriminalitätsfördernde Wirkung bestimmter Filme herangezogen werden kann. Tatsächlich mehren sich die Fälle, in denen das Kino insoweit verführerisch oder gar kriminogen wirkt, als es deutliche Imitationseffekte bei Tollkühnheit, sozialem Fehlverhalten, Vergehen oder Verbrechen ausübt.

Für Rezipienten gibt es grundsätzlich zwei Möglichkeiten, sich von filmisch dargebotenen Gewalt-Exzessen, Horror-Phantasien (oder Vergleichbarem) über Gebühr ›beeindrucken‹ zu lassen und die Grenze zwischen fiktionaler und realer Welt zu überschreiten. Die eine Möglichkeit besteht darin, das Gesehene zu *introjizieren*. Dies wird zum Beispiel durch die in vorherigen Kapiteln erwähnten Fälle dokumentiert, in denen anfällige Personen das Außen dem Innen anverwandeln und den dadurch entstehenden psychischen Zwängen unterliegen. Äußere Phantasieprodukte werden zu inneren Realitäten und richten Unheil an. Zum Beispiel werden Werwölfe, Teufel, Vampire u.ä. als abgelegte Mythen zu Obsessionen als wiederangeeigneten Wahnbildern. Die andere Möglichkeit besteht darin, das Gesehene zu *projizieren*. Dies geschieht, wenn die rezipierten Inhalte nach außen gewendet und dort eventuell zu nachahmendem Verhalten führen. In solchen Fällen wird umgekehrt versucht, das Innen dem Außen aufzuzwingen. Innere Vorstellungen werden zu äußeren Wirklichkeiten und verzerren die Berechenbarkeit und Verständlichkeit der realen Welt. Beide Reaktionsweisen sind auf ihre Art problematisch und für Individuum und Gesellschaft schädlich, denn sie verarbeiten seelische Erfahrungen unter Umgehung der jeweils fälligen Realitätsprüfung; aber beide gehören seit unvordenklichen Zeiten zum Repertoire möglicher Verhaltensweisen des Menschen und sind auch durch eine aufgeklärte Ästhetik oder Pädagogik nicht aus der Welt zu schaffen.

Gefährlich wird es, wenn bei Rezipienten von Gewalt- und Horrorfilmen Projektion in *Imitation* einmündet und Inneres damit äußerlich ›verarbeitet‹ wird. Wie wir in Kap. 4.5 noch ausführen werden, ist ein derartiges Verhalten aber keineswegs auf Gewalt- oder Horror-konforme Handlungsweisen beschränkt. Vielmehr ist ein immer wieder nachweisbarer Imitationseffekt im Spiel, der auf ein breites Spektrum nachahmenden Verhaltens anwendbar ist. Wo immer Zuschauer auf kurzschlüssigem Wege Medieninhalte zu Verhaltensmodellen erheben, die unmittelbar ihre Lebenspraxis berühren, ist der Imitationseffekt beobachtbar. Es geht dabei um fremdbestimmte Handlungsweisen, in denen suggestible Personen einen Zusammenbruch, zumindest eine temporäre Aufhebung der Grenzen von Phantasie und Wirklichkeit erleben und sekundäre Muster an die Stelle primärer Ideen, Motive, Pläne etc. und deren Durchführung setzen. Bedenkt man, welch bedeutsame Rolle Nachahmungen in der Kulturgeschichte der Menschheit wie auch in der Lebensgeschichte des einzelnen spielen (schließlich basiert ein Gutteil des Erziehungsprogramms eines jeden Menschen auf Imitationen), wundert es nicht mehr, daß Personen Opfer des Imitationseffektes werden können, wenn hohe Suggestivkraft von Objekten auf leichte Beeinflußbarkeit von Subjekten trifft. Der Effekt kann, muß aber nicht pathologisch sein. Je nach Zielgruppe und kultureller Akzeptanz der Phänomene zeitigt er positive, neutrale oder negative Konsequenzen. Wozu allerdings die Übernahme von Verhaltensmustern aus gewaltstrotzenden Filmen wie *The Deer Hunter* zu rechnen ist, bedarf keiner näheren Qualifizierung. Zu illustrieren sind im folgenden das Ausmaß und die Umstände imitativen Verhaltens von Personen, die sich offensichtlich durch eine (mehrfach) im Fernsehen gezeigte Kinoproduktion dazu haben animieren lassen, russisches Roulette mit sich selbst zu spielen, um das Schicksal herauszufordern und den damit verbundenen ›Kick‹ zu erleben.

Die Forscher Wayne Wilson und Randy Hunter bemerkten nach einer unsystematischen Auswertung von Zeitungsmeldungen im willkürlich festgelegten Untersuchungszeitraum von 1970 bis 1982 eine plötzliche Häufung von motivlos erscheinenden Gewalttaten nach der Erstaufführung des Films *The Deer Hunter* im Jahre 1978.[67] Von den 58 registrierten Ereignissen der Beobachtungsperiode waren 23 Vorkommnisse mit einem Täter und mindestens einem Opfer zu verzeichnen, während in 35 Fällen Täter und ›Opfer‹ identisch waren, indem sie sich selbst Gewalt zugefügt hatten. Vier Spielfilme – darunter *The Deer Hunter* und *Taxi Driver* – und zwei Fernsehserien (*S.W.A.T.* und *Tod eines Schülers*) wurden für 38 der 58 Vorfälle und 60 der insgesamt 83 meist jugendlichen und männlichen Opfer verantwortlich gemacht. Angesichts der in den USA leicht verfügbaren und weit verbreiteten Handfeuerwaffen überrascht es kaum, daß in 78% der beschriebenen Taten Revolver im Spiel waren. 31 Gewaltakte gingen laut Presseberichten allein auf das Konto des Films *The Deer Hunter*, wobei allerdings zu berücksichtigen ist, daß derartige Meldungen keine zuverlässige Quelle für den wissenschaftlichen Nachweis von Nachahmungshandlungen darstellen. Zu oft haben Reporter spektakuläre Gewaltverbrechen voreilig mit filmischen Vorbildern in Zusammenhang gebracht, als daß entsprechende Sensationsnachrichten ohne weiteres als Fundamente für empirische Erkenntnisse akzeptiert werden könnten. Ein von Katastrophendenken geprägtes Bild von medieninduzierter Straffälligkeit leistet der Aufklärung über das Problem keinen guten Dienst. Doch besteht, wie auch Peter Koper für

The Deer Hunter aufzeigt,[68] zumindest in einigen Fällen hohe Gewißheit über einen direkten Zusammenhang von Actionfilm-Konsum und gewalttätigem Verhalten.

Bei Koper ist die Rede von 31 Personen aus 15 US-Bundesstaaten im Alter zwischen 8 und 31 Jahren, von denen behauptet wird, sie hätten – inspiriert oder beeinflußt durch Filmszenen – russisches Roulette gespielt. Drei Personen überlebten diese ebenso sträfliche wie stupide Zurschaustellung männlichen Imponiergehabes schwerverletzt. Zu den Todesopfern zählte ein 28jähriger Fabrikarbeiter aus Illinois, der sich bald nach dem Erwerb eines Videorekorders eine Kopie der Films *The Deer Hunter* besorgt hatte. Offensichtlich tief beeindruckt von der Handlung erzählte er seinem Bruder, er selbst habe während seiner Militärdienstzeit in Deutschland russisches Roulette gespielt. Um seine Aussage zu untermauern, hielt er sich zunächst einen ungeladenen, dann einen mit einer Patrone geladenen Revolver an den Kopf und drückte in Gegenwart des Bruders ab.

Indizien für die Wirksamkeit des Nachäffer-Syndroms liefert ein weiteres Fallbeispiel: Einen Tag vor seinem 12. Geburtstag nahm ein zur Prahlerei neigender Schüler aus Muncie (Indiana), der zuvor den im Kabelkanal HBO ausgestrahlten Film gesehen hatte, den geladenen Revolver seines Vaters, entfernte fünf Kugeln und schoß sich im Beisein von drei Freunden mit der sechsten in den Kopf. Der Vater des Verletzten behauptete, daß sein Sohn vor dem Film keinerlei Kenntnis von der Existenz des »Spiels« hatte. Zu den Opfern des Films zählte auch ein achtjähriger Junge, der jüngste Betroffene, der von einem Freund erschossen wurde, als die beiden eine Szene russischen Roulettes nachspielten. 50% der Getöteten waren übrigens männliche Jugendliche zwischen 8 und 21 Jahren. Weibliche Opfer sind nicht bekanntgeworden.

Zwar kommt es fast automatisch zu einer Potenzierung ähnlicher Fälle, wird die Aufmerksamkeit der Medien erst auf derartige filminduzierte Handlungen gelenkt. Auch sorgt ein in der Medienwissenschaft bekannter Kontaminationseffekt für ebenso unrealistische wie unerfreuliche ›Aufblähungen‹ der Fälle. Dessen ungeachtet warnt der Psychiater Thomas Radecki, Vorsitzender der amerikanischen *National Coalition on Television Violence*, eindringlich vor den Folgen dieses wirkungspsychologisch fragwürdigen Films, der gerade durch wiederholte Fernsehausstrahlungen auf lokaler und nationaler Ebene ein breites Publikum ›beeindruckte‹: »Die Szenen, in denen in *The Deer Hunter* russisches Roulette gespielt wird, bieten einen eindeutigen Anreiz zu imminenten Gewalttätigkeiten.« Zu klären wäre allerdings, ob allein diese Sequenzen zu demonstrativen Nachahmungshandlungen geführt haben oder ob begleitende, durch Filmfiguren und Handlungsmuster gebotene Identifikationsmomente den entscheidenden Anstoß gaben. Wilson und Hunter weisen darauf hin, daß *The Deer Hunter* eine militärische Kameraderie unter den Charakteren schildert, der junge Männer besondere Sympathie entgegenbringen, so daß handlungsüberschreitende Motive im Spiel gewesen sein könnten – von der Identifikation zur Imitation. Wie dem auch sei – die Befunde sprechen für ein nicht zu unterschätzendes Gefahrenpotential filmisch vermittelter destruktiver Attitüden.

Auch die folgenden Fallbeispiele zeigen, daß Imitationen bei leicht zu beeindruckenden Medienkonsumenten zwar nicht zwangsläufig in kriminelles, aber bisweilen in selbstzerstörerisches Verhalten münden. Unbestreitbar ist, daß die Übernahme von Verhaltensweisen aus Filmen für viele Fälle delinquenten Handelns ebenso verantwortlich ist wie für Vorkommnisse gefährlicher Selbstüberschätzung. Zu Beginn der 70er Jahre machte der Motorradartist Robert Craig »Evel« Knievel aufgrund seiner spektakulären Stunts in den USA Furore und avancierte bald zum Bildschirmhelden. Durch seine waghalsigen, aber oft mißglückten akrobatischen Kunststücke erlangte er schließlich eine Art traurige Berühmtheit. Knievel, der sich selbst als »letzter Gladiator im Neuen Rom« bezeichnete, prahlte damit, sich bei Unfällen schon sämtliche Knochen gebrochen zu haben – mit Ausnahme des Genicks. Zwei Spielfilme um den Draufgänger datieren aus den 70er Jahren, und zwar *Evel Knievel* und *Viva Knievel!* (dt. *Viva Knievel – Der Tod springt mit*). Für großes Aufsehen sorgte Knievels (gescheiterter) Versuch, im September 1974 mit einem Motorrad den Snake River Cañon in Idaho zu überspringen. In der Folgezeit kam es zu einer Serie von Unfällen von Kindern und Jugendlichen, die sich ebenfalls eine Rampe bauten und mit Fahrrädern oder Motorrädern Hindernisse überwinden wollten.[69] Dabei zogen sich die verunglückten Personen – einige in dem Wahn, unverwundbar zu sein – vielfältige Verletzungen zu. Kein anderes Modell als das Fernsehen kam in diesen Fällen als Handlungsvorbild in Frage. Nachdem die folgenschweren Mißgeschicke übermütiger Kids eskalierten und ärztliche Nachforschungen auf den Plan riefen, bezeichneten Mediziner dieses konkrete Imitationsphänomen als »Evel-Knievel-Syndrom.«

Daß es besonders Kindern schwerfällt, die Konsequenzen riskanter Nachahmungshandlungen abzuschätzen, wird auch durch die verhängnisvolle Unbekümmertheit eines sechsjährigen texanischen Jungen im Umgang mit einer ›Filmbotschaft‹ bewiesen.[70] Zwei Tage nach der Fernsehausstrahlung des amerikanischen Rache-Westerns *Hang 'em High* (dt. *Hängt ihn höher*), in dem der Held seine eigene Strangulation überlebt, kündigte der Sechsjährige plötzlich auf dem Schulgelände an, sich erhängen zu wollen. Unmittelbar danach setzte er sein Vorhaben in die Tat um, konnte aber nach fünf Minuten noch lebend vom Strick befreit werden. Als er mit Blutungen im Gesicht und anderen Strangulierungsmalen auf die Intensivstation kam, war er noch halb bewußtlos, doch wenige Tage später zeigte die Aufzeichnung seiner Hirnstromaktivitäten keine Auffälligkeiten mehr. Einem behandelnden Arzt gestand der Junge, er habe die Idee, sich aufzuhängen, aus dem besagten Western erhalten. Medienwissenschaftler berichten über eine Anzahl ähnlicher Fälle mit ähnlich ›heroischem‹ Modellcharakter, die jedoch nicht immer so glimpflich verliefen.

Wenn die Beeinflußbarkeit von Filmkonsumenten so weit geht, daß wir es nicht mehr allein mit Selbst-, sondern mit Fremdaggression zu tun haben, d.h. wenn psychisch unausgeglichene oder sozial verwahrloste Rezipienten von Horror- und Gewaltfilmen völlig unbeteiligte Individuen nach Fernseh- oder Videovorbild bedrohen, verletzen, vergewaltigen, verstümmeln oder ermorden, offenbaren sich die kriminogenen Produkte als schlimme Ausgeburten der modernen Medienwelt. Schon die regelmäßigen Gewalteruptionen, von denen bestimmte Filmpremieren in den USA begleitet werden, zeugen von einer gesunkenen Hemmschwelle und gestiegenen Aggressionsbereitschaft im militanten Umfeld jugendlicher Kinobesucher. Gegen Ende der 70er Jahre wurden die Bandenfilme *The Warriors* (dt. *Die Warriors*) und *Boulevard Nights* bezichtigt, bei ohnehin zu impulsiver Gewalt tendierenden Zuschauern – vornehmlich bei Gangmitgliedern – zu einer explosionsartigen Entladung unsublimierter krimineller Energien geführt zu haben, wobei mehrere Todesfälle zu beklagen waren. Stimmen wurden laut, eine unter dem Diktat aggressiver filmischer Vorbilder stehende Krieger- oder Killermentalität habe in den 80er Jahren das soziale Klima der USA vergiftet und sei für eine zunehmende Mordrate unter jungen Männern mitverantwortlich. Zu Beginn der 90er Jahre sorgten insbesondere die Ghettofilme *New Jack City*, *Boyz N the Hood* und *Juice* für Negativschlagzeilen. Berichtet wurden Massenschlägereien, wüste Messerstechereien und Schießereien in oder vor Filmtheatern. Über die vielfältigen Spielarten von konkreter Nachahmungsdelinquenz geben Dutzende von Einzelfallstudien Auskunft. Nachfolgend eine Auswahl:

Die Kommunikationswissenschaftlerin Juliet Lushbough Dee schildert fünfzehn vor Gericht verhandelte Fälle medienbeeinflußter Brutalitäten, Tötungsdelikte, Selbstverstümmelungen und Suizide.[71] Anklagegegenstand war jeweils eine mutmaßliche Fahrlässigkeit seitens der Medien. Bei den Straftätern handelte es sich mitnichten ausschließlich um männliche Jugendliche. Um einen Fall von anscheinend filminduzierter Notzucht ging es in dem Prozeß zwischen Olivia Niemi und der Fernsehgesellschaft NBC. Vier Tage nach der Ausstrahlung des Spielfilms *Born Innocent* durch die National Broadcasting Company im September 1974 fielen drei weibliche Teenager an einem kalifornischen Strand über die neunjährige Olivia her und ›vergewaltigten‹ sie – höchstwahrscheinlich inspiriert durch die Fernsehsendung – mit einer leeren Bierflasche. Die Anführerin der rabiaten Jugendlichen, die selbst von ihrem Stiefvater sexuell mißbraucht worden war, sagte gegenüber der Polizei aus, sie habe die Idee zu der Tat aus dem Film *Born Innocent* erhalten, in dem eine jugendliche Staftäterin, gespielt von Linda Blair, mit einem Holzstiel mißbraucht wird. Juristisch konnte der Fernsehgesellschaft natürlich keine vorsätzliche Anstiftung zu Gewalttätigkeiten nachgewiesen werden, was aber auf der wirkungspsychologischen Ebene einen Konnex zwischen Bildschirmgewalt und realer Gewalt keineswegs ausschließt. Die Kategorien der Rechtsprechung sind viel zu simpel, um den komplexen Prozessen der Wirkungspsychologie gerecht werden zu können.

In einem weiteren Fallbeispiel rekapituliert die Autorin die Tötung des 16jährigen Martin Yakubowicz durch einen minderjährigen Messerstecher im Anschluß an den wegen der Darstellung schwelender Gewaltbereitschaft berüchtigten Kinofilm *The Warriors* im Jahre 1979. Auch in dieser disputablen Angelegenheit wurde der Vorwurf der Aufhetzung Jugendlicher zu Straftaten laut, denn der Messerstecher, der direkt vor der Tat zusammen mit drei anderen Gangmitgliedern den Film angesehen hatte, soll angeblich während des Tötungsdelikts eine Filmfigur aus *The Warriors* imitiert haben. Das 16jährige Opfer war zwar mit dem Täter flüchtig bekannt, wurde aber niedergestochen, ohne diesen provoziert zu haben. Außerdem soll der Messerstecher durch den Film in einen Rausch versetzt worden sein. Die Indizien sprachen dafür, daß der Täter entweder primär durch Bildschirmerlebnisse oder durch die den Film begleitende, stark aggressivierende Werbung zu dem kriminellen Akt angestachelt wurde. Zu berücksichtigen ist freilich, daß derartige Straftaten in einem Umfeld zunehmender Brutalisierung und Kriminalisierung einzelner Bereiche der Gesellschaft erfolgen, von denen gettoisierte Subkulturen besonders betroffen sind. Medienwirkungen sind – in diesem wie in anderen Fällen – fast immer mit anderen gesellschaftlichen Wirkungen verflochten, was sie zwar niemals entlastet, aber angemessener erklärt.

Eine dpa-Meldung vom 14. November 1994 unterrichtete die deutsche Öffentlichkeit über das vor einer Essener Strafkammer eröffnete Verfahren gegen die Entführer der zwölfjährigen Manuela X. Das Mädchen, Tochter eines Hausmeisterehepaares, war im Mai 1994 von zwei Kidnappern für ein Kind aus reichem Hause gehalten und mit erpresserischer Absicht entführt worden. Für Manuela endete die Verwechslung in einem dunklen Verlies in einer Autobahnbrücke, wo sie, an Händen und Füßen gefesselt, gefangengehalten und sexuell mißbraucht wurde. Arbeiter der Autobahnmeisterei entdeckten nach elf Tagen zufällig das Versteck und konnten das Martyrium des Mädchens beenden. Die beiden 22 und 27 Jahre alten Täter wurden gefaßt und wegen gemeinschaftlicher Entführung sowie versuchter Erpressung von zwei Millionen Mark angeklagt. »Es war eine spontane Tat, eine Blitzreaktion«, erinnerte sich der 27jährige vor Gericht. Nach seiner Darstellung waren die Brüder in chronischer Geldnot. »Ich habe es für meinen Bruder getan«, sagte der 22jährige. Mit dem Geld habe er seinem HIV-infizierten Bruder »einen angenehmen Lebensabend« ermöglichen wollen. In dieser Situation habe sie dann die US-Filmkomödie *Ruthless People* (dt. *Die unglaubliche Entführung der verrückten Mrs. Stone*) auf die Idee gebracht: »Das könnte man auch so machen.« Was zunächst nur »Spinnererei« gewesen sei, nahm bei der gemeinsamen Fahrt durch den noblen Essener Süden konkrete Formen an. Der Film hatte die Überzeugung induziert, der Plan sei durchführbar, die Geldsumme einlösbar.

Kein Nachweis gelang bisher über eine generelle Verführbarkeit jugendlicher Video-Cliquen, doch der Einfluß exzessiven Gewaltfilm-Konsums auf Individuen, von graduellen Abstumpfungserscheinungen bis hin zu schwerwiegenden Sexual-und Tötungsdelikten, kann heute wegen erdrückender empirischer Befunde nicht mehr ernsthaft in Frage gestellt werden. Der Jugendpsychiater Gunther Klosinski sieht gerade bei abnormen Kapitalverbrechen einen Zusammenhang zwischen Mediengewalt und Tatausführung: »Das Anschauen von ›harten‹ Sex-, Porno- und Kriegsfilmen über Videoanlagen ist für viele Jugendliche bereits zu einer Art Mutprobe geworden, wenn solche Szenen in der Gleichaltrigengruppe angesehen werden. Sich nicht erschüttern lassen, ›cool-sein‹ und schlimmste Grausamkeiten ohne Rührung oder nur mit verächtlichem Gelächter verfolgen können, wird als Beweis der Tapferkeit und ›Männlichkeit‹ gewertet. Dies führt in entsprechenden Cliquen Jugendlicher dazu, daß immer abstrusere und scheußlichere Grausamkeiten und Perversionen über Videobänder abgespielt werden, um damit den anderen zu beweisen, wie ›echt-cool‹ man ist, um den ›Coolsten‹ unter der Gruppe als Anführer zu wählen. Dieses neuartige Verhalten eines Teils der heutigen Jugendlichen bedeutet für den forensisch tätigen Jugendpsychiater, daß besonders bei auffällig grausamen und ungewöhnlichen Straftaten Jugendlicher und Heranwachsender an die Möglichkeit video-mitverursachter Kriminalität gedacht werden muß.«[72]

Als erstes Beispiel nennt Klosinski den Fall eines 17jährigen Videofans mit einer Vorliebe für Karate- und Kriegsfilme, der mehrfach Frauen mit einem Kampfmesser bedrohte, um diese angeblich gegenüber zukünftigen Vergewaltigern ›abzuhärten‹. Die Taten werden so interpretiert, daß der Jugendliche, der sich durch das häufige Ansehen eines Kriegsfilms mit einem Vietnam-Kämpfer identifizierte, tatsächlich damit seine Mutter vor dem aus seiner Sicht brutalen Vater schützen wollte. In einem zweiten Fall werden die Taten eines 19jährigen, durch einen Pornofilm angeregten Sexualstraftäters dargestellt. Dieser erzwang von mehreren Anhalterinnen Oralverkehr, nachdem seine Freundin sich geweigert hatte, die im Pornofilm gezeigte Fellatio mit ihm durchzuführen: »Es ist sehr fraglich, ob der leicht kontaktgestörte junge Mann ohne wiederholtes Anschauen des Pornofilms, das einer stetigen Handlungsanweisung und -aufforderung gleichkam, seine Sexualstraftaten begangen hätte. Da seine besonderen sexuellen Wunschvorstellungen ganz konkret im bewegten Bild vorgelebt, konkretisiert und als ›machbar‹ vorgegeben wurden, kam er in seiner Phantasie nicht mehr von ihnen los und mußte sie real ausleben.« Mit einem abschließenden Fallbeispiel dokumentiert Klosinski die nach filmischer Vorgabe erfolgten sexualsadistischen Handlungen eines in schwierigen familiären Verhältnissen aufgewachsenen 19jährigen Hilfsarbeiters an einem achtjährigen Jungen. Als sich der 19jährige mit seiner Mutter überwarf, zu der er bisher ein gutes Verhältnis hatte, da sie ihn gegenüber dem ungeliebten Stiefvater in Schutz genommen hatte, lebte er seine die Mutter betreffenden sexuellen Rachevorstellungen an dem Jungen aus, indem er diesem eine Eisenstange in den After stieß. Die Idee zu diesem brutalen Akt habe der 19jährige aus einem Videofilm erhalten, in dem einer weiblichen Gefangene von Männern mit einem Eisenstab Gewalt angetan wird. Der Jugendpsychiater kommt zu dem Ergebnis: »Die Video-Streifen konnten wahrscheinlich nur deswegen die Straftaten in Gang setzen, da es sich ohne Ausnahme um neurotische, konfliktbeladene Jugendliche und Heranwachsende gehandelt hatte, die in einer akuten Krisensituation eine mehr oder weniger bewußte oder unbewußte Konfliktlösung anstrebten.

Wegen ihrer neurotischen Persönlichkeitsanteile mußten den späteren Straftätern die entsprechenden Video-Szenen wie ein vorgeführtes eigenes Probehandeln erscheinen.« Die überdeutliche Kongruenz zwischen der Aneignung filmischer Verhaltensmodelle und der Tatausführung in allen beschriebenen Fällen unterstreicht die Folgerungen Klosinskis.

Das Problem der Identifikation Heranwachsender mit aggressiven Filmfiguren taucht mit hartnäckiger Beständigkeit sowohl unter Journalisten als auch bei Wirkungsforschern auf und sorgt für medienpolitischen Zündstoff. Dies betrifft besonders den Streifen *Rambo: First Blood Part II* (dt. *Rambo II – Der Auftrag*) aus dem Jahre 1985. Von allen US-Kriegsfilmen hat dieser Teil der *Rambo*-Trilogie (nicht unbedingt ein Ruhmesblatt für die amerikanische Filmkunst) den bisher wohl höchsten Bekanntheits- und Beliebtheitsgrad bei jugendlichen Filmfans erreicht, von denen sich manche vom martialischen Gehabe des wortkargen Einzelkämpfers anstecken und auch zu Straftaten hinreißen ließen. Durch fulminanten Presserummel und profitable Vermarktung wurde der Kinostar Sylvester »Sly« Stallone alias John Rambo in den USA zu einer nationalen Kultfigur stilisiert, so daß in den 80er Jahren von einer »Rambo-Manie« die Rede war, die später auch außeramerikanische Jugendliche infizierte. Unter anderem sollen in New York Rambo-Imitatoren als Telegrammboten eingesetzt worden sein. Dortigen Gazetten war zu entnehmen, Rambo verkörpere das »Symbol des amerikanischen Geistes«, wobei naive Bewunderung und kritische Distanz sich durchaus die Waage hielten. Die meisten Rezensenten gingen mit dem Film scharf ins Gericht, da er sich auf plumpe Weise an einer nachträglichen Verklärung des Vietnam-Debakels versuchte und die Legende von der Existenz amerikanischer Kriegsgefangener im Dschungel Indochinas wiederaufleben ließ.[73] Auch wegen seiner deplazierten, aber zugkräftigen christlich-religiösen Untertöne ist dieser Brutalo beiderseits des Atlantiks in die Schußlinie vieler Kritiker geraten.

Während Rambo in einer Filmszene unzweideutig als Gekreuzigter präsentiert wurde, zeigten ihn die entsprechenden Filmplakate als Übermenschen. In einem *Spiegel*-Artikel wurde er bezeichnenderweise als ein »amerikanischer Erlöser, ein Christus des Reagan-Zeitalters« tituliert,[74] und tatsächlich besitzt der Film die Grundstruktur eines Erlösungsmythos, pervertiert von den Wunschbildern einer puerilen politischen Phantasie. Angesichts der Gloriole des omnipotenten Heroen, mit der sich der Akteur umgab, nimmt es nicht wunder, daß Fans eines seiner phallischen Requisiten gleichsam als Fetisch verehrten: das Kampfmesser des Schauspielers. Es wurde vom Rambo-Schöpfer David Morell als

»Kunstwerk« bezeichnet und soll in limitierter Auflage in »signierten und numerierten« Einzelstücken Sammlern feilgeboten worden sein. Eine einfachere Version wurde an die Massen verhökert. Die Welle der Rambo-Euphorie schwappte bald nach Europa über, wo der als pure Tötungsmaschine agierende Leinwandstar besonders unter Haupt- und Grundschülern größte Sympathiegefühle genoß. Interviews mit deutschen Jugendlichen förderten zutage, daß Aktionen der *fiktionalen* Filmfigur als Maßstab der Bewertung *realen* Geschehens angesehen wurden.[75]

Der Sozialforscher Hans-Dieter König verweist auf die buchstäbliche »Lust des Tötens«, die den ekstatischen Zuschauern durch Rambos virtuosen Umgang mit Sprengpfeilen vermittelt wurde: »Daß Töten als lustvoll erlebt wird, kann der sich mit Rambo identifizierende Kinobesucher in eben diesen Minuten spüren, in denen der Held des Films immer wieder mit Sprenggeschossen versehene Pfeile aus seinem Köcher zieht, aus einer großen inneren Ruhe heraus den Bogen spannt, selbstvergessen den todbringenden Pfeil auf seine Feinde feuert – ›piiuh‹ – und ihrem Leben Sekundenbruchteile später durch eine gewaltige Explosion ein Ende bereitet. ›Wumm!‹. Besser als Worte drücken die der Sprache der Comics entlehnten Kunstworte die Lust aus, die es dem Zuschauer bereitet, der daran Anteil nimmt, wenn Rambo auf dem Weg über die hohe Kunst des Bogenschießens die durch die Existenz eines Feindes gestörte Ordnung der Welt von einem Augenblick zum anderen wiederherstellt.«[76] Erste Meldungen über Morde nach Rambo-Manier ließen nicht lange auf sich warten. So schildert der Medienpädagoge Werner Glogauer das Tötungsdelikt eines aggressiven 15jährigen, der neben einer ungünstigen Sozialbiographie auch eine ausgeprägte Affektlabilität aufwies.[77] Als er von einem 14jährigen gereizt wurde, durchtrennte er diesem blitzschnell nach »einem eingeübten Verhaltensmuster nach Rambo-Art« die Halsschlagader. Der Täter muß nicht nur den zweifelhaften Nimbus, sondern auch die Motorik des mythischen ›Helden‹ so stark introjiziert haben, daß er in der Konfliktsituation unkontrolliert und enthemmt – völlig unter dem Zwang filmischer Aggressionsmuster – reagierte, ohne daß ihm in diesem Augenblick die fatalen Konsequenzen seines Tuns bewußt waren.

In Einzelfällen wurde von deutschen Gerichten bei jugendlichen Tötungsdelinquenten ein ausschweifender Horror- oder Pornofilmkonsum ebenso wie das Hören »aufwühlender« Rockmusik direkt vor der Tat schon als strafmildernd gewertet,[78] doch über das tatsächliche Ausmaß der medienverursachten Kriminalität im deutschsprachigen Raum liegen keine verwertbaren oder gar verallgemeinerungsfähigen Daten vor. Eine meist multifaktorielle Sachlage erschwert die Erforschung und insofern auch die juristische Beurteilung. Trotzdem steht fest: Die Zahl der realen Opfer fiktionaler Gewalt nimmt im Einklang mit einer steigenden Imitationshäufigkeit bei jugendlichen Rezipienten stetig zu. Und längst nicht alle jungen Straftäter, die durch Bildschirmgewalt negativ beeinflußt wurden, sind auch im juristischen Sinne strafmündig.

Für die USA kommt der Psychiater und Verhaltensforscher Brandon Centerwall zu wahrlich alarmierenden Zahlen: 22 bis 34% junger, männlicher Schwerkrimineller haben nach eigenen Angaben verbrecherische Handlungen aus Fernsehfilmen bewußt imitiert und damit meistens ihr Ziel auch erreicht. Centerwall kam in seiner epidemiologischen Studie zu dem Fazit, daß die Einführung des Fernsehens bei den weißen Untersuchungspopulationen in den USA, in Kanada und Südafrika langfristig zu einer Verdoppelung der Mordrate geführt hat, wörtlich: »daß es – wäre die Fernsehtechnik nie erfunden worden – heute jährlich in den USA 10000 Morde, 70000 Vergewaltigungen und 700000 Körperverletzungen weniger gäbe.«[79] Auch Fälle von Kindesmißbrauch hätten sich durch den verderblichen Einfluß des Fernsehens verdoppelt. Der Forscher konstatiert eine ›Inkubationszeit‹ von 10 bis 15 Jahren zwischen der Sättigung des Marktes mit Fernsehgeräten und der Verdoppelung von Gewaltverbrechen in den betreffenden Staaten. Ausschlaggebend für diese erschreckenden Befunde ist nach Centerwall die Tatsache, daß die Straftäter in ihrer Kindheit, das heißt im vorpubertären Alter, für längere Zeit der Fernsehgewalt ausgesetzt waren. Treffen diese Ergebnisse zu, muß man sich nicht über die steigende Aggressionsbereitschaft der nachwachsenden ›Fernsehgenerationen‹ auch in anderen Ländern wundern, vor allem nicht über die in den Gehirnen von Kindern.

Wenn Kinder andere Kinder ermorden, schlägt die Woge der öffentlichen Entrüstung hoch. Kommt aber zusätzlich das Fernsehen als wahrscheinlich tatauslösender Faktor ins Spiel, ist eine geradezu hysterische Medienaufmerksamkeit garantiert, und – Gipfelpunkt der Ironie – Medien kritisieren Medien. Als Anfang September 1975 zwei befreundete Mädchen im niederrheinischen Kevelaer einen siebenjährigen Jungen zu Tode strangulierten, nur um zu sehen, was für ein Gefühl es ist, »wie in den Krimis und Western« jemanden zu töten, wurde in der Bundesrepublik das Fernsehen erstmals der Stimulation kriminellen Verhaltens bezichtigt. Die Tat schockierte die Öffentlichkeit besonders, weil die Mädchen erst 13 und 14 Jahre alt waren und weil sie mit bemerkenswerter Heimtücke und Kaltblütigkeit vorgegangen waren.[80] Laut

Vernehmungsprotokoll erklärten die Delinquentinnen, sie seien durch Gewaltszenen im Fernsehen zu der Tat inspiriert worden. Am Abend zuvor hatten sie Claude Chabrols im Rahmen des ARD-»Film-Festivals« ausgestrahltes Beziehungsdrama *Une partie de plaisir* (dt. *Ein lustiges Leben*) gesehen, in dem der Hauptdarsteller seine Lebensgefährtin zu Tode tritt. Eine der Komplizinnen, Elisabeth, sagte aus: »Als zum Ende auf dem Friedhof der Mann mit den Füßen auf seiner Frau rumtrampelte, als Iris das sah, lachte sie mich an.« Da wollen die beiden den Entschluß gefaßt haben: »Wir tun's.« Während der Tatrekonstruktion stellte sich heraus, daß die Mädchen ohne jedes sittliche Empfinden für Recht und Unrecht waren. Der Kevelaerer Kindermord statuierte damit ein eindringliches Exempel für kriminogene Kinematographie.

Es ist festzustellen, daß spielfilminduzierte Fremdaggressionen selbst bei Müttern auftreten können, die sie gegen die eigenen Kinder richten.[81] Ende des Jahres 1983 wurden zwei Säuglinge von ihren Müttern, die einander nicht kannten, in die Notaufnahme einer pädiatrischen Klinik gebracht, nachdem sie einen Fernsehfilm über Kindesmißhandlung gesehen hatten. Im ersten Fall konnte nur noch der Tod des zwei Monate alten Säuglings festgestellt werden. Die junge, alleinerziehende Mutter offenbarte, ihr Baby mit einem Kissen erstickt zu haben, um sein Geschrei nicht mehr hören zu müssen. Die zweite Mutter brachte ihr 2½ Monate altes Baby in die Klinik, nachdem es angeblich die ganze Zeit seit der Geburt schrie. Spontan gab sie zu, den Drang verspürt zu haben, »ein Kissen auf das Gesicht des Kindes zu legen.« Es stellte sich schnell heraus, daß die beiden sozial isolierten Mütter völlig unabhängig voneinander den besagten Spielfilm angeschaut hatten, in dem eine verzweifelte, ebenfalls alleinerziehende Mutter ärztliche Hilfe für ihre körperlich mißhandelte Tochter erbat. Als die Bildschirm-Mutter ihr Kind wieder mit nach Hause nahm, kam es zu erneuten und verstärkten Aggressionen, bis sie in der Schlußsequenz des Films unter dem Gebrüll des Kindes ein Kissen ergriff. Die Kommentatoren des Falles, Robert Wharton und Frederick Mandell, konstatieren bezüglich der Tötung des Säuglings durch die erste Mutter einen möglichen Kausalzusammenhang zwischen fiktionaler und realer Gewalt, da der Fernsehfilm aggressives Verhalten als probates Mittel in einer Konfliktsituation offerierte. Zudem wurden die filmisch dargebotenen Gewalttätigkeiten nicht geahndet, was für die Täterin einen zusätzlichen Anreiz für eine modellhafte Nachahmung von Kindesmißhandlung dargestellt haben mag. Und wenn wie hier ein Erwachsener nach einem einzigen kapitalen Filmverbrechen, das noch nicht einmal explizit gezeigt, sondern nur implizit angedeutet wurde, in vermutlich direkter Konsequenz ein Tötungsdelikt beging, läßt sich erahnen, welche Folgen 18000 teilweise blutrünstige Bildschirmmorde für jugendliche Rezipienten mit neurotischen oder anderen psychischen Fehlentwicklungen haben können. So hoch beläuft sich nämlich – durchschnittlich – in den USA die traurige Bilanz der simulierten Morde für jeden einzelnen jungen Zuschauer, wenn er die High-School verläßt. Deutschland ist auf dem besten Wege, diesen ›Standard‹ einzuholen.

4.5 Die Weiterungen des Werther-Effekts

Sieht man von den kriminogenen Wirkungen des Kinos ab, so zeigen sich die gefährlichen Effekte der Medien nirgendwo so flagrant wie bei presse- und spielfilminduzierten Selbsttötungen. Nicht nur das erschrekkende Ausmaß dieser durch reale wie fiktive Modelle beeinflußten oder motivierten Suizide, sondern auch die empirischen Befunde über die Wirksamkeit des sogenannten Werther-Effekts rechtfertigen eine separate Behandlung dieses brisanten Phänomens, das bisher nur vereinzelt in medizinisch-psychologischen Fachzeitschriften thematisiert wurde. Der Werther-Effekt, so bezeichnet nach Goethes berühmtem Briefroman *Die Leiden des jungen Werthers*, der nach seinem Erscheinen vor mehr als 200 Jahren eine Selbstmordepidemie unter ›mitleidenden‹ männlichen Lesern auslöste, ist das Resultat überintensiver Wirkung. Koinzidiert unter besonderen Kommunikationsbedingungen das hohe Beeinflussungsvermögen eines Medieninhalts mit der hohen Beeinflußbarkeit eines Rezipienten, ist das Auftreten dieses Effekts möglich oder wahrscheinlich. Die ›Wirklichkeit‹ des Objekts verliert dann für das Subjekt seine emotionale Unverbindlichkeit und erlangt gebieterische, im Extremfall eben tödliche Autorität. Dabei ist der Werther-Effekt nur der Spezialfall jenes allgemeineren Imitationseffektes, den wir oben (S. 103) in Anlehnung an eine saloppe Formulierung Stephen Kings als »Nachäffer-Syndrom« bezeichnet haben. Darunter fallen im Prinzip alle von Medienmodellen übernommenen, also fremdsuggerierten Verhaltensweisen.

Es gehört zu den immer wieder beobachtbaren Auswüchsen der auflagenorientierten Medienberichterstattung, daß einzelne oder kollektive Selbstmordfälle sensationalistisch aufgebauscht und journalistisch verzerrt werden. Angesichts der nachweisbaren Modellwirkung von Presseberichten und Fernsehsendungen über Suizide ergibt sich für die Medien-Verantwortlichen häufig die prekäre Lage, zwischen angemessener Zurückhaltung aus Rücksicht auf die Angehörigen der Opfer und sachdienlicher Unterrichtung der Öffentlichkeit lavieren zu müssen. Da aber mit steigender Publizität einer Selbsttötung statistisch auch eine erhöhte Zahl von Nachahmungsakten zu erwarten ist, sind besonders dann, wenn unbeabsichtigt Identifikationsangebote für selbstmörderisch disponierte Individuen geboten werden, fatale Konsequenzen dokumentierbar. (Dies ist z.B. der Fall, wenn Autoren übertrieben dramatisierte Berichte über Selbsttötungen in weit zirkulierenden Blättern als Titelstorys plazieren.) Seit Jahrzehnten liegen auch wissenschaftliche Befunde unterschiedlicher Qualität und Aussagekraft vor, die spezifische oder unspezifische Imitationseffekte bei Rezipienten von Pressemeldungen, Spielfilmen und Fernsehserien aufzeigen. Der Werther-Effekt hat Weiterungen, die seine kulturelle Brisanz bedrohlich steigern. Mit der Kenntnisnahme und Verarbeitung der Untersuchungsergebnisse tut sich die Öffentlichkeit allerdings schwer; denn bis auf medienwirksam präsentierte, spektakuläre Suizidhandlungen ist diese jede Altersgruppe und jede soziale Schicht betreffende Verzweiflungstat gesellschaftlich stark tabuisiert. Von privater Seite sind aus verständlichen Gründen kaum Angaben über die möglichen Ursachen von Selbsttötungen zu erhalten. Auch von offizieller Seite hüllt man sich meist in Schweigen, wenn es um die Bekanntgabe personenbezogener Daten geht. Das Statistische Bundesamt etwa kann keine präzisen Angaben über Suizidzeitpunkte und -methoden liefern. Es entsteht der Verdacht, daß mit dieser Praxis der tatsächliche Umfang individueller wie allgemeiner psychosozialer Problematik verschleiert wird. Rigide Auslegung geltender Datenschutzbestimmungen behindert außerdem eine tiefer in dieses Problem eindringende Forschung. Das hat zur Konsequenz, daß massenmedial ausgeschlachteten Einzelfällen eher das Flair des Exotischen oder Anekdotischen als das Merkmal des Aufklärerischen anhaftet. Sie werden weniger als Gesellschaftsproblem ernstgenommen denn als Nervenkitzel gesucht und rezipiert.

Empirische Belege für medieninduzierte Selbsttötungen größeren Ausmaßes stammen schon aus den 70er Jahren, als der amerikanische Soziologe David Phillips den Nachweis für ein Ansteigen der nationalen Suizidrate nach überregional verbreiteten Zeitungsmeldungen über Selbsttötungen bekannter Personen (*celebrities*) führte.[82] Phillips untersuchte die Wirkungen von Titelberichten in amerikanischen und britischen Zeitungen der Jahre 1947 bis 1967, und zwar jeweils in dem Monat nach den Meldungen. Wurde über einen Suizid allein in der *New York Times* berichtet, so stieg die Zahl der Selbsttötungen in den USA jeweils um durchschnittlich 22 Fälle. Gelangte der Suizid-Artikel gleichzeitig in die Schlagzeilen der noch weiter verbreiteten *New York Daily News*, so betrug die Erhöhung der Selbsttötungen im Folgemonat durchschnittlich etwa 51 Fälle. Je länger der Bericht über einen Suizid auf der Titelseite der *News* verweilte, desto höher stieg die Zahl der landesweiten Selbsttötungen. Als sich die Filmschauspielerin Marilyn Monroe Anfang August 1962 im Alter von 36 Jahren unter mysteriösen Umständen das Leben nahm, wurden anschließend 1838 Selbsttötungen gezählt. Die Differenz zwischen den beobachteten und den in dem betreffenden Monat zu erwartenden Suiziden betrug hierbei 197,5. In der zweimonatigen Periode nach Monroes Tod wurde in den USA ein statistischer ›Überschuß‹ von 303 Selbsttötungen festgestellt. Aufgrund der nachhaltigen Wirkung des Idols »MM« liegt die Vermutung nahe, daß bei diesem Überschuß verhängnisvolle Nachwehen eines an das Pathologische grenzenden Starkultes eine Rolle spielten. Der unter dem Namen Norma Jean Baker in einfachen Verhältnissen aufgewachsenen Künstlerin gelang mit wenigen Filmen der kometenhafte Aufstieg vom anonymen Starlet zu weltbekannten Diva, vom Glamourgirl zur »Sexgöttin« der 50er Jahre. Als der frühe Tod des Filmidols die um sie aufgebaute Traumwelt zum jähen Einsturz brachte, kam es zu Fällen kollektiver Unterdistanzierung und affektiver Überrumpelung bei besonders devoten Fans, was sich unter anderem in einer erhöhten Selbstmordziffer niederschlug. Die *News* präsentierte den Suizid der Monroe übrigens vier Tage lang als Aufmacher. Auch im Verbreitungsgebiet der damals populärsten britischen Tageszeitung, *The London Daily Mirror*, ließ sich ein entsprechender Effekt konstatieren, der aber nur für dort veröffentlichte Berichte galt. Nach Publikwerden der Selbsttötung Marilyn Monroes sowie des in die Profumo-Affäre verwickelten britischen Arztes Stephen Ward im *Mirror* stieg die Zahl der Suizide in England und Wales um 9,83% bzw. 17,26%. Zu einem Rückgang der Suizide um durchschnittlich 2,72% hingegen kam es dort, wenn die Selbsttötungsberichte in den USA, nicht aber in Großbritannien veröffentlicht wurden.

Diesem Werther-Effekt bei realen (im Unterschied zu fiktionalen) Suiziden konnten Phillips und Cartensen eine jahrelange Stabilität bescheinigen, wobei zumindest in Kalifornien alle demographischen Gruppen, allen voran Teenager, betroffen waren.[83] Bei der Gruppe der unter 20jährigen stieg die tägliche Suizidrate in der Woche nach dem Publikwerden eines prominenten Suizidfalles um ungefähr 22% an. A priori selbstmordgefährdete Personen waren jedoch nicht, wie man annehmen sollte, übermäßig für Imitationsverhalten empfänglich. Es stellte sich nämlich heraus, daß trotz höherer allgemeiner Suizidrate bei Männern der Werther-Effekt bei beiden Geschlechtern gleichermaßen ausgeprägt war. Ungeachtet einer allgemein höheren Suizidrate bei Weißen war der besondere Werther-Effekt bei diesen schwächer als bei Schwarzen. Trotz höherer Suizidrate bei Unverheirateten war der Werther-Effekt bei diesen ebenso geringfügig wie bei Verheirateten, und obwohl Personen im Rentenalter von allen Altersgruppen die höchste Suizidrate aufweisen, erschien der Werther-Effekt hier vergleichsweise unbedeutend.

Reale Modelle für Selbsttötungen, die von Presseberichten geschaffen werden, haben ihr Pendant in fiktiven Modellen, die durch Filme und Fernsehserien vermittelt werden. Der Werther-Effekt ist hier wie dort beobachtbar. Fiktionalisierung sorgt nicht – jedenfalls nicht per se – für emotionale Distanzierung. Das Gegenteil kann der Fall sein: Eine Häufigkeitszunahme von Eisenbahn-Selbsttötungen nach Ausstrahlung der Fernsehserie *Tod eines Schülers* veranlaßte den Psychologen Armin Schmidtke und den Psychiater Heinz Häfner zu einer Studie über den Einfluß dieser Mediendarstellung auf suizidales Verhalten.[84] Hierbei ging es um den Nachweis eines Kausalzusammenhangs zwischen der fiktiven Eisenbahn-Selbsttötung des 19jährigen Abiturienten Claus Wagner und einem Imitationsverhalten bei suggestiblen Personen – vor allem jungen Männern, die sich im Anschluß an die Sendung ebenfalls vor einen Zug warfen. Nach einer einführenden Episode über die kriminalistischen Ermittlungen wurden in der sechsteiligen Serie die Faktoren, die zum Suizid des Protagonisten führten, jeweils aus der Perspektive der Eltern, der Lehrer, der Mitschüler, der Freundin und des in Konflikte verstrickten Schülers selbst beleuchtet. Drehbuchautor Robert Stromberger und Regisseur Claus Peter Witt konstruierten in dem insgesamt sechsstündigen Fernsehspiel eine für die Hauptfigur ›ausweglos‹ erscheinende Situation, bedingt durch Disharmonie im Elternhaus, Differenzen mit den Lehrern, Querelen mit den Klassenkameraden, Zerwürfnis mit der Freundin und Versagen bei der Abiturprüfung. Dem Zuschauer wurde ein desolates Bild von der sozialen Isoliertheit des Jungen geboten. Zu Beginn jeder in sich abgeschlossenen Folge wurden zudem die letzten Momente im Leben des Schülers bis auf das Überfahrenwerden gezeigt.

Die Serie wurde wöchentlich erstmals im Januar/Februar 1981 im Zweiten Deutschen Fernsehen gesendet und im Oktober/November des folgenden Jahres nach dem gleichen Schema wiederholt. Dadurch konnte eine Zeitphase vor der ersten Ausstrahlung, der erste Sendezeitraum, die Periode zwischen Erst- und Zweitausstrahlung, der zweite Sendezeitraum und ein anschließender Zeitabschnitt untersucht werden, um etwaige Häufigkeitszunahmen von Eisenbahnsuiziden festzustellen. Häfner und Schmidtke nutzten die sich bietende Gelegenheit eines nach eigenen Worten »natürlichen Experiments« zur Prüfung der Imitationshypothese. Dabei wurden alle Eisenbahn-Selbsttötungen in der Bundesrepublik von 1976 bis 1984 erfaßt, nach Alters- und Geschlechtsgruppen aufgeschlüsselt und hinsichtlich über die Jahre verteilter, gleichbleibender Beobachtungszeiträume analysiert, so daß Zufallseinflüsse und saisonale Fluktuationen ausgeschlossen werden konnten. Die Beobachtungsperioden entsprachen jeweils den Sendezeiträumen der Jahre 1981 bzw. 1982. Folgende Ergebnisse wurden festgestellt:

1. In einem Zeitraum von zehn Wochen während und nach der Erstsendung von *Tod eines Schülers* stieg die Zahl der Eisenbahnsuizide – jeweils im Vergleich zum Durchschnittswert der übrigen acht Jahre – bei den 15- bis 19jährigen männlichen Jugendlichen um 175%, von 7,63 auf 21, bei gleichaltrigen Mädchen um 167%, von 2,25 auf 6. Bei den 15- bis 29jährigen Männern erhöhte sich die Zahl der Eisenbahn-Selbsttötungen um etwa 86% von zu erwartenden 33 auf insgesamt 62.
2. Im Untersuchungszeitraum von knapp zehn Wochen während und kurz nach der Zweitausstrahlung stieg die Zahl der Eisenbahnsuizide – jeweils im Unterschied zum Vergleichszeitraum des Jahres davor und danach – bei 15- bis 29jährigen Männern um 65% (von 18,5 auf 47), bei gleichaltrigen Frauen um 70% (von 7 auf 17).
3. Die Zunahmen der Eisenbahnsuizide für die Altersgruppe der 15- bis 29jährigen Männer in den beiden Sendezeiträumen verhielten sich ungefähr proportional zu den Einschaltquoten der betreffenden Altersgruppe während der Erst-und Zweitausstrahlung (19% und 8,85% Sehbeteiligung).
4. Unter allen ermittelten Meßwerten für den Gesamtzeitraum von neun Jahren stachen die Suizidraten der modellnahen Altersgruppen beiderlei Geschlechts als Maximalwerte hervor, und zwar bezüglich des ersten und zweiten Sendezeitraums.
5. Je weiter sich die untersuchten Personen altersmäßig von dem fiktiven Modell entfernten, desto schwächer war die Zunahme der festgestellten Suizide, wobei der Imitationseffekt bei den weiblichen Suizi-

denten insgesamt weniger stark ausgeprägt war als bei männlichen Pendants. Bei über 40jährigen Männern und über 30jährigen Frauen ließ sich keine signifikante Wirkung mehr beobachten.

6. Ein Absinken der modellspezifischen Suizidrate nach der durch die Ausstrahlung bedingten Steigerung unter den langfristigen Jahresdurchschnitt konnte nicht festgestellt werden, so daß sich die Hypothese von einer Vorverlegung des Handlungszeitpunktes bei ohnehin zur Selbsttötung entschlossenen Personen nicht bestätigen ließ. Statt dessen sprach Schmidtke und Häfner zufolge der verzögerte Rückgang der Suizidhäufigkeit nach der zweiten Sendung der Fernsehserie eher für einen länger andauernden Nachahmungseffekt.
7. Ebenfalls widerlegt wurde durch diese Studie die Annahme, bereits zum Suizid entschlossene Personen hätten sich durch den Film nur hinsichtlich der spezifischen Methode der Selbsttötung beeinflussen lassen. Schmidtke und Häfner führten dagegen das Argument an, daß einerseits bei modellfernen, also älteren Personen kein Effekt bemerkt worden war und sich andererseits der Anteil sonstiger ›harter‹, das heißt letaler Suizid-Methoden bei der modellnächsten Gruppe der 15- bis 19jährigen männlichen Jugendlichen in den Ausstrahlungsjahren 1981 und 1982 nicht verringerte.

Die Reaktion des ZDF auf diese Studie ist symptomatisch für die Tendenz der Massenmedien, sich bei heiklen Wirkungsphänomenen aus der Verantwortung zu stehlen. Statt sich der offenkundigen Problematik zu stellen, gab das ZDF aus seiner Defensivposition heraus zwei »Gegengutachten«[85] in Auftrag, was (nicht nur bei Experten) Unverständnis hervorrief, denn einer der Gutachter war als Kommentator selbst in die umstrittene Sendung involviert. Als solchermaßen Befangener stellte er der Fernsehserie *Tod eines Schülers* eine Unbedenklichkeitsbescheinigung aus. Der zweite Gutachter sprach das ZDF zwar von verantwortungslosem Handeln frei, attestierte dem Film aber immerhin eine hohe Suggestivkraft und schloß ausdrücklich einen möglichen Imitationseffekt nicht aus. Das ZDF hingegen zitierte in seinem Presse-Dossier aus dem Gutachten nur die ihm genehmen Passagen, so daß man eine vorsätzliche Verschleierung der wissenschaftlichen Befunde unterstellen muß. Gleichermaßen bedenklich ist, daß eine dritte Ausstrahlung der Serie (in der ursprünglichen Fassung) durch das Satellitenfernsehen 3sat im Jahre 1988 erst im letzten Moment verhindert werden konnte, als der zuständige Wissenschaftsminister des Landes persönlich beim Intendanten intervenierte. Alle vorherigen Bemühungen – beispielsweise der Deutschen Gesellschaft für Suizidprävention – um eine Streichung der Serie aus dem Programm wurden von den Fernsehmachern geflissentlich ignoriert. In einer Podiumsdiskussion zu dem Thema »Medien und Suizid«[86] äußerte sich der an der ursprünglichen Studie über die Negativ-Effekte der ZDF-Serie beteiligte Autor Armin Schmidtke konsterniert über die eingenommene Defensivhaltung des Fernsehens. Schmidtke betonte, daß die Erkenntnisse der Forschung nicht auf *inhalts-*, sondern allein auf *wirkungs*psychologischen Untersuchungen basierten. Er wies darauf hin, daß die sechsmalige Wiederholung der bereits erwähnten Eingangssequenz mit der Selbsttötung des Schülers aller Wahrscheinlichkeit nach einen besonders nachhaltigen Imitationseffekt ausgeübt hatte und daß die Ausstrahlung einer einzigen Episode möglicherweise eine geringere Wirkung erzielt hätte. Daß Änderungen einzelner Szenen des Films überhaupt zu einer Nivellierung negativer Effekte geführt hätten, wie das Fernsehen weiszumachen versuchte, wies Schmidtke als spekulativ zurück.

Die Resultate der Studie von Häfner und Schmidtke sprechen für die Imitationshypothese. Eine besondere, filmisch vermittelte Suizidmethode konnte mit wissenschaftlichem Instrumentarium auf konkrete Imitationseffekte in und nach zwei zeitlich weit genug auseinanderliegenden Sendezeiträumen einwandfrei überprüft werden. Als wichtigstes Ergebnis wurde ermittelt, daß sich negative Wirkungen gerade bei den modellnahen (männlichen) Subjekten ausprägten, wobei sich das Suizidpotential der Rezipienten tatsächlich vergrößerte. Ob es sich dabei um bereits Suiziddisponierte oder um Personen handelte, bei denen erst durch die Fernsehserie Neigungen entwickelt wurden, die nach den Sendungen zu Selbsttötungen führten, konnte natürlich nicht geklärt werden. Auch der Berufs- oder Sozialstatus der Selbstmörder blieb in der Studie mangels nicht verfügbarer Daten unberücksichtigt. Nimmt man aber an, daß es sich bei einem Teil dieser Personen um Studenten handelte, so würde dies mit dem empirischen Befund übereinstimmen, daß die Suizidrate dieser Gruppe generell überproportional hoch ist. Bei den in absoluten Zahlen stark differierenden geschlechtsspezifischen Selbsttötungsraten ist zu bedenken, daß bei Männern im allgemeinen eine viel höhere Suizidbereitschaft vorliegt als bei Frauen, die eher als »suizidversuchsgefährdet« eingestuft werden und als vergleichsweise »immun« gegenüber Selbsttötungshandlungen gelten.[87] Angesichts des 19jährigen Filmmodells überrascht es nicht, daß sich die altersmäßigen Befunde von Schmidtke und Häfner konträr zu allgemeinen, empirisch belegten Altersverteilungen verhalten, nach denen die Selbsttötungshäufigkeit mit zunehmendem Alter ansteigt und (in der Bundesrepublik) erst bei den über 50jährigen ihren Höhepunkt erreicht. Bei dieser Altersgruppe war jedoch die ohnehin niedrige Eisenbahn-Suizidrate völlig unbeeinflußt von der Ausstrahlung der Fernsehserie, obwohl *alle* Zuschauer mit der speziellen Selbsttötungsmethode durch eine jeweils sechsmalige Medienexposition konfrontiert wurden.

Amerikanische Forscher sind zu äquivalenten Resultaten über Selbsttötungen Jugendlicher nach Fernseh-Vorbild gekommen: Etwa zeitgleich mit Schmidtke und Häfner berichteten die Psychiater Madelyn Gould und David Shaffer über eine Erhöhung der *versuchten* Selbsttötungen bei Teenagern im Sendegebiet des Großraums New York nach Ausstrahlung von vier unterschiedlichen Fernsehfilmen, die fiktive Selbsttötungen zum Inhalt hatten.[88] Nach drei der vier Sendungen nahm überdies die Zahl der *vollendeten* Selbsttötungen deutlich zu. Es war die Intention der Fernsehanstalten, mit den Filmen die Öffentlichkeit für die Problematik der zahlreichen Selbsttötungen und Suizidversuche junger Menschen zu sensibilisieren, denn es ist eine traurige Tatsache, daß bei diesen Personen Selbstmord die häufigste Todesursache darstellt. Der erste, Mitte Oktober 1984 gesendete Film[89] zeigt zwei Schüler einer High-School, die einen Selbstmordpakt schließen. Genau zwei Wochen später wurde der zweite Film (*Silence of the Heart*) ausgestrahlt, der hauptsächlich die Reaktionen der Familienmitglieder auf die Selbsttötung eines 17jährigen Schülers thematisiert und aufgrund besonderer Umstände nicht in die Analyse einbezogen wurde. Im dritten Film (*A Reason to Live*, dt. *Es lohnt sich zu leben*), der Anfang Januar 1985 gezeigt wurde, bemüht sich ein 15jähriger erfolgreich, den eigenen Vater von der Selbsttötung abzuhalten. Etwa einen Monat danach wurde im vierten Film (*Surviving*, dt. *...und fanden keinen Ausweg mehr*) ein sensibles Teenagerpärchen gezeigt, das sich, als es nach gravierenden familiären Problemen getrennt werden sollte, gemeinsam umbringt. Begleitend zu diesen vier voneinander unabhängigen Sendungen wurden pädagogische Informationen zur Suizidprävention in Form von Ergänzungsprogrammen geliefert.

Überprüft wurden von Gould und Shaffer anschließend jeweils die Suizidversuchs- und Suizidraten von Personen unter 20 Jahren, und zwar (a) in einem Zeitraum von zwei Wochen vor und (b) zwei Wochen nach den Ausstrahlungen sowie (c) im Vergleich zu einem 25wöchigen Beobachtungszeitraum vom 15. Sept. 1984 bis zum 9. März 1985. Für Bereich (a) wurden durchschnittlich 14, für Bereich (b) durchschnittlich 22 und für Bereich (c) insgesamt 220 Suizidversuche ermittelt. Die Vergleichszahlen für die vollendeten Suizide (mit Ausnahme des zweiten Films) lauten (a) 1, (b) 4,3 und (c) 31. In den zweiwöchigen Perioden nach dem ersten, dritten und vierten Film ereigneten sich dementsprechend insgesamt 13 Suizide, während statistisch 7,4 zu erwarten gewesen wären. Die Autoren führen den signifikanten Anstieg der Selbsttötungen und -tötungsversuche auf einen wahrscheinlichen Imitationseffekt zurück, obwohl sich nur in einem einzigen Fall (nach der vierten Sendung) eine spezifische Nachahmung durch die Kohlenmonoxydvergiftung eines 17jährigen eruieren ließ. Von diesem Jugendlichen wurde außerdem berichtet, er habe den vierten Film tatsächlich gesehen. Ansonsten lagen keine Daten über Sehbeteiligungen der betreffenden Altersgruppe vor. Imitationen können allerdings auch dann wirksam werden, wenn die Selbsttötungsmethode des Modells und die des Rezipienten nicht übereinstimmen. Der ausgelöste Impuls ist eine Sache, seine instrumentelle Umsetzung eine andere.

Von den Soziologen Phillips und Paight wurden die Ergebnisse Goulds und Shaffers allerdings modifiziert.[90] Die beiden Soziologen dehnten das Untersuchungsgebiet auf Kalifornien und Pennsylvanien aus und überprüften die dortigen Suizidraten bei Teenagern für denselben Beobachtungszeitraum von September 1984 bis März 1985, nachdem auch dort die besagten Filme über fiktive Suizide jeweils einmalig gesendet wurden. Nur in einem Fall kam es in Pennsylvanien nach der Ausstrahlung eines Films zu einer leichten Erhöhung der Suizidrate gegenüber dem zweiwöchigen Vergleichszeitraum vor der Sendung. In allen anderen Fällen verringerte sich die Suizidrate nach den Ausstrahlungen deutlich. Keiner der Selbstmörder hatte die filmisch vorgegebene Methode der Kohlenmonoxydvergiftung nachgeahmt. Auch für städtische Gebiete war keine Steigerung der Suizidrate festgestellt worden. Diesen Befunden zufolge lassen sich die Ergebnisse von Gould und Shaffer zunächst nicht generalisieren. Phillips und Paight interpretieren die (scheinbar abweichenden) Resultate ihrer Studie jedoch so, daß nur einmalig gesendete Suizidmeldungen kaum Auswirkungen auf die Selbsttötungsrate Jugendlicher haben, während in verschiedenen Nachrichtenmagazinen gezeigte oder mehrmals wiederholte Übertragungen von Filmen oder Zeitungsberichten über (reale) Selbsttötungen die Suizidrate bei Teenagern landesweit klar ansteigen lassen. Vorgeführte Selbstmorde lösen demzufolge nicht per se den Werther-Effekt aus, sondern nur in Verbindung mit besonderer Suggestivkraft bei Wiederholung.

In einer anderen Replik auf die Studie von Gould und Shaffer folgerte der Psychologe Alan Berman, daß suizidales Verhalten fiktionaler Fernsehfiguren zwar nicht zu einem Anstieg der Selbsttötungen jugendlicher Zuschauer, wohl aber zu einer verstärkten Übernahme spezifischer Selbstmordmethoden führt.[91] Da die vier von Gould und Shaffer berücksichtigten Spielfilme landesweit übertragen wurden, nutzte Berman die Gelegenheit, die Wirkungen der Sendungen in allen US-Bundesstaaten mit hohen Suizidraten bei Jugendlichen und jungen Erwachsenen zu überprüfen. Berman klammerte jedoch die ersten beiden Filme wegen der sich überschneidenden Beobachtungszeiträume aus und berücksichtigte dafür einen weiteren Fernsehfilm, *A Desperate Exit*. Der im September 1986 gesendete Streifen behandelte die Folgen der Selbsttötung eines Teenagers, ohne die Tat oder die Methode *en détail* zu schildern. Insgesamt kam es zu einer leichten Verringerung der Suizidzahl in den maximal vierwöchigen Beobachtungszeiträumen nach den Sendungen gegenüber den entsprechenden Perioden davor. Eine signifikante Zunahme von Selbsttötungen durch Kohlenmonoxydvergiftungen bei Personen unter 25 Jahren erfolgte jedoch nach dem Film *Surviving* – dem einzigen Fernsehspiel aus dem Sample Bermans, in dem eine spezielle Suizidmethode der Hauptdarsteller demonstriert wurde. Die schauspielerischen Leistungen der Akteure dieses Films – auch der Nebenrollen – wurden von der Zeitschrift *Variety* überschwenglich gelobt; den Zuschauern wurde vor allem deshalb ein »emotional auslaugendes Erlebnis« versprochen.

Wie komplex sich die Begleitumstände jedes Einzelfalls darstellen, zeigt das folgende Exzerpt aus einem von Berman zitierten psychologischen Gutachten über einen 17jährigen Jungen, der zu diesem Personenkreis aus vermutlichen Nachahmern gehörte: »Er hinterließ ein Tagebuch mit ausführlichen Eintragungen aus seinen beiden letzten Lebensjahren. Darin fanden sich Hinweise auf eine ausgeprägte suizidale Vorstellungsfähigkeit während dieser Phase sowie eine vorherige Selbsttötungsandeutung und einen weiteren gescheiterten Selbstmordversuch durch Kohlenmonoxydvergiftung lange vor der Fernsehausstrahlung. Ausgedrückt wurden eine starke Wut auf den abwesenden Vater und Konflikte mit der Mutter nach der Scheidung. Am bedeutendsten waren seine Aufzeichnungen über die Zweifel an seiner sexuellen Identität, die ihm Verwirrung und Schmerz bereiteten. Über *Surviving* schrieb er: ›Ich war begeistert von diesem Film.‹ Aber zu einem anderen Fernsehfilm, *Consenting Adult* [dt. *Wie sag' ich's meinen Eltern*], der kurz [eine Woche] vor *Surviving* ausgestrahlt wurde und sich mit dem Problem der Homosexualität im

Kontext mangelnder familiärer Unterstützung beschäftigte, notierte er: ›Der Film hat mich hundertprozentig an mich selbst erinnert ... Ich habe die gleichen Gefühle gegenüber Männern wie er [der 20jährige Akteur Jeff Lynd]. Ich habe das Gefühl, mich selbst zu belügen.‹«[92] Nach diesen Ausführungen kann zwar im Fall des 17jährigen keine eindeutige Wirkungszuschreibung filmischer Handlungsmodelle vorausgesetzt werden, aber das Beispiel dokumentiert auch, welch tiefgreifende Gefühlseindrücke Bildschirmerlebnisse bei suizidalen Jugendlichen hinterlassen.

Während über konkrete Stimuli für die Selbsttötung des 17jährigen lediglich spekuliert werden kann, ist ein negativer Einfluß der Filme *Surviving* und *Consenting Adult* nicht von der Hand zu weisen. Gerade der letztgenannte Film kann aufgrund seiner eindringlichen Schilderung der negativen Konsequenzen des Coming-out der homosexuellen Filmfigur ein fatales Identifikationsangebot für den sich unverstanden fühlenden Selbstmordkandidaten dargestellt haben. Dieses Wirkungsphänomen steht in engem Zusammenhang mit eklatanten gesellschaftlichen Mißständen: Gilt die amerikanische Öffentlichkeit ohnehin schon als sexualfeindlich, so haben Homosexuelle besonders oft unter Anfeindungen engstirniger Mitbürger zu leiden – als Folge einer langjährigen Kriminalisierung der gleichgeschlechtlichen Liebe und Reflex einer verklemmten Sexualmoral. Derartige Einstellungen schlagen sich in dem Fernsehfilm *Consenting Adult* zum Beispiel in der Figur des Vaters nieder, der von einer radikalen Homophobie geprägt ist. Als die ebenfalls entsetzte Mutter des homosexuellen Sohnes einen Psychiater konsultiert, um den Sohn ›geradebiegen‹ zu lassen, stellt sich heraus, daß selbst dieser eine homophile Veranlagung als krankhaft betrachtet. Festzuhalten bleibt: Hätte der 17jährige Selbstmörder den Eindruck gewinnen können, seine Mitmenschen würden ihn mit seinen geschlechtlichen Neigungen akzeptieren, wäre es wohl kaum zu der Verzweiflungstat nach filmischem Handlungsvorbild gekommen.

Ein noch stärkerer, wenn auch unspezifischer Imitationseffekt wurde bei jugendlichen Selbstmordkandidaten festgestellt, die psychisch einschlägig vorbelastet waren: Als Mediziner einer Klinik in Waterbury (Connecticut) im nachhinein die Suizidversuchsquote der behandelten Jugendlichen für das Jahr 1985 untersuchten, fanden sie heraus, daß für den Monat Februar ein weit überdurchschnittlicher Wert existierte.[93] Der 10. Februar dieses Jahres war der Sendetermin des aus mehreren Studien bekannten Fernsehfilms *Surviving* gewesen. Schon zwei Tage nach der Ausstrahlung wurden die ersten beiden Patienten mit Überdosis (vermutlich von Schlaftabletten) eingeliefert. Es handelte sich um ein Pärchen, das, nachdem es die Sendung verfolgt hatte, gemeinsam in den Tod gehen wollte.[94] Innerhalb der nächsten zwei Wochen kamen 12 weitere Jugendliche nach gleichartigen Selbsttötungsversuchen in die psychiatrische Abteilung, wobei es sich um Personen handelte, die einander nicht kannten und die Filme unabhängig voneinander gesehen hatten. Bei allen Patienten wurden psychische Probleme diagnostiziert; einige von ihnen hatten schon vorher versucht, sich umzubringen, und jeder gab an, den Film *Surviving* gesehen zu haben. Die Autoren gehen aufgrund der überzufälligen Häufung von Suizidversuchen in einem so kurzen Zeitraum von einer Modellwirkung des Spielfilms aus. Der Streifen war offensichtlich die Saat, die auf ›fruchtbaren‹ seelischen Boden gefallen war.

Das Phänomen der Suggestivitätssteigerung durch mehrmalige Wiederholung von Meldungen über Suizide ist Gegenstand eines Forschungsberichtes von Phillips und Cartensen, in dem sogar eine hohe Korrelation zwischen der Anzahl von Nachrichtensendungen, die ausführliche Informationen über Selbsttötungen enthielten, und dem Ansteigen der tatsächlichen Suizidrate in der Woche nach der Ausstrahlung festgestellt wurde.[95] Nach einer Auswertung von 38 Fernsehmeldungen über reale Suizide sowie Dokumentarberichten (*features*) zu Themen wie »Suicide and the Army«, »Suicide and Retirement« oder »Suicide and the Young« in dem Zeitraum von 1973 bis 1979 fanden die Autoren heraus, daß die Zahl der Selbsttötungen unter amerikanischen Teenagern durchschnittlich um 0,35 Fälle pro Sendung sank, wenn der betreffende Bericht auf nur einem Kanal übertragen und nur einmalig gesendet wurde. Wenn hingegen der Fernsehbericht oder die Dokumentation wiederholt (zwei- bis maximal achtmal) ausgestrahlt wurde, betrug das Mehr an Selbsttötungen pro Suizidgeschichte durchschnittlich 5,29 Fälle. Unter Jugendlichen, die eher von dem Anstieg der Suizidrate betroffen waren als Erwachsene (Unterschied von 6,87% : 0,45%), verhielt sich das prozentuale Verhältnis von Jungen zu Mädchen bei dieser Erhöhung 5,18% zu alarmierenden 13,46%. Angesichts solcher Zahlen sind gefährliche Wirkungen von verbreiteten Selbsttötungsmeldungen im amerikanischen Fernsehen nicht mehr wegzuleugnen.

Bisher konnte nur in wenigen Studien ein *ursächlicher* Wirkungszusammenhang herausgestellt werden, der die Imitationshypothese auch bei fiktiven Suizid-Modellen monokausal stützt. In den meisten Untersuchungen wurden unspezifische Imitationseffekte nachgewiesen, die auf ein Netz von Einflüssen hindeuten. Das Modell kann dabei der sprichwörtliche Tropfen sein, der das Faß zum Überlaufen bringt. Allerdings gelang fast jeder wissenschaftlichen Analyse zumindest für die Periode des jeweiligen Beobachtungszeitraumes die Entkräftung der These von einer bloßen Vorverlegung von Suiziden durch die betreffenden Filme oder Zeitungsmeldungen. Besorgniserregend sind vor allem die hohen Nachahmungszahlen bei den etwa 13- bis 19jährigen Rezipienten, die sich überproportional häufig unter den klinisch auffälligen Personen befinden. Die tatsächliche Dimension der medieninduzierten Selbsttötungen erschließt sich auch erst, wenn dabei die zahlreichen als Auto- und Motorradunfälle getarnten Suizide einkalkuliert werden. Amerikanische Forscher zeigten nämlich, daß die tägliche Autounfallrate nach Meldungen über Selbsttötungen in den betreffenden Gebieten um bis zu 35% anstieg. Da die Anzahl der Selbsttötungen vom Verbreitungsgrad des Mediums abhängig ist, das ein »Modell« vorgibt, scheint das Fernsehen geradezu prädestiniert für die Vermittlung von Suizidmotivationen zu sein. Dies gilt besonders für Mehrteiler mit hoher Publizität wie *Tod eines Schülers*, für wiederholte Ausstrahlungen von Filmen, in denen Selbstmorde Jugendlicher dramatisch inszeniert werden und für Produktionen, in denen spezifische Suizidmethoden besonders ›realistisch‹ veranschaulicht werden.

4.6 Im Banne von Bildschirmspielen

In der Fernseh-Episode »The Game« aus der Science-fiction-Serie *Star Trek: The Next Generation* (dt. *Raumschiff Enterprise – Das nächste Jahrhundert*) ist die Besatzung des Raumschiffs von einem krankhaften Verlangen nach einem Computerspiel befallen, das unterschwellig auf das Gehirn wirkt und dabei das Lustzentrum stimuliert. Das Spiel macht seine Benutzer vom Erreichen eines Glücksgefühls abhängig und entpuppt sich als hochgradig manipulatives, psychotropes Rauschmittel. Hier wird eine Extrapolation gegenwärtiger technischer Entwicklungen – etwa aus dem Bereich der virtuellen Realität – in die Zukunft vorgenommen. Es ist auch ein beliebtes Motiv anti-utopischer Romane, ganze Planetenbevölkerungen als degenerierte Spielsüchtige vor bedrohlichen Bildschirmen dahinvegetieren zu lassen. Ob angstgeborene Prophetie, spekulative Projektion oder futurologische Prognose: das bedrohliche Potential bildhaft-elektronisch vermittelter Botschaften ist Gegenstand zahlloser zukunftspessimistischer Fiktionalisierungen in der Literatur und im populären Film. Das Vorstellungsvermögen über artifiziell herstellbare, alternative Welten kennt keine Grenzen, und Expertisen über die möglichen Auswirkungen computerisierter Spielmedien lassen die hypothetische Vorwegnahme des oben skizzierten Szenarios inzwischen nicht mehr als vollkommen fabulös erscheinen.

Die Kommunikationswissenschaftler Michael A. Shapiro und Daniel G. McDonald warnen vor den unabsehbaren Folgen des Eintauchens in eine (momentan noch nicht zu verwirklichende) »ideale« virtuelle Umgebung.[96] Danach besteht verstärkt die Gefahr einer Konfusion von primärer, empirisch vorgegebener und sekundärer, elektronisch vermittelter Realität, wenn diese sensoriell so erfahrbar wird, daß der Betroffene perzeptuell und imaginativ vollkommen entrückt wird. Es ist nur eine Frage der Zeit, bis neben dem räumlichen Erleben auch weitere Erfahrungsbereiche simulierbar sein werden. Das Faszinosum des kybernetischen Raumes (*Cyberspace*) animiert die Forscher zu immer größeren Anstrengungen, für »Cybernauten« attraktive dreidimensionale Kunstwelten zu schaffen.[97] Zustände sind nicht mehr fern, bei denen für die betroffenen Personen von den elementaren Sinnesempfindungen her kaum noch Anhaltspunkte für eine Differenzierung zwischen realem und imaginärem Raum, zwischen natürlicher und suggerierter Wahrnehmung, zwischen empirischer und ästhetischer Wirklichkeit existieren.

Doch problematisch sind in der Gegenwart bereits die sozio-psychologischen Folgen unkontrolliert-exzessiver Nutzung konventioneller, auf dem Markt befindlicher Computer- und Videospiele. Grundsätzlich gilt auch hier, was schon für die negativen Film- und Fernsehwirkungen konstitutiv ist, selbst wenn nicht alle Ergebnisse der Fernseh- und Videowirkungsforschung auf das Terrain der Bildschirmspielforschung transferierbar sind: Gefährdet sind vor allem abstinenzunfähige Häufigspieler, und zwar in Analogie zum Vielseher. Dies sind vornehmlich jüngere männliche Spieler mit mangelnder emotionaler Kontrolle, Jugendliche und junge Erwachsene mit anderweitig devianten Verhaltensauffälligkeiten und generell Personen, die psychisch nicht in der Lage sind, sich der faszinierenden Aura der Bildschirmspiele durch eine angemessene Distanz zum Spielobjekt zu entziehen. Wenn sich ein solch symptomatischer Kontrollverlust andeutet, bei dem das übermächtige Wirkungspotential des Spiels das psychisch labile Subjekt gänzlich zu vereinnahmen droht, kann es zu behandlungsbedürftigen Krankheitsphänomenen kommen. Das Objekt ist nicht die Krankheit, auch nicht ihre eigentliche Ursache, aber die Bedingung, unter der die Krankheit ausbricht.

Allzuoft werden die Negativeffekte, die von Bildschirmspielen ausgehen, allerdings überdramatisiert. Dabei ist es schon fast üblich geworden, unterschiedslos alle Arten von Spielen als gleichermaßen gefährlich zu qualifizieren – eine ebenso unzutreffende wie ärgerliche Beurteilung der Sachverhalte. Dies ist wohl darauf zurückzuführen, daß sich erwachsene Nicht-Spieler nur schwer in die Erlebniswelt jugendlicher Computerspieler hineinversetzen können. Hinzu kommt eine verbreitete Skepsis gegenüber neuen Medien-Technologien, vor der auch manche Forscher nicht gefeit sind. Therapiebedürftige Krankheitsphänomene, die in einem Zusammenhang mit Bildschirmspielen stehen, treten – soweit dies aus dokumentierten Fällen ersichtlich ist – selten auf, sind eher als Ausnahmeerscheinungen aufzufassen und lassen keine Rückschlüsse auf *allgemeine* gesundheitliche oder psychische Gefährdungen zu. Es ist sogar davon auszugehen, daß die positiven Effekte, die mit elektronischen Medien im weiten Feld der Videospieltherapie erzielbar sind, gegenüber spektakulären pathologischen Abirrungen überwiegen. Dies gilt es bei den folgenden Einzelfallstudien über psychiatrisch auffällige Videospieler zu berücksichtigen. (Was Einstellungsveränderungen bei Nutzern von Spielen mit politisch rechtsextremen Inhalten angeht, steht auf einem anderen Blatt und wird im Anschluß an die klinischen Fälle dargestellt.)

Das Dilemma eines 12jährigen Jungen, der in pathologischer Weise in die Phantasiewelt eines Labyrinth- und Verfolgungsspiels regredierte, um damit seinem unbeherrschten Vater zu entgehen, illustriert eine Fallstudie von George A. Keepers.[98] Bei dem Patienten handelte es sich um einen selbstvergessenen Intensivspieler, der auch nach der Klinikaufnahme für einige Zeit nur von dem Gedanken an sein favorisiertes Automatenvideospiel »Ms. Pac-man« beseelt war, für das er in den sechs Monaten zuvor täglich vier bis fünf Stunden lang gestohlene Beträge von jeweils 30 bis 50 Dollar investiert hatte. Entzugserscheinungen manifestierten sich während der ersten drei Wochen der stationären Therapie in Form von affektiver Teilnahmslosigkeit, weitgehender Kommunikationsunfähigkeit sowie Tagträumerei. Hier handelte es sich nicht mehr nur um problematisches Spielen. In diesem Fall waren die Kriterien der Spielsucht, wie sie zum Beispiel die American Psychiatric Association (APA) definiert, erfüllt, wonach der Spieler »eine zunehmende oder bereits chronische Unfähigkeit gezeigt haben [muß], dem Spielimpuls zu widerstehen«; wonach »typische Folgen von Sucht auftreten [müssen] wie psychische und physische Störungen, Beschaffungskriminalität, zerrüttete Familienverhältnisse etc.«; wonach er »keine ›antisoziale‹ Persönlichkeitsstruktur haben [darf], da sonst vermutet werden muß, daß die Ursachen für sein zwanghaftes Spielen weniger in der faszinierenden Spielstruktur als in seiner Persönlichkeit liegen.«[99] Familienzwistigkeiten waren hier jedoch nicht die Folge, sondern der Auslöser der Spielsucht. Diese konnte unter anderem durch eine gezielte Verhaltens- und Videospieltherapie kuriert werden, bei welcher der Patient sein eigenes Spiel kreieren durfte.

Selbst bei Erwachsenen kann sich die Beschäftigung mit Bildschirmspielen über ein vertretbares Maß hinaus zu einer regelrechten Manie entwickeln. In einem dokumentierten Fall figurierte die Arcade-Version des inzwischen klassischen Weltraumspiels »Space Invaders« für drei Männer von 25, 27 und 35 Jahren als Mittel der Realitätsflucht in einer psychischen Streß- und Konfliktsituation.[100] Hier war zwanghaftes Spielen wie im Fall des 12jährigen »Pac-Man«-Enthusiasten eng mit einer problematischen familiären Konstellation verknüpft. Die betroffenen Männer, die schon aufgrund ihrer Persönlichkeitsstruktur offenbar nicht gegen (temporären) Kontrollverlust durch Videospiele gefeit waren, standen jeweils kurz vor der Hochzeit und verbrachten in den Wochen zuvor so extrem viel Zeit mit dem Spiel, daß sie vor dem Einschlafen darüber phantasierten. In der Studie heißt es: »Einer von ihnen begann damit, bei ›Rendezvous‹ mit seiner Verlobten Space Invaders zu spielen oder sich beim Spiel zusehen zu lassen. Der zweite verschob seine Hochzeitsreise um eine Stunde, um ›noch ein paar Spiele zu schaffen.‹ Der dritte von ihnen war eine Stunde vor jeder Therapie-Sitzung, in der die bevorstehende Heirat diskutiert wurde, völlig darin vertieft, ›die kleinen Teufel vom Himmel zu ballern‹.« Das Spiel war vermutlich das Symptom eines unbewußten Abwehrmechanismus bei allen Dreien. Bald nach der Eheschließung verschwand bei den Männern die Manie wieder.

Seit einigen Jahren sind aufgrund aggressiver Marketing-Strategien, kostenintensiver Werbekampagnen und astronomischer Verkaufszahlen besonders Spielmodule sowie transportable Spiele in die Schlagzeilen geraten.[101] Vom abstrakten Konstruktionsspiel »Tetris«, dem wohl bekanntesten Geschicklichkeitsspiel überhaupt, sollen schon fast 30 Millionen Exemplare abgesetzt worden sein. Zu den beliebtesten Produkten dieser Sparte zählt das Jump-and-Run-Spiel »Super Mario Bros.«, das sogar einen Kinofilm gleichen Titels – einen gewaltigen Flop – aus dem Jahre 1993 inspiriert hat. Für viele amerikanische Kinder ist der Besitz dieses Nintendo-Spiels ebenso unverzichtbar wie das Interesse am Nationalsport Baseball. In den USA werden selbst grell gefärbte Frühstücksflocken in Form der Spielfigur »Mario« angeboten. Spiele vom Typ »Super Mario« und »Tetris« stehen in dem Ruf, aufgrund ihrer spezifischen Spielstruktur zu einer besonderen Abhängigkeit zu führen. Wie einem Bericht der britischen Tageszeitung *Independent* zu entnehmen ist: »Tetris wurde von einem sowjetischen Schach-Großmeister erdacht. Ziel des Spiels ist es, im Wettlauf mit der Zeit aus herabfallenden geometrischen Figuren eine Mauer zu errichten. Das macht süchtig. Bald bemerken Spieler, daß in der Einschlafphase Blöcke in ihren Köpfen rotieren, während sie fieberhaft Baustrategien ersinnen. Für diesen Zustand wurde sogar schon ein Begriff geprägt: Man ist ›Tetris-iert‹«.[102] So wird gemutmaßt, daß die Hersteller von Bildschirmspielen speziell geschulte Psychologen beschäftigen, um diesen Habitualisierungseffekt zu erzielen,[103] der bei unkonzentrierten Personen zu einer hilfreichen Fokussierung kognitiver Kräfte beitragen, unter ungünstigen Bedingungen aber auch in pathologisches Spielverhalten münden kann. Spielehersteller und Programmentwickler machen sich hierbei einen simplen psychologischen Mechanismus zunutze, der gerade der Attraktion von Abschieß- und Geschicklichkeitsspielen, also typischen »Reiz-Reaktions-Spielen«, zugrunde liegt: »Das Spiel ist durch einen minimalen Aufwand eigener Handlungsvollzüge bei hoher kurzzeitiger Stimulation des Erlebens bestimmt. Charakteristisch ist der schnelle Aktivierungszirkel des Spiels mit schnellem Abreagieren und Wiederaufladen der Erlebnisspannung, die Ausrichtung der Wahrnehmung auf die optisch vermittelte Spielstandsanzeige und die sich rasch verändernden Spielsymbole, das Einengen des Handelns auf elementare motorische Vollzüge (Knopf drücken, Joystick bewegen).«[104]

Weitere direkt beobachtbare Wirkungen wie die Ausbildung von Streßsymptomen lassen den Schluß zu, daß die Beschäftigung mit einem Bildschirmspiel wie auch mit einem Geldspielautomaten, also unabhängig von einer gerätetypischen Spielstruktur, bei disponierten Personen zu einer obsessiven Tätigkeit ausarten kann. Hierfür den überstrapazierten Suchtbegriff zu verwenden, ist aus medizinischer und psychologischer Warte bis auf wenige Ausnahmen, in denen etwa die Suchtmerkmale der APA zutreffen, allerdings problematisch. Auch intensives oder ruinöses Spielen ist zwar als klinisches Phänomen erkannt, wird aber in der Fachliteratur bei Glücksspielern und besonders bei Videospielern nur in wirklich extremen Fällen als pathologisch bezeichnet. So erscheint es im Licht aktueller Forschungsberichte über die Nutzung von Bildschirmspielen nicht gerechtfertigt, von einer unter Jugendlichen grassierenden Videospielsucht i.e.S. zu sprechen. Allerdings muß hier wohl mit einer beachtlichen Dunkelziffer gerechnet werden, da sich qualitative Angaben über psychische Störungen, die aus abnormen Spielaktivitäten und -intensitäten resultieren, nicht über Quantifizierungen von Konsumgewohnheiten ermitteln lassen. Empirische Forschungsberichte zeigen demgegenüber, daß das Videospiel im Repertoire der Freizeitbeschäftigungen amerikanischer Großstadtkinder eine besorgniserregende Rolle einnimmt. Nach einer neueren Untersuchung von Jeanne B. Funk gehörten nahezu 90% der Jungen und etwa zwei Drittel der Mädchen aus der Untersuchungspopulation zu den regelmäßigen Spielern zu Hause; knapp die Hälfte der Jungen und fast 20% der Mädchen nutzten außerdem Automatenvideospiele in Spielhallen. Immerhin 4,2% der 357 befragten Siebt- und Achtkläßler gaben zu, sich 15 und mehr Stunden wöchentlich mit Videospielen zu beschäftigen, während die durchschnittliche wöchentliche Spieldauer der Jungen 4,2 Stunden und diejenige der Mädchen nur 2 Stunden betrug.[105] Demgegenüber fördert eine ältere Befragung deutlich höhere Nutzungsfrequenzen in Spielhallen (*arcades*) zutage: Während 20 von 151 Jugendlichen 12 und mehr Stunden pro Woche spielten, kristallisierte sich eine kleine Gruppe (5–6%) von Problemspielern heraus, die durchschnittlich mehr als 20 Stunden pro Woche spielten.[106]

In der Kontroverse um Negativwirkungen von Bildschirmspielen ist zu unterscheiden zwischen subjektivem Belastungsempfinden (Schuldgefühlen) und objektiver Therapiebedürftigkeit sowie zwischen videospielunabhängigen und videospielinduzierten psychischen Problemen. Oft interagieren die Variablen in der Weise, daß dem Phänomen des exzessiven Spielens von Medizinern ein eigenständiger Krankheitswert abgesprochen wird. Einigkeit herrscht in Fachkreisen hingegen über die Existenz singulärer pathologischer Erscheinungen, die in Verbindung mit Videospielen auftreten. Schon eine sich ständig wiederholende, enervierende Computerspiel-Begleitmelodie, die sich bisweilen, wie passionierte Spieler glaubhaft darstellen, »in das Hirn einhämmert«, kann gravierende Auswirkungen haben. Dies belegt eine Fallstudie von Sean A. Spence,[107] auch wenn sich hier wie in den meisten der erwähnten pathologischen Fälle kein monokausaler Zusammenhang von Computerspiel und Krankheitsbild nachweisen ließ. Eine 20jährige, anamnetisch auffällige und dissozial stark gefährdete Patientin litt an 48 Stunden dauernden auditiven Halluzinationen von Computer-Begleitmusik. Der Soundtrack des Spiels »Mario Brothers« fungierte hierbei als Stimulus für diese Sinnestäuschung, die in dem Bericht als Symptom einer schon vorher ausgeprägten Psychose interpretiert wird. Erst die Applikation von Neuroleptika führte zum Abklingen der »Nintendo-Halluzinationen«.

Sogar verschiedene Fälle videospielinduzierter epileptischer Anfälle sind seit Beginn der achtziger Jahre in diversen Fachzeitschriften dokumentiert. Eine Forschergruppe um Yasufumi Maeda beispielsweise berichtet über sieben japanische Kinder im Alter von 4 bis 13 Jahren, bei denen durch Videospiele wie »Super Mario Bros.« und »Link's Adventure Quest« nachgewiesenermaßen epileptische Anfälle – teilweise in Verbindung mit heftigen Migräneattacken – ausgelöst wurden.[108] Seit 1986 findet für dieses neue Krankheitsbild, das unabhängig davon existiert, ob der Betroffene selbst spielt oder anderen beim Spielen zusieht, der Terminus »Videospielepilepsie« Verwendung. Bei keinem der sieben Kinder konnte selbst nach eingehender Untersuchung eine erbliche oder traumatische Schädigung des Gehirns als vorherige Ursache festgestellt werden. Einer der Patienten, ein siebenjähriger Junge, der schon seit drei Jahren Bildschirmspiele nutzte und seit einem Jahr beim Videospielen Anzeichen von Kopfschmerz, Übelkeit und Schläfrigkeit entwickelte, wurde ins Krankenhaus eingewiesen, nachdem durch das Spiel »Super Mario Bros.« nicht nur Teile seines Gesichtsfeldes ausfielen, sondern sein Sehvermögen schwand, bis er das Bewußtsein verlor. Die anschließende neurologische Untersuchung ergab keine Auffälligkeiten. Da dieser Junge nach achtmonatiger Spielabstinenz erneut von einem Schüttelkrampf heimgesucht wurde, mußte medikamentös mit einem Antiepileptikum nachbehandelt werden, was übrigens in allen Fällen bei eventuell persistierenden Krankheitserscheinungen zu einem Verschwinden der Symptome führte. Mit Hilfe der Elektroenzephalographie, bei der sich durch Hirnstromanalysen auch eine möglicherweise vorhandene ›Videospielempfindlichkeit‹ diagnostizieren läßt, konnte bei den von Maeda untersuchten Kindern aufgezeigt werden, daß bestimmte geometrische Schwarzweißmuster auf dem Bildschirm, eine starke Lichtexposition durch stroboskopische Blitze sowie Szenenwechsel während des Spiels epilepsieauslösend wirken können. Die Autoren betonen, daß Videospieler auch wegen der größeren Nähe zum Bildschirm eher epilepsiegefährdet sind als Fernsehzuschauer. Die Patienten waren zu Beginn der Erkrankung, soweit sich dies aus den Angaben in weiteren medizinischen Periodika ermitteln läßt, 4 bis 17 Jahre alt, wobei in ungefährer Analogie zum Spielkonsum das Verhältnis von Jungen zu Mädchen 4,7 : 1 betrug. Die Palette der epilepsieauslösenden Spiele reichte hierbei von »Pac-Man« bis zu »Space Invaders«.

Wenn auch epileptische Anfälle infolge exzessiven Videospielens bisher relativ selten auftraten, gehören Beeinträchtigungen des Sehvermögens, Augenbrennen und Kopfschmerz (bedingt durch Monitore mit unergonomischen Bildwiederholfrequenzen) zu den häufiger vorkommenden negativen Begleiterscheinungen dieser Freizeitbeschäftigung. Japanische Wissenschaftler untersuchten dieses Phänomen mittels einer Befragung von 2034 männlichen und 2321 weiblichen Grundschulkindern.[109] Es ging dabei um die subjektive Einschätzung von Belastungssymptomen (Überanstrengung oder Ermüdung der Augen und Einschränkung des Sehvermögens) bei unterschiedlicher Spieldauer.

Tab. 7: Prozentangaben der Beschwerden in Abhängigkeit von der Spieldauer in Minuten pro Tag

	Min.	0–30	31–60	61–120	über 120
Überanstrengung der Augen					
	männl.	49,0	59,2	65,4	70,7 (%)
	weibl.	62,6	71,3	74,7	93,3
Minderung der Sehschärfe					
	männl.	21,2	23,7	27,0	36,4
	weibl.	34,7	34,0	25,0	33,3

Bei Kindern mit einer täglichen Spielzeit von über 120 Minuten hebt sich das subjektive Belastungsempfinden signifikant von den Werten der übrigen Befragten ab. Die Autoren schlagen zur Vermeidung von gesundheitlichen Beeinträchtigungen durch flimmernde Bilder eine Limitierung der täglichen Spieldauer auf maximal 60 Minuten vor.

Dreh- und Angelpunkt der Diskussion über eine mögliche Jugendgefährdung durch neue Spieltechnologien ist eine mutmaßliche Aggressionserzeugung durch Gewalt- und Kriegsspiele, wobei dem aktiv partizipierenden Videospieler gegenüber dem passiv rezipierenden Fernsehzuschauer aber nicht unbedingt eine besondere Aggressionsverstärkung zugeschrieben wird. Die weite Verbreitung und große Popularität aggressiver Spiele, als deren ›Gütekriterien‹ bei jugendlichen Spielern Detailreichtum und Realitätsnähe gelten, müßte Kennern der Videospiel-Szene eigentlich Kopfschmerzen bereiten, doch viele Medienforscher äußern sich sehr zurückhaltend über Einstellungs- und Verhaltensänderungen bei Häufigspielern. Konkrete, teilweise widersprüchliche Befunde liegen vorwiegend zum Bereich der Kampfspiele vor, die übrigens in manchen Fällen nach dem Muster gleichnamiger Actionfilme (»The Godfather«,

»Rambo«, »Terminator«) gestrickt sind. Allenfalls bei Vor- und Grundschulkindern konnten in einigen experimentellen Studien übereinstimmend kurzfristige Aggressionssteigerungen durch martialische Spielinhalte festgestellt werden. Das schon ältere Kämpferspiel »Karateka« beispielsweise bot Modell-Charakter für aggressives Verhalten gegen andere Kinder und gegen eine Puppe,[110] während das früher in den USA populäre Abschießspiel »Missile Command« zwar nicht zu interpersonalen Aggressionen, aber vor allem bei den Mädchen zu einer anschließenden Steigerung der aggressiven spielerischen Aktivitäten führte.[111] Es kam dabei zu einer Angleichung an das ohnehin etwas höhere Aggressionsniveau der Jungen, die gemäß dieser Studie Gewaltspiele eher zu akzeptieren schienen. Bemerkenswerterweise ließen sich hierbei keine signifikanten Verhaltensunterschiede zwischen Spielern und Zuschauern registrieren.

Aufschlußreich sind in diesem Zusammenhang die beobachteten Gemütsäußerungen und Reaktionsweisen eines jugendlichen Videospielers mit Präferenzen für primitive Kampfspiele. Die Sozialpädagogen Wolfgang Fehr und Jürgen Fritz berichten u.a. über einen 12jährigen türkischen Jungen (M.) aus Köln, der seine schulischen Leistungsschwächen durch aggressive Videospiele zu kompensieren versuchte. Zu seinem Lieblingsspiel hatte er ausgerechnet das indizierte Machwerk »Techno Cop« erkoren, bei dem es um das Erschießen von Menschen geht, »die als kriminell und schlecht gelten. Extra Bonuspunkte gibt es für das ›Erledigen‹ von Kindern und Gegnern. Auf die Frage, welche Fähigkeiten der Spieler besonders beherrschen muß, antwortete M.: ›Rumballern! Nur rumballern! Da fliegen die Leichen dann nur so weg ... Kinder und alles mögliche abknallen!‹ Weiter beschreibt er: ›Weißt du, wie bei Miami Vice. Du gehst so in die Knie (zeigt, als hätte er eine Waffe in der Hand) und bah!, bah!, bah! ...‹«[112] Zu seinen weiteren Favoriten zählte das Kampfspiel »Full Contact«: »Wenn M. dieses Spiel spielt, fühlt er sich selbst als Karatekämpfer – es geht um *sein* Leben. Er identifiziert sich völlig mit der handelnden Figur, er wird im Spiel zum Karatekämpfer und versucht, sich auch verbal gegen die Angreifer zu wehren.«

Computererzeugte Identifikationsangebote unterscheiden sich damit, was unmittelbar euphorisierende Zustände zum Beispiel bei unterprivilegierten Jugendlichen angeht, kaum von filmischen Äquivalenten. Angesichts solcher Regungen, die bei jungen Videospielern keine Ausnahmeerscheinung darstellen, drängt sich die Frage auf, ob nicht durch menschenverachtende Spielszenarien, gewaltverherrlichende oder -verharmlosende Inhalte sowie fragwürdige Identifikationsmuster negative Wirkungen geradezu provoziert werden. Fehr und Fritz sind der Auffassung, daß »diese Muster geeignet sein [können], Verhaltensdispositionen, die Ausdruck der frustrierenden Lebenssituation sind, zu festigen und verhaltenswirksam werden zu lassen.« Die Tatsache, daß kampfspielbegeisterte Jugendliche fast uneingeschränkt ein Faible für Gewaltfilme haben und für Figuren wie Rambo schwärmen, ist unter Wirkungsgesichtspunkten als problematisch zu beurteilen. In einer demokratisch verfaßten Gesellschaft, in der Gewaltlosigkeit *idealiter* als Ethos fungiert, stellen die gewaltstrotzenden Heroen der Medienindustrie die falschen Leitbilder dar – bereits dann, wenn ihre Wirkung die Grenzen des Spielerischen nicht überschreitet.

Besonders bedenklich ist das Haupt-Charakteristikum vieler Gewalt- und Kriegsspiele: die programmbedingte Einengung des Spielgeschehens auf Kampfhandlungen mit dem einzigen Ziel der schlagartigen Ausrottung einer möglichst großen Zahl von Bildschirm-Kontrahenten. Feindseligkeit wird mit Eintragungen in Bestenlisten belohnt; jedes Zögern wird mit der Vernichtung der eigenen Spielfigur bestraft und führt damit zum unvermittelten Ende des Spielgeschehens. Bei derartigen Spielvarianten (z.B. »Mortal Combat«, »Doom« und deren Abkömmlingen) dient Gewalt durchweg als Selbstzweck. Sind ohnedies brutalisierende Spielaktionen zusätzlich mit einer Diffamierung des Gegners oder einer gezielten Schaffung von Feindbildern gekoppelt, entfaltet sich erst das tatsächliche Negativspektrum aggressiver Computerspiele.

Das Gebiet der faschistoid-rassistischen und sexistisch-pornographischen Software ist in der empirischen Wirkungsforschung (anders als im kulturkritischen Schrifttum) bisher noch weitgehend Niemandsland. Zu den wenigen Studien über die Negativeffekte von Videospielen rechtsextremistischen Inhalts zählt eine Fragebogen-Erhebung des Psychologen Helmut Kampe.[113] Beobachtet und befragt wurden in einer soziodemographisch repräsentativen Stichprobe 117 Jungen und Mädchen zwischen 13 und 19 Jahren. Untersuchungsgegenstand waren die Problemlösungsstrategien dieser Personen bei dem Videospiel »Der Diktator«, in dem neben autoritären Entscheidungsprozessen und chauvinistischen Sichtweisen auch die Gewaltakzeptanz als allein wirksames Mittel zur Erreichung politischer Ziele propagiert wird. Das beunruhigende Ergebnis: In diesem reduktiven, von der NS-Ideologie beeinflußten Weltbild sahen sich viele der Befragten, zu denen immerhin 41% Gymnasiasten und Fachoberschüler zählten, bestätigt und agierten dementsprechend.

Der Autor bringt die Problematik der durch das Spiel vorgegebenen Handlungsoptionen auf den Punkt: »Zwei Entscheidungen können als

Kristallisationskerne des rechtsextremistischen Sinnhorizontes dieses Spiels betrachtet werden: ›Wie hart wollen Sie Ihre Gefangenen arbeiten lassen?‹ und ›Soll Ihre SS eine Judenverfolgung durchführen?‹« Fast die Hälfte der Jugendlichen – vornehmlich Jungen – sprach sich im Spielverlauf für eine Judenverfolgung aus, obwohl diese Entscheidung das Spielgeschehen nicht wesentlich beeinflußte. Der Entschluß wurde jeweils mit der Meldung quittiert: »Ihre SS nahm X Prozent der Juden gefangen und warfen sie in die Gaskammern.« Auf die Frage nach dem spontanen Motiv für oder gegen die Wahl »Judenverfolgung« brachten 48% der Videospieler eine ablehnende und nur 31% eine positive Haltung gegenüber den Juden zum Ausdruck. Kampe stellt dazu fest: »Diejenigen, die sich für eine Verfolgung der Juden entschieden haben, die männlichen Jugendlichen oder diejenigen, die unter spieltaktischen Gesichtspunkten ihre Argumente entwickeln, charakterisierten die Juden mehrheitlich negativ. [...] Es stimmt nachdenklich, daß diejenigen, die sich im Spiel für eine Judenverfolgung entschieden hatten, das Spiel im nachhinein insgesamt als attraktiver bewerten.« Auf die Frage »Was ist Dir bei dieser Entscheidung [...] zu allererst in den Sinn gekommen?« ließen sich den Jugendlichen zum Beispiel folgende Antworten entlocken: »Juden dienen als Heizmaterial (für die Schiffe, sonst fahren sie nicht)«; »Hitler hat das gemacht, also muß ich es auch machen«. 31 Jugendliche der Verfolgungs-Befürworter rechtfertigten zudem die Konsequenzen ihrer Entscheidung mit kaltschnäuzig-zynischen Kommentaren, intolerablen Vorurteilen oder niveaulosen Platitüden. Rassistische und antisemitische Akte wurden flugs rationalisiert. Lediglich neun Spieler mißbilligten die obengenannte Rückmeldung. Als die Jugendlichen nach ihrer Einschätzung der Beweggründe für die Nutzung rechtsextremistischer und gewaltorientierter Software befragt wurden, kam der Autor zu folgendem Ergebnis:

Tab. 8: Angegebene Spielmotive

Selbst Macht ausüben, Entscheidungen treffen können; Politik machen können	38 Vpn
Menschen, Feinde, Juden verfolgen, töten; rechtsextreme Einstellung bestätigen	27 Vpn
Aggression ausleben, Kampf, Stärke beweisen	4 Vpn
Reichtum erwerben; Geld machen	2 Vpn
keine Angabe/weiß nicht	36 Vpn

Insgesamt unterdrückte das Spiel »Der Diktator« moralorientierte Argumentationsweisen, während es simplifizierende und gewaltorientierte Bewertungen des bedenklichen Spielgeschehens aktivierte. So resümiert Kampe: »Jugendliche, deren Meinungsbildung sich nicht auf einer stabilen Grundlage differenziert moralischen Denkens vollzieht, erliegen den inhumanen spieltaktischen Erfordernissen während des Spielens besonders leicht.«

Der Verbreitungsgrad und Nutzungsrahmen rechtsextremistischer Spielprogramme unter österreichischen Jugendlichen wurde von Fritz Hausjell untersucht.[114] Bei insgesamt 500 befragten Jugendlichen im Alter zwischen 10 und 19 Jahren rangierte die Beschäftigung mit Computerspielen an siebter Stelle von 19 Freizeitaktivitäten. Etwa jeder neunte aller Befragten (13% der Jungen und 8% der Mädchen) gehörte zu den Anwendern neonazistischer Computerspiele. Von diesen spielte ein Drittel »sehr oft« oder »häufig« zu Hause allein; ein Viertel zu Hause mit Freunden und ebenfalls ein Viertel zu Hause mit dem Vater, der übrigens neben Spielkameraden als wichtige Bezugsquelle für diese Programme fungierte. Macht es schon betroffen, daß sich viele Jugendliche überhaupt daran ergötzen konnten, im Rahmen einer pervertierten Wirtschaftssimulation die Position eines »KZ-Managers« einzunehmen, um ihrem Destruktionstrieb gegenüber Minderheiten am Bildschirm freien Lauf zu lassen, so schockiert es erst recht, daß fast die Hälfte dieser Problemgruppe nach weiteren »Spielen« dieser Art gierte. Nach eigenem Bekunden hatte nahezu ein Viertel der Anwender rechtsextremistischer Software schon selbst – teilweise erfolgreich – die Programmierung solcher Spiele in Angriff genommen. Es sind keine hellseherischen Fähigkeiten erforderlich, um zu erahnen, was all dies für die Entwicklung von Wertorientierungen bei jugendlichen Spielern impliziert. Die Hersteller sogenannter Nazisoftware gehen nämlich mit den unbeirrbaren Verfechtern der NS-Rassenideologie konform, indem sie unverblümt die Absicht verfolgen, Ressentiments zu schüren, zu Völkerhetze anzustacheln und nationalsozialistisches Gedankengut in Umlauf zu bringen. Fragt man die jugendlichen Benutzer nach den Motiven für ihre Beschäftigung mit derartigen Machwerken, bestätigt sich denn auch die Annahme, daß diese Personengruppe für diskriminierende Denkmuster besonders empfänglich und in erschreckendem Ausmaß auf neonazistische Propaganda ausgerichtet ist. (Über die Wirkung und Verbreitung linksextremistischer Spiele, die einen deutlich kleineren Markt haben, liegt momentan kein Datenmaterial vor. Allerdings sind bei der Bundesprüfstelle die Spiele »Kohl Diktator« und »R.A.F.« aktenkundig geworden.[115])

Wenn sich auch bislang keine wissenschaftlich haltbaren Anhaltspunkte für ein *generelles* Gefährdungs- oder gar Suchtpotential der Bildschirmspiele ergeben, so zwingen doch ernstzunehmende Fälle physischer und psychischer Beeinträchtigung und pathologischer Entgleisung sowie ungeklärte Langzeitwirkungen exzessiven Spielens zu medienpädagogischer und sozialpolitischer Vorsicht. Zum gegenwärtigen Zeitpunkt kann niemand ausschließen, daß das intensive Konsumieren von Gewalt- und Angriffsspielen bei infantilen und faschistoiden Gemütern längerfristig eine Verstärkung oder Veränderung von Verhaltensdispositionen mit sich bringt. Besondere Zurückhaltung ist geboten bei Computerspielvarianten, die darauf abzielen, kindliche und jugendliche Benutzer zu indoktrinieren oder so zu manipulieren, daß die Aufrechterhaltung eines Minimums an weltanschaulicher und intellektueller Distanz nicht mehr gewährleistet ist. Was eine bestimmte Machart von Literatur vermag (siehe oben S. 81ff.), das vermögen Computerspiele schon lange. Zwar ist kaum damit zu rechnen, daß die Spiele an sich, wie oft vermutet, eine Abhängigkeitswirkung ausüben. Wahrscheinlich ist eher, daß bei suggestiblen und labilen Personen eine psychische Gewöhnung erfolgt. Aber darüber ist von der Forschung längst noch nicht das letzte Wort gesprochen. Mit einiger Wahrscheinlichkeit bergen diese relativ neuen Spieltechnologien, was spätere Effekte auf Denken und Verhalten angeht, noch ihre Überraschungen.

Anmerkungen Kap. 4

1 H. Marshall McLuhan, *The Gutenberg Galaxy: The Making of Typographic Man* (Toronto: Univ. of Toronto Press, 1962).

2 Pier Paolo Pasolini, »Die Sprache des Films« in *Semiotik des Films: mit Analysen kommerzieller Pornos und revolutionärer Agitationsfilme*, hg. Friedrich Knilli (München: Hanser, 1971), 39.

3 Georg Kauffmann, *Die Macht des Bildes: Über die Ursachen der Bilderflut in der modernen Welt* (Opladen: Westdeutscher Verlag, 1988), 36.

4 Vgl. Ernesto Grassi, *Macht des Bildes. Ohnmacht der rationalen Sprache* (Köln: DuMont Schauberg, 1970).

5 Lutz Lippold, *Macht des Bildes – Bild der Macht: Kunst zwischen Verehrung und Zerstörung bis zum ausgehenden Mittelalter* (Leipzig: Edition Leipzig, 1993), 95.

6 Bernd Guggenberger, *Sein oder Design: Zur Dialektik der Abklärung* (Berlin: Rotbuch, 1988), 115.

7 Vgl. Bernd Weidenmann, *Psychische Prozesse beim Verstehen von Bildern* (Bern: Hans Huber, 1988).

8 Rainer Patzlaff, *Medienmagie – oder die Herrschaft über die Sinne* (Stuttgart: Freies Geistesleben, ^{2}1992).
9 Margot Berghaus, »Zur Theorie der Bildrezeption: ein anthropologischer Erklärungsversuch für die Faszination des Fernsehens«, *Publizistik* 31.3/4 (Juli-Dez. 1986), 278–95.
10 George Gerbner and Larry Gross, »Living With Television: The Violence Profile«, *Journal of Communication* 26.2 (Spring 1976), 191ff. Siehe auch den Überblick von Silvia Huth, »Zur Wirkung des Vielfernsehens: Ergebnisse aus der empirischen Forschung in den USA«, *Fernsehen und Bildung* 16.1–3 (1982), 149–234.
11 George Gerbner, »Über die Ängstlichkeit von Vielsehern«, *Fernsehen und Bildung* 12.1–2 (1978), 52ff.
12 Vgl. Michael Medved, *Hollywood vs. America: Popular Culture and the War on Traditional Values* (New York: HarperCollins Publishers, 1992), 249ff.
13 H[erbert] Selg, »Gewaltdarstellungen in Medien und ihre Auswirkungen auf Kinder und Jugendliche«, *Zeitschrift für Kinder- und Jugendpsychiatrie* 18 (1990), 153.
14 Heinz Bonfadelli, »Der Einfluß des Fernsehens auf die Konstruktion der sozialen Realität: Befunde aus der Schweiz zur Kultivierungshypothese«, *Rundfunk und Fernsehen* 31.3/4 (1983), 415–30.
15 Vgl. Christian W. Thomsen, ed., *Cultural Tranfer or Electronic Imperialism? The Impact of American Television Programs on European Television* (Heidelberg: Winter, 1989).
16 Siehe z.B. Tom Biracree, *Soap Opera Mania: Love, Lust, and Lies from Your Favorite Daytime Dramas* (New York: Prentice Hall, 1994).
17 Ist ein deutscher Verleih-, Fernseh- oder Videotitel nachgewiesen, erfolgt *bei der ersten Nennung* eines fremdsprachigen Titels die deutsche Angabe als Zusatz in Parenthese (es sei denn, beide Titel sind identisch). Existieren neben dem erwähnten Film weitere Filme gleichen Titels, wird bei der Nennung zusätzlich das Jahr der Erstaufführung angegeben.
18 Hans W. Geißendörfer, »›Mich schützt der Gott der Lindenstraße.‹: Über Dauerserien, Drehbuchautoren und das Dasein beim Fernsehen«, *Das Erste* 4 (1990), 20.
19 Richard W. Janney, »Cultural Stereotypes and Commercial American Filmed Entertainment«, *Die Neueren Sprachen* 78.3 (1979), 235.
20 Harald Schmautz, »Im Sog des Fundamentalismus«, *Kommune* 8.9 (1990), 27.
21 Siehe Ralph Umard, »Eskapistisch wie nirgends: Erlebnisse in indischen Kinos«, *Medium* 19.1 (1989), 71.
22 Diana M. Zuckerman and Barry S. Zuckerman, »Television's Impact on Children«, *Pediatrics* 75.2 (February 1985), 236.
23 Diana M. Zuckerman, Dorothy G. Singer and Jerome L. Singer, »Children's Television Viewing, Racial and Sex-Role Attitudes«, *Journal of Applied Social Psychology* 10.4 (1980), 281–94.
24 Ulrike Six, »Medieneinflüsse auf Einstellungen und Vorurteile«, in *Empirische Medienpsychologie*, hg. Jo Groebel u. Peter Winterhoff-Spurk (München: Psychologie Verlags Union, 1989), 179–95.
25 Neil Vidmar and Milton Rokeach, »Archie Bunker's Bigotry: A Study in Selective Perception and Exposure«, *Journal of Communication* 24.1 (Winter 1974), 36–47.

26 Judith Lemon, »Women and Blacks on Prime-Time Television«, *Journal of Communication* 27 (Autumn 1977), 70–79.
27 Clarence Spigner, »Black Impressions of People-of-Color: A Functionalist Approach to Film Imagery«, *The Western Journal of Black Studies* 15.2 (Summer 1991), 69–78.
28 George Domino, »Impact of the Film, *One Flew Over the Cuckoo's Nest*, on Attitudes Towards Mental Illness«, *Psychological Reports* 53.1 (August 1983), 179–82.
29 Otto F. Wahl and J. Yonatan Lefkowits, »Impact of a Television Film on Attitudes Toward Mental Illness«, *American Journal of Community Psychology* 17.4 (1989), 521–28.
30 Waldemar Vogelgesang, »›Die haben keinen Plan‹: Video-Cliquen als Orte der Erlebnisorientierung und der Abschottung gegen Pädagogik«, *Pädagogik* 11 (1992), 20, 22.
31 Über die Wirnisse in der Gewaltdiskussion und das Mißtrauen der Öffentlichkeit gegenüber der Forschung siehe Michael Kunczik, *Gewalt und Medien* (Köln: Böhlau, ²1994), 217ff.
32 Albert Bandura, Dorothea Ross and Sheila A. Ross, »Imitation of Film-mediated Aggressive Models«, *Journal of Abnormal and Social Psychology* 66.1 (1963), 3–11.
33 Peter Schönbach, »James Bond – Anreiz zur Aggression?« in *Aggression und Frustration als psychologisches Problem*, Bd. 2, hg. Hans-Joachim Kornadt (Darmstadt: Wissenschaftliche Buchgesellschaft, 1992), 437–44.
34 Stephen L. Black and Susan Bevan, »At the Movies With Buss and Durkee: A Natural Experiment on Film Violence«, *Aggressive Behavior* 18.1 (1992), 37–45.
35 Siehe Charles W. Turner, Bradford W. Hesse and Sonja Peterson-Lewis, »Naturalistic Studies of the Long-Term Effects of Television Violence«, *Journal of Social Issues* 42.3 (1986), 51–73.
36 Siehe Leonard D. Eron and L. Rowell Huesman, »Adolescent Aggression and Television«, *Annals of the New York Academy of Sciences* 347 (June 20, 1980), 319–31.
37 Leonard D. Eron und L. Rowell Huesman, »Fernsehen, Familie und Kultur«, in *Empirische Medienpsychologie*, hg. Jo Groebel u. Peter Winterhoff-Spurk (München: Psychologie Verlags Union, 1989), 162.
38 Siehe die Zusammenfassung der Ergebnisse von L. D. Eron und L. R. Eron, »Fernsehen, Familie und Kultur«, 154–57.
39 Vgl. Carol J. Clover, *Men, Women, and Chain Saws: Gender in the Modern Horror Film* (London: British Film Institute, 1992).
40 Ausgewählt wurden ausschließlich Kassenknüller: *Halloween* (dt. *Halloween – Die Nacht des Grauens*), *Friday the 13th* (dt. *Freitag, der 13.*), *The Texas Chainsaw Massacre*, *Nightmare on Elm Street* (dt. *Nightmare – Mörderische Träume*), *Prom Night* (dt. *Prom Night – Die Nacht des Schlächters*), *Happy Birthday to Me* (dt. *Ab in die Ewigkeit*), *Maniac* (1980), *Nightmare* (1981), *The House on Sorority Row* und *Drive-In Massacre*. Über Romano Scavolinis *Nightmare* heißt es beispielsweise in *Leonard Maltin's Movie and Video Guide* (1994 Edition): »Should be rated D for disgusting«, was man auf die meisten Titel ausdehnen könnte.
41 James B. Weaver, »Are ›Slasher‹ Horror Films Sexually Violent? A Content

Analysis«, *Journal of Broadcasting & Electronic Media* 35.3 (Summer 1991), 385–92.

42 Siehe Jane Caputi, *The Age of Sex Crime* (Bowling Green: Bowling Green State Univ. Popular Press, 1987).

43 Daniel Linz, Edward Donnerstein and Steven Penrod, »The Effects of Multiple Exposures to Filmed Violence Against Women«, *Journal of Communication* 34.3 (Summer 1984), 130–47.

44 Vgl. Neil M. Malamuth and John Briere, »Sexual Violence in the Media: Indirect Effects on Aggression Against Women«, *Journal of Social Issues* 42.3 (1986), 75–92.

45 George A. Comstock, »Sexual Effects of Movie and TV Violence«, *Medical Aspects of Human Sexuality* 20.7 (July 1986), 101.

46 Peter Struck, *Erziehung gegen Gewalt: Ein Buch gegen die Spirale von Aggression und Haß* (Neuwied: Luchterhand, 1994), 123.

47 Michael Kunczik, Wolfgang Bleh und Sabine Maritzen, »Audiovisuelle Gewalt und ihre Auswirkungen auf Kinder und Jugendliche: Eine schriftliche Befragung klinischer Psychologen und Psychiater«, *Medienpsychologie* 5.1 (1993), 3–19.

48 Michael Kunczik, »Gewalt im Fernsehen: Stand der Wirkungsforschung und neue Befunde«, *Media Perspektiven* 3 (1993), 102; siehe auch ders., *Gewalt und Medien*, 106ff.

49 Anon., »Über Leichen kann ich nur noch lachen! Gewalt im Fernsehen – wie wirkt das auf Kinder und Jugendliche?« *Eltern* 7 (Juli 1993), 150–53.

50 Zitiert nach Ralph R. Greenson, »A Psychoanalyst's Indictment of *The Exorcist*,« *Saturday Review/World* (June 15, 1974), 42.

51 R. R. Greenson, »A Psychoanalyst's Indictment of *The Exorcist*«, 41.

52 Siehe Kenneth L. Woodward, »The Exorcism Frenzy«, *Newsweek* (February 11, 1974), 28–33.

53 James C. Bozzuto, »Cinematic Neurosis following *The Exorcist*: Report of Four Cases,« *The Journal of Nervous and Mental Disease* 161.1 (July 1975), 43–48.

54 Vgl. James W. Hamilton, »Cinematic Neurosis: A Brief Case Report,« *Journal of the American Academy of Psychoanalysis* 6.4 (1978), 569–72.

55 Vgl. z.B. Georges Schindelholz, *Exorzismus: Ein Priester berichtet* (Altstätten: Panorama Verlag, 1984).

56 Siehe z.B. die Reaktion eines 12jährigen Jungen auf den Film *Invasion of the Body Snatchers* (dt. *Die Dämonischen* [1956] bzw. das Remake *Die Körperfresser kommen* [1977]) bei John Mathai, »An acute anxiety state in an adolescent precipitated by viewing a horror movie«, *Journal of Adolescence* 6.2 (June 1983), 197–200.

57 John A. Robinson and Arnold Barnett, »*Jaws* Neurosis«, *The New England Journal of Medicine* 293.22 (Nov. 27, 1975), 1154–55.

58 Siehe Anon., »Summer of the Shark«, *Time* (June 23, 1975), 32–37; Anon., »Hai Noon«, *Der Spiegel* Nr. 30 (21. Juli 1975), 81–82; Peter Goldman and Martin Kasindorf, »Jawsmania: the Great Escape«, *Newsweek* (July 28, 1975), 22–23.

59 Helmut Korte, »*Der weiße Hai* (1975) – Das lustvolle Spiel mit der Angst«, in *Action und Erzählkunst: Die Filme von Steven Spielberg*, hg. Helmut Korte u. Werner Faulstich (Frankfurt: Fischer, 1987), 92f.

60 Anon., »Der Atem stockt beim Leinwand-Schocker«, *Cinema* 12 (1979), 10–16.
61 Joanne Cantor and Sandra Reilly, »Adolescents' Fright Reactions to Television and Films,« *Journal of Communication* 32 (Winter 1982), 87–99.
62 Brian R. Johnson, »General Occurrence of Stressful Reactions to Commercial Motion Pictures and Elements in Films Subjectively Identified as Stressors«, *Psychological Reports* 47.3 (December 1980), 775–86.
63 Renate Luca, »Das ist nun mal so – Mädchen erleben Horror- und Gewaltvideos anders als Jungen«, *Pädagogik* 11 (1992), 8.
64 Renate Luca, *Zwischen Ohnmacht und Allmacht: Unterschiede im Erleben medialer Gewalt von Mädchen und Jungen* (Frankfurt/M.: Campus, 1993), 215. Die folgenden Zitate auf S. 204, 177.
65 Michael Kunczik, »Gewaltdarstellungen – ein Thema seit der Antike«, *Media Perspektiven* 3 (1993), 110.
66 Hans H. Hopf, »Traumatische Wirkungen von Horror- und Gewaltdarstellungen«, *Lehrerzeitung Baden-Württemberg* 39.21 (1985), 496.
67 Wayne Wilson and Randy Hunter, »Movie-Inspired Violence«, *Psychological Reports* 53.2 (October 1983), 435–41.
68 Peter Koper, »Can Movies Kill?«, *American Film* 7 (July/August 1982), 46–51.
69 Joel Daven, J. F. O'Conner and Roy Briggs, »The Consequences of Imitative Behavior in Children: The ›Evel Knievel Syndrome‹«, *Pediatrics* 57.3 (March 1976), 418–19.
70 Daniel L. Levin, Merle McLain and Michael Blaw, »*Hang 'em high* – a direct effect of television violence«, *The Journal of Pediatrics* 89.6 (December 1976), 1034–35.
71 Juliet Lushbough Dee, »Media Accountability for Real-Life Violence: A Case of Negligence or Free Speech?« *Journal of Communication* 37.2 (Spring 1987), 106–138.
72 G[unther] Klosinski, »Beitrag zur Beziehung von Video-Filmkonsum und Kriminalität in der Adoleszenz«, *Praxis der Kinderpsychologie und Kinderpsychiatrie* 36 (1987), 66–71.
73 Siehe z.B. Adi Wimmer, »*Rambo II:* Der kulturelle Kontext Amerikas«, *PP-Aktuell* 6.3 (1987), 79–92.
74 Anon., »›Rambo, Amerikas Held, will dich‹«, *Der Spiegel* Nr. 29 (15.7.1985), 81.
75 Siehe Monika Reimitz, »Rambo-Zambo – und was einige Jugendliche dazu meinen«, *Psychosozial* 31 (Juni 1987), 56f.
76 Hans-Dieter König, »Rambo. Zur Sozialpsychologie eines den amerikanischen Pioniergeist antikommunistisch wendenden Reagan-Films«, *Psychosozial* 31 (Juni 1987), 40f.
77 Werner Glogauer, »Aggressivität und Kriminalität bei Kindern und Jugendlichen durch Einwirkung von Mediengewalt« in *Gewalt in unserer Gesellschaft: Gutachten für das Bayerische Staatsministerium des Innern*, hg. Klaus Rolinski u. Irenäus Eibl-Eibesfeldt (Berlin: Duncker & Humblot, 1990), 140f.
78 Ulrich Strehlow, Birgitt Piesiur-Strehlow und Manfred Müller-Küppers, »Tötungsdelikte Jugendlicher und Heranwachsender aus der Sicht des jugendpsychiatrischen Gutachters«, *Zeitschrift für Kinder- und Jugendpsychiatrie* 16 (1988), 84.
79 Brandon S. Centerwall, »Television and Violence: The Scale of the Problem and Where to Go From Here«, *The Journal of the American Medical Association* 267.22 (June 10, 1992), 3059–63.

80 Siehe Anon., »Wir tun's«, *Der Spiegel* Nr. 38 (15.9.1975), 84–86.
81 Robert Wharton and Frederick Mandell, »Violence on Television and Imitative Behavior: Impact on Parenting Practices« *Pediatrics* 75.6 (June 1985), 1120–23.
82 David P. Phillips, »The Influence of Suggestion on Suicide: Substantive and Theoretical Implications of the Werther Effect«, *American Sociological Review* 39 (June 1974), 340–54.
83 David P. Phillips and Lundie L. Carstensen, »The Effect of Suicide Stories on Various Demographic Groups, 1968–1985«, *Suicide and Life-Threatening Behavior* 18.1 (Spring 1988), 100–114.
84 A[rmin] Schmidtke und H[einz] Häfner, »Die Vermittlung von Selbstmordmotivation und Selbstmordhandlung durch fiktive Modelle: Die Folgen der Fernsehserie ›Tod eines Schülers‹«, *Der Nervenarzt* 57 (1986), 502–10.
85 Vgl. Rolf Andreas Zell, Armin Schmidtke und Heinz Häfner, »Kann Fernsehen Selbsttötung auslösen? Streit um die ZDF-Serie *Tod eines Schülers*«, *Bild der Wissenschaft* 24.4 (April 1987), 130f.
86 Volker Faust et al., »Medien und Suizid: Podiumsdiskussion anläßlich der Jahrestagung der Deutschen Gesellschaft für Suizidprävention (DGS) in Regensburg am 10. Oktober 1988«, *Suizidprophylaxe* 19.1 (1992), 17–51.
87 Vgl. Christa Lindner-Braun, *Soziologie des Selbstmords* (Opladen: Westdeutscher Verlag, 1990).
88 Madelyn S. Gould and David Shaffer, »The Impact of Suicide in Television Movies: Evidence of Imitation«, *The New England Journal of Medicine* 315.11 (September 11, 1986), 690–94.
89 Die Titel der vier Filme bleiben bei Gould und Shaffer merkwürdigerweise unerwähnt, konnten aber mit Ausnahme des ersten Titels recherchiert werden.
90 David P. Phillips and Daniel J. Paight, »The Impact of Televised Movies About Suicide: A Replicative Study«, *The New England Journal of Medicine* 317.13 (September 24, 1987), 809–11.
91 Alan L. Berman, »Fictional Depiction of Suicide in Television Films and Imitation Effects«, *American Journal of Psychiatry* 145.8 (August 1988), 982–86.
92 Zitiert nach A. L. Berman, »Fictional Depiction of Suicide«, 986.
93 Siehe Robert B. Ostroff and Jeffrey H. Boyd, »Television and Suicide«, *The New England Journal of Medicine* 316.14 (April 2, 1987), 876–77.
94 Robert B. Ostroff et al., »Adolescent Suicides Modeled After Television Movie«, *American Journal of Psychiatry* 142.8 (August 1985), 989.
95 David P. Phillips and Lundie L. Carstensen, »Clustering of Teenage Suicides After Television News Stories About Suicide«, *The New England Journal of Medicine* 315.11 (September 11, 1986), 685–89.
96 Michael A. Shapiro and Daniel G. McDonald, »I'm Not a Real Doctor, but I Play One in Virtual Reality: Implications of Virtual Reality for Judgments about Reality«, *Journal of Communication* 42.4 (Autumn 1992), 94–114.
97 Siehe z.B. Hans-Jürgen Seemann, »Cyberspace: Der künstliche Himmel auf Erden?«, *Psychologie heute* 19.1 (Jan. 1992), 60–69.
98 George A. Keepers, »Pathological Preoccupation with Video Games«, *Journal of the American Academy of Child and Adolescent Psychiatry* 29.1 (January 1990), 49–50.
99 Zitiert nach Werner Sacher, »Jugendgefährdung durch Video- und Computerspiele? Diskussion der Risiken im Horizont internationaler Forschungsergebnisse«, *Zeitschrift für Pädagogik* 39.2 (März 1993), 318.

100 Donald R. Ross, »Space Invaders Obsession«, *The Journal of the American Medical Association* 218.10 (September 10, 1982), 1177.
101 Siehe Simon Morgan Warr, »Game War Heroes«, *The Independent on Sunday* (August 23, 1992), 6–8.
102 Jim White, »Beware the voyage to World Eight«, *The Independent* (December 15, 1990), 27.
103 Vgl. John Diamond, »Addicted to the end of time«, *The Guardian*, Supplement (November 24, 1992), 2–3.
104 Hein Retter, »Die Technisierung der Spielmittel – Vom mechanischen Spielzeug zu den elektronischen Medien«, in *Programmiert zum Kriegspielen: Weltbilder und Bilderwelten im Videospiel*, hg. Jürgen Fritz (Frankfurt: Campus, 1988), 30.
105 Jeanne B. Funk, »Reevaluating the Impact of Video Games«, *Clinical Pediatrics* 32.2 (February 1993), 86–90.
106 Eric A. Egli and Lawrence S. Meyers, »The role of video game playing in adolescent life: Is there reason to be concerned?« *Bulletin of the Psychonomic Society* 22.4 (July 1984), 309–12.
107 Sean A. Spence, »Nintendo hallucinations: a new phenomenological entity«, *Irish Journal of Psychological Medicine* 10.2 (June 1993), 98–99.
108 Yasufumi Maeda et al., »Electroclinical Study of Video-Game Epilepsy«, *Developmental Medicine and Child Neurology* 32 (1990), 493–500.
109 Tetsuo Misawa, Sadayoshi Shigeta and Susumo Nojima, »Effects of Video Games on Visual Function in Children«, *Japanese Journal of Hygiene* 45.6 (1991), 1029–34.
110 Nicola S. Schutte et al., »Effects of Playing Videogames on Children's Aggressive and Other Behaviors«, *Journal of Applied Social Psychology* 18.5 (1988), 454–60.
111 Joel Cooper and Diane Mackie, »Video Games and Aggression in Children«, *Journal of Applied Social Psychology* 16.8 (1986), 726–44.
112 Wolfgang Fehr und Jürgen Fritz, »Videospiele in der Lebenswelt von Kindern und Jugendlichen«, in *Computerspiele: Bunte Welt im grauen Alltag* (Bonn: Bundeszentrale für politische Bildung, 1993), 61.
113 Helmut Kampe, »Menschenverachtung, Antisemitismus und Gewalt in einem rechtsextremistischen Videospiel«, in *Computerspiele: Bunte Welt im grauen Alltag*, 113–27.
114 Fritz Hausjell, »Die Welle ist noch nicht vorbei«, in *Computerspiele – (Un)heile Welt der Jugendlichen?* hg. Jürgen Maaß u. Christian Schartner (München: Profil, 1993), 95-106.
115 Andreas Beierwaltes, Bettina Grebe und Klaus Neumann-Braun, »Indizierte Computerspiele – Markt und Spieler«, in *Computerspiele: Bunte Welt im grauen Alltag*, 90.

5. Starkult-Exzesse

Wer hinter die Kulissen blickt, kann feststellen: Die Welt der Medien ist eine Welt der Kuriositäten, ein Kabinett der Narreteien, ein Jahrmarkt der Merkwürdigkeiten, in schlimmen Fällen gar eine Höhle der Laster und Verbrechen. Denn abseits der Gefilde offizieller Wirkung, die im Bereich der Informationsübermittlung, Bildung und Unterhaltung als ›normal‹ angesehen werden, etablieren sich Spielwiesen für medieninspirierte oder -geschädigte Narren, deren Kapriolen als mehr oder minder anomal zu betrachten sind. Bleiben diese harmlos, lassen sie sich mit amüsiertem Lächeln zur Kenntnis nehmen, eventuell als Bereicherung des menschlichen Erfahrungsspektrums willkommen heißen. Werden sie sozialschädlich, sind sie zu den Gefährdungen zu rechnen, die von Medien ausgehen können, eventuell als Risiken der Mediengesellschaft zu bekämpfen. Wie auch immer – der Starkult ist ein Götzendienst in den Tempeln der Medien- und Konsumgesellschaft, dessen Exzesse es dem Beobachter nicht immer leicht machen, zwischen Harmlosigkeit, Verrücktheit und Gemeingefährlichkeit ihrer Wirkung zu unterscheiden. Hier einige Kuriosa aus dem Repertoire bekannter Pop-Kulturen, gefolgt von Beispielen des Krankhaften und Kriminellen:

5.1 Kurioses

Die sogenannte Trekkie-Religion, ein kultisches Phänomen, das sich aus der weltweiten Wirkung der amerikanischen Fernsehserie *Star Trek* (dt. *Raumschiff Enterprise*) entwickelt hat, zählt zu den eher harmlos-kuriosen Erscheinungsformen der Medienwelt, selbst wenn dem Wahn und dem Fanatismus, der von den Gehirnen einiger Anhänger dieser ›Religion‹ Besitz ergriffen hat, keine völlige Unbedenklichkeit bescheinigt werden kann. Die Trekkie-Religion ist eine typische Pop-Religion, erwachsen aus der nachhaltigen Wirkung eines populären Medienprodukts, ausgestattet mit allen mythisch-rituellen Merkmalen kollektiv wirksamer Kult- und Glaubensformen.[1] Natürlich ist sie – gemessen an hergebrachten theologischen Maßstäben für etablierte Religionen – ein Pseudo-Phänomen. Gleichwohl wirkt sie – gemessen am Eifer und der Inbrunst der ›Gläubigen‹ – als eine echte geistige Bewegung. Was die christliche Lehre kaum mehr vermag, nämlich wahren Enthusiasmus zu stiften, das bewirkt die Trekkie-Religion mit ihren inspirativen Modellen galaktischer Sinnsuche. Was die realgeschichtliche Erfahrung nicht mehr gewährt, nämlich ein Bewußtsein von Kohärenz und Transzendenz, das offeriert die ›Metaphysik‹ dieser Serie in Bildern kosmischer Bedeutung. Sie aktiviert Energien und mobilisiert Massen; sie definiert missionarische Ziele und proklamiert eine ›höhere‹ Botschaft: »Jenseits dieser Welt gibt es andere Welten. Wir sind nicht allein im Universum. Laßt uns aufbrechen und fernen Galaxien die Erlösung bringen – Erlösung *American style*.«

Gesellschaftswissenschaftler, die der Trekkie-Religion kritische Aufmerksamkeit gewidmet haben, bescheinigen: *Star Trek* ist mehr als eine fernseh- und filmgerechte Serie im Stil unzähliger ähnlicher Projektionen des Science-fiction-Genres. *Star Trek* ist ein nationales Kulturphänomen von übernationaler Größe, eine mythogene Kraft, welche die Fans zum messianischen Glauben an die veredelnde Macht überlegener Technik in der Hand überlegener Menschen in einer der Gegenwart überlegenen Zukunft inspiriert. »Könnte es sein«, fragte schon 1977 der Theologe Robert Jewett, »daß die Mythen [der *Star Trek*-Serie] in ihrer pseudo-empirischen Ummantelung eine neue Pop-Religion ins Leben rufen, imstande, auf Gedanken und Verhalten der Fans in machtvoller Weise einzuwirken?«[2] Es könnte nicht nur sein, es ist so. Wer den Rummel auf dem jüngsten internationalen Trekkie-Konvent (offiziell: *Star Trek Federation Convention*), der Anfang April 1994 in München abgehalten wurde, beobachten konnte, kommt um eine positive Antwort nicht herum. Die solche Konvente beherrschenden Symbole, Riten, Bilder, Insignien und Motive sind Zeugnisse eines ›lebendigen‹ Glaubens an die Macht von Mediengöttern, deren Glorienschein heute heller strahlt als die verblaßten Aureolen der christlichen Heiligen.[3] *Star Trek lebt!* war schon 1975 der Titel eines vielgelesenen Buches über den Kult[4] (veröffentlicht, nachdem die Serie nach kurzen drei Jahren wegen ›Erschöpfung‹ gestorben und durch vehementen Fan-Protest – zunächst als Zeichentrick-Version – wieder zum Leben erweckt worden war), und der 1994er Konvent stellte eben diese singuläre Lebensfähigkeit erneut unter Beweis. Sich über ein Vierteljahrhundert am Leben zu halten, ist für eine Pop-Religion eine respektable Leistung.[5] Zwar sind die meisten Schauspieler der ersten Generation inzwischen in Ehren ergraut und von der Bühne (will sagen: von der Brücke der Enterprise) abgetreten, aber die Serie ist jung und vital. Ihr Mythos hat sich dem Alterungsprozeß der Akteure erfolgreich widersetzt, und ihre populäre Aura inspiriert mittlerweile die dritte Publikumsgeneration. Durch unzählige Fernsehwiederholungen, sechs Kinofilme mit der alten Crew (1979–1991) und zwei Serienableger seit Ende der 80er bzw. Anfang der 90er Jahre (*Star Trek: The Next Generation* und *Star Trek: Deep Space Nine*) hat die Science-fiction-Reihe ständig neue Anhänger hinzugewonnen. Die Tatsache, daß die beiden Fortsetzungen der Originalserie trotz völlig neuer Charaktere von der Fangemeinde begeistert aufgenommen wurden, ist ein Beleg für die Anziehungskraft des *Star Trek*-Universums, dessen Aura die Wirkung von vertrauten Gesichtern bestimmter Figuren offenbar überschreitet. Inzwischen stehen der burschikose Captain James T. Kirk und sein introvertierter Nachfolger, Captain Jean-Luc Picard, in den Herzen ihrer Gefolgschaft als gleichberechtigte Idole nebeneinander. Eines der neuen Besatzungsmitglieder, der blinde Chefingenieur Geordi La Forge, hat seinen Namen übrigens einem 1975 verstorbenen Trekkie zu verdanken, dem damit postum Anerkennung als Fan gezollt wurde. Fakten und Fiktionen durchdringen einander bis zum Punkt ihrer Verschmelzung. In den Uniformen der Enterprise-Besatzung herumzulaufen, ihr Aussehen, ihren Habitus, ihre Sprechweise zu kopieren, gehört zu den ›heiligsten‹ Pflichten unter den Mitgliedern der Trekkie-Gemeinde. Für die Eingeweihten sind diese Dinge keine Paraphernalia, keine bloß äußeren Insignien einer modischen Erscheinung, sondern Zeichen innerer Teilhabe am Geist des »Unternehmens«. Nicht von ungefähr trägt das Raumschiff diesen Namen.

Als Gene Roddenberry die Serie 1967 ins Leben rief, ahnte er nicht, daß man ihn zu einem gottgleichen Schöpfer und sein Produkt zu einer quasi-göttlichen Schöpfung hochstilisieren würde.[6] Weder hatte er die Absicht noch die Voraussicht, seine Hollywood-Studio-Kreaturen zum Gegenstand kultischer Verehrungen und theologischer Abhandlungen werden zu lassen.[7] Aber die Wege populären Erfolgs sind oft unerforschlich und die Wirkungen auf das Publikum wahrlich mysteriös. »Ungern vergöttere ich ein menschliches Wesen«, äußerte George Takei (der in der Serie den Bordoffizier Hikaru Sulu mimt), »aber Gene Roddenberry ist wirklich wie ein Gott für uns, denn er brachte uns zusammen.« Mit Mediengöttern zusammenzusein, ihrer ›höheren‹ Präsenz ansichtig und ihrer ›erlösenden‹ Botschaft teilhaftig zu werden – das ist in der Tat die

Triebfeder für Hunderttausende von Fans, die sich der ›frohen Botschaft‹ Gene Roddenberrys verschrieben haben. Die devoten Verlautbarungen in der Fan-Post sowie die leidenschaftlichen Bekenntnisse auf Trekkie-Konventen geben Auskunft über den Grad einer Identifikation, die so manchen christlichen Hirten mit Neid erfüllen müßte.

Die Inbrunst, mit der die Kultformen gepflegt werden, und das Wertgefühl, das sie zu stiften in der Lage sind, sind schon erstaunlich. Bei eingeschworenen Fans verschwindet das Bewußtsein, es mit serienfabrizierten Fiktionen zu tun zu haben, vollkommen hinter der Überzeugung, ›höherer‹ Offenbarungen teilhaftig zu werden. »*Star Trek* war und wird immer der größte Einfluß in meinem Leben sein«, stellt ein Trekkie kurz und emphatisch fest, während ein anderer bekennt: »*Star Trek* hat mein Leben verändert..., hat meine Welt für neue Gedanken geöffnet und meine Brieftasche geleert bei dem Versuch, mit den anderen [Fans] mitzuhalten... Es hat mich als Person viel wirklicher werden lassen, leichter im Umgang.« Ein dritter läßt sich ausführlicher über die ›Metaphysik‹ der Serie aus und schwärmt: »Spock und Kirk und das ganze Reich von *Star Trek* legen für uns beredtes Zeugnis ab von Wissen, Wirksamkeit und Hoffnung, von Streben und Obsiegen, von Zusammenstehen. Und die Summe der Botschaft ist Liebe. Liebe des Lebens... Hier ist der hehre Optimismus einer primären Art von Liebe, die *nicht* sexuell ist und sich doch in sexueller Form zu äußern vermag... Um das konkrete Gefühl dieser Liebe und dieser Hoffnung zu erfahren, sehen sich die Leute *Star Trek* an.« Überhaupt scheinen Glaube, Liebe, Hoffnung die Quintessenz jenes magischen Glanzes zu sein, den der Kult um sich verbreitet, denn immer wieder sind es diese Attribute, die den Episoden um Captain Kirk und seine Mission zugeschrieben werden, und immer wieder sind es Erlösungs- und Veredelungswünsche, die artikuliert und gutgeheißen werden. »*Star Trek*«, belehrt uns ein Fan, »handelt von der Liebe eines Mannes zu seinem Ziel..., von der Fähigkeit des Mannes, seine Mitarbeiter an diesem Ziel zu beteiligen und in ihrem Herzen eine ähnliche Liebe zu entfachen, eine brennende Leidenschaft vollkommener Hingabe an dieses Bild vom Menschen, wie er sein könnte und sollte.« Von derartiger Leidenschaft angesteckt spekulieren und philosophieren die Fans über die Serie, kopieren und imitieren die Stars, korrespondieren untereinander und mit den Produzenten, tauschen ›Wissen‹ über ferne Galaxien und deren Geheimnisse aus, spinnen die Fäden der Handlung nach eigenem Gutdünken fort und vermeinen nicht selten, die Figuren besser zu kennen und deren Abenteuer besser beschreiben zu können als die produzierenden Profis. Oftmals herrscht bei den Mitgliedern der Fanclubs oder den Autoren der Fanzines sogar der Glaube, daß sie, statt der Schauspieler und Produzenten, die wahre Seele der Serie sind – sind sie es doch, deren hohe Treue und ›heiliges‹ Wissen die Weltraumoper am Leben erhält.

Dem phantasievollen Streben sind keine Grenzen gesetzt, wenn es darum geht, den Geist der Trekkie-Religion zu beschwören, um seiner segensreichen Wirkung teilhaftig zu werden. Selbstverwandlungen bis hin zu Selbstverleugnungen sind keine Seltenheit, wo die hohen Ziele der galaktischen Mission die niederen Daseinsformen der Fans veredeln und die seltsamsten Verhaltensformen rechtfertigen. »Einige Fans richten ihre Handlungsweisen an denen der Stars aus, ebenso wie die Jünger im traditionellen Christentum ihrem Herrn nacheifern«, bemerkt Robert Jewett. Ein sechzehnjähriger Junge, der sich dem Schauspieler Leonard Nimoy (Mr. Spock) ähnlich wähnte, soll Anfang der 70er Jahre der erste gewesen sein, der seine Haare so schneiden und die Brauen so formen ließ wie der markante Vulkanier in der Serie. Er lief ständig mit einem blauen Velours-Hemd umher und übernahm so viele von Spocks Eigenarten, daß er als dessen Ebenbild erschien. Seitdem wimmelt es auf jedem Trekkie-Konvent von spitzohrigen Vulkaniern in blauen Trikots.[8] Von einem anderen jungen Mann, in seinem profanen Dasein Student der Physik, wird berichtet, daß er auf legalem Wege seinen bürgerlichen Namen zu »Spock« ändern ließ – nur Spock, sonst nichts. Ob dieser Namenswechsel in irgendeiner Weise einen Persönlichkeitswechsel zur Folge hatte, ist nicht bekannt. Ein technisch begabter Fan in Los Angeles soll sich damit beschäftigt haben, das Beiboot der Enterprise (*shuttle craft*) sowie die komplizierte Kommandobrücke des Schiffs nachzubauen. Offenbar genügte ihm der Bildschirm-Status dieser Utensilien nicht; er wollte sie *realiter* seiner Lebenswelt einverleiben. Die gleiche Idee hatten zwei Trekkies aus Poughkeepsie (New York). Sie bauten die Brücke nach, um sie als Kulisse für eigene Amateurfilmaufnahmen zur Verfügung zu haben.

Besondere Komplikationen (oder auch Peinlichkeiten) ergeben sich dann, wenn erotische Phantasien weiblicher Fans die Grenze zur Wirklichkeit überschreiten: Ein junges Mädchen riß von zu Hause aus und begab sich nach Hollywood, um in die Wohnung von Leonard Nimoy zu ziehen. Obstinat verfolgte sie ihn und machte ihm monatelang das Leben schwer. Sie störte Studio-Drehpläne und ging allen Beteiligten mächtig auf die Nerven. Die Polizei mußte sie von der Vergeblichkeit ihrer ausgefallenen Liebeswerbung überzeugen. Eine Gruppe *Star Trek*-verliebter Mädchen verfiel auf die Methode, dunkle Riten in dem Versuch zu praktizieren, die Serien-Helden mit einem Liebesbann zu belegen, um sie sich gewogen zu machen. Sie ließen von diesem Aberglauben erst ab, als man ihnen erklärte, daß jede Stunde angewandter schwarzer Magie sie ein Jahr der Blüte weiblicher Schönheit kosten würde. Eine gewitzte ältere Dame verfiel in Verfolgung ihrer Vereinigungswünsche auf einen anderen Trick, den man als techno-symbolisch bezeichnen könnte: Sie nahm die Tonspur von *Star Trek*-Programmen auf, eliminierte durch elektroakustische Manipulation die Stimmen der weiblichen Figuren und ersetzte sie nach eigener Tonregie durch ihre eigene Stimme. Auf diese Weise überwand sie die Subjekt-Objekt-Trennung, welche die normale ästhetische Distanz reguliert, und ›verschmolz‹ mit ihren Göttern. Pop-Religion als Mysterien-Religion. Jewett kommentiert: »Solche Beispiele ließen sich vielfach vermehren. Die Motivationen für diese Handlungsweisen sind wahrscheinlich ebenso komplex wie diejenigen, die wir mit der christlichen Nachfolge-Ethik in Verbindung bringen. Das Verlangen, wie sein Erlöser zu sein, sich mit ihm zu vereinigen oder eigene Identität durch Imitation seiner Erscheinung oder Handlung zu gewinnen, treffen in solcher Nachahmung zusammen.«

Noch bunter und skurriler geht es im weltweiten Elvis-Presley-Kult zu. Viele der hier beobachtbaren Phänomene sind nicht nur absonderlich, sondern schier unglaublich. Die bizarren Erscheinungsformen dieses Kultes stellen ein Kuriositätenkabinett der Pop-Kultur dar, das historisch einzigartig sein dürfte. In ihrer kulturellen Vielfalt und menschlichen Abartigkeit sind diese Formen dermaßen schillernd, daß jeder Versuch einer gesellschaftlichen Einordnung oder wissenschaftlichen Erklärung von vornherein an ihrer komplexen ›Verrücktheit‹ scheitert. Das Phänomen Elvis Presley spottet aller Konventionen der Gesellschaft, wie es auch alle Kategorien der Wissenschaft sprengt. Kommunikationsforscher, Soziologen, Psychologen, Theologen – sie alle haben sich an Erklärungen versucht, doch sie alle liefern nur kleine Stücke für ein verwirrendes Puzzle, das sich nicht zur Ganzheit fügt. Idolatrie? Massenwahn? Konsumideologie? Show Business? Kunst? Kommerz? Pop-Religion? All dies und noch mehr. Die Wirkung Elvis Presleys kann man nicht erklären, man kann sie nur staunend zur Kenntnis nehmen. Greil Marcus, einer der besten Presley-Kenner und Autor mehrerer Bücher über das Phänomen, dürfte nicht ganz unrecht haben, wenn er bemerkt:

»Elvis war für uns alle zu groß, zu komplex – viel zuviel –, um ganz aufgenommen, vollständig wahrgenommen und verstanden zu werden. Letztendlich war er zu groß für uns, um mit ihm leben zu können.«[9] Wie immer man die Kapitulation vor dieser »Größe« beurteilt – auf jeden Fall wirkt das Phänomen wie eine riesige Projektionsfläche, auf welcher Millionen von Fans ihre Wünsche und Erwartungen, Tausende von Kritikern zugleich ihre Abneigungen und Befürchtungen abbilden. Je nach Art der Projektion konnte und kann Presley alles sein: Künstler und Rebell, Musiker und Marionette, Magier und Monstrum, Held und Schurke, Engel und Teufel, Erlöser und Verführer, Wunderknabe und Warenfetisch. Wo in dieser befremdlichen Ikonographie der ›wahre‹ Elvis Presley anzusiedeln ist, läßt sich auf der Projektionswand kollektiver Wunsch- und Wahnvorstellungen kaum mehr bestimmen. Schon zu Lebzeiten wurde der King des Rock'n'Roll verehrt und vergöttert, aber auch vermaledeit und verfemt. Zur vollen Blüte erwuchs der Kult jedoch erst, nachdem das Idol 1977 gestorben war und sein frühzeitiges Ableben den Mythos regelrecht wuchern ließ.

Presley konnte nicht sterben – genauer: man ließ ihn nicht sterben. Fast 20 Jahre nach seinem Tod trieft er förmlich aus allen Ritzen der populären Kultur. Und sofern sein physisches Ableben nicht überhaupt angezweifelt und als kommerzieller Trick oder politisches Tarnmanöver beargwöhnt wird, überlebt sein Geist in den mannigfaltigsten Formen der Vergegenwärtigung und Beschwörung – materiell in Filmen, Romanen, Biographien, Songs, Gedichten, Parodien, Imitationen, Comic strips, Fernsehshows, Werbespots, Souvenirs und dergleichen, spirituell in Träumen, Wünschen, Halluzinationen, Erinnerungen, Gebeten, Ritualen, Symbolen usw.[10] Über 4000 professionelle Elvis-Imitatoren (*impersonators*) gibt es in den Vereinigten Staaten, deren Publikum offenbar wenig Anstoß daran nimmt, daß die Elvis-Wiedergänger laufend kulturelles Falschgeld in Umlauf bringen. Pseudo-Idole sind besser als keine Idole. »Niemand, so scheint es mir«, äußert Greil Marcus, »hat die Allgegenwart, die Ausgelassenheit, das Abartige, das Schreckliche und das Amüsante dieses zweiten Lebens des Elvis Presley voraussehen können.« Tatsächlich entwickelte die Presley-Legende ein Leben, das den Toten zum höchstbezahlten Entertainer unter den verblichenen Weltstars und seinen Mythos zur erfolgreichsten Geschichte unserer Zeit avancieren ließ: »Die Geschichte wand und schlängelte sich, sie wurde zum Labyrinth, ihre Geschwindigkeit nahm zu, sie bewegte sich mit der Wucht einer durch ein Museum tobenden Flutwelle voran, und es tauchten seltsame Gestalten auf: Elvis Christus, Elvis Nixon, Elvis Hitler, Elvis Mishima, Elvis als Gottheit, Elvis als Geist im Körper von Serien-Killern, Heiligen und Unholden.« Hier eine kleine Blütenlese von dem wild wuchernden Gewächs, das der Elvis-Presley-Mythos darstellt:

Die amerikanische Zeitschrift *National Examiner* kam am 4. Oktober 1988 mit der Schlagzeile heraus: »Fachleute überzeugt: Unglaubliche neue Photographien beweisen schlüssig, daß... ELVIS LEBT«. Photographisch abgebildet waren zwei Männer auf einer Straße in Las Vegas, der eine mit einer Statur und Frisur, die schemenhaft denen von Elvis entsprachen. Dazu der Text: »Diese Szene vor einigen Wochen in Las Vegas spricht für sich selbst.« Dies ist nur eine unter den regelmäßig auftauchenden Meldungen, wonach der ›untote‹ Presley irgendwo gesichtet worden sein soll – entweder als sein Gespenst, das keine Grabesruhe findet, oder als sein leibhaftiges Selbst, das sich aus mysteriösen Gründen der Öffentlichkeit entzieht. Die Firma Media Home Entertainment warf 1990 einen sogenannten Dokumentarfilm unter dem Titel »The Elvis Files« auf dem Markt, in dem behauptet wird, Elvis habe bei der Bundesbehörde für Drogenbekämpfung (DEA) gearbeitet, und sein Tod sei bloß zu seinem persönlichen Schutz vorgetäuscht worden. In dem Buch *Elvis: Voodoo Sex Zombie* von Herb J. Goodman wird verbreitet, Elvis sei im Vietnamkrieg gefallen und von seinem Manager Colonel Sanders wiederbelebt worden – mit Hilfe von Hühnerblut. Einmal wird der Verstorbene von einer Hausfrau in einem Supermarkt in Kalamazoo gesichtet, ein andermal von einem Farmer auf einer Wiese in Mississippi. Nicht einmal Wissenschaftler sind immun gegenüber dem Elvis-lebt-Virus und seiner epidemischen Wirkung. K. I. Michasiw von der kanadischen York Universität, Ontario, verkündete rührselig: »Elvis fingiert seinen Tod und kehrt zu seinem ursprünglichen, einfachen Leben zurück, um die Sehnsüchte dieses einfachen Lebens durchzuspielen. [...] Die Art und Weise mag armselig sein, aber der King hat sich für sie entschieden – er hat seinen Platz unter den Begüterten in Reagans Amerika aufgegeben und ist als geläuterter Halbgott in die Anonymität zurückgekehrt, zu den verarmenden Massen.«

Der Narreteien sind bei diesem unendlichen Recycling von Elvis Presley kein Ende. In San Franciso gab es eine Radio-Station, KFOG-FM, die unter der Ägide des Diskjockeys M. Dung an jedem Wochentag um 7.35 Uhr ein »Breakfast with Elvis« servierte. »Und jetzt ... ›Frühstück mit Elvis‹«, verkündete der Jockey und schickte Schnipsel aus Rock'n'Roll-Nummern oder Fragmenten von Elvis-Interviews in den

Äther, bei denen es stets um Kulinarisches ging, wie bei »Shake, Rattle and Roll« und der Zeile »Her mit dem Frühstück, denn ich bin hungrig«. Dazu schreibt Marcus spöttisch: »Dung ›öffnet die Tür‹ zu den ›KFOG-Küchen‹ (Töpfe klappern, am Büfett der Cafeteria formiert sich eine Schlange) und der ›Ehrenkoch‹ des Tages, ein Zuhörer, unterbreitet seinen Menüvorschlag per Telefon...« – angesichts der Fettleibigkeit Presleys, die seinen Tod beschleunigte, nicht ohne Ironie. Es sind denn auch längst nicht alle Frühstücksgäste glücklich über die servierten Menüs. Ein Zuhörer machte seiner Empörung Luft und giftete ins Telefon: »Gestern abend hatten wir in meinem Wohnzimmer eine Séance. Wir haben Kontakt zu Elvis hergestellt, und er kann einfach nicht fassen, was Sie ihm alles eintrichtern. Ihm dreht sich der Magen um. Er will was *Normales* haben. Sie werden ihm jetzt Rührei machen, drei Scheiben Toast – zwei mit Butter und einem Hauch Erdbeerkonfitüre –, Orangensaft und Kaffee ... und damit basta!«

In dem Boulevard-Blatt *Sun* (USA) erschien am 20. September 1988 (nicht etwa am 1. April!) ein Artikel mit der Überschrift »Elvis-Statue auf dem Mars entdeckt«. Dem Wortlaut nach handelte es sich um eine sensationelle Entdeckung der russischen Raumforschung, welche die Wissenschaft verblüffte und die Regierung (vergeblich) zur Geheimhaltung der Entdeckung veranlaßte. Es soll sich um ein von einer Sonde photographiertes, knapp drei Meter hohes Abbild des Rock'n'Roll-Königs gehandelt haben, aus dessen Inneren der Song »All Shook Up« ertönte. Der Ufologe Nikolas Stanislaw hatte flugs eine Erklärung für den mysteriösen Fund parat: Außerirdische hätten bei einem Abstecher auf der Erde – die Bedeutung des Idols richtig einschätzend – die Statue entführt und auf dem roten Planeten installiert. Die Musik sei als eine Art Begrüßungsfanfare für Mars-Besucher gedacht.

Die Firma Maiden Jest, Inc., startete 1985 eine Werbekampagne für den Verkauf von »authentischem«, in Ampullen versiegeltem Elvis-Presley-Schweiß auf Glückwunschkarten. Neben dem schweißtriefenden Antlitz des Stars (Nahaufnahme bei einem Konzert) folgender Text: »Gebete sind erhört. Der King lebt! Elvis-Schweiß! Das Unmögliche ist wahr geworden. Elvis hat für euch seine Seele vergossen, und jetzt könnt ihr seine Transpiration zu eurer Inspiration werden lassen. Ja, Träume werden wirklich wahr. In liebevoller Erinnerung sendet diese Glückwunschkarte und zeigt der Welt eure echten Empfindungen.« Welcher Gebrauch von dem »begrenzten Angebot« gemacht wurde, ist nicht bekannt.

In einer Zeitung aus Syracuse, New York, erschien im Herbst 1990 eine anonyme Sexanzeige nebst Photo ihres Autors. Der Wortlaut: »Damen sowie Paare, Orientalen sowie Schwarze willkommen. Jemals davon geträumt, mit Elvis zu bumsen, als er noch am Leben war? Hier ist Ihre Chance. Ein Elvis-Doppelgänger kann Ihre Träume auf der Stelle wahr werden lassen. Ich mag alles außer Schmerz. Interessenten wenden sich möglichst mit Bild an… .« Wieviel Zuschriften das Elvis-Sex-Double erhielt, bleibt ebenfalls im Dunkeln.

Bei aller Possenhaftigkeit und Lächerlichkeit solcher Exzesse muß man freilich vorsichtig sein und sich vor pauschaler Verdammung hüten. Nicht jede Kuriosität ist kulturelle Perversität, nicht jede Illusion ist Humbug. Es existieren glaubhafte Berichte von Fachleuten, welche die postume Wunderwirksamkeit des toten Kings belegen und von ihren positiven Effekten überzeugt sind. Der Psychiater Stephen Hinerman referiert mehrere Fälle seelisch Kranker, denen der illusionistische Glaube an die ›Unsterblichkeit‹ ihres Idols nachweislich half.[11] Elvis-Phantasien können Traumata heilen, Entbehrungen kompensieren, Depressionen mildern. Ein schwangeres Mädchen in kritischer seelischer und körperlicher Verfassung, seit ihrer Adoleszenz bedingungslos in Elvis verliebt, hatte bei der Entbindung eine Vision: »Als sie mich in den Kreißsaal fuhren, setzten sie mir diese Maske auf, und ich atmete das Betäubungsmittel ein. Ich war die ganze Zeit bei Bewußtsein, hatte aber ein sonderbares Erlebnis. Die Ärzte und Schwestern standen in ihren weißen Kitteln um mich herum und betrachteten mich. Da erschien unter ihnen Elvis Presley. Er lächelte und zwinkerte mir zu. Er sagte: ›Sei ganz ruhig, Bess, es ist alles gut. Ich werde hier bei dir sein.‹ Das sah ihm ähnlich. Ich starrte ihm ins Gesicht, dann schlug ich die Augen nieder und guckte weg, aber als ich wieder aufsah, war er immer noch da. Die anderen hatten die Chirurgen-Masken auf, aber Elvis nicht. Es war auch seine Stimme. Dessen bin ich ganz sicher. Wenn man Elvis Presleys Stimme vernimmt, kann es keinen Zweifel darüber geben, wem die Stimme gehört. Ich starrte die ganze Zeit in sein Gesicht. Er war so sanft. Er stand die ganze Zeit da. Dann, als das Baby kam, war er es, der sagte: ›Es ist ein Junge!‹ Für einen Elvis Presley-Fan kann es kein größeres Entzücken geben, als von Elvis selbst zu hören, daß man ein neugeborenes Baby hat.« Mutter und Kind waren nach der Entbindung wohlauf. Hinerman läßt sich ausführlich über den Fall aus und deutet die Vision als Symptom selbstinduzierter Krisenbewältigung, als Mobilisierung autogener Kräfte des Organismus, welche psychisch die Gestalt einer Phantasiefigur annahmen und segensreich wirkten. Elvis Presley als veritabler Erlöser.

5.2 Krankhaftes

Zwischen dem noch Kuriosen (Harmlosen) und dem schon Krankhaften (Schädlichen) liegt eine kritische Schwelle. Diese kann in beiden Richtungen, vor- und rückwärts, überschritten werden. Exzentrisches kann in Pathologisches umschlagen, Pathologisches sich zu Exzentrischem oder Normalem rückbilden.[12] Doch so plausibel solche Feststellung auch erscheint, so schwierig ist es, verläßlich die Ursachen und Umstände für Schwellenüberschreitungen zu bestimmen. Nicht nur wechselnde Situationen, sondern auch variierende Beurteilungsnormen erschweren solche Bestimmung. Der Wahn kommt und geht, und nur in manchen Fällen ist seine Erscheinung – zumal als mediale Wirkung – eine unumstößliche Konstante. Ärzte behandeln seelisch Kranke gewöhnlich nach den geläufigen Mustern patientenbezogener Symptomatik (Manien, Fixierungen, Obsessionen und dergleichen), kaum jemals nach Erkenntnissen medienbezogener Rezeptionsanalytik, und Idolatrie ist immer noch eher ein Gegenstand der Religionswissenschaft als ein Gebiet der Medienforschung. Starkult-Exzesse machen zwar Schlagzeilen in der Presse, stillen Sensationshunger oder lösen Kopfschütteln aus, veranlassen aber selten systematische Prüfung und Beurteilung seitens der Wissenschaft. Von einer entwickelten Pathologie der Medienwirkung sind wir – trotz sich häufender pathologischer Fälle – noch weit entfernt.[13] Nach dieser Vorbemerkung betrachten wir Phänomene, in denen seelische Störungen im Umfeld kultisch-obsessiven Verhaltens auftreten, Phänomene, welche ohne die Kultobjekte nicht (zumindest nicht in gleicher Weise) aufgetreten wären und insofern nicht ohne sie erklärt werden können.

Unter den Typen abartigen Verhaltens, die Fans ihren ›Göttern‹ oder ›Göttinnen‹ gegenüber zeigen, dürfte die Erotomanie der häufigste und (potentiell) gefährlichste Typus sein. Erotomanie ist jene Verirrung der Gefühle, in der stille Verehrung und Bewunderung, genährt von starken libidinösen Strebungen, sich so zur grenzenlosen Leidenschaft für einen Medienstar steigert, daß weder dessen relative Ferne auf Bühne oder Bildschirm, Leinwand oder Tonträger, noch die relative Unbekanntheit der Person (im Unterschied zur Rolle) für angemessene Kontrolle der Empfindungen sorgt. Erotomanie im Bereich der Medien ist jener bedingungslose Liebeswahn, der dazu führt, daß Fiktionen fehlgedeutet, Konventionen ignoriert, Restriktionen durchbrochen werden in dem Bestreben, dem Star nahe zu sein, ihn zur Gegenliebe zu veranlassen, ihn als Objekt der Erfüllung gänzlich in Beschlag zu nehmen. Erotomanie zählt zu den unvernünftigsten (und bedauernswertesten) Verhaltensformen, deren der Mensch fähig ist. Es ist der Zustand einer amoklaufenden erotischen Phantasie – ein Zustand, in dem seelisches Leiden fast unvermeidbar vorprogrammiert ist. Er basiert auf einem Projektionsvorgang, in dem die Illusion, sich mit dem Star vereinigen zu *können*, entartet zu der Obsession, solche Vereinigung – koste, was sie wolle – herbeiführen zu *müssen*. »Diese Leute«, bemerkt der Psychiater Barry Morenz, »sind von irgendjemand, gewöhnlich von einer Berühmtheit, besessen, und sie glauben, daß sie am Ende eine Liebesbeziehung haben werden«,[14] wobei die Gefährlichkeit solchen Glaubens meist weniger aus der unvermeidbaren Enttäuschung der Strebung, als vielmehr aus den Umständen ihrer versuchten Verwirklichung resultiert. Die Frustration, die solcher Leidenschaft fast nie erspart bleibt, kann zu extremen Reaktionen führen, die nicht mehr so harmlos sind wie die geschilderten Symptome der Trekkie-Religion, sondern störend oder zerstörerisch wirksam werden. Im schlimmsten Fall tritt der sogenannte Othello-Effekt auf den Plan, der das nach außen gerichtete Pendant des nach innen gerichteten Werther-Effekts darstellt. Der nach Shakespeares bekannter Bühnenfigur benannte Effekt hat zur Folge, daß man das Liebesobjekt, von dem man sich verraten, verlassen oder verstoßen wähnt, töten will, um es zu bestrafen und durch Bestrafung anderen Subjekten zu entziehen. »Wenn du mich nicht liebst, sollst du niemand lieben, also mußt du sterben«, lautet die perverse Logik solchen destruktiven Liebeswahns, der sich ebenso realitätsfern wie egoistisch gibt. Morddrohungen und -versuche sind das letzte Mittel, das die kranke-gekränkte Psyche aufzubringen imstande ist, wenn sie sich von ihrem Idol verlassen und verraten fühlt.

Freilich sind die Idole, die Opfer solchen Wahnsinns werden, nicht immer unschuldig an ihrer Opferrolle. Denn die Erotomanie, die ein gefährliches Feuer in den Köpfen mancher Fans entfacht, ist gewiß nicht unabhängig von der Erotophilie, welche die Medien jeden Tag ebenso einladend wie trügerisch zur Schau stellen. Wenn Madonna sich auf Video-Clips in lasziven Posen räkelt oder Kim Basinger in jedem ihrer Filme als neues Venus-Ideal agiert, wird klar, daß kein Feuer ohne Zündstoff entsteht. Selbstdarbietungen, die von medialer Prostitution nicht mehr weit entfernt sind, können durchaus als direkte Angebote mißdeutet werden, wenn es sich bei den Fans um unerfüllte, ich-schwache Individuen handelt, deren ungezügelte Phantasie die Trennung von Medien- und Lebenswelt schlicht außer Kraft setzt. Medienwirkung – wir müssen es nochmal betonen – ist immer ein zwei- oder mehrseitiger Vorgang, das Ergebnis eines kommunikationspsychologischen Prozesses, und es ist, so betrachtet, nicht mehr verwunderlich, wenn die erotischen Träume, die die Stars ihren Fans versprechen, für sie selbst in Alpträume zurückschlagen, sobald die Fans das Traumversprechen ernst nehmen und eingelöst sehen wollen. Der von den Mediengöttern selbst geschaffene (und gewollte) Glanz der Popularität hat eine düstere Kehrseite, wo die Selbstinszenierung Selbstgefährdung bedeutet. Der Autor Irving Wallace hat einen *The Fan Club* betitelten Bestseller zu just diesem Thema geschrieben:[15] Ein Hollywood Sex-Idol, unverhohlen an Marilyn Monroe orientiert, wird von einem Kidnapper-Trio entführt, das es sich in den Kopf gesetzt hat, das Versprechen im Leben einzufordern, welches das Idol auf der Leinwand gibt. Die Rechnung scheint am Anfang aufzugehen, um am Ende in eine Katastrophe zu münden. Das Buch ist Fiktion. Folgendes ist Fakt:

Die englische Schauspielerin Diana Rigg, dem deutschen Publikum hauptsächlich durch ihre Rolle als Emma Peel aus der TV-Serie *The Avengers* (dt. *Mit Schirm, Charme und Melone*) bekannt, trat im Mai 1992 mit der Meldung an die Öffentlichkeit, sie werde seit über zehn Jahren von einem ›Verehrer‹ mit obszönen postalischen Avancen belästigt. Der unbekannte Briefschreiber, der seine Botschaften mit obstinater Regelmäßigkeit sandte und sich durch das Schweigen seiner Adressatin überhaupt nicht entmutigen ließ, hatte vollkommen jenes Bild der Emma Peel verinnerlicht, das die Dame vor vielen Jahren gespielt hatte: das attraktive Glamour-Girl in Leder, das mit Männern ebenso souverän umzugehen verstand wie mit dem Schießeisen. In seinen sexuellen Zwangsvorstellungen ignorierte er die Tatsache, daß Diana Rigg nicht Emma Peel war, daß sie fast 20 Jahre älter geworden und aus der reißerischen Kriminalserie längst ins seriöse Film- und Theaterfach hinübergewechselt war. Seine Phantasie hatte ihr Bild ›eingefroren‹, verlangte nach der immer gleichen Emma Peel, und diesem Verlangen gaben seine Briefe körbeweise Ausdruck. Während er stets auf dem laufenden über ihre wechselnden Adressen (z.B. von London nach Hollywood) war, weigerte sich sein krankes Hirn, ihre wechselnden Rollen auseinanderzuhalten und Emma Peel als Fiktion, als bloße Rolle einer vergangenen Phase ihrer Laufbahn anzuerkennen. Diana Rigg ertrug den ›Fluch‹ ihres Ruhms lange Zeit mit Gleichmut – als den Preis, den sie für ihre Publicity glaubte entrichten zu müssen. Erst als der anonyme Schreiber damit begann, auch ihre Tochter in seine unerschöpflichen Phantasien einzubeziehen, sah sie sich zum Schutz des Teenagers veranlaßt, die Polizei einzuschalten.

Philip Norman schreibt zu dem Problem: »In Hollywood ist Diana Riggs Situation so alltäglich unter Film-, Fernseh- und Pop-Stars, daß eine Sicherheitsfirma, spezialisiert auf die neue Wissenschaft der ›Bedrohungsfolgenabschätzung und -behandlung‹ 6000 Fälle ›unziemlicher Korrespondenz‹ überwacht, die 100 Personen ihrer weiblichen Kundschaft betreffen. Auf zehn Autoren obszöner Briefe, so wird geschätzt, kommt einer, der sich an die Person des Empfängers heranmacht. 1982 erlitt die Schauspielerin Theresa Saldana beinahe tödliche Stichwunden von einem Mann, der später angab, Gott wünsche ›ihre Vereinigung im Himmel‹. 1988 wurde gegen einen Jungen ermittelt, der, bereits des Mordes an seinem neunjährigen Stiefbruder angeklagt, drei Stars aufgelauert hatte: Olivia Newton-John, Sheena Easton und Cher. In eine psychiatrische Anstalt eingewiesen kann er nun weiterhin mit allen dreien korrespondieren. Jede Frau im Rampenlicht der Öffentlichkeit ist von Risiken bedroht, die im besten Fall ein häßliches Ärgernis darstellen. Wo die Fans den Stars ehedem den Weg zum Ruhm bahnten, sind sie nun Schuld an Stacheldraht und verschlossenen Türen. Im letzten Januar [1992] wurde ein Mann zu unbegrenztem Anstaltsaufenthalt verurteilt, weil er Michaela Strachan, der Moderatorin des Kinderfernsehens, 3000 obszöne Briefe gesandt und damit gedroht hatte, sie umzubringen. Dies ist weit, weit mehr als der normale Preis für Ruhm.«[16]

Dergleichen passiert nicht nur in Hollywood. Am 23. März 1994 tikkerte eine dpa-Meldung durch deutsche Zeitungsredaktionen, die den Fall der Fernsehansagerin Birgit Schrowange betraf. Die (buchstäblich) anziehende ZDF-Dame hatte über ihre Bildschirmpräsenz einen 26jährigen Düsseldorfer total becirct. Weil er ihr wiederholt nachstellte und dabei immer aggressiver wurde, wußte sich Frau Schrowange nur noch durch Strafanzeige aus der Bedrängnis zu retten. Vor dem Landgericht Mainz gab der Fan, ein arbeitsloser Stukkateur, der bereits ein Einweisungsurteil auf Bewährung erhalten hatte, zu Protokoll, sie habe ihm via Fernsehen spezielle Zeichen gegeben und ihn zu sich gerufen. In Befolgung dieser »Zeichen« suchte er sie im Studio auf, um seine Reverenz zu erweisen. Wie Frau Schrowange aussagte, sei der Mann ihr zuerst mit einer Rose gegenübergetreten und sie habe gedacht: »Ach, wie nett, ein Fan.« Ihre positive Einschätzung änderte sich jedoch gründlich, als der Düsseldorfer wiederholt nach Mainz reiste und versuchte, sich auf dem ZDF-Gelände der Angebeteten zu nähern. Dabei gelang es ihm immer wieder, das Wachpersonal zu überlisten, obwohl er an manchen Tagen bis zu zehnmal gestellt wurde. Keine Ermahnung konnte ihn von der Aussichtslosigkeit seiner Werbung überzeugen. Einmal, so die Zeugin, sei er plötzlich »wie der Erzengel Gabriel« in ihrem Büro aufgetaucht. Ein anderes Mal berührte er sie am Arm und stammelte »Birgit!« Der Mann wurde wegen »schizophrener Psychose und Liebeswahns« endgültig in eine psychiatrische Anstalt eingewiesen. Vor dem Urteilsspruch, die Ansagerin im Gerichtssaal unmittelbar vor Augen, flüsterte er ihr zu: »Birgit, ich liebe dich!«

Erotomanie, so sagten wir, sei ein Krankheitsszustand, in dem die erotische Phantasie Amok läuft und an der ihr nicht gefügigen Wirklichkeit leidet, manchmal zerbricht. Eine nähere Veranschaulichung dieses Sachverhalts sind wir allerdings noch schuldig. Daher im folgenden der Liebesbrief einer typischen Erotomanin als Exempel. Er ist an den verstorbenen (!) Elvis Presley gerichtet und zählte zu den Objekten, die 1988 auf einer Ausstellung »Elvis – der King als Volksheld« in San Francisco gezeigt wurden. Präsentiert wurde der Brief in Form einer Collage, die den Text mit Photomontagen (Elvis und die Verfasserin in phantasierten Intimsituationen) umrahmte.[17]

Lieber Elvis! Du weißt nicht, wieviele Male ich davon geträumt und gewünscht habe, du wärst mein Liebhaber – oder mein Vater. Aber du bist gestorben, ohne daß auch nur eine Spur von mir Dein Leben jemals berührte. Ich hätte Dich retten können, Elvis. Wir hätten zusammen in Graceland glücklich werden können. Ich weiß, daß ich Dein zerbrochenes Selbst hätte in Ordnung bringen können. Du hättest entdecken können, daß sich Sex und Religion in Deiner Liebe zu mir hätten vereinbaren lassen. Der Schmerz, den Du jeden Tag erleiden mußtest, die Leidenschaft, die sich im Laufe der Jahre erschöpfte, die hätte ich heilen können. All diese Frauen haben Deinen Geist ausgelaugt und Dir nichts gegeben als vorgetäuschte Leidenschaft. Ich kenne das Geheimnis der südlichen Nacht. Ich bete Dich an. Mein Schlaf ist voller Verlangen nach Dir. Ich versuche, mit dem täglichen Leben zurechtzukommen, aber alles verblaßt vor diesem mich verzehrenden Bild von Dir, das allgegenwärtig ist. Dieses Bild führt mich zu den Orten, wo ich sein möchte. Jetzt liege ich hier und denke nach, leide Qualen, – mit anderen Worten – masturbiere wegen der Unmöglichkeit, jemals Dein Sklave zu sein. Manchmal habe ich das Gefühl, ich bin hypnotisiert, weil ich das Leben ohne Dich nicht länger ertragen kann. Andere Männer können in ihrer fleischlichen Existenz Deine Vollkommenheit niemals erreichen. Als ich Dich in deinen späteren Jahren liebte, konnte ich immer Deine pulsierende Männlichkeit spüren. Du hast wirklich die Frau in mir erweckt. Ich kenne den Unterschied zwischen Wirklichkeit und Phantasie nicht mehr. Mein vergifteter Geist schreit nach Erlösung, nach einer einzigen Liebkosung, um mich daran zu erinnern, daß Du wirklich ein

Mann und kein Gott bist. Würde Gott mein Gebet erhören, lägst Du jetzt neben mir. Mit wem ich auch zusammen bin, immer bist Du's. Elvis, ich habe eine Beichte abzulegen. Ich trage Dein Kind unter meinem Herzen. Der letzte Elvis-Imitator, mit dem ich gebumst habe, besaß Deinen heiligen Samen. Schick bitte Geld! Anbei ein paar Photos von mir und dem irdischen Boten, den Du mir gesandt hast.

Die Photos zeigten unter anderem diesen »irdischen Boten«, eine riesige Elvis-Puppe aus Porzellan, an welche die Briefschreiberin ihren nackten Busen preßt. Man sieht: Manische Liebe ist eine bedingungslose Liebe, welche das Liebesobjekt unter allen Umständen zu vereinnahmen bestrebt ist, und die gewählte Methode solcher Vereinnahmung der Macht der Strebung rücksichtslos unterwirft. Daher die Porzellan-Puppe als Instrument der Sicherung, als Ersatzobjekt, dessen künstliche Realität mit der wirklichen Realität des Objekts verschmilzt. Der Wahn konstruiert sich seine Welt nach dem ihn leitenden Wunsch, und der Wunsch erlangt (eingebildete) Macht über die Welt: Elvis-Imitatoren besitzen den »heiligen Samen« des Kings; Elvis schickt seinen »irdischen Boten« aus dem Reich der Verstorbenen. Manische Liebe macht vor keinen Schranken halt – weder vor denen der Vernunft noch vor denen der Pietät noch vor denen der Scham. Sie kennt nur ein Ziel, und in Verfolgung dieses Ziels ist ihr fast jedes Mittel recht. Dabei bedient sie sich grotesker Varianten:

Nach dem Tode Elvis Presleys tauchte an verschiedenen Orten der Vereinigten Staaten das hartnäckige Gerücht auf, man habe seine Leiche exhumiert, den Körper zu Hamburgern verarbeitet und diese als »Presleyburger« auf den Markt gebracht. Wenige ausgewählte Restaurants böten die kulinarischen ›Kostbarkeiten‹ zu horrenden Preisen zum Verzehr an. Dies war die Wiederbelebung eines Gerüchts, das schon früher beim Tode des Schauspielers James Dean (»Deanburger«) und in jüngerer Zeit beim Tode des Musikers Sid Vicious (»Viciousburger«) in Umlauf gebracht worden war. Presley-Fans kolportierten es neu mit schauderndem Interesse.

Man könnte dies einfach als handfesten Blödsinn und Gipfel der Geschmacklosigkeit abtun, wenn sich nicht auf dem Grunde des Gerüchts Motive ausmachen ließen, die von den Riten primitiver Völker her bekannt und Ethnologen im Prinzip vertraut sind. Der individuelle Wahn hat in vielen Fällen tiefe kollektive Wurzeln. Der abscheulich anmutende Wunsch, einen geliebten Menschen zu verspeisen, um ihn auf diese Weise zu vereinnahmen, ist keine frei erfundene Horror-Meldung irgendeines Sensationsjournalisten. Vielmehr ist es der Reflex einer pathologischen Kombination von Nekrophilie und Totemismus, die einen – wenn auch nur gedanklichen – Rückfall in primitives Verhalten markiert. In der perversen Meldung stecken Reste archaischen Brauchtums. Wir finden hier Spuren eines alten Glaubens an die Möglichkeiten der Transsubstantiation, das heißt, die magische Vorstellung, daß über materielle Grenzen und physikalische Gesetze hinweg geistige Potenzen von Körper zu Körper übertragbar (transsubstantiierbar) sind. Natürlich wurde das Gerücht nie offiziell bestätigt, denn seine Wurzeln sind die kollektive Phantasie. Als solches ist es ein spezielles Symptom jenes größeren Syndroms, den der Presley-Mythos hervorgebracht hat. Aber die Tatsache, daß sich ein Satiriker unter dem Pseudonym Jon Savage einen Spaß daraus machte, ›realistisch‹ auszumalen, was unrealistisch geglaubt wird, verweist auf den tieferen Kern einer ›Wirklichkeit‹, die zum Bodensatz von Erfahrungen der kollektiven Psyche gehört (wir sehen darüber hinweg, daß im folgenden von Vampirismus die Rede ist, wo eher Totemismus oder Kannibalismus gemeint ist):[18]

In der vergangenen Woche wurden etliche Showbusiness-Mogule und Fernsehleute der allerersten Garnitur überführt, in der New Yorker Nobeldisko »Studio 54« Viciousburger verzehrt zu haben. Das ergab die letzte einer ganzen Serie von Razzien des Sittendezernats auf dem »Tummelplatz der reichen Nichtstuer«. Virgin-Records-Boss Richard Branson, Fernsehpersönlichkeit Dick Clark, David Frost sowie einige Journalisten ... wurden bei einer, wie es heißt, »Vampirismus-Orgie« beobachtet, in deren Verlauf sie mehrere Burger pro Person konsumierten. »Es war schrecklich«, sagte Disko-Stammgast Richard DeNunzio aus Brooklyn. »Jeder von denen hatte mehrere Kadaver im Mund.« Man erwartet, daß bei den momentan laufenden Anhörungen noch weitere Größen aus der Welt des Showbusiness und der Medien überführt werden, darunter auch einige sehr bekannte Nachrichtenleute. In den letzten Jahren hat dieser abartige Vampirismus-Kult immer weitere Kreise gezogen, der Viciousburger ist lediglich das jüngste Beispiel. Das Besondere an diesen Vampiren ist, daß sie die Leichen von Stars in Form von Burgern verzehren, in der irrigen Annahme, dadurch könne ein wenig vom Charisma dieser Stars auf sie übergehen. [...] Der Kult soll in den fünfziger Jahren mit Deanburgern seinen Anfang genommen haben; diese waren sehr rar und enthielten Splitter des zertrümmerten Porsches und der Sonnenbrille. Heute noch lebende Kultanhänger, die diese Burger damals ausprobierten, erinnern sich: »Sie waren zäh, aber schmackhaft.« Der wohl schlimmste Ausbruch von Vampirismus vor dem Viciousburger-Skandal war der Presleyburger-Skandal von 1977. Dieser Skandal wurde aufgedeckt, als Okkultisten den Leichnam aus dem Grab entwenden wollten: Der Leichnam war bereits gestohlen worden! Heute deutet alles darauf hin, daß die Leiche durch den Fleischwolf gedreht und zu einem bizarren Kultleckerbissen verarbeitet wurde: Presleyburger. Sie sollen sehr teuer sein (1000 Dollar pro Stück) und einen hohen Fettgehalt aufweisen. Doch davon ließ sich die stets auf neue Kitzel versessene Showbiz-Schickeria nicht abschrekken. Vor seinem letzten Konzert im Wembley-Stadion soll Mick Jagger gleich ein paar davon vertilgt haben. [...] Das Gerücht, wonach Hitlerburger käuflich zu erwerben seien, entbehrt allerdings jeder Grundlage: Die gab es nur kurz nach dem Krieg, und sie waren für VIPs reserviert.

Das Satirische entlarvt hier zwar das Krankhafte, ändert aber nichts an der tiefenstrukturellen Wahrheit, die Edgar Morin in scheinbar skandalöser Offenheit formuliert, wenn er bemerkt: »Der Verehrer wünscht immer, seinen Gott zu *verzehren*. Von den Mahlzeiten der Kannibalen, bei denen der Vorfahre verspeist wurde, über die totemistischen Feste, auf denen man geheiligte Tiere zu sich nahm, bis zu unserer eigenen Kommunion und der Annahme der Eucharistie wurde jeder Gott geschaffen, um gegessen, vereinnahmt, angeeignet zu werden.«[19] Ob der Gott dabei körperlich verspeist oder geistig vereinnahmt wird, ist ein gradueller, kein prinzipieller Unterschied. Über den Unterschied befindet die psychohistorische und kulturelle Distanz, nicht die religiöse oder quasi-religiöse Essenz. Und ob krankhaft oder normal – Phantasien, die sich äußern, sind nie weit entfernt von den Wünschen und Ängsten, die sie leiten. Und was für göttliche Liebesobjekte gilt, gilt *mutatis mutandis* auch für menschliche. Denn das halb zärtlich, halb aggressiv geäußerte »Ich fresse dich auf« ist der späte metaphorische Reflex einer frühen psychischen Disposition, des affektgesteuerten Verlangens nach Vereinnahmung dessen, was man liebt.

5.3 Kriminelles

Es ist ein kleiner, aber kritischer Schritt vom Krankhaften zum Kriminellen, so wie es ein gleicher Schritt vom Kuriosen zum Krankhaften ist. Ob ein krankes Hirn einen Menschen zum kriminellen Täter werden läßt, ist zwar keine Frage, die man sinnvoll der Medienforschung als zuständiger Ursachenforschung überantworten könnte. Aber *daß* kriminelles ebenso wie krankhaftes Verhalten von Medieninhalten beeinflußt und gefördert werden kann, ist eine Tatsache, die, wenn auch unbequem, unbestreitbar ist. Wir fügen den Ausführungen über kriminogene Medienwirkung aus Kapitel 4.4 noch einige Sonderfälle hinzu:

Der wahrscheinlich spektakulärste und schlimmste Fall medieninspirierter Verbrechen betrifft die 1969 von Charles Manson und seiner Gang in Hollywood begangenen ›Schlächtereien‹, die unter dem Namen »Tate-LaBianca-Morde« Kriminalgeschichte gemacht haben.[20] Am 8. August drangen von Manson ausgesandte Meuchelmörder in die Villa des Filmregisseurs Roman Polanski ein und richteten ein entsetzliches Blutbad unter den Bewohnern an. Opfer der bestialischen Morde waren Sharon Tate, die schwangere Frau des Regisseurs, und weitere vier im Haus anwesende Personen. Die Opfer wurden als Repräsentanten des »schweinischen« Establishments regelrecht geschlachtet. »Es ist Zeit, die Schweine ans Kreuz zu schlagen«, soll Manson schon im Juli 1969 geäußert haben, und das mit Blut geschriebene »Death to Pigs!« auf dem Boden der Eingangshalle war die bekenntnishafte Signatur des Exekutionskommandos. Am 9. August schwärmten die Mörder wiederum aus. Ihr neuer Tatort: das Domizil des Ehepaars Leno und Rosemary LaBianca, wohlhabender Geschäftsleute in einem Nachbarbezirk von Bel Air, die ebenso brutal hingeschlachtet und mit Messern und Gabeln gespickt wurden, um sie als ›geschlachtete Schweine‹ kenntlich zu machen. Diesmal ließ die blutige Handschrift an der Wohnzimmerwand das Wort »Rise« erkennen. In den darauffolgenden Tagen und Nächten schwappte eine Welle mörderischer Gewalt über Los Angeles. Vom 8. bis zum 12. August zählte die Polizei 29 Morde.

Manson war ein charismatischer Sektenführer, nach seinem Selbstverständnis Christus und Satan zugleich, ein hochgradiger Psychopath, der nach seinen eigenen ›Gesetzen‹ lebte und diese Gesetze einer 20- bis 30köpfigen Kult- und Anhängergruppe, seiner »Familie«, in die Gehirne ›pflanzte‹. Er besaß ein besonderes Faible für alle bizarren Formen des Magischen und Mystischen, des Okkulten und Subkulturellen. Blut und Tod faszinierten ihn. Sein Weltbild war eine krause Mischung aus Apokalyptik, Satanismus, Freimaurertum, Faschismus, Scientology, Hexenkult, Hypnotismus und Drogenwahn. Seine ›missionarische‹ Laufbahn bestand aus einer einzigartigen Serie von Greuel-, Schand- und Gewalttaten, aus geheimen Operationen »unter dem Bewußtsein der Mutterkultur«. Man kann sagen: Manson war der Repräsentant der dunklen Seite der amerikanischen Gegenkultur der späten 60er Jahre, der Antipode zu Lichtgestalten wie Allen Ginsberg oder Timothy Leary, die seinerzeit den »Blumenkindern« das Paradies auf Erden durch Erweiterung des Bewußtseins und Befreiung der Sinne in Aussicht stellten. Manson verkündete das Ende der Welt, und er sah sich selbst als Richter über Leben und Tod in einer apokalyptischen Schlacht, die er »Helter-Skelter« nannte. Freilich muß seine Psyche schon wahnhaft verformt gewesen sein, bevor die gefährlichen Musen ihn zu unmenschlichen Taten inspirierten, und natürlich liegen die Ursachen seines Wahns tiefer als die Oberfläche der Starkult-Exzesse, wo er zum Ausbruch kam. Aber die Stars, die Manson verehrte, und die Botschaften, die sie ihm vermittelten, fungierten nachweislich als Inspiratoren seines Verhaltens, als motivierende, autorisierende Folie für Verbrechen, für die er persönliche Verantwortung ablehnte.

Sein perverses religiöses Credo wurde wesentlich geformt und gefördert durch einen Science-fiction-Roman, den Robert Heinlein 1961 unter dem Titel *Stranger in a Strange Land* veröffentlicht hatte. Im Mittelpunkt des Werkes steht eine Erlöser- und Kultfigur namens Valentine Michael Smith, ein Bewohner des Mars, der, auf die Erde verschlagen, eine religiöse Bewegung gründet. Smith besitzt übersinnliche Kräfte und das ›höhere‹ Wissen marsianischer Kultur. Seine Freunde liebt und erleuchtet er; seine Feinde tötet er durch »Entleibung«. Aus Mißverständnissen heraus wird seine Mission jedoch bald zum Ärgernis: Eine aufgebrachte Menge prügelt ihn zu Tode, und Smith fährt wie der christliche Erlöser zum Himmel auf. Manson war von diesem Roman außerordentlich beeindruckt und identifizierte sich distanzlos mit seinem Helden. Einen Sohn, den er mit einer seiner »Hexen« gezeugt hatte, taufte er auf den Namen Valentine Michael Manson, und einen seiner Anhänger nannte er »Jubal« (nach Jubal Harshaw, der ebenfalls in der Geschichte vorkommt). Im Kreis seiner »Familie« gebrauchte Manson laufend Redensarten und praktizierte Zeremonien aus dem Roman. Wesentlich ist jedoch, daß Psychiater, die Manson nach seiner Festnahme untersuchten, zu dem Urteil gelangten, Manson habe seine Legitimation zu töten nicht zuletzt aus den Entleibungsaktionen des Romanhelden abgeleitet. Das literarische Werk lieferte also ein projektives Bild für das Selbst- und Gesellschaftsverständnis der »Familie«, Valentine Michael Smith das Modell für Mansons eigenes prophetisches Sendungsbewußtsein.

Verderblicher noch als der Roman Heinleins war die Musik der Beatles – und zwar in einer seltsamen Verquickung mit den apokalyptischen Schriften der Bibel. Seit 1963 war Manson – wie viele seiner Generation – ein eingeschworener Fan der Beatles, besessen von ihren Songs, bestrebt, es zu vergleichbarem Ruhm zu bringen. Alvin Karpis, ein kalifornischer Produzent, erinnert sich: »Ständig redete er davon, daß er wie die Beatles herauskommen könnte, wenn er die Chance hätte. Immer wieder bat er mich, ihn mit großen Leuten wie Frankie Garbo und Dave Beck zusammenzubringen; mit irgendwem, der ihm zu einem großen Start verhelfen konnte...«[21] Als 1966 die Beatles-LP *Magical Mystery Tour* erschien, der 1967 ein gleichnamiger Film folgte, nahm Manson die studioproduzierte Klang- und Wunderwelt wieder einmal ernst – ernster noch, als er die Science-fiction-Welt Heinleins genommen hatte. Er gestaltete seine eigene Mystery-Tour nach dem musikalischen Muster – eine selbstinszenierte Serie aus LSD-Trips, Sex-Orgien, Raubzügen, Psychodramen, Kreuzigungszeremonien und allerlei mystischen Exerzitien. Und als 1968 das *White Album* der Beatles erschien, bewirkte eine paranoide Fehlschaltung in Mansons Gehirn, daß die Botschaften von Songs wie »Piggies«, »Revolution 9« und »Helter-Skelter« unter das Diktat seines apokalyptischen Wahns gerieten. »Manson legte Text und Musik dieser Beatles-Songs wie heiliges Schrifttum aus«, schreibt Ed Sanders. Er deutete die Texte als Weltuntergangsprophezeiungen, die das Ende des weißen Establishments ankündigten. »Helter-Skelter« wurde für ihn zum großen Weltgericht, zur letzten unbarmherzigen Abrechnung, deren Propheten die Beatles waren und deren Exekutionsorgan Charles Manson und seine »Streitmacht« sein würden. Sanders führt aus: »Beispiele für die Entsprechungen, die Manson zwischen dem Buch der Offenbarung, den Beatles und seinen eigenen (Wahn)Vorstellungen fand, gibt es in Hülle und Fülle... Manson hörte sich den Song ›Helter-Skelter‹ aus dem neuen Beatles-Album mit Kopfhörern an, und irgendwie, wie durch ein Wunder, hörte er, wie die Beatles ihn flüsternd drängten, er solle sie in London anrufen. Unglücklicherweise wußte Manson offenbar nicht, daß mit ›Helter-Skelter‹ eine Rutschbahn in einem englischen Vergnügungspark gemeint ist. [...] *›Rise! Rise! Rise!‹*, pflegte Charlie beim Abspielen der ›Revolution 9‹ zu schreien; er brachte diesen Song mit der Offenbarung – Revelation 9 – in Verbindung. Später malten er und seine Anhänger das Wort *›Rise‹* mit Blut an die Wand im LaBianca-Haus.«[22] Der reine Wahn – so dürfte wohl jeder urteilen, dessen Verstand zu einer Beurteilung fähig ist, und so urteilte später auch das Gericht. Doch muß objektiverweise erwähnt werden, daß einige Musikstücke des *White Album* selbst so etwas wie eine psychotische Wahrnehmungstruktur aufweisen. So ist »Revolution 9« zweifelsohne eine der ausgefallensten Kreationen der Beatles – überhaupt kein Song im herkömmlichen Sinne, sondern eine halluzinativ anmutende Montage aus disparaten Geräuschen: konspirativem Geflüster, Mörsereinschlägen, Fragmenten klassischer Musik, Babygeschrei, Kirchenchorälen, Autohupen, Maschinengewehrfeuer – verklammert durch den obstinat wiederkehrenden Refrain »Revolution 9«, den Manson zwanghaft mit Revelation 9, dem neunten Kapitel der Offenbarung, in Verbindung brachte.

Die Morde waren die Folge einer seltenen Mischung aus Fremd- und Selbstsuggestion, die Resultante einer medienbeeinflußten Besessenheit, für deren Beschreibung von Psychiatern eigens das Wort »mansonoid« geprägt wurde. Die musikalisch und fiktional vermittelten Botschaften wurden zu real wirksamen Appellen; sie bestimmten die Kategorien des Denkens und wirkten wie Treibsätze des Handelns. Mansons Gehirn rastete gewissermaßen ein, wenn es die Signale empfing, auf die es gewartet hatte, und die Signale besaßen unbefragte Autorität. Vor Gericht des mehrfachen Mordes, der Anstiftung zum Mord sowie der Verschwörung gegen den Staat angeklagt, verteidigte sich Manson: »Ist es eine Verschwörung, daß die Musik der Jugend sagt, sie soll sich gegen das Establishment erheben, weil das Establishment die Dinge immer schneller zerstört? [...] Die Musik spricht jeden Tag zu euch, ihr aber seid zu taub, dumm und blind. [...] Es ist nicht meine Verschwörung. Es ist nicht meine Musik. Ich höre nur, was sie sagt. Sie sagt ›Erhebt euch!‹, sie sagt ›Tötet!‹. Weshalb hängt man mir das an? Ich hab' die Musik nicht geschrieben.«[23]

Wir können bei der Erörterung krimineller Starkult-Exzesse gleich bei den Beatles verweilen und dem Wirkungsproblem eine weitere Facette hinzufügen: Am 8. Dezember 1980 erschoß ein junger Mann namens Mark David Chapman den Ex-Beatle John Lennon vor dessen Appartementhaus in Manhattan. Chapman, von Jugend auf ein hundertfünfzigprozentiger Beatles-Fan mit besonderer Begeisterung für John Lennon, hatte das Attentat von langer Hand geplant und in kalkulierter Kaltblütigkeit ausgeführt. Fünf gezielte Revolverschüsse feuerte der Attentäter auf sein Opfer ab – eine mörderische Tat, zu der er sich voll bekannte und die er auch vor Gericht nicht bereute. Dabei war Chapmans feindseligem Akt eine bedingungslose Liebe, eine regelrechte Idolatrie der »Pilzköpfe« vorangegangen. Der Junge besaß und spielte nicht nur sämtliche Schallplatten, die das Liverpooler Quartett veröffentlicht hatte, sondern kopierte auch ihren Lebensstil. Wir finden bei Chapman zunächst die gleichen Merkmale eines Starkult-Syndroms, durch welche sich die Adepten der Trekkie-Religion und anderer Pop-Bewegungen auszeichnen: eine schon fast mystische Versenkung in die ›Objekte‹ der Idolatrie, eine bedingungslose Übernahme von Eigenarten ihres ›höheren‹ Lebensstils, eine weitgehende Assimilation des verkörperten oder projizierten Wertsystems, ein grenzenloses Vertrauen in die Güte und Größe der Idole.[24]

Um seinem Vorbild zu gleichen, trug Chapman sein Haar wie John Lennon, setzte eine runde randlose Brille auf und lief in Jeans und Armeejacken herum. Er schaffte es auch, seinen musikalischen Ehrgeiz auf Beatles-Kurs zu bringen und in einer Rockband als Gitarrist aufgenommen zu werden. Wie John Lennon heiratete er – nicht zufällig – eine Japanerin. Sein Identifikationsbedürfnis ging so weit, daß er Dokumente zuweilen mit »John Lennon« unterschrieb, und einem New Yorker Taxifahrer soll er 48 Stunden vor dem Attentat erzählt haben: »Ich komme gerade von Plattenaufnahmen mit John Lennon. Ich bin nämlich sein Ton-Ingenieur.« Er wußte mehr über das Leben seines Idols als über sich selbst und zählt zu jenen bedauernswerten Fans, deren eigene Identität sich willentlich einer fremden Persönlichkeit unterwirft, sich gewissermaßen ummodelt, um durch den Glorienschein fremder Größe die Farblosigkeit eigenen Daseins aufzuhellen. Chapman war von kleinbürgerlicher Herkunft, geringer Bildung und unauffälliger Erscheinung – eine graue Maus in der anonymen Gesellschaft, deren eigene karge Biographie weder besondere Glanzpunkte noch besondere Gipfelerlebnisse aufwies und deren geborgte Identität den Zweck erfüllte, eben solche Mängel zu kompensieren. Drogenprobleme und Selbstmordversuche in der Adoleszenz deuten auf eine entfremdete, labile Psyche, die um ihrer inneren Stabilisierung willen auf äußere Krücken angewiesen war und der die Beatles solche Stabilisierung versprachen.

Doch warum wurde er zum Mörder? Weshalb tötete er den ›Gott‹, den er anhimmelte? Da Chapman vor Gericht zu seiner Tat stand, sich über Motive aber ausschwieg, sind wir auf Vermutungen angewiesen. Wahrscheinlich ist, daß es sich um eine Strafaktion gegen einen Abtrünnigen handelte. John Lennon war 1971 aus dem weltweiten ›Unternehmen‹, das die Beatles inzwischen darstellten, ausgestiegen, um dem Rummel zu entfliehen und eine eigene Künstlerlaufbahn zu verfolgen. Dieser Ausstieg wurde ihm offenbar verübelt, denn er zerstörte für Chapman (wie für viele andere) eine Welt. Als dem Angeklagten im Prozeß eine Schlußerklärung zugebilligt wurde, zitierte Chapman interessanterweise eine Passage aus Jerome D. Salingers Roman *The Catcher in the Rye* (dt. *Der Fänger im Roggen*), einem Kultbuch der 60er Jahre, das die verletzte Sensibilität der Jugend in einer verletzenden Welt der Erwachsenen thematisiert und den »Fänger im Roggen« als eine schützende Phantasiefigur einführt: »Aber jedenfalls stelle ich mir immer kleine Kinder vor, die in einem Roggenfeld ein Spiel machen. Tausende von kleinen Kindern, und keiner wäre in der Nähe – kein Erwachsener, meine ich – außer mir.

Und ich würde am Rand einer verrückten Klippe stehen. Ich müßte alle festhalten, die über die Klippe hinauslaufen wollen – ich meine, wenn sie nicht achtgeben, wohin sie rennen, müßte ich vorspringen und sie *fangen*. Das wäre einfach der Fänger im Roggen. Ich weiß schon, daß das verrückt ist, aber das ist das einzige, was ich wirklich gern wäre. Ich weiß natürlich, daß das verrückt ist.«[25]

Wir erleben hier wiederum, wie intensiv eine mediatisierte Botschaft einzugreifen vermag in eine Welt, die eigener Gestaltung und Bedeutung entbehrt. Der Bezug auf den Roman war so etwas wie eine verschlüsselte Erklärung des Verhaltens, eine indirekte Rechtfertigung einer direkt nicht zu rechtfertigenden Tat. Mark Chapman war verletzt, seine Verletzung induzierte Enttäuschung und motivierte Rache. Dazu äußert ein Prozeßbeobachter: »John Lennon, ›eine Leitfigur der jugendbewegt-rebellischen 60er Jahre‹, war wohl für viele und offenbar auch für Mark Chapman ein ›Fänger im Roggen‹. Doch dann verließ er die Beatles. Er stieg aus. Privatmann, Ehemann und Familienvater war er nun. Seine Wohnung sicherte er wie eine Festung. Der New Yorker Polizei spendete er 1000 Dollar im Jahr für Schutzwesten. [...] Ist John Lennon für Mark Chapman ein Verräter gewesen?«[26]

Als bei Chapman Verehrung in Tötung umschlug, suchte er keinen Ruhm, sondern vollzog Rache. Anders der Fall John W. Hinckleys, eines Attentäters, der sich von der Ermordung des amerikanischen Präsidenten Ronald Reagan das Maß an Publizität versprach, das ihm den Weg zur Liebe der Filmschauspielerin Jodie Foster ebnen sollte. Am 30. März 1981 feuerte Hinckley in Washington sechs Schüsse auf Reagan ab, verletzte den Präsidenten aber nur mit einer Kugel, die in einer Notoperation entfernt wurde und keinen bleibenden Schaden anrichtete.[27] Der Anschlag war für Hinckley ein Mittel zu dem Zweck, der angebeteten Jodie Foster zu imponieren, das wahnwitzige Unterfangen eines liebeskranken Verehrers, die Aufmerksamkeit des Starlets durch Medienberühmtheit dieses Verehrers zu erregen und in Verliebtheit umzumünzen.

Der Täter stammte, wie man zu sagen pflegt, aus gutem Hause. Sein Vater, John Warnock Hinckley, war ein texanischer Öl-Millionär aus Dallas, sein älterer Bruder Scott ein Top-Manager im väterlichen Energie-Konzern in Colorado, seine Schwester Diane eine strahlende Schönheit und umworbene Dame der Gesellschaft – Denver Clan ohne Skandale. Doch John, der jüngste Sproß, war so etwas wie das schwarze Schaf der Familie – unscheinbar, unstet, unbeachtet und unfähig, den hochgesteckten Erwartungen seiner Umgebung zu entsprechen. Offensichtlich war er der geborene Verlierer, eine Kreatur im Schatten der Größe seiner Familie und des Glanzes der *high society*, ein Opfer des Amerikanischen Traums und seiner unbarmherzigen Erfolgszwänge. Seine Mitschüler, die ihn mieden, nannten ihn »Hinky Dinky«; seine Lehrer, die ihn kaum wahrnahmen, behandelten ihn als typischen Außenseiter. John driftete von Job zu Job, zigeunerte ziellos im Land umher, ging sporadisch auf ein College, schloß sich kurzzeitig der amerikanischen Nazi-Partei an, fand aber nirgendwo Anschluß oder Anerkennung. Ohne Echo in der Welt zog der Junge sich zunehmend auf sich selbst zurück, lebte sozial abgekapselt und verhielt sich kulturell apathisch – bis zu dem Tag, da Jodie Foster in Martin Scorseses Film *Taxi Driver* (1976) seine erotische Phantasie entflammte und John wußte, was er tun würde: versuchen, Jodie für sich zu gewinnen.

Taxi Driver ist ein Film über großstädtische Entfremdung und gesellschaftliche Verseuchung durch Gewalt, eine satirisch-sozialkritische Parabel über das Umschlagen des Amerikanischen Traums in die ›Realität‹ eines dauernden Alptraums. In der Hauptrolle spielt Robert de Niro den Taxifahrer, einen schußwaffenverliebten Vietnam-Veteranen, der sein Kriegstrauma ausagiert, indem er den Ring sozialer Isolation durch einen Anschlag auf einen amerikanischen Präsidentschaftskandidaten aufzubrechen versucht. Das Attentat schlägt fehl, und der Täter flüchtet sich in die Arme einer 12jährigen Prostituierten, gespielt von Jodie Foster, dem Mädchen, dem er durch seine Tat imponieren wollte. In einem New Yorker Bordell kommt es zu einem furchtbaren Gemetzel, dem zufällig auch ein vielgesuchter Mafioso zum Opfer fällt. Die Medien stilisieren den Psychokiller daraufhin zum Helden.

Das Filmdrehbuch basiert auf dem historischen Fall des Arthur Bremer, eines geisteskranken Attentäters, der 1972 den Gouverneur von Alabama und Präsidentschaftskandidaten George C. Wallace mit einem Revolverschuß niederstreckte und ihn dadurch zeitlebens an einen Rollstuhl fesselte. Fakten zu Fiktionen und Fiktionen wiederum zu Fakten oder, wie ein Kommentator formuliert: »...da macht ein Regisseur 1976 einen Film, gestaltet die Hauptrolle nach dem Vorbild eines Attentäters, und fünf Jahre später schießt ein Attentäter nach dem Vorbild der Filmfigur.« John Hinckley war offensichtlich nicht in der Lage, die sozialkritische Tendenz des Werkes wahrzunehmen und die erforderliche ästhetische Distanz zum filmischen Geschehen walten zu lassen. Jodie, seine Leinwandliebe, blendete ihn, und Robert de Niro, der filmische Medienheld, faszinierte ihn. In seinem Gehirn verquickte sich das Ziel seiner erotischen Wünsche zwanghaft mit dem Weg politischer Nachahmung. Als das Ziel auf ›normalem‹ Weg nicht erreichbar war – Jodie Foster reagierte nicht auf sein Flehen –, entschied er sich für eine riskante Abkürzung. Im Zimmer seines Washingtoner Hotels fanden FBI-Agenten einen unabgesandten Brief an das Mädchen: »In den letzten sieben Monaten habe ich Dir Dutzende von Gedichten, Briefen und Botschaften zugespielt – in der leisen Hoffnung, daß Du Dich für mich interessieren würdest. [...] Jodie, ich würde die Idee, Reagan zu töten, sofort fallen lassen, könnte ich nur Dein Herz gewinnen. Ich mache den Versuch jetzt, weil ich nicht länger warten kann, Dich zu beeindrucken. Indem ich meine Freiheit und womöglich mein Leben opfere, hoffe ich, Deinen Eindruck von mir zu verändern. Jodie, bitte schau in Dein Herz und gib mir die Gelegenheit, mit dieser historischen Tat Deinen Respekt und Deine Liebe zu gewinnen. John Hinckley.«[28]

Als »Herostratos-Syndrom« bezeichnen Psychologen das fehlgeleitete Verhaltensmuster Hinckleys und seinesgleichen – so genannt nach einem Psychopathen aus der klassischen Antike, der, um in die Geschichte einzugehen, im Jahre 356 v. Chr. den Artemis-Tempel, eines der sieben Weltwunder, in Schutt und Asche legte. Es ist der krankhafte Wunsch, sich als Namenloser über Nacht einen Namen zu machen, das Bestreben, aus dem Grau der Bedeutungslosigkeit in die Aura der Publicity einzutauchen, der kurze Weg zum Ruhm, der über Katastrophen führt. Eine »historische Tat« nannte Hinckley in seiner Botschaft den hirnrissigen Plan, die Liebe eines Mädchens durch die Liquidierung eines Präsidenten zu gewinnen. Der Plan läuft auf das pathologische Kalkül hinaus: »Ich werde berühmt wie du, indem ich dich töte. Und bin ich erst berühmt, vermag ich alles.« Es ist ein abwegiges und abscheuliches Kalkül, eine moderne Variante des Kannibalismus, aber wohl kein ganz unverständliches Kalkül in einer Gesellschaft, in der Medienruhm und Starkult als hochgradig wertbesetzt gelten und Zwangshandlungen geradezu provozieren. »Der Kult von Berühmtheit in Amerika ist die hinterhältige Rache der Demokratie an dem ihr aufgebürdeten Prinzip der Gleichheit, das sie nicht erfüllen kann«, stellt der Autor John Lahr in *Harper's Magazine* fest.[29] Wie der Hinckley-Fall zeigt, kann diese Rache furchtbar sein.

Anmerkungen Kap. 5

1 Siehe James Van Hise, *The History of Trek: The Complete Story of Star Trek from Original Conception to its Effects on Millions of Lives across the World* (Las Vegas: Movie Pub. Servives, 1992).
2 Robert Jewett and John Shelton Lawrence, *The American Monomyth* (Garden City, N.Y.: Anchor Press, 1977), 26.
3 Vgl. Joan Winston, *The Making of the Trek Conventions: How to Throw a Party for 12000 of Your Most Intimate Friends* (Garden City, N.Y.: Doubleday, 1977). Über die – vergleichsweise bescheidenen – Aktivitäten deutscher *Star Trek*-Clubs siehe z.B. Ralph Sander, »Fandom in Deutschland«, *Starlog* 4 (Oktober/November 1994), 16–18.
4 Jacqueline Lichtenberg, Sondra Marshak and Joan Winston, *Star Trek Lives!* (New York: Bantam, 1975).
5 Vgl. Gene Roddenberry and Susan Sackett, *Star Trek: The First Twenty-Five Years* (New York: Pocket Books, 1991).
6 Siehe Stephen E. Whitfield and Gene Roddenberry, *The Making of Star Trek* (New York: Ballantine, 1968).
7 Ausführliche Darstellungen der Kultformen und Bekenntnisse in David Gerrold, *The World of Star Trek*, rev. ed. (New York: Bluejay Books, 1984); siehe auch J. Lichtenberg, S. Marshak and J. Winston, *Star Trek Lives!*
8 Siehe dazu James Van Hise, *Nimoy: Star of Stage, Screen, and Outer Space* (Las Vegas: Movie Pub. Services, 1991); ders., *The Man Between the Ears: Star Trek's Leonard Nimoy* (Las Vegas: Movie Pub. Services, 1992).
9 Greil Marcus, *Dead Elvis: Meister, Mythos, Monster* (Hamburg: Rogner & Bernhard, 1993), 48, 12. Sämtliche referierten Beispiele in diesem Buch.
10 Vgl. Peter Stromberg, »Elvis Alive? The Ideology of American Consumerism«, *Journal of Popular Culture* 24.3 (1990), 11–19; ebenso Ted Harrison, »Born Again Elvis: Elvis Presley Lives. Ted Harrison Meets Some of the Dedicated Followers of the Cult of the King«, *The Listener* 123 (December 6, 1990), 26–27.
11 Stephen Hinerman, »›I'll Be Here With You‹: Fans, Fantasy and the Figure of Elvis«, in *The Adoring Audience: Fan Culture and Popular Media*, ed. Lisa A. Lewis (London: Routledge, 1992), 107–34; vgl. auch Lynn Spigel, »Communicating With the Dead: Elvis as Medium«, *Camera Obscura* 23 (May 1990), 177–204.
12 Eine Fundgrube kurioser wie auch krankhafter Fälle ist Fred und Judy Vermorels Buch *Starlust: The Secret Fantasies of Fans* (London: W. H. Allen, 1985).
13 Siehe den Ansatz von Joli Jenson, »Fandom as Pathology: The Consequences of Characterization«, in *The Adoring Audience: Fan Culture and Popular Media*, ed. Lisa A. Lewis (London: Routledge, 1992), 9–29.
14 Zitiert nach Keith Rosenblum, »Psychiatrists Analyze Fantasies, Fixations that Lead to Crimes Against Celebrities«, *Arizona Daily Star* (July 21, 1989), A, 2.
15 Irving Wallace, *The Fan Club* (New York: Simon & Schuster, 1974). Ein filmisches Pendant dazu liefert der Schocker *The Fan* (dt. *Der Fanatiker*) von Edward Bianchi aus dem Jahre 1981.

16 Philip Norman, »Every Star's Nightmare: The Fan Who is Fuelled by Madness«, *The Sunday Times* (May 24, 1992), II, 5.
17 Zitiert nach Greil Marcus, *Dead Elvis: Meister, Mythos, Monster* (Hamburg: Rogner & Bernhard, 1993), 14.
18 Der unveröffentlichte Text der Satire ist Bestandteil der Jamie-Reid-Sammlung im Victoria & Albert Museum in London.
19 Edgar Morin, *The Stars* (New York: Grove Press, 1960), 211.
20 Ausführliche Darstellung des Falles bei Ed Sanders, *The Family: Die Geschichte von Charles Manson und seiner Strand-Buggy-Streitmacht* (Reinbek: Rowohlt, 1972) sowie Vincent Bugliosi, *Helter Skelter: The True Story of the Manson Murders* (New York: Bantam Books, 1975).
21 Zitiert nach Ed Sanders, *The Family*, 25.
22 Ed Sanders, *The Family*, 126.
23 V. Bugliosi, *Helter Skelter*, 528.
24 Siehe Margit Rüdiger, »Lennon-Mörder: Panische Angst vor Rache!«, *Bravo* Nr. 17 (16. April 1981), 40–41.
25 J[erome] D. Salinger, *Der Fänger im Roggen* (Reinbek: Rowohlt, 1966), 127.
26 Gerhard Mauz, »›Ich weiß natürlich, daß das verrückt ist‹: Zur Verurteilung des Lennon-Mörders Mark Chapman in New York«, *Der Spiegel* Nr. 36 (31. Aug. 1991), 116.
27 Vgl. Paul Elgers, *Ich hab's allein getan: Berühmte Attentate der letzten 200 Jahre* (Rudolfstadt: Greifenberg, 1993), 188f.
28 Zitiert nach Michael Naumann, »Ein Mordschütze aus bestem Haus. John W. Hinckley: der Wahn des Erfolges und die Sucht nach Ruhm«, *Die Zeit* Nr. 16 (10. April 1981), 2.
29 Zitiert nach Anonym, »›Ich werde berühmt, indem ich dich töte‹: Der Typ des Präsidenten-Attentäters und der Prominentenkult in den Vereinigten Staaten«, *Der Spiegel* Nr. 15 (6. April 1981), 141.

Zum Schluß: Das Argument der Dialektik

Unser Gefahrenbericht über die Wirkungen der modernen Musen muß zum Schluß noch ein Problem behandeln, das die Konfliktsituation von Kulturtheorie und Empirie beleuchtet: das Problem der Rechtfertigung und Verharmlosung negativer Effekte unter der Ägide der Dialektik und Freiheit der Kunst. Denn nicht wenige in der Schar der Kulturtheoretiker und -kritiker, die empirische Ergebnisse zu ihrem Weltbild nicht zulassen, deren Aussagekraft prinzipiell anzweifeln oder sich über politische und moralische Implikationen hinwegsetzen, haben sich darauf verständigt, der Kunst einen Freibrief auszustellen, der auch dann Gültigkeit beansprucht, wenn die sogenannten schönen Künste ihre Schönheit – wie immer man sie definiert – längst eingebüßt haben und in den Medien zu Bedrohungen oder Ärgernissen oder Peinlichkeiten entartet sind. Wie sagte Rudolph Leonhard? »Mag sein, daß hin und wieder ein Bursche, der eine Mordszene [im Kino] sah, auf ›die abschüssige Bahn des Verbrechens‹ geriet, das spricht so viel mehr gegen sein Gehirn als gegen den Film…«,[1] und mit dem Hinweis auf das mutmaßlich defekte Gehirn des »Burschen« war für Leonhard das Wirkungsproblem erledigt. Wie, wenn die Zahl solcher Gehirne sich in alarmierender Weise vermehrte? Wie, wenn der ästhetische Grundsatz Immanuel Kants, wonach der Kunstgenuß des aufgeklärten Bewußtseins ein Wohlgefallen »ohne alles Interesse«, eine Erfahrung »von Reiz und Rührung unabhängig« zu sein hat,[2] seine Grundsätzlichkeit in der Medienwelt entweder eingebüßt oder dort nie unangefochten besessen hätte? Wie, wenn nicht nur Morde, sondern Vergewaltigungen und Verführungen, Manipulationen und Indoktrinationen, Zerstörungen und Verrohungen zunehmend im Geflecht medialer Einflüsse auftauchten und sich nicht mehr unabhängig davon erklären ließen?

Der elegante argumentative Trick, mit dessen Hilfe medienpolitische und -pädagogische Konsequenzen aus empirisch fundierten Erkenntnissen abgewehrt und Forderungen nach Umorientierung disqualifiziert werden, heißt *Dialektik*. Dialektik ist die Denk- und Argumentationsmethode, mit der – seit Sokrates – das augenscheinlich Unstimmige der

Welt in das gedanklich Stimmige ihrer Ordnung überführt und so in seiner Widersprüchlichkeit aufgelöst wird. Es ist die Vorstellung von der Zweiheit in der Einheit, welche sich bei dialektisch geschultem Denken als Einheit aus der Zweiheit offenbart. Widersprüche, die sich ergeben, wenn bloße Erscheinungen als Dinge an sich aufgefaßt werden, lösen sich auf, sobald sie die Dialektik im Licht ihrer ›wahren‹ Beziehungen besieht. Auf unser konkretes Problem gemünzt: Widersprüche, die sich ergeben, wenn negative Phänomene in den Medien in Konflikt mit positiven Vorstellungen in Politik und Gesellschaft geraten, lösen sich auf, sobald sie die Dialektik in das ›richtige‹ Verhältnis der Beziehungen von Kunst und Leben, Möglichem und Wirklichem zwingt.

Wie dieses (nicht-empirische) Denkverfahren im Bereich der Ästhetik funktioniert, können wir mustergültig in der Philosophie Theodor W. Adornos erfahren. Adorno entwickelt die von ihm so genannte »negative Dialektik« als Figur einer Negation der Negation.[3] Negative Dialektik ist »Qualifikation der Wahrheit als negatives Verhalten des Wissens«. Das Negative, definiert sowohl als die Kraft des Negativen wie auch als das Negative, Unwahre selbst, erhält die Aufgabe, dem Schein der Identität alles Seienden entgegenzuwirken, »indem sie der Nichtidentität mit sich selbst überführt wird, die sie dem eigenen Begriff nach verleugnet«. Durch unbeirrtes Denken in der Negation soll sichergestellt werden, daß sie sich nicht zur Sanktionierung des Bestehenden hergibt. Konkret auf die Funktion der Kunst übertragen, liest sich das so: »Die Unmenschlichkeit der Kunst muß die der Welt überbieten um des Menschlichen willen.« Frei paraphrasiert: Die gesellschaftlichen Verhältnisse sind negativ (unmenschlich), wobei von Adorno das inhumane Profil der techno- und bürokratisch reglementierten Gegenwartsgesellschaft gemeint ist. Diese Negativität (Unmenschlichkeit) muß von der Kunst nicht nur aufgegriffen und reflektiert, sondern unter den Gesetzen des Ästhetischen ins noch Unmenschlichere gesteigert, von der Kunst überboten werden. Das auf seine Art Schlimme (die gesellschaftliche Praxis) bedarf des auf andere Art Schlimmeren (der künstlerischen Realität), damit aus dieser übersteigerten Entgegensetzung heraus (Negation der Negation) sich das Bewußtsein der wahren Situation des Menschen Bahn brechen und zur positiven Wirkung auf das Menschliche beitragen kann. Die Kunst fungiert als Entwurf einer Gegenwelt, hinter deren verzerrt inhumaner Maske das wahrhaft humane Antlitz zum Vorschein kommt. Adornos dialektische Vorstellung ist die einer aus negativer Spannung freigesetzten positiven Entwicklung und damit die Formulierung einer aufklärerischen Programmatik: »Die Schocks des Unverständlichen, welche die künstlerische Technik im Zeitalter ihrer Sinnlosigkeit austeilt, schlagen um. Sie erhellen die sinnlose Welt.«[4]

Nun ist kaum vorstellbar, daß Adorno, lebte er noch, einer Anwendung seines Dialektikbegriffs auf die eskalierenden Exzesse der gegenwärtigen Medienwelt zugestimmt hätte, denn dieser Begriff war mit einem Kunstbegriff gekoppelt, der Massenkonsum und -geschmack als Erscheinungsformen des Totalitarismus, als »Druck der grauenvollen Norm« verdammte. Gleichwohl war sein Denken außerordentlich einflußreich und wirkt derzeit deutlich fort. Immer wieder wird Dialektik (mit oder ohne Adorno) von Publizisten, Künstlern, Regisseuren etc. ins Feld geführt, wenn sie sich in ihrem Schaffen öffentlicher Kritik ausgesetzt sehen oder bestimmte Werke bzw. Werkauffassungen verteidigen. Zum Beispiel wird in einem Beitrag von Karl-Georg Waldinger zum Komplex Video und Gewalt vom Autor deutliches Unbehagen an einer Präsentationsform geäußert, die Greueltaten »dialektisch« ästhetisiert: »Wenn die englische Pop-Band OMD ihren Video-Clip ›88 seconds‹ mit Filmausschnitten von der brutalen Tötung friedlicher Demonstranten durch Ku-Klux-Klan Fanatiker unterlegt, so wird fraglich, ob nicht in der medialen Kombination von ›schönen‹ Rhythmen und Harmonien auch die immer wieder eingeblendete Tötungsszene ästhetisiert wird.« Gezielte Kritik an solcher »medialen Kombination«, die ja bewußt hergestellt, also auch prinzipiell vermeidbar ist, wird allerdings nicht geübt, denn: »Hier ... ist die Dialektik einer Zivilisation erfahrbar, die in all ihren Menschenrechtserklärungen und Grundgesetzen Gewalt ablehnt, aber nicht verhindern kann, daß sublime Gewalt allüberall aufkeimt, daß jeder Tag seine Drogen-, Verkehrs-, Vergewaltigungs- und sogar Kriegsopfer bringt.«[5]

Die elegante dialektische Wendung wird sogar von dem Horror-Autor Stephen King beherrscht, wenn er Filme, die er auf der einen Seite unverblümt als »schlecht« bezeichnet, auf der anderen Seite vor Verdammung in Schutz nimmt dadurch, daß er der offenkundigen Schlechtheit flugs ihre eigene Nützlichkeit zuspricht: »Der Grund dafür, daß man sich schlechte Filme ansieht, ist meiner Meinung nach der, daß man nicht weiß, ob sie schlecht sind, bis man sie gesehen hat. ... ihre eigene Nützlichkeit besteht darin, daß sie die Grundlage für einen Vergleich schaffen: positive Werte durch ihren eigenen negativen Charme zu definieren. Sie zeigen uns, wonach wir suchen müssen, weil sie es selbst nicht haben.«[6] Aus dem Boden des Minderwertigen soll also die Blume des Höherwertigen sprießen, aus der Erfahrung des Schunds die Bewußtwerdung des Edlen folgen – das Paradoxon des negativen Charmes. Es fragt sich, wie weit man gehen kann, bevor die elegante dialektische Wendung zu einem verunglückten dialektischen Purzelbaum wird.

Ein *Spiegel*-Redakteur veröffentlichte unlängst einen Artikel über die Zeichentrickfiguren Beavis und Butt-Head, deren vulgär-gemeingefährliche Kapriolen in den vergangenen Jahren die amerikanische Fernsehkritik in Rage brachten. Auch in diesem Artikel finden wir das intellektuelle Erbe der negativen Dialektik – allerdings dicht an der Grenze zu ihrer eigenen *reductio ad absurdum*. Einerseits folgende Beschreibung: »Sie sind dumm, brutal und gemein: Mit einem Frosch spielen sie Baseball, einen Pudel stopfen sie in die Waschmaschine und kotzen anschließend auf den Kadaver, einen um Gnade zirpenden Grashüpfer zerteilen sie mit der Kettensäge, und ihren Kakadu werfen sie einem Hund zum Fraß vor. Wenn sie gerade mal kein Tier quälen und kein Dynamit in die Kloschüssel werfen, lümmeln sie auf ihrem hellroten Plüschsofa, bezichtigen sich gegenseitig des Furzens und sehen Heavy-Metal-Musikvideos.« Andererseits folgende Rechtfertigung: »Auf eine Art ist die Serie dennoch politisch korrekt: Sie erinnert Amerika an seinen Sexismus und Rassismus und die anderen verdrängten Probleme, und wenn Beavis und Butt-Head sich eine Fernsehwerbung anschauen, daraufhin sofort Gewehre kaufen und versehentlich einen Jumbo-Jet abschießen, dann ist die Sendung Reality-TV mit den Mitteln des Cartoons.«[7]

Noch eklatanter ist der Fall des Oliver-Stone-Films *Natural Born Killers*, dessen Botschaft und Wirkung die Gemüter auf beiden Seiten des Atlantiks im Herbst 1994 erhitzten. Stones schwindelerregende Gewaltorgie ist die ultimative Provokation. Das Werk ist der zynischste Höllentrip der bisherigen Filmgeschichte, dem gegenüber kontroverse Vorgänger wie *Bonnie and Clyde* (dt. *Bonnie und Clyde*), *A Clockwork Orange* (dt. *Uhrwerk Orange*) oder *Taxi Driver* wie ›artige‹ Exerzitien von Anfängern anmuten. Kraft Dialektik läßt sich aber auch diese explosive Mischung blindwütiger Gewaltexzesse bequem in die probate Rechtfertigungsideologie ummünzen. Den Film habe er gemacht, sagt der Regisseur, »um eine heuchlerische Haltung gegenüber der Gewalt zu enttarnen«. Sekundiert wird ihm dabei von Sheila Whitaker, der Festspielleiterin des britischen Filmfestivals 1994, die das Opus für die Londoner Aufführung mit den Worten in Schutz nahm: »Der Film ist nicht direkt über Gewalt, sondern ironischerweise eine Kritik der Massenmedien und wie sie mit Gewalt umgehen beziehungsweise für eigene Zwecke sensationalisieren.« Ohne Frage ist der Film ironisch. Doch handelt es sich um jene Art von verunglückter Ironie, die den Versuch unternimmt, den Teufel mit Beelzebub auszutreiben, und an diesem Versuch scheitert, weil das Instrumentarium der Beschwörung sich als wirksamer erweist als das der Austreibung. Polizeiberichten zufolge soll es bis zum November 1994 in den USA sechs Morde als Nachahmungstaten gegeben haben.

Folgt man der ›Logik‹ des dialektischen Arguments, kann einer problembeladenen Gesellschaft eigentlich gar nichts Besseres widerfahren als eine drastisch übersteigernde, radikal überzeichnende ›Kunst‹. Sie ist das gute Gegengift für eine böse Krankheit, das demotische Serum gegen progressive gesellschaftliche Vergiftung. Man muß dem Patienten nur genügend ›therapeutische‹ Schocks des Zynismus und der Wut verabreichen, dann wird er unter Schocktherapie gesund. Man muß die negative Deutung des Lebens nur radikal genug auf die Spitze treiben, dann wird sie umschlagen in positive Erkenntnis seiner Falschheit und Fehlerhaftigkeit. »In einer dunklen Zeit beginnt das Auge zu sehen«, zitiert Oliver Stone, wegen *Natural Born Killers* in die Schußlinie der Filmkritik geraten, den Lyriker Theodore Roethke.[8] Adornos Geist mag diese Botschaft gern vernommen, aber wahrscheinlich nicht mehr geglaubt haben.

Die dialektische Denkweise verfehlt, da sie rein denkerisch operiert, ohne sich selbst empirisch zu überprüfen, den Kern des aktuellen Problems. Sie ist eine interessante, zuweilen brillante Übung des Geistes, keine brauchbare Anleitung zu gesellschaftlicher Therapie. Was die Dialektik philosophisch entwickelt, beruht im Grunde auf der alten Denkfigur der Hyperbel, der Übertreibung, als Triebfeder von Ironie und Satire und argumentativer Zuspitzung. Es ist die intellektuelle Einsicht in die Gespaltenheit unseres Daseins, in die Widersprüchlichkeit zwischen Realität und Idealität, die über die negative Dialektik der Kunst so scharf ins Bewußtsein gehoben werden soll, daß sich die Widersprüche als solche entlarven und einen lösenden Erkenntnissprung verursachen. Das Entscheidende für die Anwendbarkeit und Wirksamkeit hyperbolisch-dialektischen Denkens ist aber die Voraussetzung seiner allgemeinen Nachvollziehbarkeit. Die Kunst als Indikator der Negativität des Bestehenden kann ihre Indikatorfunktion plausiblerweise nur insoweit erfüllen, als diese generell – und nicht nur von wenigen Intellektuellen – erkannt wird. Nur das, was für das Publikum als Übertriebenes, Überzeichnetes, Absurdes auch qualitativ wahrnehmbar ist, hat überhaupt eine Chance, in den Dienst des Fortschrittlich-Menschlichen genommen zu werden, so wie es den Dialektikern vorschwebt. Darin steckt die weitere Voraussetzung, daß zur Auslösung des befreienden Erkenntnissprungs noch so viel an humanem Wissen, so viel an kulturellem Wertbewußtsein gegeben sein muß, daß die Dynamik des Prozesses greifen kann. Die Wirksamkeit einer »Dialektik des Exzesses«, wie der Vorgang künstlerischer Grenzüberschreitung zum Beispiel von Susan Sontag genannt wird,[9] hängt ab vom Gespür des Publikums für das, was der Exzeß für sein eigenes Weltbild bedeutet. Sind beide Voraussetzungen nicht mehr oder nur noch eingeschränkt gegeben – immer mehr empirische Analysen der Mediengesellschaft deuten hier auf Defizite hin –, kommt die Absicht, das Unmenschliche der Welt dialektisch durch das Unmenschliche der Kunst zu überbieten, eben dem Versuch gleich, den Teufel mit Beelzebub auszutreiben.

Sofern selbstgefährdende oder gemeingefährliche Verhaltensweisen von Medienkonsumenten erklärt werden können, dürften die Erklärungsmodelle effektiv wenig mit Dialektik, umso mehr aber mit Suggestion, Imitation und dem sogenannten Lernen am Modell zu tun haben. Das Unmenschliche wird in seiner gesellschaftlichen Breitenwirkung eben nicht dialektisch rezipiert (»um des Menschlichen willen«), sondern es wird undialektisch konsumiert als das, was es ist: barbarisch, subhuman, kulturfeindlich. Immer mehr Konsumenten befriedigen sich sozusagen aus dem Mülleimer der Kultur, statt an der kulturellen Tafel. Wahrscheinlich hat Matthias Matussek nicht ganz unrecht, wenn er düster diagnostiziert: »Eine schleimige Billigkeit, eine Verrohung und Vulgarisierung hat sich über die herrschende Kultur gelegt. [...] Es geht nicht mehr darum, Haltung zu bewahren, sondern die Fassung zu verlieren – möglichst telegerecht. Wie eine mörderische Wiederkehr des Verdrängten werden nun Inzest, Ehebruch, Freßsucht, Verstümmelungen und Perversionen zur Massenunterhaltung aufbereitet.«[10] Adornos negative Dialektik basiert auf der axiomatischen Annahme einer aufklärbaren Gesellschaft, die fähig ist, auf das negative Zerrbild ihrer selbst positiv zu reagieren. Daher seine Auffassung von »Wahrheit als negatives Verhalten des *Wissens*«. Lassen gesellschaftspolitische Fakten und medienpsychologische Untersuchungsergebnisse am Vorhandensein solchen Wissens immer deutlichere Zweifel aufkommen, droht das dialektische Gedankengebäude zusammenzubrechen. In einer Mediengesellschaft, wo das Gewußte allmählich differenzierungslos mit dem Konsumierten verschmilzt, wird die Denkfigur zu einer sich selbst zerstörenden Vorstellung. Sie gerät in den Sog einer gefährlichen Argumentation, weil die zunehmend inhumanen Inhalte der Medien nicht mehr die Negation, sondern nur noch der

Reflex der zunehmend inhumanen Tendenzen des modernen Lebens sind, was schließlich das Verantwortungs- und Wertbewußtsein als mitgestaltendes Prinzip eliminiert und das medial Vermittelte als das gesellschaftlich Selbstverständliche erscheinen läßt. Das Negative treibt jenseits eines kritischen Punktes nicht mehr das Positive aus sich hervor, sondern verstärkt und multipliziert nur noch das Negative.

Inzwischen existiert eine Variante zu dieser Figur, in der sich das Verhältnis von Medien und Wirklichkeit, Fiktionen und Fakten, Kunst und Leben umkehrt: Nicht die Kunst überbietet hier das Leben in Bildern des Grauenvollen, Unmenschlichen, Obszönen etc., sondern das Leben überbietet umgekehrt die Kunst – und zwar dermaßen, daß ihre Projektionen nur einen schwachen Schatten dessen werfen, was das Leben an wuchernden Ungeheuerlichkeiten parat hält. Nach dieser Variante hat das Leben die Kunst an Negativität längst abgehängt; ihre Schöpfer sind gar nicht mehr in der Lage, an Vorstellungsvermögen noch das aufzubieten und an Lebensproblemen das *mittelbar* zu deuten, was einer zynischen Realität an Terror und Tod, Ekel und Entsetzen, Dummheit und Destruktion *unmittelbar* entspringt. Wenn dem so ist – wird gefolgert –, kann man der Kunst getrost den ›Persilschein‹ der Harmlosigkeit ausstellen, denn jedweden Wettbewerb unter dem Aspekt konkurrierender Gefahren würde das Leben für sich entscheiden. Von einer Negation der Negation könnte hier gar nicht mehr die Rede sein. Auf die öffentliche Kritik an den um sich greifenden medialen Schockeffekten erwidert zum Beispiel Hans D. Baumann: »Inmitten dieser Welt realer Schrecken sollten fahle Vampire, denen der Verwesungsgestank des Grabes anhaftet, eigentlich kaum mehr Grauen verbreiten. Gegen die stählerne Eleganz und kühle Brutalität moderner Kriegsmaschinen kann ein Paar blutbesudelter Eckzähne nicht in aussichtsreiche Konkurrenz treten. Was ist schon eine knarrend sich aufrichtende Mumie gegen das in verschorfte Verbände gehüllte Opfer eines Gasangriffs? Was die Verwandlung eines braven Bürgers in einen reißenden Werwolf gegen die eines sympathischen Managers in einen Händler des Todes, der seinen gepflegten Lebensstil mit der kalkulierten oder in Kauf genommenen Vernichtung von Hunderttausenden finanziert? Was der Fluch eines gelynchten Zauberers über ein kleines Dorf gegen das radioaktiv strahlende und tödlich aus dem Boden dünstende Erbe einer Aktiengesellschaft?«[11]

Was in diesem unmittelbaren Harmlosigkeits-/Gefährlichkeitsvergleich bei flüchtigem Blick als plausibel erscheint, entpuppt sich bei näherer Prüfung als pseudo-logisch, und zwar aus dreifachem Grund:

1. Kunst und Medien können in der Wirkungssphäre einer ästhetischen Welt nicht dadurch *ent*lastet werden, daß auf die schlimmere *Be*lastung des Menschen durch reale Gefahren in seiner geschichtlichen Welt verwiesen wird. Das eine ist ein medialer Wirkungsmechanismus unter bestimmten Kommunikationsbedingungen und konstituiert dort ein Problem, das andere ist eine gesellschaftliche Erfahrung unter bestimmten Lebensbedingungen und konstituiert hier ein anderes. Zwar sind die Problemfelder vielfältig miteinander verwoben, aber psychologisch nicht austauschbar. Ein schlechter Medienkritiker oder -pädagoge wäre derjenige, welcher die Gefährlichkeit der Welt bereitwillig eingesteht, um dieses Eingeständnis zur Voraussetzung einer *relativen* Harmlosigkeitserklärung für die Medien zu machen. Mediale Gefahren sind Gefahren *sui generis*. Sie den realen Gefahren aus moralischen, politischen, wirtschaftlichen u.a. Fehlentwicklungen der Gesellschaft an die Seite stellen zu wollen, verrät beträchtlichen Mangel an Urteilsvermögen. Der Vergleich verführt zu einer falschen Apologetik.

2. Die fiktionale Verwandlung eines braven Bürgers in einen reißenden Werwolf mag tatsächlich als harmlos erscheinen im Vergleich mit der realen Verwandlung eines sympathischen Managers in einen skrupellosen Händler des Todes; aber was der Werwolf eventuell anrichtet, ist keine Frage der objektiven Harmlosigkeit eines medialen Phantasieprodukts, sondern ein Problem der Bedingungen seiner konkreten Rezeption – nicht zuletzt der Dosierung solcher Rezeption. Und selbst wenn man geneigt sein könnte, Werwölfe, Mumien, Vampire und deren weitläufige Verwandtschaft allmählich der Mottenkiste der Kulturgeschichte zu überantworten, wird man diese Art der Obsoleszenz wohl kaum den jüngsten Exzessen einer amoklaufenden Phantasie der Scheußlichkeiten, den sogenannten *Splatterpunks*,[12] zusprechen wollen. Was dem Medienkonsumenten dort an Wahn und Wut, Qual und Blut aufgetischt wird, läßt jede Mumie im doppelten Wortsinn alt aussehen.

3. Die mittelbare Wirkung von Medien ist natürlich von anderer Art und betrifft in der Regel auch andere Gruppen als die unmittelbare Auswirkung von Verderbtheit, Skrupellosigkeit, Gewalttätigkeit usw. in der Realität. Die Medien wirken, wenn sie negativ wirken, über machtvolle Symbole, die die Seele zu ängstigen, das Bewußtsein zu depravieren, das Weltbild zu verzerren, die Sozialbeziehungen zu deformieren vermögen. Sie wirken psychisch in geballter, hochkonzentrierter, dramatisierter Form, die das Leben der meisten Menschen empirisch so nicht kennt, und sie treffen immer mehr auf Individuen und Gruppen, die ihrer ge-

ballten Kraft offensichtlich immer weniger gewachsen sind. Sie wirken vornehmlich bei denen, die dem Problemfeld des Realpolitischen (noch) relativ fernstehen und an seinen Entgleisungen auch meist unschuldig sind – bei all den naiven, unverdorbenen, empfindsamen, labilen, verführbaren, kranken Seelen, die der Aura der Symbole und den Appellen der Botschaften wenig entgegenzusetzen haben, einer Risikogruppe von Menschen, denen überhaupt nicht geholfen ist mit der Lektion: »Die Medieninhalte, die ihr konsumiert, sind wahrlich schlimm. Doch seid getrost – die Welt, in der ihr lebt, ist schlimmer.« Denn gekoppelt sind beide, Medienwirklichkeit und gesellschaftliche Wirklichkeit, über Sozialisationsprozesse, welche früh angerichtete Schäden in dem einen Feld leicht zu später wirksamen Verwerfungen in dem anderen werden lassen. Darin liegt ihre fatale Verbindung.

Wir folgern: Trost finden zu wollen in einem Medien-/Wirklichkeitsvergleich, der schlimme Medieninhalte unter dem Eindruck schlimmerer Wirklichkeitserfahrungen entlastet, ist ebenso unrealistisch, wie Hoffnung schöpfen zu wollen aus einer negativen Dialektik, für deren effektive Wirksamkeit es keine Beweise gibt. Verwirft man in dieser Situation die Möglichkeit politisch verhängter Zensur und vermeidet man andererseits die Flucht in zynische Komplizenschaft (nach dem Motto: Jede Gesellschaft hat die Medien[probleme], die sie verdient), bleibt als Lösungsweg nur der mühsame Weg der Aufklärung und Erziehung. Es geht um das unbeirrbare Fortschreiten im Wissen um die sich kumulierenden Gefahren; um das systematische Aufräumen mit der ideologischen Schutzbehauptung der ›Macher‹, die Gefährlichkeit der modernen Musen sei unbewiesen und unbeweisbar; um die konsequente Korrektur des liberalistischen Mißverständnisses, eine freie Gesellschaft könne gar nicht anders, als eine permissive Medienlandschaft zu pflegen. Für diesen Weg können empirische Forschungsergebnisse naturgemäß keine unmittelbar positiven Zielvorgaben liefern (dazu bedarf es einerseits einer allgemeinen Verbesserung der Medienkompetenz von Konsumenten sowie andererseits einer Neubestimmung im Menschen- und Gesellschaftsbild von Produzenten), aber sie können als Wegweiser dienen – Wegweiser aus der Verantwortungslosigkeit derjenigen, die die rechtlich garantierte Freiheit der Bild- und Informationsverbreitung in die ungezügelt ›wilden‹ Beliebigkeiten einer *anything-goes*-Kultur umdeuten; Wegweiser aus der Anfälligkeit derjenigen, die negative Wirkungen auf sich selbst und andere aus Uninformiertheit oder Verblendung unterschätzen; Wegweiser für die Wachsamkeit derjenigen, die als Eltern und

Erzieher aufgerufen sind, wirksame Prophylaxe wenigstens vor den schlimmsten Auswüchsen einer ins Kraut schießenden Medienkultur zu betreiben.

Anmerkungen Kap. 6

1 Zitiert nach Kurt Moreck, *Sittengeschichte des Kinos* (Dresden: P. Aretz, 1926), 256.

2 Immanuel Kant, *Kritik der Urteilskraft. Kants gesammelte Schriften*, Bd. 5 (Berlin: Reimer, 1913), 209, 223.

3 Siehe T. W. Adorno, *Negative Dialektik. Gesammelte Schriften*, Bd. 6 (Frankfurt/M.: Suhrkamp, 1973).

4 Theodor W. Adorno, *Philosophie der neuen Musik. Gesammelte Schriften*, Bd. 12 (Frankfurt/M.: Suhrkamp, 1975), 125, 126.

5 Karl-Georg Waldinger, »Rockmusik und Gewalt: Bericht von einem Projekttag mit Schülern«, *Musik und Unterricht*, 2.8 (Mai 1991), 56.

6 Stephen King, *Danse Macabre: Die Welt des Horrors in Literatur und Film* (München: Heyne, 1988), 284f.

7 Anon., »Hehehe, uhuhuhu: Die Zeichentrickfiguren Beavis und Butt-Head bringen das amerikanische TV-Publikum in Wallung«, *Der Spiegel* Nr. 42 (18. Oktober 1993), 272.

8 Zitiert nach Ann Claire Richter, »Brot und Spiele – wie einst im alten Rom«, *Braunschweiger Zeitung* (29. Oktober 1994), Filmspiegel.

9 Susan Sontag, »Die pornographische Phantasie«, *Akzente* 15 (1968), 87.

10 Matthias Matussek, »Triumph des Vulgären: Über die Verrohung der amerikanischen Gesellschaft«, *Der Spiegel* Nr. 38 (19. September 1994), 180.

11 Hans D. Baumann, *Horror: Die Lust am Grauen* (Weinheim: Beltz, 1989), 9–10.

12 Vgl. z.B. Paul M. Sammon, ed., *Splatterpunks: Extreme Horror* (New York: St. Martin's Press, 1990).

8. Literaturverzeichnis

Adorno, Theodor W. *Negative Dialektik. Gesammelte Schriften*, Bd. 6. Frankfurt/M.: Suhrkamp, 1973.

Adorno, Theodor W. *Philosophie der neuen Musik. Gesammelte Schriften*, Bd. 12. Frankfurt: Suhrkamp, 1975.

Adorno, Theodor W. *Dissonanzen: Musik in der verwalteten Welt*. Göttingen: Vandenhoeck & Ruprecht, 1956.

Albrecht, Horst. *Die Religion der Massenmedien*. Stuttgart: Kohlhammer, 1993.

Alvin, Juliette. *Musiktherapie: Ihre Geschichte und ihre moderne Anwendung in der Heilbehandlung*. München: dtv, 1984.

Anonym. »Der Atem stockt beim Leinwand-Schocker«. *Cinema* 12 (1979): 10–16.

Anon. »›Blutiger Schaum zerplatzte vor seiner Nase‹. Das Geschäft mit der Gewalt: Grusel-Hefte erzielen Auflagen-Rekorde«. *Der Spiegel* Nr. 42 (10. Oktober 1977): 122–31.

Anon. »Hai Noon«. *Der Spiegel* Nr. 30 (21. Juli 1975): 81–82.

Anon. »Hehehe, uhuhuhu: Die Zeichentrickfiguren Beavis und Butt-Head bringen das amerikanische TV-Publikum in Wallung«. *Der Spiegel* Nr. 42 (18. Oktober 1993): 272–75.

Anon. »›Ich werde berühmt, indem ich dich töte‹: Der Typ des Präsidenten-Attentäters und der Prominentenkult in den Vereinigten Staaten«. *Der Spiegel* Nr. 15 (6. April 1981): 136–41.

Anon. »›Rambo, Amerikas Held, will dich‹«. *Der Spiegel* Nr. 29 (15. Juli 1985): 77–81.

Anon. »Sie fetzen wie vom Teufel besessen: Black Sabbath«. *Bravo* Nr. 41 (6. Oktober 1983): 77.

Anon. »Summer of the Shark«. *Time* (June 23, 1975): 32–37.

Anon. »Über Leichen kann ich nur noch lachen! Gewalt im Fernsehen – wie wirkt das auf Kinder und Jugendliche?« *Eltern* 7 (Juli 1993): 150–53.

Anon. »Wir tun's«. *Der Spiegel* Nr. 38 (15. September 1975): 84–86.

Auerbach, Lore. »Musik als Massendroge unserer Zeit: Musikbedingte Probleme der Identitätsfindung und der Identitätsbewahrung«. *Intervalle* 4 (Oktober/Dezember 1982): 41–49.

Bäumer, Ulrich. *Wir wollen nur deine Seele. Rockszene und Okkultismus: Daten – Fakten – Hintergründe*. Wuppertal: Verlag der Ev. Gesellsch. für Deutschl., 1990.

Bandura, Albert, Dorothea Ross and Sheila A. Ross. »Imitation of Film-mediated Aggressive Models«. *Journal of Abnormal and Social Psychology* 66.1 (1963): 3–11.

Bañol, Fernando Salazar. *Die okkulte Seite des Rock*. München: Hirthammer, 1987.

Barber-Kersovan, Alenka. »Turn in, tune in, drop out: Rockmusik zwischen Drogen und Kreativität«. In *Musik als Droge? Zur Theorie und Praxis bewußtseinsverändernder Wirkungen von Musik*. Hg. Helmut Rösing. Mainz: Villa Musica, 1991. 89–103.

Bastian, Hans-Günther. *Musik im Fernsehen: Funktion und Wirkung bei Kindern und Jugendlichen*. Wilhelmshaven: F. Noetzel, 1986.

Batel, Günter. *Musikverhalten und Medienkonsum*. Wolfenbüttel: Möseler, 1984.

Baumann, Hans D. *Horror: Die Lust am Grauen*. Weinheim: Beltz, 1989.

Baxter, Mike. »Flesh and Blood: Does Pornography Lead to Sexual Violence?« *New Scientist* 126 (May 1990): 37–41.

Beierwaltes, Andreas, Bettina Grebe und Klaus Neumann-Braun. »Indizierte Computerspiele – Markt und Spieler«. In *Computerspiele: Bunte Welt im grauen Alltag*. Bonn: Bundeszentrale für politische Bildung, 1993. 89–104.

Berghaus, Margot. »Zur Theorie der Bildrezeption: ein anthropologischer Erklärungsversuch für die Faszination des Fernsehens«. *Publizistik* 31.3/4 (Juli/Dezember 1986): 287–95.

Berman, Alan J. »Fictional Depiction of Suicide in Television Films and Imitation Effects«. *American Journal of Psychiatry* 145.8 (August 1988): 982–86.

Biracree, Tom. *Soap Opera Mania: Love, Lust, and Lies from Your Favorite Daytime Dramas*. New York: Prentice Hall, 1994.

Black, Stephen L. and Susan Bevan. »At the Movies With Buss and Durkee: A Natural Experiment on Film Violence«. *Aggressive Behavior* 18.1 (1992): 37–45.

Blaukopf, Kurt. »Akustische Umwelt und Musik des Alltags«. In *Musik im Alltag: Zehn Kongreßbeiträge* Hg. Reinhold Brinkmann. Mainz: Schott, 1980. 9–26.

Böttcher, Hans. »Ideologien in kriegsverherrlichenden Schriften«. *Medien- und Sexual-Pädagogik* 3.3 (Juli/September 1975): 8–9.

Bonfadelli, Heinz. »Der Einfluß des Fernsehens auf die Konstruktion der sozialen Realität: Befunde aus der Schweiz zur Kultivierungshypothese«. *Rundfunk und Fernsehen* 31.3/4 (1983): 415–30.

Bozzuto, James C. »Cinematic Neurosis Following *The Exorcist*: Report of Four Cases«. *The Journal of Nervous and Mental Disease* 6.4 (1978): 43–48.

Buddemeier, Heinz. *Panorama, Diorama, Photographie: Entstehung und Wirkung neuer Medien im 19. Jahrhundert*. München: Fink, 1970.

Buddemeier, Heinz und Jürgen Strube. *Die unhörbare Suggestion: Forschungsergebnisse zur Beeinflussung des Menschen durch Rockmusik und subliminale Kassetten*. 2. Aufl. Stuttgart: Urachhaus, 1990.

Bugliosi, Vincent. *Helter Skelter: The True Story of the Manson Murders*. New York: Bantam Books, 1975.

Buschmann, Michael. *Rock im Rückwärtsgang: Manipulation durch »Backward Masking«*. Asslar: Schulte & Gerth, 1990.

Cantor, Joanne and Sandra Reilly. »Adolescents' Fright Reactions to Television and Films«. *Journal of Communication* 32 (Winter 1982): 87–99.

Caputi, Jane. *The Age of Sex Crime*. Bowling Green, Oh.: Bowling Green State Univ. Popular Press, 1987.

Centerwall, Brandon S. »Television and Violence: The Scale of the Problem and Where to Go From Here«. *The Journal of the American Medical Association* 267.22 (June 10, 1992): 3059–63.

Cervantes Saavedra, Miguel de. *Don Quijote*. Stuttgart: Parkland, 1985.

Chüden, Heine und Peter Strauss. »Die Beeinflussung des Gehörs durch Lärm in Diskotheken«. *Archiv für klinische und experimentelle Ohren-, Nasen- und Kehlkopfheilkunde* 202 (1972): 511–15.

Chüden, Heine und Peter Strauss. »Der Einfluß des Schallumfeldaufbaues in Diskotheken auf das Ausmaß der Lärmbeschädigung des Innenohrs«. *Zeitschrift für Laryngologie, Rhinologie, Otologie* 52 (1973): 134–38.

Clover, Carol J. *Men, Women, and Chain Saws: Gender in the Modern Horror Film*. London: British Film Institute, 1992.

Comstock, George A. »Sexual Effects of Movie and TV Violence«. *Medical Aspects of Human Sexuality* 20.7 (July 1986): 96–101.

Cooke, Gwendolyn. »Reading Literary Works by Black and White Writers: Effects on Students' Attitudes«. *Journal of Black Studies* 5.2 (December 1974): 123–33.

Cooper, Joel and Diane Mackie. »Video Games and Aggression in Children«. *Journal of Applied Social Psychology* 16.8 (1986): 726–44.

Daven, Joel, J. F. O'Conner and Roy Briggs. »The Consequences of Imitative Behavior in Children: The ›Evel Knievel Syndrome‹«. *Pediatrics* 57.3 (March 1976): 418–19.

Davies, John. »The Musical Mind«. *New Scientist* (January 19, 1991): 38–41.

Delamont, Sara. »The HIT LIST and Other Horror Stories: Sex Roles and School Transfer«. *The Sociological Review* 39 (May 1991): 238–59.

Diamond, John. »Addicted to the End of Time«. *The Guardian*, Supplement. (November 24, 1992): 2–3.

Doering, Kent. »›Unseren Gott dürstet nach Blut‹«. *Der Spiegel* Nr. 17 (20. April 1981): 166–67.

Domino, George. »Impact of the Film, *One Flew Over the Cuckoo's Nest*, on Attitudes Towards Mental Illness«. *Psychological Reports* 53.1 (August 1983): 179–82.

Dworkin, Andrea. *Pornographie: Männer beherrschen Frauen*. Köln: Emma Frauenverlag, 1987.

Egli, Eric A. and Lawrence S. Meyers. »The Role of Video Game Playing in Adolescent Life: Is there Reason to be Concerned?« *Bulletin of the Psychonomic Society* 22.4 (July 1984): 309–12.

Elgers, Paul. *Ich hab's allein getan: Berühmte Attentate der letzten 200 Jahre*. Rudolfstadt: Greifenberg, 1993.

Eron, Leonard D. and L. Rowell Huesman. »Adolescent Aggression and Television«. *Annals of the New York Academy of Sciences* 347 (June 20, 1980): 319–31.

Eron, Leonard D. und L. Rowell Huesman. »Fernsehen, Familie und Kultur«. In *Empirische Medienpsychologie*. Hg. Jo Groebel u. Peter Winterhoff-Spurk. München: Psychologie Verlags Union, 1989. 151–67.

Ertel, Henner. *Erotika und Pornographie: Repräsentative Befragung und psychophysiologische Langzeitstudie zu Konsum und Wirkung*. München: Psychologie Verlags Union, 1990.

Faust, Volker et al. »Medien und Suizid: Podiumsdiskussion anläßlich der Jahrestagung der Deutschen Gesellschaft für Suizidprävention (DGS) in Regensburg am 10. Oktober 1988«. *Suizidprophylaxe* 19.1 (1992): 17–51.

Fehling, Reinhard. *Manipulation durch Musik: Das Beispiel »Funktionelle Musik«*. München: Raith, 1976.

Fehr, Wolfgang und Jürgen Fritz. »Videospiele in der Lebenswelt von Kindern und Jugendlichen«. In *Computerspiele: Bunte Welt im grauen Alltag*. Bonn: Bundeszentrale für politische Bildung, 1993. 48–66.

Feshbach, Seymour und Neil Malamuth. »Sex und Gewalt: Was sie verbindet, was sie trennt«. *Psychologie heute* 6.2 (Februar 1979): 67–75.

Frank, Christl. »Die Auswirkung rhythmischer Elemente auf vegetative Funktionen«. In *Grundlagen der Musiktherapie und Musikpsychologie*. Hg. Gerhart Harrer. Stuttgart: G. Fischer, 1976. 79–90.

Freud, Sigmund. »Formulierungen über die zwei Prinzipien des psychischen Geschehens«. In *Gesammelte Werke*, Bd. 8. London: Imago, 1943. 230–38.

Friederici, Angela D. *Kognitive Strukturen des Sprachverstehens*. Berlin: Springer, 1987.

Frith, Simon. *Jugendkultur und Rockmusik: Soziologie der englischen Musikszene*. Reinbek: Rowohlt, 1981.

Fuhrmeister, Marie-Luise und Eckart Wiesenhütter. *Metamusik: Psychosomatik der Ausübung zeitgenössischer Musik*. München: J. F. Lehmann, 1973.

Funk, Jeanne B. »Reevealuating the Impact of Video Games«. *Clinical Pediatrics* 32.2 (February 1993): 86–90.

Geiger, Klaus F. »Jugendliche lesen ›Landser‹-Hefte: Hinweise auf Lektürefunktionen und -wirkungen«. In *Literatur und Leser: Theorien und Modelle zur Rezeption literarischer Werke*. Hg. Gunter Grimm. Stuttgart: Reclam, 1975. 324–41.

Geiger, Klaus F. »Der Zweite Weltkrieg heute am Kiosk«. *Medien- und Sozial-Pädagogik* 3.3 (Juli/September 1975): 8–9.

Geissendörfer, Hans W. »›Mich schützt der Gott der Lindenstraße.‹: Über Dauerserien, Drehbuchautoren und das Dasein beim Fernsehen«. *Das Erste* 4 (1990): 18–21.

Gembris, Heiner. *Musikhören und Entspannung: Theoretische und experimentelle Untersuchungen über den Zusammenhang zwischen situativen Bedingungen und Effekten des Musikhörens*. Hamburg: K. D. Wagner, 1985.

Gerbner, George. »Über die Ängstlichkeit von Vielsehern«. *Fernsehen und Bildung* 12.1–2 (1978): 48–58.

Gerbner, George and Larry Gross. »Living With Television: The Violence Profile«. *Journal of Communication* 26.2 (Spring 1976): 173–99.

Gerrold, David. *The World of Star Trek*. Rev. ed. New York: Bluejay Books, 1984.

Glogauer, Werner. »Aggressivität und Kriminalität bei Kindern und Jugendlichen durch Einwirkung von Mediengewalt«. In *Gewalt in unserer Gesellschaft: Gutachten für das Bayerische Staatsministerium des Innern*. Hg. Klaus Rolinski u. Irenäus Eibl-Eibesfeldt. Berlin: Duncker & Humblot, 1990. 123–52.

Goldman, Peter and Martin Kasindorf. »Jawsmania: the Great Escape«. *Newsweek* (July 28, 1975): 22–23.

Gould, Madelyn S. and David Shaffer. »The Impact of Suicide in Television Movies: Evidence of Imitation«. *The New England Journal of Medicine* 315.11 (September 11, 1986): 690–94.

Graves, Barry und Siegfried Schmidt-Joos. *Rock-Lexikon*. Bd. 2. Überarb. u. erw. Neuausg. Reinbek: Rowohlt, 1990.

Grass, Günter. *Die Blechtrommel*. Frankfurt/M.: S. Fischer, 1962.

Grassi, Ernesto. *Macht des Bildes. Ohnmacht der rationalen Sprache*. Köln: DuMont Schauberg, 1970.

Greenfield, Patricia M. *Kinder und neue Medien: Die Wirkung von Fernsehen, Videospielen und Computern*. München: Psychologie Verlags Union, 1987.

Greenson, Ralph R. »A Psychoanalyst's Indictment of *The Exorcist*«. *Saturday Review/World* (June 15, 1974): 41–43.

Grof, Stanislav. *Topographie des Unbewußten: LSD im Dienst der tiefenpsychologischen Forschung*. 6. Aufl. Stuttgart: Klett-Cotta, 1993.

Guggenberger, Bernd. *Sein oder Design: Zur Dialektik der Abklärung*. Berlin: Rotbuch, 1988.

Hafen, Roland. *Hedonismus und Rockmusik: Eine empirische Studie zum Live-Erlebnis Jugendlicher*. Diss. Paderborn, 1992.

Haider, M. und E. Groll-Knapp. »Psychophysiologische Untersuchungen über die Belastung des Musikers in einem Symphonieorchester«. In *Stress und Kunst: Gesundheitliche, psychische, soziologische und rechtliche Belastungsfaktoren im Beruf des Musikers eines Symphonieorchesters*. Hg. Maximilian Piperek. Wien: Braumüller, 1971. 15–37.

Hamilton, James W. »Cinematic Neurosis: A Brief Case Report«. *Journal of the American Academy of Psychoanalysis* 6.4 (1978): 569–72.

Hans, Marie-Françoise Hans und Gilles Lapouge, Hg. *Die Frauen, Pornographie und Erotik: Interviews*. Darmstadt: Luchterhand, 1979.

Harrer, Gerhart. »Das Musikerlebnis im Griff des naturwissenschaftlichen Experiments«. In *Grundlagen der Musiktherapie und Musikpsychologie*. Stuttgart: G. Fischer, 1976. 3–47.

Harrer, Gerhart, Hg. *Grundlagen der Musiktherapie und Musikpsychologie*. Stuttgart: G. Fischer, 1976.

Harrison, Ted. »Born Again Elvis: Elvis Presley Lives. Ted Harrison Meets Some of the Dedicated Followers of the Cult of the King«. *The Listener* 123 (December 6, 1990): 26–27.

Hartwig, Helmut. *Die Grausamkeit der Bilder: Horror und Faszination in alten und neuen Medien*. Weinheim: Quadriga, 1986.

Hausjell, Fritz. »Die Welle ist noch nicht vorbei«. In *Computerspiele – (Un)heile Welt der Jugendlichen?* Hg. Jürgen Maaß u. Christian Schartner. München: Profil, 1993. 95–106.

Heinrich, Kurt, Hg. *Psychopathologie der Regression*. Düsseldorf: Schattauer, 1984.

Heuermann, Hartmut. *Medien und Mythen: Die Bedeutung regressiver Tendenzen in der westlichen Medienkultur*. München: Fink, 1994. 272–94.

Hinerman, Stephen. »›I'll Be Here With You‹: Fans, Fantasy and the Figure of Elvis«. In *The Adoring Audience: Fan Culture and Popular Media*. Ed. Lisa A. Lewis. London: Routledge, 1992. 107–34.

Hitler, Adolf. *Mein Kampf*. München: Zentralverlag der NSDAP, 1925.

Holborn, Tim. »Immer stärkere Nachfrage nach ›Designerdrogen‹«. *Welt am Sonntag* (23. Juli 1994): III, 21.

Hopf, Hans H. »Traumatische Wirkungen von Horror- und Gewaltdarstellungen«. *Lehrerzeitung Baden-Württemberg* 39.21 (1985): 496–98.

Horwitz, J. »Dangers of Stunt Riding«. *The New England Journal of Medicine* no. 29 (November 28, 1974): 1194–95.

Huter, Alois. *Mensch und Massenmedien: Der anthropologische Aspekt der Medienforschung*. Salzburg: O. Müller, 1981.

Huth, Silvia. »Zur Wirkung des Vielfernsehens: Ergebnisse aus der empirischen Forschung in den USA«. *Fernsehen und Bildung* 16.1–3 (1982): 149–234.

Huxley, Aldous. *Die Pforten der Wahrnehmung – Himmel und Hölle: Erfahrungen mit Drogen*. München: Piper, 1970.

Hyde, Harford M. *A History of Pornography*. New York: Farrar, Straus & Giroux, 1965.

Jaedicke, Hans-Georg. »Ritualisierte jugendliche Aggression: Ärztliche Rückschau auf das Beatle-Phänomen«. *Deutsches Ärzteblatt* Nr. 50 (16. Dezember 1967): 2739–42.

Janney, Richard W. »Cultural Stereotypes and Commercial American Filmed Entertainment«. *Die Neueren Sprachen* 78.3 (1979): 231–39.

Jenson, Joli. »Fandom as Pathology: The Consequences of Characterization«. In *The Adoring Audience: Fan Culture and Popular Media*. Ed. Lisa A. Lewis. London: Routledge, 1992. 9–29.

Jewett, Robert and John Shelton Lawrence. »Trekkie Religion and the Werther Effect«. In *The American Monomyth*. Garden City, N.Y.: Anchor Press, 1977. 23–39.

Johnson, Brian R. »General Occurrence of Stressful Reactions to Commercial Motion Pictures and Elements Subjectively Identified as Stressors«. *Psychological Reports* 47.3 (December 1980): 775–86.

Jugendwerk der Deutschen Shell, Hg. *Jugend '92: Lebenslagen, Orientierungen und Entwicklungsperspektiven im vereinigten Deutschland*. Opladen: Leske & Budrich, 1992.

Kampe, Helmut. »Menschenverachtung, Antisemitismus und Gewalt in einem rechtsextremistischen Videospiel«. In *Computerspiele: Bunte Welt im grauen Alltag*. Bonn: Bundeszentrale für politische Bildung, 1993. 113–27.

Kant, Immanuel. *Kritik der Urteilskraft. Kants gesammelte Schriften*, Bd. 5. Berlin: Reimer, 1913.

Kappeler, Susanne. *Pornographie: Die Macht der Darstellung*. München: Frauenoffensive, 1988.

Kauffmann, Georg. *Die Macht des Bildes: Über die Ursachen der Bilderflut in der modernen Welt*. Opladen: Westdeutscher Verlag, 1988.

Keepers, George A. »Pathological Preoccupation with Video Games«. *Journal of the American Academy of Child and Adolescent Psychiatry* 29.1 (January 1990): 49-50.

Kellner, Rolf. »Schlachtfeld Heftroman: Der Abenteuer- und Kriminalroman als Beispiel zielgerichteter Aggression«. In *Literatur und Leser: Theorien und Modelle zur Rezeption literarischer Werke*. Hg. Gunter Grimm. Stuttgart: Reclam, 1975. 295–323.

King, Paul. »Heavy Metal Music and Drug Abuse in Adolescents«. *Postgraduate Medicine* 83.5 (April 1988): 295–304.

King, Stephen. *Danse Macabre: Die Welt des Horrors in Literatur und Film*. München: Heyne, 1988.

King, Stephen. »The *Playboy* Interview: Conducted by Eric Norden«. In *The Stephen King Companion*. Ed. George Beahm. London: Futura, 1991. 26–70.

Klosinski, G[unther]. »Beitrag zur Beziehung von Video-Filmkonsum und Kriminalität in der Adoleszenz«. *Praxis der Kinderpsychologie und Kinderpsychiatrie* 36 (1987): 66–71.

Kneif, Tibor. *Sachlexikon Rockmusik: Instrumente, Stile, Techniken, Industrie und Geschichte*. Reinbek: Rowohlt, 1978.

König, Hans-Dieter. »Rambo. Zur Sozialpsychologie eines den amerikanischen Pioniergeist antikommunistisch wendenden Reagan-Films«. *Psychosozial* 31 (Juni 1987): 19–48.

Koper, Peter. »Can Movies Kill?« *American Film* 7 (July/August 1982): 46–51.
Korn, Peter J. *Musikalische Umweltverschmutzung: Polemische Variationen über ein unerquickliches Thema*. Wiesbaden: Breitkopf und Härtel, 1981.
Korte, Helmut. »*Der weiße Hai* (1975) – Das lustvolle Spiel mit der Angst«. In *Action und Erzählkunst: Die Filme von Steven Spielberg*. Hg. Helmut Korte u. Werner Faulstich. Frankfurt/M.: Fischer, 1987. 89–114.
Kunczik, Michael. »Gewalt im Fernsehen: Stand der Wirkungsforschung und neue Befunde«. *Media Perspektiven* 3 (1993): 98–107.
Kunczik, Michael. *Gewalt und Medien*. 2. Aufl. Köln: Böhlau, 1994.
Kunczik, Michael. »Gewaltdarstellungen – ein Thema seit der Antike«. *Media Perspektiven* 3 (1993): 108–13.
Kunczik, Michael, Wolfgang Bleh und Sabine Maritzen. »Audiovisuelle Gewalt und ihre Auswirkungen auf Kinder und Jugendliche: Eine schriftliche Befragung klinischer Psychologen und Psychiater«. *Medienpsychologie* 5.1 (1993): 3–19.
LaMotte-Haber, Helga de und Günther Rötter. *Musikhören beim Autofahren: Acht Forschungsberichte*. Frankfurt/M.: Lang, 1990.
Last, Günter. *Musik in der Fertigung: Untersuchungen zur Problematik der Musik am Arbeitsplatz in Industriebetrieben*. Berlin: Beuth, 1966.
Lautmann, R. »Die neue Gefährlichkeit der Pornographie: Politische Kampagnen und psychologische Wirkungsforschung«. *Zeitschrift für Sexualforschung* 1 (1988): 45–67.
Lemon, Judith. »Women and Blacks on Prime-Time Television«. *Journal of Communication* 27 (Autumn 1977): 70–79.
Leuschner, Hans. »Ergebnisse einer Wirkungsanalyse«. *Zeitschrift für Literaturwissenschaft und Linguistik* 4 (1974): 95–116.
Levin, Daniel L., Merle McLain and Michael Blaw. »*Hang 'em High* – a Direct Effect of Television Violence«. *The Journal of Pediatrics* 89.6 (December 1976): 1034–35.
Lichtenberg, Jaqueline, Sondra Marshak and Joan Winston. *Star Trek Lives!* New York: Bantam, 1975.
Lichtenberger, Sigrid. »Das Kriminalheft in seiner Wirkung auf 14jährige Schülerinnen und Schüler zweier ländlicher Mittelpunktschulen«. *Medien- und Sozial-Pädagogik* 3.3 (Juli/September 1975): 9–14.
Liedtke, Rüdiger. *Die Vertreibung der Stille: Wie uns das Leben unter der akustischen Glocke um unsere Sinne bringt*. München: Schönberger, 1985.
Lindner-Braun, Christa. *Soziologie des Selbstmords*. Opladen: Westdeutscher Verlag, 1990.
Linz, Daniel, Edward Donnerstein and Steven Penrod. »The Effects of Multiple Exposures to Filmed Violence Against Women«. *Journal of Communication* 34.4 (Summer 1984): 130–47.
Lippold, Lutz. *Macht des Bildes – Bild der Macht: Kunst zwischen Verehrung und Zerstörung bis zum ausgehenden Mittelalter*. Leipzig: Edition Leipzig, 1993.
Luca, Renate. »Das ist nun mal so – Mädchen erleben Horror- und Gewaltvideos anders als Jungen«. *Pädagogik* 11 (1992): 6–9.
Luca, Renate. *Zwischen Ohnmacht und Allmacht: Unterschiede im Erleben medialer Gewalt von Mädchen und Jungen*. Frankfurt/M.: Campus, 1993.
Lushbough Dee, Juliet. »Media Accountability for Real-Life Violence: A Case

of Negligence or Free Speech?« *Journal of Communication* 37.2 (Spring 1987): 106–38.

McLuhan, H. Marshall. *The Gutenberg Galaxy: The Making of the Typographic Man*. Toronto: Univ. of Toronto Press, 1962.

Maeda, Yasufumi et al. »Electroclinical Study of Video-Game Epilepsy«. *Developmental Medicine and Child Neurology* 32 (1990): 493–500.

Malamuth, Neil M. and John Briere, »Sexual Violence in the Media: Indirect Effects on Aggression Against Women«. *Journal of Social Issues* 42.3 (1986): 75–92.

Malamuth, Neil M. and Edward Donnerstein. *Pornography and Sexual Aggression*. New York: Academic Press, 1986.

Mander, Jerry. *Schafft das Fernsehen ab!* Reinbek: Rowohlt, 1979.

Marcus, Greil. *Dead Elvis: Meister, Mythos, Monster*. Hamburg: Rogner & Bernhard, 1993.

Mark, Desmond. »Die Stellung des jungen Menschen in der Schallumwelt von heute«. *Musik und Bildung* 9.1 (Januar 1977): 5–9.

Marquardt, Bodo. *Die Sprache des Menschen und ihre biologischen Voraussetzungen*. Tübingen: Narr, 1984.

Mathai, John. »An Acute Anxiety State in an Adolescent Precipitated by Viewing a Horror Movie«. *Journal of Adolescence* 6.2 (June 1983): 197–200.

Matussek, Matthias. »Triumph des Vulgären: Über die Verrohung der amerikanischen Gesellschaft«. *Der Spiegel* Nr. 38 (19. September 1994): 180–83.

Mauz, Gerhard. »›Ich weiß natürlich, daß das verrückt ist‹: Zur Verurteilung des Lennon-Mörders Mark Chapman in New York«. *Der Spiegel* Nr. 36 (31. August 1981): 116–19.

Mazanec, Brigitta. »Vom Veitstanz bis zum Discofieber«. *Die neue Ärztliche* (9. April 1990): 9.

Medved, Michael. *Hollywood vs. America: Popular Culture and the War on Traditional Values*. New York: HarperCollins Publishers, 1992.

Mertner, Edgar und Herbert Mainusch. *Pornotopia: Das Obszöne und die Ponographie in der literarischen Landschaft*. Frankfurt/M.: Athenäum, 1970.

Misawa, Tetsuo, Sadayoshi Shigeta and Susumo Nojima. »Effects of Video Games on Visual Function in Children«. *Japanese Journal of Hygiene* 45.6 (1991): 1029–34.

Moreck, Kurt. *Sittengeschichte des Kinos*. Dresden: P. Aretz, 1926.

Morgan, Robin. »Theory and Practice: Pornography and Rape«. In *Take Back the Night: Women on Pornography*. Ed. Laura Lederer. New York: Morrow, 1980. 134–40.

Morin, Edgar. *The Stars*. New York: Grove Press, 1960.

Müller-Limmroth, »Neurophysiologische und psychomentale Wirkungen der Musik«. *Musik und Medizin* 2 (1975): 9–18.

Naumann, Michael. »Ein Mordschütze aus bestem Haus. John W. Hinckley: der Wahn des Erfolges und die Sucht nach Ruhm«. *Die Zeit* Nr. 16 (10. April 1981): 2.

Nell, Victor. *Lost in a Book: The Psychology of Reading for Pleasure*. New Haven: Yale Univ. Press, 1988.

Norman, Philip. »Every Star's Nightmare: the Fan Who is Fuelled by Madness«. *The Sunday Times* (May 24, 1992): II, 5.

Nutz, Walter und Volker Schlögell. »Die Heftroman-Leserinnen und -Leser in

Deutschland: Beiträge zur Erfassung popularkulturaler Phänomene«. *Communications* 16.2 (1991): 133–235.

Ostroff, Robert B. et al. »Adolescent Suicides Modeled After Television Movie«. *American Journal of Psychiatry* 142.8 (August 1985): 989.

Ostroff, Robert B. and Jeffrey H. Boyd. »Television and Suicide«. *The New England Journal of Medicine* 316.14 (April 2, 1987): 876–77.

Page, Ernest A. »Black Literature and Changing Attitudes: Does it Do the Job?« *English Journal* 66 (March 1977): 29–33.

Pasolini, Pier Paolo. »Die Sprache des Films«. In *Semiotik des Films: mit Analysen kommerzieller Pornos und revolutionärer Agitationsfilme*. Hg. Friedrich Knilli. München: Hanser, 1971. 38–55.

Patzlaff, Rainer. *Medienmagie – oder die Herrschaft über die Sinne*. 2. Aufl. Stuttgart: Freies Geistesleben, 1992.

Phillips, David P. »The Influence of Suggestion on Suicide: Substantive and Theoretical Implications of the Werther Effect«. *American Sociological Review* 39 (June 1974): 340–54.

Phillips, David P. and Lundie L. Carstensen. »Clustering of Teenage Suicides After Television News Stories About Suicide«. *The New England Journal of Medicine* 315.11 (September 11, 1986): 685–89.

Phillips, David P. and Lundie L. Carstensen. »The Effect of Suicide Stories on Various Demographic Groups, 1968–1985«. *Suicide and Life-Threatening Behavior* 18.1 (Spring 1988): 100–114.

Phillips, David P. and Daniel J. Paight. »The Impact of Televised Movies About Suicide: A Replicative Study«. *The New England Journal of Medicine* 317.13 (September 24, 1987): 809–11.

Pohl, Helga. »Die Gruselgeschichte – ein Beitrag zur Psychoanalyse von Horrorliteratur«. *Zeitschrift für Psychosomatische Medizin und Psychoanalyse* 31.2 (1985): 187–99.

Popper, Karl R. und John C. Eccles. *Das Ich und sein Gehirn*. München: Piper, 1987.

Postman, Neil. *Die Verweigerung der Hörigkeit: Lauter Einsprüche*. Frankfurt/M.: S. Fischer, 1988.

Postman, Neil. *Wir amüsieren uns zu Tode: Urteilsbildung im Zeitalter der Unterhaltungsindustrie*. Frankfurt/M.: S. Fischer, 1985.

Raue, Hermann. »Aspekte einer Umweltverschmutzung durch Musik«. *Musik und Bildung* 9.1 (Januar 1977): 12–16.

Reboul, Olivier. *Indoktrination: Wenn Denken unterdrückt wird*. Olten: Walter, 1979.

Reimitz, Monika. »Rambo-Zambo – und was einige Jugendliche dazu meinen«. *Psychosozial* 31 (Juni 1987): 49–59.

Reß, Elmar. *Die Faszination Jugendlicher am Grauen: dargestellt am Beispiel von Horror-Videos*. Würzburg: Königshausen & Neumann, 1990.

Retter, Hein. »Die Technisierung der Spielmittel – Vom mechanischen Spielzeug zu den elektronischen Medien«. In *Programmiert zum Kriegspielen: Weltbilder und Bilderwelten im Videospiel*. Hg. Jürgen Fritz. Frankfurt/M.: Campus, 1988. 17–39.

Richter, Ann Claire. »Brot und Spiele – wie einst im alten Rom«. *Braunschweiger Zeitung* (29. Oktober 1994), Filmspiegel.

Robinson, John A. and Arnold Barnett. »*Jaws* Neurosis«. *The New England Journal of Medicine* 293.22 (November 27, 1975): 1154–55.

Roddenberry, Gene and Susan Sackett. *Star Trek: The First Twenty-Five Years*. New York: Pocket Books, 1991.

Rösing, Helmut. »Heavy Metal, Hardrock, Punk – Geheime Botschaften an das Unbewußte?« In *Musik als Droge? Zur Theorie und Praxis bewußtseinsverändernder Wirkungen von Musik*. Hg. H. Rösing. Mainz: Villa Musica, 1991. 73–88.

Rosenblum, Keith. »Psychiatrists Analyze Fantasies, Fixations that Lead to Crimes Against Celebrities«. *Arizona Star Daily* (July 21, 1989): A, 2.

Ross, Donald R. »Space Invaders Obsession«. *Journal of the American Medical Association* 248.10 (September 10, 1982): 1177.

Rudhyar, Dane. *Die Magie der Töne: Musik als Spiegel des Bewußtseins*. 2. Aufl. Kassel: Bärenreiter, 1989.

Rüdiger, Margot. »Lennon-Mörder: Panische Angst vor Rache!« *Bravo* Nr. 17 (16. April 1981): 40–41.

Sacher, Werner. »Jugendgefährdung durch Video- und Computerspiele? Diskussion der Risiken im Horizont internationaler Forschungsergebnisse«. *Zeitschrift für Pädagogik* 39.2 (März 1993): 313–33.

Salinger, J[erome] D. *Der Fänger im Roggen*. Reinbek: Rowohlt, 1966.

Sammon, Paul M., ed. *Splatterpunks: Extreme Horror*. New York: St. Martin's Press, 1990.

Sanchez, Tony. *Die Rolling Stones: Ihr Leben, ihre Musik, ihre Affären*. München: Moewig, 1980.

Sanchez, Tony. *Sympathy for the Devils: Leben mit den Rolling Stones*. Köln: vgs Verlagsgesellschaft, 1993.

Sander, Ralph. »Fandom in Deutschland«. *Starlog* 4 (Oktober/November 1994): 16–18.

Sanders, Ed. *The Family: Die Geschichte von Charles Manson und seiner Strand-Buggy-Streitmacht*. Reinbek: Rowohlt, 1972.

Sarland, Charles. *Young People Reading: A Study of the Cultural, Ideological and Experiential Factors in the Interaction of Young People and Fictional Texts*. Diss. Univ. of East Anglia, 1988.

Scherpe, Klaus R. *Werther und Wertherwirkung: Zum Syndrom bürgerlicher Gesellschaftsordnung im 18. Jahrhundert*. Bad Homburg: Gehlen, 1970.

Schindelholz, Georges. *Exorzismus: Ein Priester berichtet*. Altstätten: Panorama Verlag, 1984.

Schmautz, Harald. »Im Sog des Fundamentalismus«. *Kommune* 8.9 (1990): 26–29.

Schmidt, Gunter. »Pornotopia – Schlaraffenland der Sexualität«. *Pro Familia Magazin* 6 (1985): 20–22.

Schmidtke, A[rmin] und H[einz] Häfner. »Die Vermittlung von Selbstmordmotivation und Selbstmordhandlung durch fiktive Modelle: Die Folgen der Fernsehserie ›Tod eines Schülers‹ «. *Der Nervenarzt* 57 (1986): 502–10.

Schönbach, Peter. »James Bond – Anreiz zur Aggression?« In *Aggression und Frustration als psychologisches Problem*. Bd. 2. Hg. Hans-Joachim Kornadt. Darmstadt: Wissenschaftliche Buchgesellschaft, 1992. 437–44.

Schorsch, Eberhard. »Sexualität und Gewalt«. In *Lust und Liebe: Wandlungen der Sexualität*. Hg. Christoph Wulf. München: Piper, 1985. 91–111.

Schulz, Winfried, Hg. *Medienwirkungsforschung in der Bundesrepublik Deutschland*, Teil 1: *Berichte und Empfehlungen*. Weinheim: VCH, 1986.

Schutte, Nicola S. et al. »Effects of Playing Videogames on Children's Aggressive and Other Behaviors«. *Journal of Applied and Social Psychology* 18.5 (1988): 454–60.

Schwarzer, Alice. *PorNO*. Emma Sonderband Nr. 5. Köln: Frauenverlag, 1988.

Seemann, Hans-Jürgen. »Cyberspace: Der künstliche Himmel auf Erden?« *Psychologie heute* 19.1 (Januar 1992): 60–69.

Selg, H[erbert]. »Gewaltdarstellungen in Medien und ihre Auswirkungen auf Kinder und Jugendliche«. *Zeitschrift für Kinder- und Jugendpsychiatrie* 18 (1990): 152–56.

Selg, Herbert. *Pornographie: Psychologische Beiträge zur Wirkungsforschung*. Bern: Huber, 1986.

Shapiro, Harry. *Drugs & Rock'n'Roll: Rauschgift und Popmusik*. Wien: Hannibal, 1989.

Shapiro, Michael A. and Daniel G. McDonald. »I'm Not a Real Doctor, but I Play One in Virtual Reality: Implications of Virtual Reality for Judgments about Reality«. *Journal of Communication* 42.4 (Autumn 1992): 94–114.

Six, Ulrike. »Medieneinflüsse auf Einstellungen und Vorurteile«. In *Empirische Medienpsychologie*. Hg. Jo Groebel u. Peter Winterhoff-Spurk. München: Psychologie Verlags Union, 1989. 179–95.

Smith, Don. D. »The Social Content of Pornography«. *Journal of Communication* 26 (Winter 1976): 16–24.

Snook, Ivan A. *Indoctrination and Education*. London: Routledge & Kegan Paul, 1975.

Sontag, Susan. »Die pornographische Phantasie«. *Akzente* 15 (1968): 77–95, 169–90.

Spence, Sean A. »Nintendo Hallucinations: a New Phenomenological Entity«. *Irish Journal of Psychological Medicine* 10.2 (June 1993): 98–99.

Spigel, Lynn. »Communicating With the Dead: Elvis as Medium«. *Camera Obscura* 23 (May 1990): 177–205.

Spigner, Clarence. »Black Impressions of People-of-Color: A Functionalist Approach to Film Imagery«. *The Western Journal of Black Studies* 15.2 (Summer 1991): 68–78.

Stege, Fritz. *Musik, Magie, Mystik*. St. Goar: O. Reichl, 1961.

Stein, Werner. *Der große Kulturfahrplan: Die wichtigsten Daten der Weltgeschichte*. Göppingen: Herbig, 1993.

Stoller, Robert. *Sexual Excitement*. New York: Pantheon, 1979.

Strehlow, Ulrich, Birgitt Piesiur-Strehlow und Manfred Müller-Küppers. »Tötungsdelikte Jugendlicher und Heranwachsender aus der Sicht des jugendpsychiatrischen Gutachters«. *Zeitschrift für Kinder- und Jugendpsychiatrie* 16 (1988): 80–86.

Stromberg, Peter. »Elvis Alive?: The Ideology of American Consumerism«. *Journal of Popular Culture* 24.3 (1990): 11–19.

Struck, Peter. *Erziehung gegen Gewalt: Ein Buch gegen die Spirale von Aggression und Haß*. Neuwied: Luchterhand, 1994.

Sturm, Hertha. *Fernsehdiktate: Die Veränderung von Gedanken und Gefühlen. Ergebnisse und Folgerungen für eine rezipientenorientierte Mediendramaturgie*. Gütersloh: Bertelsmann, 1991.

Sturm, Hertha. »Die grandiosen Irrtümer des Neil Postman: Thesen zur Fernseh-Wirkungsforschung«. *Kirche und Rundfunk* 71 (10. September 1986): 3–14.

Surawicz, Frida G. and Richard Banta. »Lycanthropy Revisited«. In *A Lycanthropy Reader: Werewolves in Western Culture*. Ed. Charlotte F. Otten. Syracuse, N.Y.: Syracuse Univ. Press, 1986. 34–40.

Thomsen, Christian W., ed. *Cultural Transfer or Electronic Imperialism? The Impact of American Television Programs on European Television*. Heidelberg: Winter, 1989.

Tischer, Rolf. »Religiöse Symbolik in der Popmusik«. *Materialdienst der Evangelischen Zentralstelle für Weltanschauungsfragen* 47 (1984): 140–48.

Turner, Charles W., Bradford W. Hesse and Sonja Peterson-Lewis. »Naturalistic Studies of the Long-Term Effects of Television Violence«. *Journal of Social Issues* 42.3 (1986): 51–73.

Umard, Ralph. »Eskapistisch wie nirgends: Erlebnisse in indischen Kinos«. *Medium* 19.1 (1989): 71.

Van Hise, James. *The History of Trek: The Complete Story of Star Trek from Original Conception to its Effects on Millions of Lives Across the World*. Las Vegas: Movie Pub. Services, 1992.

Van Hise, James. *The Man Between the Ears: Star Trek's Leonard Nimoy*. Las Vegas: Movie Pub. Services, 1992.

Van Hise, James. *Nimoy: Star of Stage, Screen, and Outer Space*. Las Vegas: Movie Pub. Services, 1991.

Vaughan, Denis. *Schlag auf Schlag: Die Sucht nach dem harten Rhythmus oder Rock-Musik und Spiritualität*. Frankfurt/M.: Zweitausendeins, 1992.

Vermorel, Fred and Judy. *Starlust: The Secret Fantasies of Fans*. London: W. H. Allen, 1985.

Vidmar, Neil and Milton Rokeach. »Archie Bunker's Bigotry: A Study in Selective Perception and Exposure«. *Journal of Communication* 24.1 (Winter 1974): 36–47.

Vogelgesang, Waldemar. »›Die haben keinen Plan‹: Video-Cliquen als Orte der Erlebnisorientierung und der Abschottung gegen Pädagogik«. *Pädagogik* 11 (1992): 18–22.

Voullième, Helmut. *Die Faszination der Rockmusik: Überlegungen aus bildungstheoretischer Perspektive*. Opladen: Leske & Budrich, 1987.

Wahl, Otto F. and J. Yonatan Lefkowits. »Impact of a Television Film on Attitudes Toward Mental Illness«. *American Journal of Community Psychology* 17.4 (1989): 521–28.

Waldinger, Karl-Georg. »Rockmusik und Gewalt: Bericht über einen Projekttag mit Schülern«. *Musik und Unterricht* 2.8 (Mai 1991): 56–57.

Wallace, Irving. *The Fan Club*. New York: Simon & Schuster, 1974.

Warr, Simon Morgan. »Game War Heroes«. *The Independent on Sunday* (August 23, 1992): 6–8.

Weaver, James B. »Are ›Slasher‹ Horror Films Sexually Violent? A Content Analysis«. *Journal of Broadcasting & Electronic Media* 35.3 (Summer 1991): 385–92.

Weidenmann, Bernd. *Psychische Prozesse beim Verstehen von Bildern*. Bern: Hans Huber, 1988.

Weigand, Jörg. »Das große Geschäft: Horror. Der neue Boom auf dem Heftchenmarkt«. *Medien- und Sexual-Pädagogik* 3.2 (April/Juni 1975): 25–28.

[Wellershoff, Marianne.] »Terror im Paradies«. *Der Spiegel* Nr. 5 (31. Januar 1994): 160–64.

Wharton, Robert and Frederick Mandell. »Violence on Television and Imitative Behavior: Impact on Parenting Practices«. *Pediatrics* 75.6 (June 1985): 1120–23.

White, Jim. »Beware the Voyage to World Eight«. *The Independent* (December 15, 1990): 27.

Whitfield, Stephen E. and Gene Roddenberry. *The Making of Star Trek*. New York: Ballantine, 1968.

Wilson, Wayne and Randy Hunter. »Movie-Inspired Violence«. *Psychological Reports* 53.2 (October 1983): 435–41.

Wimmer, Adi. »*Rambo II:* Der kulturelle Kontext Amerikas«. *PP-Aktuell* 6.3 (1987): 79–92.

Winn, Marie. *Die Droge im Wohnzimmer*. Reinbek: Rowohlt, 1979.

Winston, Joan. *The Making of the Trek Conventions: How to Throw a Party for 12000 of Your Most Intimate Friends*. Garden City, N.Y.: Doubleday, 1977.

Winterhoff-Spurk, Peter. *Fernsehen: Psychologische Befunde zur Medienwirkung*. Stuttgart: Huber, 1986.

Woodward, Kenneth L. »The Exorcism Frenzy«. *Newsweek* (February 11, 1974): 28–33.

Zell, Rolf-Andreas, Armin Schmidtke und Heinz Häfner. »Kann Fernsehen Selbsttötung auslösen? Streit um die ZDF-Serie *Tod eines Schülers*«. *Bild der Wissenschaft* 24.4 (April 1987): 122–32.

Zillmann, Dolf and Jennings Bryant. »Effects of Prolonged Consumption of Pornography on Family Values«. *Journal of Family Issues* 29 (1988): 127–42.

Zillmann, Dolf and Jennings Bryant. »Pornography, Sexual Callousness, and the Trivialization of Rape«. *Journal of Communication* 32.4 (1982): 10–21.

Zillmann, Dolf and Jennings Bryant. »Pornography's Impact on Sexual Satisfaction«. *Journal of Applied Social Psychology* 18 (1988): 438–53.

Zillmann, Dolf and Jennings Bryant, eds. *Pornography: Recent Research, Interpretation and Policy Considerations*. Hillsdale, N.J.: Erlbaum, 1988.

Zimmermann, Felix. »Die Pop-Musik und ihre Hintergründe«. *Erziehungskunst* 10 (1988): 669–680.

Zimmerschied, Dieter. »Musik als Manipulationsfaktor: Bericht über ein Unterrichtsmodell«. *Musik und Bildung* 4.2 (1972): 80–84.

Zuckerman, Diana, Dorothy G. Singer and Jerome L. Singer. »Children's Television Viewing, Racial and Sex-Role Attitudes«. *Journal of Applied Social Psychology* 10.4 (1980): 281–94.

Zuckerman, Diana M. and Barry S. Zuckerman. »Television's Impact on Children«. *Pediatrics* 75.2 (February 1985): 233–40.

9. Sachregister

Film, Fernsehen, Video und die Künste

Strategien der Intermedialität

Herausgegeben von Joachim Paech

1994. VI, 326 Seiten, 65 s/w-Abb., kartoniert
ISBN 3-476-00994-7

Zwischen den Bildern der Kinoleinwand, der Fernseh-, Video- und Computermonitore sind Kunst- und Medienwissenschaftler, Filmregisseure und Videokünstler der Frage nachgegangen, welche neue Bilderkultur aus der Begegnung und Interaktion traditioneller und technischer Künste entsteht.
Die Spannweite der in diesem Band versammelten Untersuchungen reicht vom Einfluß des literarischen Expressionismus auf den deutschen Stummfilm bis zu ›malerischen Strukturen‹ in Peter Greenaways Filmen oder Videoclips von Prince oder Laurie Anderson. Auf dem Bildschirm des ›Interactive Cinema‹ schließlich wird der ›Medienmix‹ digitaler Bilder und Töne zum kreativen Umgang mit den Bildern der Welt, deren elektronisches, Computer-generiertes Weltbild die Kulturgeschichte der Bilder und Töne in ihrem Speicher aufhebt.

Geschichte des deutschen Films

Herausgegeben von Wolfgang Jacobsen, Anton Kaes, Hans Helmut Prinzler, in Zusammenarbeit mit der Stiftung Deutsche Kinemathek, Berlin

1993. 596 Seiten, 300 Abb., gebunden
ISBN 3-476-00883-5

Einhundert Jahre deutscher Film: Die Geschichte der bewegten Bilder, ihrer Regisseure und Schauspieler; reichhaltig illustriert, mit einer umfangreichen Chronik zum Nachschlagen.

»Die Haupttugenden dieser ›Geschichte des deutschen Films‹: Die Vielfalt der Informations- und Argumentationsebenen, gewährleistet durch eine kluge Gliederung und durch die Vielzahl sachkundiger Autorinnen und Autoren. Die Klarheit und Übersichtlichkeit, zu der eine gut lesbare Sprache ebenso beiträgt wie die sorgfältige Zusammenstellung von Texten und Bildern, darüber hinaus ein Randspalten-Glossarium mit kommentierenden Zitaten von Produzenten und Kritikern... Die Aktualität des Buches.« *Deutschlandfunk*

VERLAG J.B. METZLER

Terry Eagleton

Ästhetik

Die Geschichte ihrer Ideologie

Aus dem Englischen von Klaus Laermann

1994. 447 Seiten, engl. brosch.
ISBN 3-476-00972-6

Brillant und provokativ verfolgt Eagleton am Beispiel der Kategorie des Ästhetischen die vielfältigen Beziehungen zwischen Kunst, Ethik und Politik in der Geschichte des modernen Denkens seit dem 18. Jahrhundert. Das Spektrum reicht dabei von Kant über Schiller, Schopenhauer, Kierkegaard, Marx, Nietzsche, Freud, Heidegger, Lukács bis zu Adorno und Habermas. Eagleton bringt dabei die entscheidenden Stufen und Wendungen in der Entwicklung des Ästhetischen immer in Zusammenhang mit gesellschaftlichen, ökonomischen und politischen Fragen und zeichnet so ein differenziertes, ständig wieder in Frage gestelltes Bild der verschiedenen Konzeptionen von Ästhetik.

»Wer unvoreingenommen sein Buch liest, hat von seiner Arbeit an den Begriffen den Nutzen und von seiner vielseitigen, auch das gewagte Bild nicht scheuenden Sprache den Genuß. Eagleton bietet den ganzen Reichtum der ästhetischen Debatte seit dem 18. Jahrhundert auf. Dabei deckt er den Tisch so raffiniert und verlockend, als gelte es, eingefleischte Hungerkünstler von den Vorzügen des Schlemmens zu überzeugen.« *Süddeutsche Zeitung*